内部統制システムと株主代表訴訟
―役員責任の所在と判断―

新谷 勝 著

発行 民事法研究会

は し が き

　内部統制システムは、取締役および使用人の職務の執行が法令・定款に適合することを確保するための体制、その他株式会社の業務の適正を確保するための体制である。その体制の構築の重要性は理論的にも実務においても認識されている。会社法はこれを規定しているが、平成27年の改正会社法施行規則により一層の充実が図られている。

　取締役は内部統制システムを構築し運営する義務を負い、それにより会社の業務の適正を確保する義務を負うが、システムの中心となるのがコンプライアンス・システム（法令遵守体制）である。

　取締役や使用人により違法行為がなされるなど企業不祥事が発生した場合、取締役の責任は内部統制システムの構築と運営義務違反として問題にされる。そして、取締役や監査役の監視義務も個別的な監視義務から、内部統制システムの構築と運営に対する監視義務へと移り、したがって、内部統制システムの構築と運営に対する監視義務違反の責任として問題にされるのである。

　ところで、近年、日本を代表する企業で相次いで違法行為が行われ、そのほとんどは、経営トップ（社長）が関与し企業ぐるみによるものである。その不正の規模は大きく会社に与える損害も極めて大きい。それは、ガバナンスが不十分なことに加え、内部統制システムは形式的には構築されているものの、実際には機能していなかったことに起因する。内部統制システム運用の最高責任者（社長）が、違法行為に関与しているのであるからシステムが機能しないのは当然である。

　代表的な内部統制システム違反の行為は、独占禁止法（私的独占の禁止及び公正取引の確保に関する法律）または金融商品取引法に違反する行為である。前者の多くは談合であり、後者の多くは不正な会計処理に基づく有価証券報告書等の虚偽記載（粉飾）である。これらの発覚により課徴金の納付命令を受けるなど会社に多額の損害が発生するが、さらに後者については、会社は、証券訴訟により株主に対し賠償金の支払いを余儀なくされることになる。

　これら会社に生じた巨額の損害について、違反行為を行った取締役・執行役、それを防止しなかった取締役・監査役が賠償責任を負い、株主代表訴訟で責任

を追及されることになる。

　また、現代の企業活動は親子会社関係（企業グループ）により展開されていることから、単一の会社を対象とする内部統制システムだけでは不十分であり、グループ内部統制システム（当該株式会社およびその子会社からなる企業集団の業務の適正を確保するための体制）の構築が必要とされている。親会社取締役は企業集団を通じた内部統制システムの構築を義務づけられる。そして、子会社で違法行為が行われ子会社に損害が生じた場合、それは親会社の損害となることから、親会社取締役のグループ内部統制システムの構築・運営、監視義務違反の責任が生ずる。

　次に、現代のもう1つ重要な問題として親会社株主の保護のあり方があげられる。子会社取締役の任務懈怠行為により親会社、ひいては親会社株主は損害を被るが、親会社株主は子会社取締役に対して直接監督是正権を行使し得ない。そこで、親会社株主の利益保護のあり方として、①直接、子会社取締役の責任を追及する方法（多重代表訴訟）と、②親会社取締役の子会社取締役に対する監視義務違反の責任を追及する方法（通常の代表訴訟により親会社取締役の責任を追及する）とがある。

　平成26年の改正会社法は、①の方法を選択し多重代表訴訟の制度を創設した。しかし、多重代表訴訟には厳格な提訴要件があるからこれを用いるケースは極めて限定される。②の方法によるとしても、会社法には親会社取締役の子会社取締役に対する監視義務の規定がないことから、監視義務違反の責任を追及することは困難である。

　この点、グループ内部統制システムを構築することにより、親会社取締役の子会社取締役に対する監視を義務づけ、グループ内部統制システムの構築・運用、監視義務違反として、親会社取締役の責任を問題にすることができる。そこで、改正法では、グループ内部統制システムの重要性に鑑み、会社法施行規則に規定されていたこのシステムに係る規定を会社法本体に設けることとした。

　このように、グループ内部統制システムには、企業集団の業務の適正を確保するとともに、親会社取締役の監視義務を根拠づけ、親会社株主保護という重要な機能が認められている。

　本書においては、内部統制システムの構造と内容、構築等義務違反の責任に

ついて解説したうえで、独占禁止法違反、金融商品取引法違反行為と内部統制システムの構築等義務違反の具体例について最近の東芝の例を中心に検討する。次いで、グループ内部統制システムについて、その構造と構築義務等違反、子会社取締役に対する監視義務違反の責任を解説する。

そして、改正法の下で、代表訴訟は、①基本型（従来型）代表訴訟、②旧株主による責任追及訴訟、③最終完全親会社の株主による特定責任追及の訴え（多重代表訴訟）の３形態があることから、それらを比較して、訴訟構造、訴訟手続等をできるだけ詳細に解説した。

また、近年、重大な企業不祥事の発生に伴い、会社による役員に対する責任追及訴訟の提起が見受けられる。この場合、東芝の例にみられるように、株主の提訴請求に対し、一部の対象者に対し、損害額の一部について提訴されることがある。これは提訴請求の一部拒絶となるが、拒絶部分について、株主が代表訴訟を提起することができるかなど難しい問題が発生する。そこで、この点についても言及することにした。

最後に、本書の刊行については、民事法研究会の安倍雄一氏に大変お世話になったので、お礼を申し上げる。

　　平成28年１月

　　　　　　　　　　　　　　　　　　　　　　　　新谷　　勝

『内部統制システムと株主代表訴訟』

目　　　次

第1章　会社役員の損害賠償責任の概要 … 1

Ⅰ　会社と会社役員の委任契約関係 …………………………………… 1
　1　役員の会社に対する任務懈怠責任 ……………………………… 1
　　(1)　任務懈怠責任と責任を負う役員等 …………………………… 1
　　(2)　役員が任務懈怠責任を負う要件 ……………………………… 2
　2　役員等の善管注意義務違反の責任 ……………………………… 3
　　(1)　善管注意義務違反による責任 ………………………………… 3
　　(2)　善管注意義務違反の責任類型 ………………………………… 3
　3　任務懈怠責任と善管注意義務違反 ……………………………… 4
　4　任務懈怠と過失の関係 …………………………………………… 5
　　(1)　善管注意義務違反と過失 ……………………………………… 5
　　(2)　法令違反行為と過失との関係 ………………………………… 5
　5　任務懈怠責任と責任内容の分類 ………………………………… 6
　　(1)　業務執行上の判断の誤り ……………………………………… 6
　　(2)　法令違反行為 …………………………………………………… 7
　　(3)　取締役等の任務懈怠行為と監視義務違反の責任 …………… 7
　6　役員の責任追及訴訟 ……………………………………………… 8
Ⅱ　善管注意義務違反の責任と経営判断の原則 ……………………… 8
　1　経営判断の原則の基本的理解 …………………………………… 8
　　(1)　経営判断の原則の意義 ………………………………………… 8
　　(2)　経営判断の原則の機能と適用基準 …………………………… 9
　　(3)　経営判断の原則と訴訟上の取扱い ……………………………10
　2　経営判断の原則が適用されるための要件 ………………………10
　3　経営判断の原則の適用を認めた判例 ……………………………12
　　(1)　事案の概要 ………………………………………………………12

		(2)	判　　旨 ………………………………………………………	*12*
		(3)	解　　説 ………………………………………………………	*13*
	4	経営判断の原則の適用を認めなかった判例 …………………………	*14*
		(1)	北海道拓殖銀行事件（拓銀カブトデコム事件）………………	*14*
		(2)	四国銀行株主代表訴訟…………………………………………	*15*
	5	子会社救済と取締役の経営判断 ……………………………………	*17*
	6	子会社救済の経営判断に関する事例 ………………………………	*18*
		(1)	福岡県魚市場事件（取締役の責任が否定された事案）………	*18*
		(2)	福岡魚市場株主代表訴訟事件（取締役の責任が認められた事案）…	*20*

Ⅲ　取締役と執行役の特別の法的責任 ……………………………………… *23*
　　1　取締役と執行役の法定責任の趣旨 ……………………………… *23*
　　2　競業および利益相反取引の責任 ………………………………… *23*
　　　(1)　利益相反取引等の規制…………………………………………… *23*
　　　(2)　取締役会等の承認を受けない競業取引………………………… *24*
　　　(3)　利益相反取引と任務懈怠の推定………………………………… *24*
　　3　違法な利益を供与した責任 ……………………………………… *25*
　　4　違法に剰余金を分配した責任 …………………………………… *25*

Ⅳ　役員の監視義務違反の責任 ……………………………………………… *26*
　　1　監視義務違反の責任の概要 ……………………………………… *26*
　　2　取締役の監視義務の根拠 ………………………………………… *27*
　　3　取締役の監視義務の範囲と程度 ………………………………… *28*
　　　(1)　取締役の監視義務の範囲………………………………………… *28*
　　　(2)　取締役の監視義務の程度………………………………………… *29*
　　4　監視義務と内部統制システム …………………………………… *30*
　　5　親会社取締役の子会社に対する監視義務 ……………………… *31*

Ⅴ　役員等の連帯責任と適正な損害額の認定 ……………………………… *32*
　　1　連帯責任とする趣旨と問題点 …………………………………… *32*
　　2　役員等の損害賠償責任額の巨額化と問題点 …………………… *33*
　　3　寄与度に応じた損害額の認定 …………………………………… *34*
　　4　寄与度に応じた責任分担の考えを取り入れた裁判例 ………… *36*

(1)　大和銀行株主代表訴訟の第1審判決………………………… 36
　　　(2)　ダスキンの肉まん事件……………………………………… 37
　　　(3)　小　括……………………………………………………… 38
　Ⅵ　役員の任務懈怠責任の軽減化の方法……………………………… 38
　　1　適正な損害賠償額の算定………………………………………… 38
　　2　損益相殺による賠償責任額の減額……………………………… 39
　　3　過失相殺による賠償責任額の減額……………………………… 40
　Ⅶ　役員の責任の免除と一部免除……………………………………… 41
　　1　役員の任務懈怠責任の免除……………………………………… 41
　　2　役員の任務懈怠責任の軽減（一部免除）……………………… 41
　　3　完全子会社と役員の責任免除…………………………………… 42
　　4　責任限定契約の締結……………………………………………… 43
　　　(1)　責任限定契約の趣旨………………………………………… 43
　　　(2)　責任限定契約の内容………………………………………… 44
　Ⅷ　会社と役員の第三者に対する責任………………………………… 44
　　1　役員の第三者に対する責任……………………………………… 44
　　2　会社の第三者に対する責任……………………………………… 45

第2章　取締役の内部統制システム構築義務……………………………… 46

　Ⅰ　会社法と内部統制システムの構築義務…………………………… 46
　　1　内部統制システム構築の概要…………………………………… 46
　　　(1)　意　義……………………………………………………… 46
　　　(2)　内部統制システムの整備の手続…………………………… 48
　　2　内部統制システムの構築義務を規定するに至った経緯……… 49
　　3　内部統制システムの機能と内容………………………………… 51
　　4　内部統制システムの整備の決定と実施義務…………………… 53
　　5　金融商品取引法の内部統制システム…………………………… 53
　　　(1)　金融商品取引法の内部統制報告書………………………… 53
　　　(2)　金融商品取引法と会社法の内部統制システム…………… 54

〈表1〉	会社法上の内部統制と金融商品取引法上の内部統制の比較 ………	*56*

- II 内部統制システムの整備の決定と実施義務 …………………… *57*
  - 1 内部統制システムの構築等義務の内容 ………………………… *57*
  - 2 内部統制システムの整備の決定義務 …………………………… *58*
  - 3 代表取締役等の内部統制システムの構築と運用義務 ………… *59*
- III 内部統制システムに基づく取締役の監視義務 ………………… *60*
  - 1 内部統制システムによる監視義務の必要性 …………………… *60*
    - (1) 監視・監督義務の変化 ……………………………………… *60*
    - (2) 監視義務の実効性の確保 …………………………………… *60*
  - 2 内部統制システムによる監視義務と責任 ……………………… *61*
  - 3 内部統制システムによる監視義務の特性 ……………………… *62*
- IV 会社法が定める内部統制システム ……………………………… *63*
  - 1 構築すべき内部統制システムの内容 …………………………… *63*
  - 2 コンプライアンス体制の構築 …………………………………… *66*
  - 3 使用人の職務執行とコンプライアンス体制 …………………… *67*
  - 4 コンプライアンス違反が問題になる例 ………………………… *69*
  - 5 内部統制システムの構築と取締役の経営判断 ………………… *70*
  - 6 内部統制システムと事業報告による開示 ……………………… *71*
    - (1) 内部統制システムの概要と事業報告への記載 …………… *71*
    - (2) 内部統制システムの運用状況の概要と事業報告への記載 … *72*
  - 7 社外取締役の監視義務違反の責任 ……………………………… *73*
    - (1) 社外取締役の任務・機能と責任 …………………………… *73*
    - (2) 責任限定契約 ………………………………………………… *74*
    - (3) 役員賠償責任保険 …………………………………………… *74*
  - 8 内部統制システム構築義務等違反と第三者に対する責任 …… *75*
- V 内部統制システムにおける監査役の役割 ……………………… *76*
  - 1 取締役会の決定の相当性の監査 ………………………………… *76*
  - 2 内部統制システムの整備状況についての監査 ………………… *76*
  - 3 監査の実効性を確保するためのしくみ ………………………… *78*
    - (1) 中間試案と監査の実効性を確保するためのしくみ ……… *78*

(2) 会社法制の見直しに関する要綱と監査の実効性を確保するための
　　　　しくみ……………………………………………………………………… *79*
　4　監査役監査の実効性を確保するための体制 …………………………… *81*
　　(1) 監査役設置会社の監査役がその職務を補助すべき使用人をおくことを
　　　　求めた場合における使用人に関する事項……………………………… *81*
　　(2) 監査役の職務を補助する使用人の取締役からの独立性に関する事項
　　　　……………………………………………………………………………… *81*
　　(3) 監査役の当該使用人に対する指示の実効性の確保に関する事項 … *82*
　　(4) 取締役等の監査役への報告に関する体制……………………………… *82*
　　(5) 監査役に報告した者が、報告をしたことを理由として不利な取扱いを
　　　　受けないことを確保するための体制…………………………………… *84*
　　(6) 監査役の職務の執行について生ずる費用の前払いまたは償還の手続、
　　　　その他の当該職務の執行について生ずる費用または債務の処理に係る
　　　　方針に関する事項………………………………………………………… *85*
　5　内部統制システムに対する監査役の監視義務 ………………………… *85*
Ⅵ　内部統制システム構築義務違反の責任が問題になった事例 …… *86*
　1　内部統制システムの構築義務違反となる場合 ………………………… *86*
　2　内部統制システム構築義務違反を認定した事例 ……………………… *87*
　　(1) 新潮社フォーカス事件…………………………………………………… *87*
　　(2) 商品先物取引を行う会社の取締役の責任……………………………… *88*
　3　内部統制システムの構築義務違反を認めなかった事例 ……………… *89*
　　(1) 日本ケミファ事件………………………………………………………… *89*
　　(2) 大和銀行事件……………………………………………………………… *90*
　　(3) 三菱商事カルテル事件…………………………………………………… *91*
　　(4) 雪印食品食肉偽装事件…………………………………………………… *91*
　　(5) ヤクルト本社事件………………………………………………………… *92*
　　(6) ダスキンの肉まん事件…………………………………………………… *93*
　　(7) 日本システム技術事件…………………………………………………… *93*
Ⅶ　内部統制システムの実効性確保と取締役等の情報収集…………… *98*
　1　取締役の情報収集権限と問題点 ………………………………………… *98*

2　監査役と監査委員の情報収集権限 ……………………… *99*
　　　(1)　監査役の情報収集権限………………………………… *99*
　　　(2)　監査委員の情報収集権限……………………………… *100*
　　　(3)　監査役・監査委員の責任……………………………… *100*

第3章　グループ内部統制システムの構築 … *102*

Ⅰ　親子会社とグループ内部統制システムの構築 ……………… *102*
　　1　グループ内部統制システムの意義と機能 …………… *102*
　　2　改正法とグループ内部統制システム ………………… *103*
　　3　グループ内部統制システムの内容 …………………… *104*
Ⅱ　グループ内部統制システムと子会社に対する監視機能…… *107*
　　1　グループ内部統制システムによる監視義務 ………… *107*
　　2　グループ内部統制システムの効力 …………………… *108*
　　3　親会社取締役による子会社の監視権の行使のあり方 …… *109*
Ⅲ　グループ内部統制システムの構築と運用 ……………… *110*
　　1　グループ内部統制システムの構築 …………………… *110*
　　2　グループ内部統制システムとコンプライアンス体制 …… *111*
　　3　構築すべきグループ内部統制システム ……………… *112*
　　4　社内カンパニーとグループ内部統制システム ……… *113*
　　　(1)　社内カンパニーの意義………………………………… *113*
　　　(2)　社内カンパニーに対する経営監視…………………… *114*
　　5　親会社の構築するグループ内部統制システム ……… *115*
　　6　子会社の構築するグループ内部統制システム ……… *117*
Ⅳ　グループ内部統制システム構築義務違反の責任 ………… *118*
　　1　グループ内部統制システムの構築義務違反と取締役 …… *118*
　　2　グループ内部統制システムの構築義務違反が問題にされた事例 …… *119*
　　　(1)　事案の概要…………………………………………… *120*
　　　(2)　みずほFG取締役に対する責任追及の株主代表訴訟………… *121*
　　　(3)　問題点とその検討…………………………………… *122*

V　企業不祥事発生後の措置 ……………………………………… 124
1　不祥事の発生後に取締役のとるべき是正措置 …………… 124
2　取締役会等による是正措置 ……………………………… 124
（1）　代表取締役等への報告・通知、取締役会の招集 ………… 124
（2）　子会社代表取締役等への指示、解職・解任 ……………… 125
（3）　取締役の違法行為差止請求権 ……………………………… 125
（4）　小　括 ……………………………………………………… 126
3　違法行為後に適切な是正措置を講じなかった取締役の責任事例 ……… 127
（1）　大和銀行株主代表訴訟の第1審判決 ……………………… 127
（2）　ダスキンの肉まん事件 ……………………………………… 127

第4章　親会社取締役の監視義務違反の責任 … 129

I　親会社取締役の子会社に対する監視義務 ……………………… 129
1　取締役の監視義務の概要 ………………………………… 129
2　親会社取締役に監視権を認める必要性 ……………………… 130
3　親会社取締役の監視義務を認める解釈論 …………………… 131
（1）　親会社取締役の監視義務と会社法 ………………………… 131
（2）　親会社取締役の監視義務を認めるための解釈論 ………… 132
4　親会社取締役の監視義務の法定化の必要性 ……………… 135
（1）　事実上の監視義務と実効性確保の不十分 ………………… 135
（2）　監視義務の法定化に向けた動き …………………………… 135
5　グループ内部統制システムによる監視義務 ……………… 136
II　親会社株主の利益保護のあり方 ……………………………… 138
1　親会社株主の利益保護の必要性 …………………………… 138
2　親会社取締役の監督義務違反の責任追及 ………………… 140
3　子会社取締役の責任追及を怠った親会社取締役の責任 … 141
4　親子会社と監査役の経営監視機能 ………………………… 142
III　親会社取締役の監視義務違反が問題にされた事例 ………… 143
1　野村証券株主代表訴訟事件 ………………………………… 143

|　　(1)　事案の概要……………………………………………… *143*
|　　(2)　判　　旨………………………………………………… *143*
|　　(3)　検　　討………………………………………………… *144*
|　2　福岡魚市場株主代表訴訟事件 ……………………………… *144*
Ⅳ　子会社取締役の任務懈怠に関与した責任 ………………………… *145*
|　1　子会社取締役に違法または不当な指示をした責任 ………… *145*
|　2　違法な指示をした親会社取締役の責任事例 ………………… *147*
Ⅴ　子会社取締役の責任とその特殊性 ………………………………… *148*
|　1　親会社の指示に従った子会社取締役の責任 ………………… *148*
|　　(1)　子会社取締役の責任……………………………………… *148*
|　　(2)　子会社の利益に反する行為……………………………… *148*
|　2　親会社取締役の指示と子会社取締役の経営判断 …………… *149*

第5章　内部統制システムと独占禁止法・金融商品取引法違反　*151*

Ⅰ　独占禁止法違反・金融商品取引法違反と内部統制システム …… *151*
|　1　コンプライアンス体制の構築と運用義務違反 ……………… *151*
|　2　不当な取引制限禁止規定違反（カルテル・入札談合等）の概要 …… *152*
|　3　有価証券報告書の虚偽記載等の概要 ………………………… *153*
Ⅱ　独占禁止法違反行為の責任 ………………………………………… *154*
|　1　独占禁止法違反行為と課徴金制度 …………………………… *154*
|　2　課徴金の減免 …………………………………………………… *155*
|　　(1)　意　　義………………………………………………… *155*
|　　(2)　減免の対象者と減免額………………………………… *155*
|　3　不当な取引制限規制違反と取締役の責任 …………………… *156*
|　　(1)　違法行為をした行為者と会社の刑事責任……………… *156*
|　　(2)　不当な取引制限違反行為に関与した取締役の責任…… *157*
|　　(3)　不当な取引制限違反行為と監視義務違反の責任……… *157*
|　4　カルテルや談合を防止するための内部統制システム ……… *157*
|　　(1)　独占禁止法コンプライアンスの構築の必要性………… *157*

(2) 独占禁止法違反行為を防止するためのシステム………………… *158*
　　(3) 独占禁止法違反行為の早期発見システム………………………… *159*
　　(4) 独占禁止法違反行為に対処するためのシステム………………… *159*
　5　課徴金減免申請と取締役の責任 ……………………………………… *160*
　　(1) 調査開始前の減免制度……………………………………………… *160*
　　(2) 調査開始後の減免制度……………………………………………… *161*
　6　課徴金の減免制度を利用しなかった取締役の責任 ………………… *161*
　7　課徴金の納付による損害と株主代表訴訟 …………………………… *162*
　　(1) 住友電工株主代表訴訟の概要……………………………………… *162*
　　(2) 代表訴訟の和解による訴訟の終了………………………………… *164*
Ⅲ　不正な会計処理に伴う責任 ……………………………………………… *165*
　1　粉飾決算と内部統制システム ………………………………………… *165*
　2　虚偽記載のある有価証券報告書等の開示 …………………………… *166*
　　(1) 虚偽記載のある有価証券報告書等の提出………………………… *166*
　　(2) 虚偽記載のある内部統制報告書等の提出………………………… *167*
　3　不正会計と有価証券報告書等の虚偽記載 …………………………… *168*
　　(1) 不正な会計処理と不適切な会計処理……………………………… *168*
　　(2) 不正な会計処理の手法……………………………………………… *169*
　4　有価証券報告書等の虚偽記載と発行会社等の責任 ………………… *169*
　　(1) 発行会社の株式取得者に対する責任……………………………… *169*
　　(2) 損害額の推定規定…………………………………………………… *170*
　　(3) 虚偽記載等の事実の公表…………………………………………… *171*
　　(4) 虚偽記載等と発行会社の役員の責任……………………………… *171*
　　(5) 取締役等の責任と代表訴訟による責任追及……………………… *172*
　　(6) 代表訴訟と証券訴訟………………………………………………… *172*
　5　金融商品取引法上の課徴金制度 ……………………………………… *173*
　　(1) 金融商品取引法違反と課徴金制度の概要………………………… *173*
　　(2) 課徴金納付命令の手続……………………………………………… *174*
　6　課徴金の加算・減算制度 ……………………………………………… *175*
　7　課徴金の納付と取締役等の責任追及訴訟 …………………………… *176*

8　粉飾決算と東京証券取引所の取扱い ……………………… 177
Ⅳ　近時の代表的な粉飾事例 ………………………………………… 178
　　1　不正な会計処理の特徴 …………………………………… 178
　　2　ライブドアの粉飾決算 …………………………………… 178
　　3　オリンパスの粉飾決算 …………………………………… 179
Ⅴ　東芝の不適切な会計処理と内部統制システム ………………… 180
　　1　不適切な会計処理の概要 ………………………………… 180
　　　(1)　証券取引等監視委員会による開示検査 ……………… 180
　　　(2)　第三者委員会報告書の概要 …………………………… 181
　　　(3)　第三者委員会報告書の検討 …………………………… 182
　　2　東芝のガバナンスと内部統制システム ………………… 184
　　　(1)　東芝の企業形態（委員会設置会社） ………………… 184
　　　(2)　東芝のガバナンスと内部統制システム ……………… 184
　　3　不適切な会計処理を行った理由の不明確さ …………… 185
　　4　訂正有価証券報告書による不適切会計状況 …………… 186
　　5　東芝に対する東京証券取引所の措置 …………………… 188
　　6　東芝の不適切な会計処理と課徴金 ……………………… 188
　　　(1)　証券取引等監視委員会の調査 ………………………… 188
　　　(2)　東芝の決算修正と原子力事業子会社関連の不開示 … 189
　　　(3)　東芝の有価証券報告書等の虚偽記載による課徴金 … 190
　　　(4)　有価証券報告書等の虚偽記載と刑事責任 …………… 190
Ⅵ　東芝と旧経営陣の責任追及訴訟 ………………………………… 192
　　1　東芝に生じた損害と役員の損害賠償責任 ……………… 192
　　2　役員に対する提訴請求と役員責任調査委員会の設置 … 193
　　　(1)　役員の責任追及の検討の必要性 ……………………… 193
　　　(2)　東芝の株主による提訴請求と東芝の対応 …………… 194
　　　(3)　役員責任調査委員会の調査と提言 …………………… 195
　　　(4)　役員責任調査委員会報告書の検討 …………………… 196
　　3　東芝の役員に対する責任追及訴訟の提起 ……………… 204
　　　(1)　責任追及訴訟の提起 …………………………………… 204

(2)　東芝の提訴と請求金額の妥当性…………………………………… *206*
　　(3)　課徴金の納付等による損害の発生………………………………… *209*
　　(4)　オリンパスの責任追及訴訟………………………………………… *210*
　4　東芝の提訴と株主代表訴訟との関係 ………………………………… *212*
　　(1)　会社の提訴懈怠と株主提訴………………………………………… *212*
　　(2)　株主の提訴請求と東芝の責任追及訴訟の提起…………………… *213*
　　(3)　残額7億円を請求する代表訴訟の提起の可否…………………… *214*
　5　株主の訴訟参加と請求の拡張 ………………………………………… *215*
　6　提訴後に発生した損害と賠償金の追加請求 ………………………… *216*
　　(1)　課徴金の納付等による損害発生と請求の追加…………………… *216*
　　(2)　適正な解決方法の選択……………………………………………… *217*
　7　東芝の提訴と提訴請求した株主の対応 ……………………………… *218*
　　(1)　代表訴訟提起等の方針……………………………………………… *218*
　　(2)　株主の示した方針の解説…………………………………………… *218*
　8　会計監査人の責任 ……………………………………………………… *219*
　　(1)　会計監査人の虚偽または不当な証明と課徴金…………………… *219*
　　(2)　会社および株主に対する責任……………………………………… *221*

第6章　親子会社と株主保護のあり方 …… *223*

Ⅰ　会社法改正論議における株主保護のあり方 …………………………… *223*
　1　親子会社法制の見直しの必要性 ……………………………………… *223*
　2　親子会社と法律上の問題点 …………………………………………… *224*
　　(1)　株主保護と3つの問題点…………………………………………… *224*
　　(2)　持株会社と株主保護………………………………………………… *225*
Ⅱ　子会社の少数株主の保護………………………………………………… *225*
　1　子会社の利益を害する親子会社間の不公正取引 …………………… *225*
　2　規制すべき親子会社間の不公正取引 ………………………………… *226*
　3　不公正取引と親会社の責任 …………………………………………… *227*
Ⅲ　親子会社間の不公正取引の規制に向けた動き ………………………… *228*

	1	中間試案と子会社少数株主の保護の措置 …………… *228*
	2	親会社の責任について明文の規定を設ける案の内容 ……… *229*
	3	不公正な利益相反取引の防止と情報開示の充実 ……… *230*
	4	改正要綱と不公正取引の取扱い …………………… *231*

Ⅳ 親会社株主の権利の縮減と保護の必要性 ………………… *232*
 1 独占禁止法改正による純粋持株会社の解禁 …………… *232*
 2 株式交換等と親会社株主の保護の必要性の現実化 ……… *233*
 3 親会社株主の保護とそのあり方 …………………… *234*
 4 親会社取締役の監督義務の法定化に向けた論議 ………… *235*
 5 中間試案における監督義務法定化の動き ……………… *236*

第7章 株主代表訴訟制度の概要 ……… *239*

Ⅰ アメリカの株主代表訴訟制度の概要──株主代表訴訟の法構造… *239*
Ⅱ 日本法における株主代表訴訟制度 ………………………… *240*
 1 株主代表訴訟制度の導入 …………………………… *240*
 2 株主代表訴訟制度の実質的意義 …………………… *242*
  (1) 株主代表訴訟の現状 ……………………………… *242*
  (2) 取締役等の責任追及と株主代表訴訟の役割 ……… *243*
Ⅲ 株主代表訴訟の基本的理解 ………………………………… *243*
 1 株主代表訴訟の概念と根拠 ………………………… *243*
 2 株主代表訴訟の目的と機能 ………………………… *245*
 3 株主代表訴訟の構造 ………………………………… *245*
 4 会社の権利による訴訟の特殊性 …………………… *247*
  (1) 会社の権利の存在 ……………………………… *247*
  (2) 会社の権利行使の可能性 ……………………… *248*
Ⅳ アメリカの株主代表訴訟との違い ………………………… *249*
 1 訴訟の基本構造の異同 ……………………………… *249*
 2 行為時株主の原則 …………………………………… *249*
 3 株主代表訴訟の対象となる取締役等の責任等 ………… *251*

```
    4  株主代表訴訟と経営判断の原則の適用 ……………………… 251
      (1)  株主代表訴訟と会社意思の尊重 ……………………… 251
      (2)  取締役会の提訴判断と経営判断の原則 ……………… 252
      (3)  訴訟終了判断と経営判断の原則 ……………………… 252
  Ⅴ  代表訴訟等の対象会社と訴訟当事者 ……………………… 254
    1  改正法の下での代表訴訟の3類型 ………………………… 254
      〈表2〉 改正法下での代表訴訟の類型 ………………………… 254
    2  代表訴訟等の被告となる役員等 …………………………… 255
  Ⅵ  旧株主による責任追及訴訟制度の新設 …………………… 256
    1  株主でなくなった者による代表訴訟等の提起 ………… 256
    2  旧株主による責任追及訴訟の要件 ……………………… 257
      (1)  要 件 ……………………………………………… 257
      (2)  旧株主による責任追及訴訟のポイント ……………… 258
    3  旧株主による責任追及訴訟の提訴権者等 ……………… 259
    4  旧株主による責任追及訴訟の対象となる責任等 ……… 260
    5  適格旧株主による提訴請求 ……………………………… 261
      (1)  提訴請求をするための要件 ………………………… 261
      (2)  提訴請求書面等の記載事項 ………………………… 262
      (3)  提訴請求前に再度の株式交換等が行われた場合 …… 262
    6  適格旧株主等による不提訴理由の通知請求 …………… 263
    7  適格旧株主等による責任追及訴訟の提起 ……………… 263
    8  責任追及訴訟の対象となる役員等の責任免除 ………… 263
  Ⅶ  代表訴訟等に共通する規定の整備 ………………………… 264
```

第8章 多重代表訴訟制度等の概要と導入論議 …… 266

```
  Ⅰ  多重代表訴訟制度の概要 …………………………………… 266
    1  多重代表訴訟の意義 ……………………………………… 266
    2  アメリカの多重代表訴訟の概要 ………………………… 267
      (1)  アメリカにおける多重代表訴訟 …………………… 267
```

(2)　多重代表訴訟の根拠……………………………………………… *268*
Ⅱ　多重代表訴訟の訴訟構造………………………………………………… *270*
　1　多重代表訴訟の類型…………………………………………………… *270*
　　〔図１〕　多重代表訴訟の基本構造………………………………… *271*
　2　多重代表訴訟の基本構造……………………………………………… *272*
　3　多重代表訴訟の理論的根拠…………………………………………… *273*
　4　解釈論としての多重代表訴訟の模索………………………………… *273*
Ⅲ　多重代表訴訟を必要とする理由………………………………………… *274*
　1　多重代表訴訟の導入に積極的な立場………………………………… *274*
　2　多重代表訴訟の導入に消極的な立場………………………………… *275*
　3　子会社株主による親会社取締役の責任追及………………………… *276*
Ⅳ　多重代表訴訟制度と訴訟構造の設計…………………………………… *277*
　1　多重代表訴訟と制度設計の対象事項………………………………… *277*
　2　多重代表訴訟と制度設計の基準……………………………………… *277*
　　(1)　直接の親子会社関係が存在する場合に限られない…………… *277*
　　(2)　完全親子会社関係が要求される………………………………… *278*
　　(3)　原告株主についての提訴資格の制限…………………………… *278*
　　(4)　対象子会社を重要な完全子会社に制限する…………………… *279*
　　(5)　親会社の損害発生要件…………………………………………… *279*
　　(6)　多重代表訴訟の濫用に対する措置……………………………… *279*
　　(7)　完全親子会社関係の存続………………………………………… *280*
Ⅴ　多重代表訴訟制度の創設に至る経緯…………………………………… *280*
　1　独占禁止法の改正による純粋持株会社の解禁……………………… *280*
　2　株式交換と株式移転の制度の新設…………………………………… *281*
　3　会社法の制定と多重代表訴訟制度の導入論議……………………… *282*
　4　会社法改正と多重代表訴訟制度創設の契機………………………… *283*
　5　中間試案と多重代表訴訟制度の取扱い……………………………… *283*
　6　改正要綱と多重代表訴訟制度の採用………………………………… *285*

第9章 改正法による多重代表訴訟制度の概要 ······ 287

Ⅰ 改正法により創設された多重代表訴訟の概要 ······ 287
 1 多重代表訴訟の概要 ······ 287
  (1) 最終完全親会社等 ······ 288
  (2) 完全親会社等 ······ 288
  (3) 特定責任 ······ 290
  (4) 3類型の代表訴訟と共通用語 ······ 290
 2 親子会社関係の形成と多重代表訴訟 ······ 291
  (1) 多重代表訴訟の原告と被告 ······ 291
  (2) 多重代表訴訟の対象と範囲 ······ 291
 3 改正法により多重代表訴訟制度が創設された理由 ······ 292
 4 取締役の違法行為と多重差止請求権の検討 ······ 293
Ⅱ 多重代表訴訟の基本構造 ······ 294
 1 改正法により創設された多重代表訴訟の基本構造 ······ 294
  〔図2〕 多重代表訴訟の基本構造 ······ 295
 2 多重代表訴訟と親子会社関係 ······ 296
  〈表3〉 通常の代表訴訟と多重代表訴訟の比較 ······ 297
 3 通常の代表訴訟と多重代表訴訟 ······ 298
 4 多重代表訴訟制度のポイント ······ 298
Ⅲ 多重代表訴訟と最終完全親会社 ······ 299
 1 多重代表訴訟の親会社となる会社 ······ 299
 2 最終完全親会社と中間子会社による株式保有形態 ······ 301
  (1) ①の形態の場合 ······ 301
  (2) ②の形態の場合 ······ 301
Ⅳ 多重代表訴訟の対象となる子会社 ······ 302
 1 完全子会社であることを必要とする理由と問題点 ······ 302
 2 みなし最終完全子会社 ······ 303
 3 重要な子会社を要件とする理由 ······ 304

4　重要な子会社の認定基準 ………………………………… *306*
　　5　重要な子会社基準による多重代表訴訟の提起 ………… *308*
　　6　重要な子会社の認定基準と訴訟要件 …………………… *309*
　　7　重要な子会社等に関する情報提供 ……………………… *310*
　Ⅴ　最終完全親会社の損害発生の要件 ………………………… *312*
　　1　多重代表訴訟の目的との関係 …………………………… *312*
　　2　最終完全親会社に類型的に損害が発生しない場合 …… *313*
　　3　最終完全親会社に損害が発生していない場合の取扱い ……… *314*

第10章　代表訴訟等と提起前の手続 ……… *316*

　Ⅰ　代表訴訟等の原告と株式会社等との関係 ………………… *316*
　　1　原告株主等の地位と訴訟構造 …………………………… *316*
　　　(1)　通常の代表訴訟 ……………………………………… *316*
　　　(2)　多重代表訴訟 ………………………………………… *317*
　　2　代表訴訟等における会社等の地位 ……………………… *318*
　　　(1)　通常の代表訴訟 ……………………………………… *318*
　　　(2)　多重代表訴訟 ………………………………………… *319*
　　3　提訴権者（原告適格者）の要件 ………………………… *319*
　　　(1)　6カ月前から引き続き株式を有する株主の要件 …… *319*
　　　(2)　保有議決権数等の要件 ……………………………… *320*
　　　(3)　継続的株式保有の要件 ……………………………… *321*
　　　(4)　株主名簿上の株主であることの要否 ……………… *323*
　　4　多重代表訴訟の提起権を少数株主権とした効果 ……… *325*
　Ⅱ　代表訴訟等の被告となる者 ………………………………… *326*
　　1　通常の代表訴訟 …………………………………………… *326*
　　　(1)　代表訴訟の被告についての通則 …………………… *326*
　　　(2)　提訴請求と代表訴訟の被告となる役員等 ………… *327*
　　　(3)　役員等の連帯責任との関係 ………………………… *327*
　　2　多重代表訴訟 ……………………………………………… *328*

Ⅲ 代表訴訟等と提訴請求の必要性 …………………… *329*
1 提訴請求の必要性 ………………………………… *329*
(1) 通常の代表訴訟 …………………………………… *329*
(2) 多重代表訴訟 ……………………………………… *330*
2 振替株式と提訴請求手続 ………………………… *330*
(1) 振替株式制度の概要 ……………………………… *330*
(2) 振替株式と株主権の行使 ………………………… *331*
(3) 振替株式と提訴請求 ……………………………… *333*
3 提訴請求手続違反の提訴と緊急提訴 …………… *334*
(1) 手続違反の提訴請求 ……………………………… *334*
(2) 緊急提訴 …………………………………………… *335*
4 提訴請求の相手方 ………………………………… *336*
(1) 通常の代表訴訟 …………………………………… *336*
(2) 多重代表訴訟 ……………………………………… *337*
5 提訴請求の相手方（名宛人）を誤った場合の取扱い ……… *337*
(1) 通常の代表訴訟 …………………………………… *337*
(2) 多重代表訴訟 ……………………………………… *338*
6 提訴請求書に記載すべき事項 …………………… *339*
(1) 通常の代表訴訟 …………………………………… *339*
(2) 多重代表訴訟 ……………………………………… *340*
7 取締役を被告とする提訴と会社代表等 ………… *342*
8 提訴請求を受けた監査役等の提訴判断 ………… *343*
(1) 通常の代表訴訟 …………………………………… *343*
(2) 多重代表訴訟 ……………………………………… *346*

Ⅳ 代表訴訟等と不提訴理由の通知 …………………… *347*
1 不提訴理由の通知の趣旨 ………………………… *347*
(1) 通常の代表訴訟 …………………………………… *347*
(2) 多重代表訴訟 ……………………………………… *348*
2 不提訴理由通知書の記載事項 …………………… *348*
(1) 通常の代表訴訟 …………………………………… *348*

(2)　多重代表訴訟………………………………………………… *350*
　3　不提訴理由の通知と拘束力　……………………………………… *351*
　　(1)　通常の代表訴訟…………………………………………………… *351*
　　(2)　多重代表訴訟……………………………………………………… *352*
Ⅴ　取締役等の責任の免除規制　………………………………………… *352*
　1　取締役等の責任の免除手続　……………………………………… *352*
　2　完全子会社の取締役等の責任免除の規制　……………………… *353*
　　〔図3〕　株式会社（対象子会社）に最終完全親会社等がある場合の重要な
　　　　　　完全子会社と認められる子会社の役員等の責任の免除………… *355*
　3　完全子会社の役員等の責任の一部免除　………………………… *355*
　　(1)　役員等の責任の一部免除手続…………………………………… *355*
　　(2)　多重代表訴訟と子会社役員等の責任の一部免除……………… *356*
Ⅵ　代表訴訟等の対象となる役員等の責任　…………………………… *357*
　1　代表訴訟等の対象となる役員等　………………………………… *357*
　2　代表訴訟等の対象となる役員等の責任の範囲　………………… *357*
　　(1)　役員の責任の範囲をめぐる争い………………………………… *357*
　　(2)　代表訴訟等の対象に取引上の債務も含まれるとの立場……… *358*
　　(3)　取締役の任務懈怠責任に限られるとの立場…………………… *359*
　3　代表訴訟等の対象となる取締役の責任の範囲の考え方　……… *360*
　　(1)　アメリカの代表訴訟との異同…………………………………… *360*
　　(2)　わが国における代表訴訟の理解………………………………… *361*
　　(3)　代表訴訟の対象——任務懈怠責任……………………………… *362*
　　(4)　多重代表訴訟の対象となる役員等の責任……………………… *364*
　4　特定債務の履行請求と代表訴訟等　……………………………… *365*
Ⅶ　代表訴訟等の係属中に訴訟要件を欠いた場合の取扱い…………… *367*
　1　提訴要件である株主等でなくなった場合　……………………… *367*
　2　会社法と訴訟追行権の継続規定　………………………………… *369*
　3　訴訟の係属中に会社等に生じた事情と訴訟に与える影響　…… *370*
　4　会社等の権利の処分と代表訴訟等の帰すう　…………………… *371*
　　(1)　会社等による権利の譲渡………………………………………… *371*

(2)　会社等による権利の譲渡以外の処分……………………… *373*
Ⅷ　代表訴訟等と監査役等の訴訟権限 ……………………………… *375*

第11章　代表訴訟等の提起とその手続 …… *377*

Ⅰ　代表訴訟等の提起のための手続 ………………………………… *377*
　1　代表訴訟等の提起と要件 ……………………………………… *377*
　2　代表訴訟等と訴状の記載事項 ………………………………… *378*
　　(1)　当事者……………………………………………………… *378*
　　(2)　請求の趣旨………………………………………………… *378*
　　(3)　請求の原因………………………………………………… *378*
　3　代表訴訟等の提起 ……………………………………………… *379*
　　(1)　管轄裁判所………………………………………………… *379*
　　(2)　訴額の算定………………………………………………… *380*
　　【書式】　多重代表訴訟の訴状の記載例（子会社取締役の法令違反行為と監視義
　　　　務違反等の責任追及の場合）………………………………… *381*
Ⅱ　代表訴訟等の提起が認められない場合 ………………………… *383*
　1　不当目的訴訟の禁止 …………………………………………… *383*
　　(1)　通常の代表訴訟…………………………………………… *383*
　　(2)　多重代表訴訟……………………………………………… *386*
　2　代表訴訟等と不当目的の立証 ………………………………… *386*
　3　多重代表訴訟と最終完全親会社の損害発生要件 …………… *387*
Ⅲ　代表訴訟等の提起と訴訟告知 …………………………………… *388*
　1　代表訴訟等の提起と訴訟告知の規定 ………………………… *388*
　2　民事訴訟における訴訟告知と代表訴訟等における訴訟告知 ……… *388*
　3　株式会社等による公告または通知 …………………………… *389*
　4　責任追及等の訴えの提起と訴訟告知 ………………………… *390*
　　(1)　代表訴訟等を提起した株主等の訴訟告知義務………… *390*
　　(2)　責任追及訴訟の提起等をした株式会社等の公告義務……… *390*
　5　責任追及等の訴えを提起した株式会社等の通知義務 ……… *390*

(1)　株式交換等完全親会社に対する通知義務……………… *390*
　(2)　最終完全親会社等に対する通知義務…………………… *391*
　(3)　株式交換等完全親会社等の公告等義務………………… *391*
Ⅳ　代表訴訟等と経過措置………………………………………… *392*

第12章　代表訴訟等の提起に伴う付随手続 … *393*

Ⅰ　代表訴訟等と担保提供の申立て……………………………… *393*
　1　改正法と担保提供規定……………………………………… *393*
　2　担保提供制度の趣旨と機能………………………………… *393*
　3　担保提供請求と悪意の疎明………………………………… *395*
　4　担保提供請求と手続………………………………………… *396*
　5　担保提供命令の効果………………………………………… *397*
Ⅱ　代表訴訟等と訴訟参加規定…………………………………… *398*
　1　訴訟参加に関する規定の概要……………………………… *398*
　2　株主等の訴訟参加…………………………………………… *399*
　3　株式会社等の訴訟参加……………………………………… *400*
Ⅲ　代表訴訟等と株式会社等の補助参加………………………… *401*
　1　株式会社等の被告役員等への補助参加と問題点………… *401*
　2　代表訴訟等と補助参加の利益の考え方…………………… *402*
　(1)　代表訴訟等と補助参加の利益…………………………… *402*
　(2)　判決理由中の判断と補助参加の利益…………………… *403*
　(3)　補助参加の利益に関する判例の立場…………………… *403*
　(4)　内部統制システムの構築義務違反と補助参加の利益… *404*
　3　会社の補助参加と民事訴訟法との関係…………………… *404*
　(1)　会社法と補助参加の利益の理解………………………… *404*
　(2)　改正法と補助参加の利益………………………………… *406*
　4　補助参加の利益に対する実務的対応と問題点…………… *407*
　(1)　民事訴訟法の補助参加規定による処理………………… *407*
　(2)　補助参加の必要性とデメリット………………………… *408*

	(3) 独立当事者参加によることの検討	408
5	株式会社等の補助参加と監査役等の同意	409
Ⅳ	代表訴訟等と資料収集方法	410
1	代表訴訟等訴訟資料の収集	410
	(1) 訴訟資料と証拠が偏在する訴訟	410
	(2) 株主が訴訟資料を入手するための方法	411
2	多重代表訴訟と子会社情報の収集	411
3	会社法上の訴訟資料の収集方法	412
4	民事訴訟法による訴訟資料の収集方法	413
	(1) 文書提出命令の申立て	413
	(2) 文書の送付嘱託の申立て	417
	(3) 調査嘱託の申立て	417
	(4) 当事者照会の制度	417
	(5) 提訴前の証拠収集と証拠保全	418
5	多重代表訴訟等と会社法上の訴訟資料収集	419

第13章 代表訴訟等の終了とその後の処理 … 421

Ⅰ	判決確定による訴訟の終了	421
Ⅱ	和解による訴訟の終了	422
1	代表訴訟等と和解による訴訟終了	422
	(1) 代表訴訟等と和解による解決	422
	(2) 代表訴訟等における和解の問題点	422
2	会社法と代表訴訟等の和解規定	423
3	責任等免除規定の適用排除	424
4	会社に和解の効力を及ぼすための手続	425
Ⅲ	代表訴訟等の取下げ自由と問題点	426
1	代表訴訟等と訴えの取下げ	426
2	代表訴訟等と訴えの取下げ規制の必要性	427
	(1) 消滅時効の完成後の取下げ	427

	(2)	終局判決後の取下げ	427
	(3)	取下げ自由とそれに対する制限	428
Ⅳ	代表訴訟等のために支出した費用等の請求		428
	1	原告株主等に対する費用補償の規定	428
	2	株式会社等に対する費用の支払請求とその額	429
	(1)	株式会社等に対し支払請求を認める趣旨	429
	(2)	支払請求が認められる額	429
	(3)	必要な費用の支払請求が認められる勝訴の意味	430
	3	株式会社等に支払請求できる弁護士報酬	431
	4	被告役員等に対する会社の費用補償	432
	(1)	会社による費用補償に関する考え方	432
	(2)	会社による費用補償を認める立場	433
Ⅴ	役員賠償責任保険（D&O保険）による損害てん補		434
	1	社外取締役等の監視義務の強化への対応	434
	2	役員賠償責任保険による補てんの措置	435
	(1)	普通保険約款（基本契約保険）による保険の構造	435
	(2)	株主代表訴訟補償特約	437
Ⅵ	悪意の敗訴株主等の責任		438
	1	敗訴株主等が責任を負う場合	438
	2	責任を負わなければならない悪意の意味	439
	(1)	悪意の敗訴株主の責任制限の趣旨	439
	(2)	損害賠償責任の原因となる悪意の意味	439
	(3)	悪意の敗訴者の損害賠償額の認定	441
Ⅶ	代表訴訟等と再審の訴え		441
	1	代表訴訟等と詐害再審規定	441
	2	詐害再審規定を設けた趣旨	442
	3	再審の訴えを提起できる者	444
	(1)	責任追及等の訴え	444
	(2)	旧株主による責任追及訴訟	444
	(3)	特定責任追及の訴え	444

4　詐害再審の当事者 ………………………………… *445*
　　5　詐害再審と訴訟手続 ……………………………… *445*
　　6　代表訴訟等の和解と再審の訴え ………………… *446*
Ⅷ　**代表訴訟等の原告勝訴判決と執行手続** ……………… *447*
　　1　株式会社等による強制執行の申立て …………… *447*
　　2　原告株主等による強制執行の申立て …………… *448*
　　3　代表訴訟等と保全処分 …………………………… *449*
　　4　多重代表訴訟と保全処分 ………………………… *451*

　・事項索引………………………………………………… *452*

凡　例

〈法令等略語表記〉

会社	会社法
旧会社	平成26年法律90号による改正前の会社法
会施規	会社法施行規則
会計規	会社計算規則
旧会計規	平成27年法務省令6号による改正前の会社計算規則
民	民法
商	商法
旧商	平成17年法律87号による改正前の商法
旧商施規	平成18年法務省令87号による改正前の商法施行規則
商特	株式会社の監査等に関する商法の特例に関する法律（廃止）
民訴	民事訴訟法
民執	民事執行法
民保	民事保全法
破	破産法
金商	金融商品取引法
証取	証券取引法（廃止）
独禁	私的独占の禁止及び公正取引の確保に関する法律
社債株式振替	社債、株式等の振替に関する法律
社債株式振替施行令	社債、株式等の振替に関する法律施行令
一般法人	一般社団法人及び一般財団法人に関する法律
民訴費	民事訴訟費用等に関する法律
連結財務諸表規則	連結財務諸表の用語、様式及び作成方法に関する規則
財務計算適正体制府令	財務計算に関する書類その他の情報の適正性を確保するための体制に関する内閣府令
開示府令	企業内容等の開示に関する内閣府令

有価証券上場規程	有価証券上場規程（東京証券取引所）

〈判例集・判例評釈誌・定期刊行物略語表記〉

民（刑）集	最高裁判所民（刑）事判例集
高民集	高等裁判所民事判例集
下民集	下級裁判所民事裁判例集
金判	金融・商事判例
判時	判例時報
判タ	判例タイムズ
金法	金融法務事情
ジュリ	ジュリスト
商事	旬刊商事法務
資料版商事	資料版商事法務
曹時	法曹時報

会社役員の損害賠償責任の概要

I 会社と会社役員の委任契約関係

1 役員の会社に対する任務懈怠責任

(1) 任務懈怠責任と責任を負う役員等

　取締役、会計参与、監査役、執行役、会計監査人（以下、「役員」という）は、その任務を怠ったときは、株式会社（以下、「会社」という）に対し、これによって生じた損害を賠償する責任を負う（会社423条1項）。この任務懈怠による損害賠償責任は、役員の責任の一般的責任規定である。なお、会計監査人は元来役員ではないが（同法329条1項）、役員として責任を負う。そして、これら役員の任務懈怠責任は株主代表訴訟（以下、「代表訴訟」という）により追及されることになる。

　任務懈怠責任の対象となる役員の範囲は広いが、多くは取締役の責任追及であり、指名委員会設置会社については執行役の責任が中心となる。また、監視義務違反との関係で監査役に対する責任追及事案も増えている。

　近時、オリンパスや東芝の不正な会計処理について、それを見落としたとして会計監査人（公認会計士・監査法人）の責任が問題になっているが、その傾向は今後強まるものといえる。会計監査人の責任は、会社が有価証券報告書に虚偽記載をした場合などに問題になる。会計監査人は会社の計算書類等を監査するのであるが（会社396条1項）、監査について任務懈怠があれば会社に対して損害賠償責任を負う。また、会計監査人は、監査において取締役の不正行為または法令違反行為を発見したときは、遅滞なく監査役に報告しなければならないから（同法397条1項）、これに違反した場合も会社に対し任務懈怠責任を負う。

会社と役員等および会計監査人との関係は委任関係であるから（会社330条）、その任務を懈怠した責任は委任契約上の債務不履行（不完全履行）責任である。すなわち役員は任務懈怠により会社に与えた損害につき賠償責任を負うのであるが（民415条）、会社法はこれの特則として、役員の任務懈怠責任を規定したのである（会社423条1項）。

任務懈怠による損害賠償責任は、委任契約上の債務不履行責任であって、商行為たる委任契約上の債務がその態様を変じたにすぎないものではない。そこで、消滅時効の期間は商行為債務の消滅時効期間の5年（商522条）ではなく、債権の消滅時効期間の一般例（民167条1項）により10年である（最判平成20・1・28民集62巻1号128頁）。遅延損害金についても、商行為によって生じた債務ではないことから、その利率は民法所定の年5分となる（最判平成26・1・30判時2213号123頁）。また、委任契約上の債務不履行による損害賠償責任であるから相続の対象となる。

(2) 役員が任務懈怠責任を負う要件

任務懈怠責任は、会社に対する委任契約上の債務不履行（不完全履行）責任であるから、役員が任務懈怠責任を負うための要件は、受任者として職務を執行するにあたり、①委任契約上の義務に違反した（任務懈怠の客観的事実）、②故意または過失（帰責事由）がある、③任務懈怠と因果関係のある損害が発生したことを要する。

①、③は、原告が立証しなければならない。②は、「その任務を怠ったときは」とあるように過失責任であるが（会社423条1項）、帰責事由（故意・過失）についての立証責任は、委任契約上の債務不履行責任に関する立証責任の分配理論に従い、被告役員等において自己の責めに帰すべき事由によらないこと（無過失）を立証して責任を免れる（抗弁事由）ことになる。しかし、①の事実が立証された場合に、不可抗力であるなど無過失を立証することは容易ではない。

任務懈怠責任は委任契約上の債務不履行責任であるが、それには善管注意義務違反と法令違反とがある。法令を遵守することも役員の委任契約上の義務であるからである。多くは、善管注意義務違反の責任として問題にされるが、善管注意義務の範囲は広く、監視義務も善管注意義務に含まれる。遵守すべき法令はあらゆる法令を含むとされている。

しかし、取締役の責任が認められた多くの事例は、法令違反が関係するものであり善管注意義務違反（経営判断の誤り）の責任が認められた事例は少ない。

2　役員等の善管注意義務違反の責任

(1)　善管注意義務違反による責任

役員の責任が問題になる多くの場合は、善管注意義務違反の責任である。会社と役員等との関係は委任関係であるから、役員等は会社に対して受任者として善管注意義務を負い（会社330条、民644条）、それに違反して会社に損害を与えた場合は、会社に対して善管注意義務違反の責任を負う。

善管注意義務とは、債務者の属する階層・地位・職業などにおいて一般に要求される注意義務であり、自己の能力に応じた程度の注意ではなく、客観的に要求される程度の注意を意味する。そして、この注意義務を欠くときは「過失」があるとして任務懈怠の責任が生ずる。[1]

役員の善管注意義務は、会社の規模、業種、業務執行取締役か平取締役か、社外取締役であるか等の具体的事情を考慮して、客観的に要求される程度の注意義務である。もっとも、たとえば、財務などの専門性を評価されて取締役になった者は、財務に関しては他の取締役より高度の注意義務が要求される。

善管注意義務違反の責任が問題となる多くの場合は取締役であるが、会社法は、取締役は法令・定款並びに株主総会の決議を遵守し、株式会社のために忠実にその職務を行わなければならないと忠実義務を規定している（会社355条）。善管注意義務と忠実義務との関係であるが、忠実義務に関する規定は善管注意義務（同法330条、民644条）を敷衍し、一層明確にしたにとどまるものであって、通常の委任関係に伴う善管注意義務とは別個の高度な義務を課したものではないと解される（最判昭和45・6・24民集24巻6号625頁）。

(2)　善管注意義務違反の責任類型

役員の善管注意義務違反の責任は、①自ら善管注意義務に違反する行為を行い、またはそれに関与した責任、②他の役員等（代表取締役または業務執行取締役）の任務懈怠行為を知りながら、それに対する措置を講ずることなく放置し、

1　我妻栄ほか『我妻・有泉コンメンタール民法（総則・物権・債権）〔第2版追補版〕』501頁。

あるいは取締役として相当の注意を払えば、それを知り得たのに漫然とみすごした監視義務違反の責任に大別することができる。

従来、取締役の責任として、①の類型の責任が問題にされる事例が多かった。それは、経営判断に基づき何らかの業務執行をしたがそれが失敗に終わった場合の責任であるが、経営判断の原則が適用され取締役の責任が認められた事例は少ない。②の監視義務違反の責任は非業務執行者の責任であるが、近年ではこの類型の責任を追及する訴訟が増加傾向にあり、しかも、内部統制システムの構築と運用に対する監視義務違反の責任として追及されている。

3　任務懈怠責任と善管注意義務違反

平成17年改正前の商法（以下、「旧商法」という）は、取締役の任務懈怠の責任に関する一般規定として、法令・定款違反行為と規定していた（旧商266条1項5号）。そして、法令違反には善管注意義務や忠実義務という一般的な法令違反と具体的な法令違反が含まれていたが、具体的な法令の範囲を会社または株主の利益保護を目的にする法令に限らず、会社を名宛人とする法令一般を指すと解されていた（最判平成12・7・7民集54巻6号1767頁）。

ところが、監査役と委員会等設置会社の取締役または執行役の責任については、法令・定款違反行為とせずに任務を怠ったときに責任を負うものと規定していた（旧商277条、商特21条の17第1項）。

これに対し、会社法は、取締役等の役員等は、「その任務を怠ったとき」として、役員の責任を任務懈怠責任に統一した（会社423条1項）。法令違反を任務懈怠と変更したのは、当時の株式会社の監査等に関する商法の特例に関する法律（以下、「商法特例法」という）21条の17第1項（委員会設置会社の取締役等の責任規定）の文言に倣って統一したものである。法令違反を役員等が任務を怠ったときと規定したのであり（会社423条1項）、規定上の表現は変わったが、旧商法と実質的内容に変化はない。[2]

会社法は役員の責任を任務懈怠責任と規定しているが（会社423条1項）、任

2　相澤哲編著『新・会社法の解説（別冊商事法務295号）』117頁、江頭憲治郎＝門口正人編集代表『会社法大系(3)機関・計算等』230～231頁〔松山昇平＝門口正人〕。

務懈怠には善管注意義務違反と法令違反が含まれることになる。善管注意義務違反と任務懈怠はともに過失責任であるが、両者の関係をどうみるかが問題になる。この点、任務懈怠は善管注意義務違反を意味する、役員と会社の関係は委任関係であるので（同法330条）、任務懈怠は善管注意義務違反になるとしている。[3][4]

　任務懈怠と善管注意義務違反を同一の意味に理解するのが一般的であるが、任務懈怠には善管注意義務違反と法令違反が含まれるから（善管注意義務違反に法令違反が含まれるとみるべきではない）、任務懈怠は善管注意義務違反より広いといえる。善管注意義務違反の判断に際しては経営判断の原則が適用されるが、法令違反の場合は直ちに任務懈怠となる。そうすれば、任務懈怠＝善管注意義務違反と考えないほうがよい。

4 任務懈怠と過失の関係

(1) 善管注意義務違反と過失

　役員の任務懈怠責任は過失が要件であり、善管注意義務違反の場合だけでなく、法令違反についても過失が責任要件となる。善管注意義務違反と過失の関係について、任務懈怠と過失を別の要件ととらえて任務懈怠というためには、任務懈怠に加えて過失を要するとの立場（二元説）と、「任務を怠り」というのは過失を要件とし、実際上も、任務懈怠の事実（客観的要件）はあるが、過失（主観的要件）はないという場合は考えにくいから、過失を任務懈怠の要件とみるべきであり、過失がなければ任務懈怠はないというべきであるとの立場がある（一元説）。

　理論的にはいずれの立場も成り立ちうるが、客観的要件については原告が立証責任を負い、主観的要件については被告が無過失を立証しなければならないことから、二元説によるべきである。

(2) 法令違反行為と過失との関係

　役員は職務執行上法令を遵守することが要求される。そこで、法令違反行為

3　大隅健一郎＝今井宏＝小林量『新会社法概説〔第2版〕』233頁。
4　江頭憲治郎『株式会社法〔第6版〕』463頁。

をすることは任務懈怠となる。法令の範囲について制限はなく、また法令を遵守するか否かについて裁量権はないから、たとえ会社の利益を高めるために法令違反行為をした場合であっても責任を免れない。

法令違反の責任は過失責任であるから、過失があることが要件となる。法令違反と過失の関係について、法令違反に過失を取り込み法令違反があれば任務懈怠と認められるとの立場（一元説）と、法令違反と過失を分けて考える立場（二元説）がある。

この点、役員の責任は委任契約上の債務不履行責任であるから、原告は法令違反の事実を主張・立証する責任がある。これに対し、被告役員において無過失を立証することで責任を免れるから（抗弁事由）、法令違反と過失の関係は二元説によるほうが説明しやすい。いずれにせよ、法令違反の事実が立証された場合に、被告役員が無過失を立証することは容易ではない。しかも、多くの場合、法令違反の事実により過失が推認されることになる。

そうすれば、役員の行為が客観的に法令違反と認められる場合に、具体的状況に応じた免責は、過失の有無において判断するという二元説が合理的であろう。そこで、会社法は、法令違反（違法性）を「任務を怠った」という文言で、無過失を「責に帰することができない事由によるものであること」という文言で表現することにより、任務懈怠と過失を別の要件とし、二元説をとることを明らかにしている[5]。

5　任務懈怠責任と責任内容の分類

(1)　業務執行上の判断の誤り

業務執行に関する経営判断の誤りを、常に善管注意義務違反というわけにはいかない。業務執行上の過失により、会社に損害を与えた取締役または執行役は損害賠償責任を負うが、過失の有無の判断に関して経営判断の原則が適用され責任を負わない場合がある。判断時を基準とした状況の下において、合理的な調査と資料を収集し、相当な検討を加えたうえで経営判断をし、経営判断の内容も相当性（著しく不合理でない）が認められるか否かにより経営判断原則

---

[5]　相澤・前掲書（注2）117～118頁〔相澤哲＝石井裕介〕。

の適用の有無が判断される。

(2) 法令違反行為

任務懈怠のうち法令に違反する行為の責任である。法令の範囲に制限はなく、会社や株主の権利を保護することを目的とする法令に限らずすべての法令が含まれる。法令違反により直ちに任務懈怠となる。法令違反行為については裁量権の問題は生じないから、経営判断の原則は適用されない。法令違反行為による責任は、有価証券報告書の虚偽記載等といった金融商品取引法違反、不公正な取引という私的独占の禁止及び公正取引の確保に関する法律（以下、「独占禁止法」という）違反の責任など大型化し、会社に与える損害も巨額に上る場合がある。

法令違反の責任も任務懈怠であるから過失が要件になる。過失がなかったとする理由の多くは、法令を知らなかった、法令に違反するとは思わなかったといったものであるが、このような理由で過失がなかったと認定されることは少ない。無過失とされるためには、当該役員を含め広く法令に違反することが意識されず、かつ相当の注意を払っても法令違反に気づかなかったことが必要であるが、実際上、このような認定がなされることはまず考えられない。

野村証券損失補てん事件では、取締役が損失補てんをすることが独占禁止法に違反するとの認識を欠いたことについて過失がないとしたが（最判平成12・7・7民集54巻6号1767頁）、それは、損失補てんの独占禁止法違反につき、本件当時、公正取引委員会を含む関係当局においてさえ意識しておらず、専門家の意見を徴しても、同法違反の問題があると認識するに至らなかったであろうとの特別の事情による特異なものである。

(3) 取締役等の任務懈怠行為と監視義務違反の責任

自らは任務懈怠行為をしていないが、他の取締役または執行役の任務懈怠行為を阻止しなかったという監視義務違反による善管注意義務違反の責任である。これは不作為による善管注意義務違反の類型である。近年、取締役と監査役に対する監視義務違反の責任追及訴訟が増加傾向にあり、関心が高まっているが、会社法上の大会社と指名委員会等設置会社、監査等委員会設置会社については、内部統制システムの整備が要求されることから（会社362条4項6号・5項、416条1項1号ホ、399条の13第1項1号ハ）、内部統制システムの構築と運営に対す

る監視義務として問題にされる。

6 役員の責任追及訴訟

　役員に対する責任追及訴訟は、会社によりなされるべきである。取締役の責任を追及する訴訟において、会社を代表して提訴するのは、監査役設置会社については監査役（会社386条1項1号）、監査等委員会設置会社については取締役会が定める者または監査等委員会が選定する監査等委員であり（同法399条の7第1項1号・2号）、指名委員会等設置会社が取締役または執行役の責任を追及する訴訟では、取締役会が定める者または監査委員会が選定する監査委員である（同法408条1項1号・2号）。

　多くの場合、役員間の馴れ合い等により会社は責任追及訴訟を提起しないことから、株主が代表訴訟により役員の責任を追及することになる。改正法においては、新たに親会社株主が子会社の役員の責任を追及する特定責任追及の訴え（多重代表訴訟）を創設した（会社847条の3）。

　役員の責任追及にあたっては、原告において被告役員の任務懈怠にあたる事実、賠償責任額（任務懈怠と因果関係が認められる会社の損害）を主張・立証しなければならない。原告が被告役員の任務懈怠にあたる事実を立証した場合、被告役員の責任は委任契約上の債務不履行責任であるから、被告役員において過失がないこと（責めに帰すべき事由がないこと）を立証しなければならない。

　経営判断の原則が適用される場合には過失は否定されることから、被告においてこの原則が適用される事実について立証しなければならない。また、原告が損害額の立証が困難な場合に、損害額の立証がなされていないとして請求を棄却することは妥当でないことから、民事訴訟の認定損害額（民訴248条）によるのが適正である。

II　善管注意義務違反の責任と経営判断の原則

1　経営判断の原則の基本的理解

(1)　経営判断の原則の意義

　経営判断の原則（business judgment rule）は、アメリカにおいて判例法によ

り形成された重要なルールである。わが国でも、以前から経営判断の原則（経営判断の法則）が認められ明文の規定はないものの定着している。取締役や執行役の企業経営に関する判断は、不確実かつ流動的で複雑多様なものであり一定のリスクが伴う。企業経営の大規模化と複雑化に伴い、将来を正確に見通すことが困難となり、経営判断が結果的に失敗に終わることがある。取締役等がその経験や識見に基づき適正な経営をした場合であっても、取締役等の経営判断が結果的に失敗に終わった場合、過失があるとして取締役がすべて責任を負うとするのは会社経営の実態に沿わないばかりか、取締役等は委縮して大胆かつ積極的な経営を行うことができないことになる。

そこで、取締役等の経営判断に裁量権を認め、一定の要件が備わった合理的な裁量権の範囲内でなした行為については、結果として失敗に終わっても、裁量権行使を尊重し善管注意義務違反の責任を認めないとするのが経営判断の原則である。

経営判断の原則は、元来、将来の成果が不透明で失敗するかもしれないというリスクを伴う取締役等の経営上の判断について、取締役を過酷な経営責任から救済するものとして形成されたものであるが、現在では、それ以外の取締役等の判断（たとえば、買収防衛策の発動判断、内部統制システムの整備内容に関する判断）についても適用することができることからその適用領域を拡張している。

(2) **経営判断の原則の機能と適用基準**

経営判断の原則は、過失の認定と関係するが、当初、この原則は過失を軽減するものであると理解されていた。しかし、現在ではリスクを伴う企業経営における取締役等の過失の有無の認定基準として機能し、この原則が適用される場合は過失が認められないものと理解されるようになった。

この原則は経営判断上の過失の有無の判断基準に用いられるから、故意による善管注意義務違反には適用されず、過失による場合であっても、法令違反行為については裁量権が認められないことからこの原則は適用されない。

多くの裁判例は、取締役の善管注意義務違反の責任を追及する訴訟において、取締役の裁量権の範囲内であるとして、経営判断の原則を適用し取締役の過失を否定している。取締役の経営判断に誤りがあるとして、善管注意義務違反の責任を認めた事例は少ない。

裁判例は、経営判断の原則の適用基準を裁量権の範囲内（著しく不合理でない）に求めている。著しく不合理でないとは、裁量権の範囲を広く認めたものと解される。判例も経営判断の原則の適用を認めたが、適用基準を裁量権の範囲とする立場を踏襲している（最判平成22・7・15判時2091号90頁）。

(3) 経営判断の原則と訴訟上の取扱い

取締役の責任追及訴訟において、経営判断の原則の主張をどのように位置づけるかであるが、この原則は過失の有無を判断するための基準であり、これが適用されると過失が否定される。つまり、この原則の適用について立証責任を負うのは、それにより利益を受ける者であるから、被告取締役が立証責任を負うことになる（抗弁事由）。

原告が被告取締役の善管注意義務違反にあたる事実を立証した場合、被告取締役において過失がないことを立証しなければならないが、そのために経営判断の原則の適用を基礎づける事実を主張・立証することになる。そして、それに成功すれば、被告取締役の過失が否定されることになる。

2　経営判断の原則が適用されるための要件

アメリカにおいては、取締役または役員は、経営判断（意思決定）をする前に必要な調査を行い（調査義務）、情報を入手し、それを分析して、合理的な注意義務を尽くして経営判断をしなければならないが、司法審査の対象は意思決定に至る判断の過程（判断の前提としての調査と検討）における合理性であり、それが認められた場合は取締役や役員の経営判断を最大限尊重し、裁判所は経営判断の内容の合理性に踏み込まない。

わが国においても、初期の段階では、「意思決定の過程が通常の企業人として著しく不合理なものでなかったか否かという観点から審査を行い、前提となった事実認識に不注意な誤りがあり、または意思決定の過程が著しく不合理であったか否か」を、この原則の適用基準とする裁判例があった（東京地判平成5・9・16判時1469号25頁）。

しかし、その後の裁判例は、取締役の善管注意義務違反の有無の判断にあたっては、「判断の前提としての事実の認識に不合理な誤りがなかったか否か、およびその事実に基づく行為の選択決定に不合理がなかったか否か、意思決定

の内容が企業人としてとくに不合理・不適切なものであるか否か」を基準とし、裁判所は経営判断の内容にも立ち入るようになった（東京地判平成8・2・8資料版商事144号115頁、東京地判平成10・5・14判時1650号145頁、東京地判平成16・9・28判時1886号111頁）。

　現在では、経営判断の原則の適用要件は、①当該経営判断した当時の状況に照らして、経営判断のための合理的な調査、情報の収集と分析および検討をしたこと（経営判断に至る過程の適切さ）、②経営判断の内容が著しく不合理でないこと（裁量権の範囲内）である。そして、この2段階の司法審査にパスした場合に、経営判断の原則が適用されることになる（東京地判平成14・4・25判時1793号140頁）。しかし、多くの場合、裁判所は2段階テストにパスしたものとして経営判断の原則を適用している。

　経営判断の原則の適用要件を満たしているか否かの判断は、具体的な事案に応じてなされるが、それは、当該会社の業種、規模、判断の必要性と緊急性などの諸事情を考慮しなければならない。銀行の取締役の融資判断に誤りがあるとして責任が追及される場合が多いが、融資判断について要求される注意義務の程度は、一般の事業会社の取締役等より高度なものが要求される。特に経営不振の取引先に対する金融支援（追加融資）については難しい経営判断が要求される。もっとも、金融支援が失敗に終わった場合に、取締役の責任が認められた事例は少ない。一般の事業会社についても、経営不振の子会社や取引先に対する金融支援は難しい経営判断が要求されるが、それが失敗した場合に責任が認められた事案は少ない。

　取締役は難しい経営判断が迫られる場合には、弁護士、会計士、技師などの専門家の意見を求めることが必要とされる。この場合、専門家の意見に特に疑うべき事情のない限り、専門家の意見を信頼しそれに従った場合は過失がないといえる（専門家の意見に対する信頼の保護）。もっとも、意見が分かれ慎重に判断しなければならない事案については、セカンドオピニオンを要する場合がある。

3 経営判断の原則の適用を認めた判例

(1) 事案の概要

　A社は機動的なグループ化を図るという事業再編計画の一環として、B社を子会社化するために、B社の株主からB社株式の評価額を大きく上回る1株5万円（設立時の払込金額）で買い受けた。これに対し、A社の株主が、買取価格は非常に高く、それによりA社の取締役は同社に対し適正価格との差額相当分の損害を与えたとして、取締役に対しA社に対して、差額相当分の損害賠償金を支払うよう求めて代表訴訟を提起した。

　控訴審判決は、経営判断の前提としての十分な調査と検討をすることなく買取額を設定したのであり、その判断に合理的な根拠や理由を見出すことができない、取締役の経営上の判断として許された裁量の範囲を逸脱したものであるとして、経営判断の原則の適用を認めなかった（東京高判平成20・10・29金判1304号28頁）。

　これに対し、最高裁判所は、次のような理由で、取締役の経営判断は著しく不合理なものとはいえないとして、経営判断の原則の適用により善管注意義務違反の責任を否定した（最判平成22・7・15判時2091号90頁〔アパマンショップホールディングス株主代表訴訟〕）。

(2) 判　旨

　最高裁判所の判旨は以下のとおりである。

　①本件は事業再編計画の一環として、B社をA社の完全子会社化する目的で行われたものであるが、事業再編計画の策定は、完全子会社化することのメリットの評価を含め、将来予測にわたる経営上の専門的判断に委ねられている。株式取得の方法や価格についても、取締役において、株式の評価額のほか、取得の必要性、会社の財務上の負担、株式の取得を円滑に進める必要性の程度等をも総合考慮して決定することができ、その決定の過程、内容に著しく不合理な点がない限り、取締役の善管注意義務に違反するものではない。

　②買取価格についてB社の設立から5年が経過しているにすぎないことから、払込金額である5万円を基準にすることは相応の合理性がある。B社の株主には、A社が事業の遂行上重要であると考えていた加盟店等が含まれており、

買取りを円滑に進めてこれら加盟店等との友好関係を維持することが、A社および傘下の企業各社の事業遂行のために有益である。事業再編の効果によるB社の企業価値の増加も期待できたことから、買取価格を1株5万円と決定したことは著しく不合理ではない。

③本件決定に至る過程においては、A社およびその傘下のグループ企業各社の全般的な経営方針等を協議する機関である経営会議において検討され、弁護士の意見も聴取するなどの手続が履践されているから、決定過程にも何ら不合理な点はみあたらない。

(3) 解　説

本件（アパマンショップホールディングス株主代表訴訟）は、評価額以上の価格で株式を取得したことが善管注意義務に違反するかが争われた事案であるが、経営判断の原則を適用して取締役の責任を否定した最初の最高裁判決である。それは、従来の裁判例が積み上げてきた適用基準を踏襲したものである。

①は、事業再編計画の策定は、完全子会社化することのメリットの評価を含め、将来予測にわたる経営上の専門的判断に委ねられているとして、取締役の経営判断事項であるとし、株式取得価格についても、総合考慮して決定することができるから、決定の過程と内容に著しく不合理な点がない限り、取締役の善管注意義務に違反するものではないとして、経営判断の原則を適用することができるとしている。

②は、株式取得価格を5万円とするB社の株主との合意に基づく買取りは、総合的判断において著しく不合理とはいえないとして、経営判断の内容の合理性を認めたものである。

③は、買取価格決定に至る過程については、経営会議において検討し、弁護士の意見も聴取するなどの手続が履践されているとして、経営判断の前提となる決定過程も不合理ではないとするものである。

このように、株式取得の方法や価格決定という経営判断の内容についても、決定に至る過程についても著しく不合理であるとはいえないとして、経営判断の原則を適用して取締役の責任を否定したものであるが判旨は妥当である。

もとより、控訴審判決が、取締役の経営上の判断として許された裁量の範囲を逸脱したとしたのに対し、最高裁判決は逆の結論を示したが、それは経営判

断の原則の適用基準の相違によるものではなく、具体的事例における基準の運用ないしあてはめの相違によるものである[6]。

4　経営判断の原則の適用を認めなかった判例

　経営不振の会社に対して融資（特に追加融資）するとの銀行の取締役の融資判断が、合理的な裁量の範囲内ではないとして、経営判断の原則を適用せず取締役の責任を認めた事例がある。

(1)　北海道拓殖銀行事件（拓銀カブトデコム事件）

(ア)　事案の概要

　銀行が、企業の上場資金およびプロジェクト資金の調達を目的として、第三者割当増資により引き受ける予定の同社関連企業の新株を担保として行う、同社の融資依頼に基づく融資、同社のプロジェクト資金の融資、および同社がもはや存続不可能と判断される状況で、同社の延命に最低限必要な資金の融資を行ったという事案において、経営破綻した銀行から債権譲渡を受けた上告人が、銀行の取締役であった被上告人らに対し、融資の際に、被上告人らに忠実義務、善管注意義務違反があったと主張して、損害賠償の一部を請求したものである。

(イ)　判　旨

　最高裁判所は、以下のとおり判示して、取締役に善管注意義務違反の責任を認めた（最判平成20・1・28判時1997号148頁）。

　銀行が、企業の財務内容、事業内容および経営者の資産等の情報を十分に把握したうえで、成長の可能性があると合理的に判断される企業に対し、不動産等の確実な物的担保がなくとも、積極的に融資を行ってその経営を金融面から支援することは、必ずしも一律に不合理な判断として否定されるべきではない。

　しかし、その財務内容が極めて不透明であるとか、借入金が過大で財務内容が良好とはいえないという調査結果がなされた場合は、銀行が採用している企業育成路線の一環として行われたものであることを考慮しても、当該融資は、銀行の取締役に一般に期待されている水準に照らし、著しく不合理なものといわざるを得ない。

---

[6]　吉原和志「判批」会社法判例百選〔第2版〕109頁。

(ウ) 解説

　本判決は、銀行が、融資先企業の財務内容、事業内容および経営者の資産等の情報を十分に把握したうえで、成長の可能性があると合理的に判断した場合に、無担保で積極的に融資を行ってその経営を金融面から支援することは、必ずしも一律に不合理な判断とはいえないとの一般的見解を示した。そのうえで、財務内容が極めて不透明、借入金が過大で財務内容が良好とはいえないとの調査結果が出た場合には、融資先の財務状況の懸念は明らかであり、本件融資の回収可能性についてリスクは重大であったとする。

　融資判断については、取締役の裁量は認められるが、判断の評価については、収集された当時の的確な情報を基にして、融資債権の回収可能性について合理的な説明が可能か、回収確保としてリスク管理が必要十分になされていたかが検討されなければならないが[7]、危険性およびそれを回避する方策等について検討することなく融資を行ったことは、銀行の取締役に一般に期待されている注意義務水準に照らし、著しく不合理なものであるとしたのである。

　銀行取締役の融資判断基準に照らし、無謀ともいえる融資であり裁量権の範囲を逸脱したものである。この点、財務内容が不透明な会社に対する貸付けに関し、銀行の取締役に要求される注意義務の程度は、一般の会社の取締役の場合と比べて高い水準のものであり、経営判断の原則が適用される余地はそれだけ限定的なものとなる（最判平成21・11・9刑集63巻9号1117頁）。

(2) 四国銀行株主代表訴訟

(ア) 事案の概要

　高知県は県の観光名所にある土産物店が経営不振に陥ったので、予算措置を講じて融資することにしたが、融資の実行には時間を要するので四国銀行につなぎ融資（県の融資が実行されることにより、つなぎ融資を回収する）を依頼した。

　四国銀行はつなぎ融資を実行したが県の融資は容易に実行されなかった。この間、土産物店の経営は悪化の一途をたどったが、倒産すれば県融資は実行されず、つなぎ融資の回収もできないことが懸念された。そこで、倒産を防止するために3回の追加融資を実行したが、結局、県の融資は実行されないままに

---

[7] 吉井敦子「判批」会社判例百選〔第2版〕111頁。

土産物店は倒産し、四国銀行はつなぎ融資と3回の追加融資として行った貸付けの回収が不能になった。

これに対し、追加融資を行ったことは、取締役の善管注意義務に違反するとして代表訴訟が提起された。

(イ) 判　旨

最高裁判所は、以下のとおり判示して取締役の融資責任を認めた（最判平成21・11・27金判1335号20頁）。

本件追加融資の実行判断に合理性が認められるためには、つなぎ融資の回収原資となる県融資が実行される相当程度の確実性があり、これが実行されるまで融資先の経営破綻、倒産を回避して存続させるために追加融資を実行したほうが、追加融資分の回収が不能となる危険性を考慮しても、全体の回収不能額を小さくすることができると判断することに合理性が認められる場合に限られる。

第3回目の追加融資については、県融資が実行される状況にないことはほぼ明らかであり、債務者区分を破綻懸念先に変更した等の事情からすれば、追加融資を続けることは回収不能額を増大させるだけであるから、回収見込みの判断は著しく不合理である。

(ウ) 解　説

追加融資の実行判断に合理性が認められるためには、県融資の実行に相当程度の確実性があり、これが実行されるまで融資先の経営破綻を回避するために追加融資を実行することが、その回収不能となる危険性を考慮しても、全体の回収不能額を小さくすることができると判断することに合理性が認められる場合に限られるのは当然のことである。

追加融資をして融資先の再生を図るか、融資を打ち切り回収不能額の増大を防ぐかは難しい経営判断であるが、第3回目の追加融資の時点では、県融資が実行される可能性はほとんどなく、債務者区分を破綻懸念先に変更した等の事情があり、追加融資の続行は回収不能額を増大させるだけであり、回収見込みがないのに融資を実行するとの判断は著しく不合理であり、裁量権の範囲を逸脱したものである。

本判決は、代表訴訟において銀行取締役の融資責任を認めた数少ない判決で

ある。県の依頼により「つなぎ融資」を行い（四国銀行は県の指定金融機関）、その後も、県による継続的な働きかけと、予算措置を講ずるための方策が継続されていたという事情があるとしても、第3回目の追加融資の時点では、銀行取締役としての融資判断には善管注意義務違反があるといわざるを得ない。

5　子会社救済と取締役の経営判断

　企業活動が親子会社によって行われている場合、経営不振に陥った子会社を親会社が救済することは、社会通念上当然のことであると考えられている。また、子会社の少数株主や債権者等のステークホルダーの利益と期待を考えれば、それは、親会社の社会的責任として是認されるべきである。救済を受けた子会社が経営再建を果たせば親会社の利益となる。これは、関連企業や取引先の救済についてもほぼ同じように考えることができる。

　子会社救済は金融支援として行われるが、それがどのような場合に許されるかという難しい問題がある。救済融資が失敗した場合は会社に損害を与えたことになり、反対に、子会社を救済することなく倒産させた場合には、親会社やグループ企業に損害を与えたとして、救済しないという経営判断が誤りであるとされる場合も考えられる。そこで、親会社取締役は難しい経営判断を迫られることになる。

　子会社の救済については、親子会社、グループ経営の維持という観点からの子会社救済の必要性と、親会社にとってリスクを伴う金融支援をすることの必要性と合理性という観点から、そのメリットとデメリットを比較して判断することになる。

　救済措置を講ずることが親会社のメリットと考えられるのは、救済を行わないことにより子会社が倒産し、それにより、既存債権の回収不能、子会社に対する出資が無価値となることを防止することであるが、救済するか否かの判断にとって最も重要なのは、子会社の再生の可能性であり、これに関する調査と検討が必要である。

　子会社に対する救済融資については、単に、融資金の回収の可能性だけで判断すべきではない。救済判断にあたり子会社が親会社にとって重要な子会社であり、子会社救済が、親会社にとって業務遂行上必要であるか否かが重要なポ

イントとなる。たとえば、子会社が重要な販売会社である場合は、救済を行わずに販売ルートを失えば、親会社の事業遂行に重大な支障が生じることは明らかである。さらに、親会社の経済的利益だけでなく、子会社を救済することが親会社ないし企業グループの信用やイメージの低下を防止し、親会社の社会的信用の低下を防止するうえで必要である場合など多くの要素に基づき判断することが必要である[8]。

これらを踏まえたうえで、十分に調査検討して判断したものであれば、貸付金の支払猶予、金利減免、債権放棄・債務免除など新たな負担（出捐）を伴わない支援だけでなく、合理的な金額の範囲内で新規の救済融資を行うとの判断をした場合に、たとえ結果が失敗に終わっても善管注意義務違反の責任を負うことはない。

なお、緊急性を要する場合は、子会社救済に関する調査と検討に基づく正式な救済判断に先立ち、応急措置として相当額の資金援助をすることも許される。

6 子会社救済の経営判断に関する事例

(1) 福岡県魚市場事件（取締役の責任が否定された事案）

(ア) 事案の概要

昭和37年4月頃、原告X会社の子会社Y社の資金繰りの悪化が発覚し、調査の結果、融通手形の乱発により破産に瀕する状況であることが判明した。そこで、X社の専務取締役Bは、調査室に対しY社に対する管理と監督を強化するとともに対応策を立案するように指示した。同年7月頃、調査室からY社に対する支援を直ちに打ち切り、資産を他に売却するなどして、投融資分をいくらかでも回収し損害額を極力抑えるとの消極案と、同年9月以降に到来する盛漁期まで会社運営のための「つなぎ資金」を融資し、豊漁に遭遇して一気に経営の好転を図ろうとする積極案の2案が提出された。

当時は全般に不漁の時期であり、しかもY社の漁法が旋網漁業という投機性の強いものであることから、積極策に出ることはかなりの危険を伴うもので

---

[8] 小林啓文「保証類似行為の実務上の論点」江頭憲治郎ほか『子会社救済と取締役の責任（別冊商事法務172号）』13頁、手塚裕之「子会社・グループ会社救済と取締役の責任」同書18頁。

あったが、X社はY社に対しすでに多額の融資をしており、それに見合う物的担保を確保しうる状況になかった。代表取締役Aから手形行為についての一切の権限を付与されていたBは、消極策をとって直ちにY社を破産させた場合の膨大な損失をおそれ、また営業部門では強気の意見が多数を占めていたことも斟酌し、Y社に対する管理を強化するとともに、残った船舶や動産などを担保として可能な限り徴するとの方針の下に積極策を採択した。

そして、昭和37年8月までにX社名義の約束手形60通（額面合計6630万円）を交付して融資を継続した。ところが、同年9月4日頃、Y社はX社による経営管理が軌道に乗らないうちに倒産し、X社は手形金の支払いを余儀なくされ融資金の回収不能による損害が生じた。そこで、X社は、Bの救済融資を容認したAに対し損害賠償を請求した。

　(イ)　判　旨

親会社の取締役が新たな融資をしなければ倒産必至の経営不振に陥った子会社に、危険ではあるが事業の好転を期待できるとして新たな融資を継続した場合は、たとえ子会社の再建が失敗に終わり、その結果、融資金が回収できなかったとしても、①取締役の行為が親会社の利益を図るためであり、②融資の継続か打ち切りかを決断するにあたり相当の調査検討したうえでなされ、③企業人としての合理的な選択の範囲をはずれたものでない限り、これをもって直ちに忠実義務（善管注意義務の意味）に違反するものとはいえない。

Bの行為は、会社のためによかれとしてしたことで、企業人としてそれなりの合理的選択の範囲をはずれたものとは認められないから善管注意義務の違反はない。したがって、Aについても、監督責任ないし取締役としての善管注意義務の違反は成立しない（福岡高判昭和55・10・8高民集33巻4号341頁）。

　(ウ)　解　説

経営不振に陥った子会社に対する救済融資と、経営判断の原則の適用に関する事案であるが、経営判断の原則の適用基準を示した判決である。①取締役が会社の利益を図るためになした行為であり、忠実義務違反ではないから経営判断の原則の適用対象になる、②融資の継続か打ち切りかという経営判断のために、相当の調査検討という手続が履践されている、③経営判断の内容の合理性をいうものである。

経営判断の原則の適用要件である調査検討に関して、救済を決定するための過程において、調査室に対応策を立案するように指示し、調査室から提出された2案に基づき、会社内の意見を徴したうえで、積極・消極両案を比較検討していることからみても手続要件を満たしており、経営判断の内容も企業人としてそれなりの合理的選択の範囲内であるとして、経営判断の原則を適用したものである。経営判断の原則の適用要件を満たしているから、救済融資の判断についてBに善管注意義務違反はなく、したがって、Aに監視義務違反の責任がないとする判旨は妥当である。

(2) 福岡魚市場株主代表訴訟事件（取締役の責任が認められた事案）
　(ア) 事案の概要
　A社は水産物等の販売を目的とする会社であり、B社はその完全子会社である。A社の取締役のうち、代表取締役Y_1、専務取締役Y_2、常務取締役Y_3は、B社の非常勤役員を兼任している。
　B社は、「グルグル回し取引」といわれる不適切取引（一定の期間内に売却できなかった商品を買い取るとの約定の下に売却し、その期間内に売却できなかった場合は、さらに同じことを繰り返すという取引）により大量の不良在庫を抱え経営危機に陥っていた。
　ところが、A社は、B社の経営状況を調査することなく、提出された報告書の信用性についても十分な調査と検証をすることなく、B社に対し多額の救済融資を行ったが、B社の経営が破綻し金融支援が失敗に終わり、A社に回収不能の貸付金18億8000万円相当の損害が生じた。
　そこで、A社の株主Xは、Y_1、Y_2、Y_3を被告として、忠実義務違反および善管注意義務違反を理由に、A社に対する前記損害金の支払いを求めて代表訴訟を提起した。

　(イ) 判　旨
第1審判決は、以下のとおりである。
　Yらは、B社の子会社の非常勤取締役または監査役として、子会社の在庫および短期借入金が大幅に増加していることを認識しており、A社の取締役として、A社および不良在庫を抱え経営不振に至ったB社の在庫の増加の原因を解明すべく、一般的な指示をするだけでなく、B社から提供された資料を検

討し、調査報告書の信用性について具体的に詳細な調査や検討を行うなどして、取締役会を通じ、さらにはＢ社の取締役に働きかけるなどして、個別の契約書面等の確認、在庫の検品や担当者からの聴取り等の詳細な調査をし、またはこれを命ずるべき義務があった。このような調査をしておれば、不適切な在庫整理が行われていることを発見し、適切な対策を講ずることにより、損害の拡大を防止することが可能であった。しかるに、被告らは、調査義務を怠って、提出された報告書の信用性について十分な調査と検証をすることなく、Ｂ社に対し多額の資金を貸し付け損害拡大に至らせた。したがって、貸付けをするとの経営判断に合理性があるとはいえないから、取締役としての善管注意義務違反の責任を免れないとした（福岡地判平成23・1・26金判1367号41頁）。

控訴審判決は、以下のとおりである。

グルグル回し取引はやむを得ない経営上の事情があるときに、後に適正な回復処理が行われることを前提に、例外的な場合に限って行われたものでない限り、違法・不当である。Ａ社の役員で、Ｂ社の役員でもあったＹらは、平成15年末ないし平成16年3月頃、Ｂ社には非正常な不良在庫が異常に多いなどの報告を受け、本件調査委員会を立ち上げて調査したのであるから、その不良在庫の発生に至る真の原因等を探求して、それに基づいて対処すべきであり、その正確な原因の究明は困難ではなかった。それにもかかわらず、Ｙらは、Ｂ社の不良在庫問題の実態を解明しないまま、Ａ社の取締役として安易にＢ社の再建を口実に、むしろ真実の経営状況を外部に隠ぺいしたままにしておくために、業績回復の具体的めどがなく、経済的に行き詰まって破綻間近となっていたことが明らかなＢ社に対し、貸金の回収は当初から望めなかったのに、支援と称して本件貸付けを実行したのであるから、その経営判断は合理的ではなく取締役の善管注意義務等違反があったことは明らかであるとした（福岡高判平成24・4・13金判1399号24頁）。

そして、最高裁判決も、Ｙらに取締役の善管注意義務違反を認め上告を棄却した（最判平成26・1・30判時2213号123頁）。

(ウ) 解 説

親会社取締役が、子会社に対する救済融資をするにつき、必要な調査をすることを怠り、経営判断の内容も合理的でないとして、経営判断の原則を適用す

ることなく善管注意義務違反の責任を認めた事案である。Yらが、B社の社外役員を兼任し、B社の経営状況に関する情報に接していたという事情も存在する。なお、本件は親会社取締役の子会社に対する監視義務違反の責任が絡んだ判決ともいわれている。

　第1審判決は、Yらは、B社の在庫および短期借入金が大幅に増加していることを認識しており、A社の取締役としてその在庫の増加の原因を解明すべきであるのに、B社から提供された資料を検討しただけで、調査報告書の信用性について具体的に詳細な調査や検討を行うことなく、本件融資を実行したのであるから、その経営判断に合理性があるとはいえないとしている。

　このように、十分な調査と検証をすることなく、貸付けをするとの経営判断に合理性があるとはいえない。調査義務を怠ったことは経営判断の原則の適用要件を欠くことになり、また調査義務違反の過失により善管注意義務の違反が認められることになる。

　控訴審判決は、B社の再建には、経営困難に陥った原因解明が必要不可欠であったのに、それをすることなく、破綻間近となっていたことが明らかなB社に対し、貸金の回収は当初から望めなかったのに本件貸付けを実行したことについて、本件貸付けは調査義務の違反に加え、経営判断の内容も明らかに不合理であるとして、経営判断の原則の適用の余地がないとの見解を示している。

　取締役が、人的構成および事業運営面で密接な関係にあるグループ企業の経営を維持することが、会社の利益になるとの判断の下に、経営上特段の負担にならない限度で金融支援をすることは、無担保の貸付けであっても取締役の合理的な裁量の範囲内の行為として許されるものの、本件金融支援は、支援先企業の倒産が具体的に予見可能な状態にあり、当該金融支援によって経営の立て直しが見込める状況にはなく、したがって、貸付金が回収不能となることの危険を具体的に予見できる状況にあるにもかかわらず、無担保で金融支援をすることは、取締役の裁量権の範囲を逸脱するものであるとの判決（最判平成12・9・28金判1105号16頁、原審：東京高判平成8・12・11金判1105号23頁〔東京都観光汽船株主代表訴訟事件〕）に照らしても、明らかに不合理な経営判断である。

III 取締役と執行役の特別の法的責任

1 取締役と執行役の法定責任の趣旨

　役員は会社に対して任務懈怠による損害賠償責任を負うが（会社423条1項）、加えて、取締役または執行役が地位を濫用する危険性から、競業および利益相反取引の規制（同法356条1項1号・2号）、株主の権利行使に関する利益供与の禁止の実効性を確保するための規制（同法120条）、違法な剰余金の分配が行われることを防止するための規制を設け（同法461条）、その違反に対し責任を課している（同法120条4項、462条）。

　それは、①競業および利益相反取引の責任、②違法な利益を供与した責任、③違法に剰余金を分配した責任である。これらも任務懈怠責任であるが、その特殊性と重大性から、一般の任務懈怠責任（会社423条1項）とは別に特別に規定されたのである。それゆえ、これらの責任が認められるときは、一般の任務懈怠責任を追及することはできない。

2 競業および利益相反取引の責任

(1) 利益相反取引等の規制

　取締役（執行役）が、①自己または第三者のために会社の事業の部類に属する取引をするとき、②ⓐ自己または第三者のために会社と取引をするとき、ⓑ会社と当該取締役との利益が相反する取引をするときは、株主総会（取締役会非設置会社の場合）または取締役会（以下、「取締役会等」という）において重要な事実を開示し、承認を受けなければならない（会社356条1項1号～3号、365条1項、419条2項）。①は競業取引、②は利益相反取引（取締役または執行役が、自己または第三者のために会社とする取引で、その性質上、会社の利益を害するおそれのある取引）であるが、ⓐは直接取引、ⓑは間接取引である。

　競業取引または利益相反取引についてこのような規制を設けたのは、取締役または執行役が会社の利益を犠牲にして、自己または第三者の利益を図ることを防止するためである。

　株主総会または取締役会の承認を受けることなく行った競業取引、利益相反取

引は、法令違反行為として任務懈怠にあたる。承認を受けた取引であっても、会社に損害が生じた場合は善管注意義務違反の責任が問題になる（会社423条1項）。

(2) 取締役会等の承認を受けない競業取引

取締役または執行役（以下、「取締役等」という）が、取締役会等の承認を受けることなく競業取引をして、会社に損害を与えた場合は、当該取引によって取締役等または第三者が得た利益の額は、会社に生じた損害の額と推定される（会社423条2項）。

競業取引により会社に生じた損害の額を立証することは容易でないことから、取締役会等の承認を受けなかった取引については、取締役等または第三者が得た利益の額をもって会社の損害額と推定するのである。そこで、会社または代表訴訟の原告株主は、取締役等または第三者が得た利益の額を立証することにより推定損害額とすることができる。

(3) 利益相反取引と任務懈怠の推定

利益相反取引により会社に損害が生じた場合は、取締役等は会社に対して損害賠償責任を負うが、当該取引をした取締役等だけでなく、会社が当該取引をすることを決定した取締役等、取締役会の承認決議に賛成した取締役等は、その任務を怠ったものと推定される（会社423条3項）。

利益相反取引に関する取締役等の責任は過失責任であるが、当該行為が類型的に会社に損害を及ぼす危険性があるばかりか、任務懈怠（過失）の立証が容易でないことから、任務を怠ったことを推定する旨の規定を設けたのであるが、会社の利益を害するような利益相反取引が行われることを防止するという意味も認められる。

推定規定であるから、任務懈怠がないこと（無過失）を立証することにより責任を免れるが、自己のために取引を行った取締役等については、無過失を立証することにより責任を免れない（会社428条1項）。当該行為の利益の相反性が高いことから、会社との直接取引により利益を受けた取締役に無過失の責任を課すものである。[9]

---

[9] 相澤・前掲書（注2）118頁〔相澤哲＝石井裕介〕、北村雅史「競業取引・利益相反取引と取締役の任務懈怠責任」森本滋先生還暦記念『企業法の課題と展望』193頁、200頁。

3 違法な利益を供与した責任

株主の権利行使に関する利益供与の禁止規定に違反して、財産上の利益供与をしたときは、利益供与に関与した取締役または執行役は、会社に対して連帯して供与した利益の価額に相当する額を支払う義務を負う（会社120条4項）。

利益の供与を行った取締役または執行役の責任は無過失責任であるが、それ以外の取締役は職務を行うについて注意を怠らなかったこと（無過失）を証明したときはこの限りでないとして、この義務を免れることを認めている（会社120条4項ただし書）。

取締役または執行役の会社に対する支払義務を免除するためには、総株主の同意を必要とする（会社120条5項）。

株主の権利行使に関する利益供与を行うことは、当然に法令違反の任務懈怠となるが、単に関与しただけで法令違反の任務懈怠といえるかなどの問題があることから、利益供与に関与した取締役または執行役に連帯して支払義務を課し、利益の供与を行った取締役等の責任は無過失責任とし、それ以外の関与の度合いが低い者については、過失責任としたうえで、無過失を立証することにより支払義務を免れるとしている。

もっとも、違法な利益の供与を行った取締役等の責任を無過失責任としているが、実際上、違法な利益は故意によりなされるから取締役等に酷ということにはならない。

4 違法に剰余金を分配した責任

分配可能額がないのに剰余金を分配した場合、あるいは分配可能額を超えて剰余金を分配した場合は違法な剰余金の分配（違法配当）となる。この場合、違法な剰余金の分配を行った業務執行者（代表取締役等）等は、会社に対して交付した金銭等の帳簿価額に相当する金銭（分配額）の支払義務を負う（会社462条1項）。

会社法はこの責任を過失責任としたうえで、業務執行者等が職務を行うについて注意を怠らなかったこと（無過失）を証明することにより支払義務を負わないとした（会社462条2項）。

Ⅳ 役員の監視義務違反の責任

1 監視義務違反の責任の概要

　監視義務は取締役の監視義務を中心に論議されているが、他の役員（会計参与、監査役、執行役）も取締役の業務執行について監視義務を負い、それを怠れば監視義務違反として善管注意義務違反の責任を負う。近年、監査役の監視義務違反の責任を追及する事案が増えている。

　取締役等業務執行者の責任は、自ら任務懈怠行為をした責任であるが、監視義務違反の責任は、非業務執行者が業務執行者に対する監視義務（業務執行者も、他の業務執行者に対し監視義務を負う）を怠ったという不作為に対する責任であり、これも善管注意義務違反の責任である。

　取締役の監視義務違反の責任は、不作為による任務懈怠責任である。相当な注意をもって監視義務を尽くしていれば、他の取締役（代表取締役その他の業務執行取締役、執行役）の任務懈怠行為を知り、調査のうえ適切な措置（たとえば、取締役会の招集の請求、監査役に対する通知）を講ずるなどによりそれを阻止することができたのに、それを怠り他の取締役の任務懈怠行為を見過ごした場合、あるいは、他の取締役の任務懈怠を知りながら、是正措置を講じて損害の発生を防止しなかった場合の責任である。知らなかった、気づかなかったということで責任を免れない。

　つまり、取締役の監視義務は、代表取締役等の業務執行取締役の業務執行が適法かつ妥当に行われることを確保するために監視し、それが違法または不当なものとなる危険があるときは、それを是正するための措置をとることである。それは、監視義務は会社の業務の状況を把握する義務（調査義務）と、会社の業務執行に違法または不当となる危険性があるときは、これを是正するための措置をとる義務（是正義務）からなる[10]。さらに、事後に代表取締役の任務懈怠行為を知った後に、適正な是正措置を講じなかった場合の責任も監視義務違反の責任である。

10　神崎克郎『取締役制度論』109～110頁。

従来、監視義務違反の責任は、危険な取引、違法である取引等問題のある行為に関する取締役会決議に、反対せず漫然と賛成した取締役の責任、中小企業が倒産した場合に第三者に対する責任として問題にされることが多かった。しかし、現在では、上場会社等の大規模会社においても問題にされ、しかも、内部統制システムの構築と運用に対する監視義務違反の責任として追及される。

　監視義務違反の責任は、監視義務という作為義務に違反した不作為による善管注意義務違反に対する責任である。経営判断が関係するものではないから、経営判断上の過失ではなく、監視義務違反についての過失が問われることになる。すなわち、経営判断の原則は適用されない。

　監視義務違反の責任は単独で成立するものではなく、業務執行者について任務懈怠責任が存在することが前提になりそれに付従するものと考えられる。そこで、監視義務違反の責任を追及された取締役は、業務執行取締役に任務懈怠はないという形で争うことができる。業務執行者については経営判断の原則が適用されるから、業務執行者について経営判断の原則の適用により過失はないと主張し、したがって、自らの監視義務違反もないと主張することになる。

2　取締役の監視義務の根拠

　取締役は他の取締役（代表取締役・業務執行取締役）または執行役の業務執行に対し監視義務を負うが、その根拠は、取締役会は取締役等の職務の執行を監督することから（会社362条2項2号、399条の13第1項2号、416条1項2号）、取締役は取締役会の構成員として、他の取締役特に代表取締役が、違法行為や不適切な行為をしないようにその職務執行を監視するとして（最判昭和48・5・22民集27巻5号655頁）、取締役会の監督権限から取締役の監視義務を導き出している。

　取締役の監視義務は、取締役会の監督権限から派生するものとしているが、取締役会非設置会社については、取締役は業務執行の一環として相互に監視義務を負うとしている。そして、代表取締役については、業務を統括する者として他の取締役や従業員の業務執行を監督するとして（最判昭和44・11・26民集23巻11号2150頁）、その地位と権限から、他の取締役と使用人を監督する義務を負うことになる。

取締役以外の役員等の監視義務はその職務権限から導き出される。たとえば、監査役の監視義務は、取締役の職務執行を監査するという監査権限、事業報告を求め、業務および財産状況の調査権限から導き出される（会社381条1項・2項）。

取締役の監視義務について、会社法は監督義務と規定しているが（会社362条2項2号）、監視義務と監督義務について、監視義務ないし監督義務など区別することなく用いられている。実質的に両者に差異はないといえるが、取締役の他の取締役または子会社取締役の職務の執行に対する監督を監視義務、使用人に対する監督を監督義務として用いるべきであろう。

3　取締役の監視義務の範囲と程度

(1)　取締役の監視義務の範囲

取締役の監視義務違反の責任は、監視義務があるのに、それに違反したことが要件となるから、監視義務の程度と範囲は重要な意味をもつ（他の役員の監視義務の程度と範囲は、その権限との関係で画されるから比較的明確である）。従来、監視義務の範囲は取締役会決議との関係を中心に考えられていた。

業務執行取締役の任務懈怠行為が、取締役会の決議に基づいて行われたときは、決議に賛成した取締役の監視義務違反の責任が生ずることがある。この場合、決議に参加した取締役は、議事録に異議をとどめておかないと、決議に賛成したものと推定される（会社369条5項）。旧商法は、取締役の責任の原因となる行為が取締役会の決議によるときは、決議に賛成した取締役は行為をしたものとしていたが（旧商266条2項）、会社法はこれを削除し、決議に賛成した取締役について任務懈怠責任の問題として取り扱うのである。

取締役は、取締役会に上程された決議事項あるいは報告事項について調査確認する義務を負う。そこで、代表取締役等からの報告または説明、配布された会議資料では、不十分あるいは疑問点があるときは、詳しく説明を求め、質問するなどにより議案が妥当と判断した場合に賛成すべきである。安易に賛成すれば監視義務違反の責任を問われかねない。

不十分あるいは疑問点があることを見落とし、漫然と賛成したときは責任が生ずる。また、決議に賛成すれば責任が生ずるおそれがあるが、議案に反対す

ることも難しいとして、取締役会に欠席した場合には、欠席すること自体が任務懈怠となる。

取締役会において初めて議案の内容に接した場合、重要かつ複雑な内容の場合、当日配布された資料が膨大で内容を検討する余裕がない場合などは、慎重に賛否を決めるべきである。議案の重要度や緊急性にもよるが、安易に賛成すると、監視義務違反の責任が生ずることがあるから、議決を留保する（棄権）という選択もありうる。[11]

(2) 取締役の監視義務の程度

取締役の監視義務の範囲は、取締役会決議または報告事項に限られるものではなく、代表取締役等の業務執行の全般に及ぶことから、相当な注意義務を尽くして情報を収集する必要がある。その結果、業務執行に違法または不当があると疑いをもった場合は、必要があれば自ら取締役会を招集し、あるいは招集することを求め、取締役会を通じて業務執行が適正に行われるよう監視義務を負うということになる（最判昭和48・5・22民集27巻5号655頁、最判昭和55・3・18判時971号101頁）。

しかし、これは会社規模を問わず一律にこの基準によることを意味するものではない。監視義務の程度は、個別企業の具体的状況に応じて異なる。また、常時、他の取締役の業務執行を監視せよというものではない。

取締役の監視義務は、会社の業務執行について、取締役が相互に監視し合うことにより、違法な行為がなされることを防止することを目的とする。しかし、反面、相互に監視し合うことは、経営の効率を妨げるというマイナス面が生じかねない。取締役が他の取締役を信頼しなければ効率的な会社経営は期待できないし、会社の業務執行にあたっては他の取締役を信頼することが不可欠である。

だからといって、代表取締役を信頼し会社業務を代表取締役に任せきりにし、会社の業務執行の状況を正確に把握するために必要な注意義務を何ら尽くさなかった場合は、たとえ、非常勤の取締役であっても、監視義務違反の責任を免れるものではない。

---

11 寺田昌弘ほか「不祥事に関与していない取締役・監査役の責任（中）」商事1999号17頁、22頁。

そこで、取締役会が定期的に開催され、取締役会において業務執行事項について適切に報告と審議が行われている場合は、特段の事情がない限り、取締役会上程事項について監視すればよいが、取締役会が恒常的に開催されていない場合は、取締役は、取締役会上程事項か否かに関係なく監視義務を尽くし、必要に応じて取締役会の開催を請求しなければならない。[12]

取締役に対し、日常的に特別の注意義務を払えというのではなく、他の取締役の業務執行について相当な監視義務を尽くし、問題があると感じたとき、あるいはその旨の情報に接したときに、会社の業務執行の状況を正確に把握するために、具体的な監視義務として代表取締役等から業務執行の状況につき説明を受け、関係書類に接するとか、担当従業員に対し説明を求めるなどを必要とするのである。

監視義務の程度をあまり高いものとすることは取締役に酷な結果になる。代表取締役等の業務執行に疑うべき特段の事情がない限り、監視義務の違反はないというべきである。もっとも、当然に知り得ない状況にあっても、相当の調査義務を尽くしていれば知り得た場合は、監視義務違反の責任が生ずる。

これに対し、代表取締役と業務執行取締役（会社363条1項）は、経営と業務執行を担当する者として、他の取締役を監視するとともに、部下従業員を監督する義務を負う。また、自ら業務を執行し、会社経営に関与することにより、会社の業務執行の状況に関する情報を入手しやすい地位にあることから、より高度な監視義務が要求されることになる。[13]しかし、内部統制システムを構築し、適正に運用していれば、特に問題となる行為を疑わせる状況にない限り、監視義務の違反はないというべきである。

4 監視義務と内部統制システム

監視義務の違反は、閉鎖的な中小規模の会社だけでなく大規模の会社でも問題になるが、大規模で複雑な組織である大会社においては、個別監視義務には限界がある。そこで、内部統制システム（体制）による監視義務が必要とされ

---

12 江頭＝門口・前掲書（注2）236頁〔松山昇平＝門口正人〕。
13 寺田昌弘ほか「不祥事に関与していない取締役・監査役の責任（上）」商事1998号49頁。

る。

　ある程度事業規模が大きく複雑な組織を有する会社の場合、取締役の担当分野も専門化していることから、個々の取締役に他の取締役に対する監視義務を求めることには限界がある。すなわち取締役が監視義務違反の責任を問われる場合が限定されることになる。

　取締役の個別監視義務では十分に対応できないという状況を踏まえ、取締役の監視義務は個別監視義務から、内部統制システムを構築し、システムを通じての監視義務へと移行することになる。そして、内部統制システムの構築と運営に対する監視義務という形で監視義務を実行することが必要となる。監視義務の実効性を確保するためには、内部統制システムの整備構築と運用に対する監視義務が求められる。

　そのため、会社法は大会社（会社2条6号）、監査等委員会設置会社、指名委員会等設置会社について、取締役または執行役の業務執行の適正を確保するための内部統制システムの整備を義務づけた（同法348条3項4号・4項、399条の13第1項1号ハ、416条1項1号ホ）。

　そして内部統制システムに対する監視義務については、単にシステムの構築だけでなく、現実に機能しているか否かについて監視することが必要である。しかし、個別監視義務から内部統制システムの構築と運用に対する監視義務へと移ることにより、個別監視義務の重要性が低くなったのではない。内部統制システムを通じての監視義務違反の認定は、個別監視義務違反の認定が基になる。

　平成26年の改正会社法（以下、「改正法」という）により、事業報告に内部統制システムの運用状況の概要を記載させるなど（会施規118条2号）、さらに内部統制システムにかかわる規定を整備したことにより、役員特に取締役の監視義務が強化されたとみることができる。

5　親会社取締役の子会社に対する監視義務

　企業経営が親子会社関係により行われている場合、子会社の業務の適正確保は親会社とその株主の利益に大きく関係する。そこで、親会社取締役が子会社取締役を監視する必要があり、現実に監視が行われている。子会社取締役の任

務懈怠行為により子会社に損害が発生すれば親会社にも損害が生ずる。

この場合、親会社取締役の子会社取締役に対する監視義務違反の責任（親会社に対する責任）が生じ、親会社取締役は親会社株主から代表訴訟により責任を追及される場合がある。ところが、親会社取締役の子会社取締役に対する監視義務の根拠が明白でない。

会社法の改正論議において、親会社取締役の子会社に対する監視義務の規定を設けることが取り上げられたものの見送られた。反面、改正法はグループ（企業集団）内部統制システムに関する規定を整備したことにより（会社362条4項6号）、これにより監視義務の根拠がより明確になった。

Ⅴ　役員等の連帯責任と適正な損害額の認定

1　連帯責任とする趣旨と問題点

役員（取締役、会計参与、監査役、執行役、会計監査人）の任務懈怠責任について、責任を負うべき役員が複数人あるときは連帯責任を負う（会社423条1項、430条）。連帯責任の性質は不真正連帯である。任務懈怠責任には監視義務違反の責任も含まれる。

代表取締役や代表執行役等の業務執行者は、任務懈怠責任を負うが、他の取締役、監査役は監視義務を負うことから監視義務違反の責任を負う。

取締役の監視義務は業務執行者の業務全般に及び、監査役も取締役の職務を監査することから（会社381条1項）、その監視義務は業務執行者の業務全般に及ぶことになる（もっとも、全株式譲渡制限会社については、定款の定めにより監査の対象を会計監査に限ることができるから（同法389条1項）、監視義務も会計にかかわる分野に限られる）。

監視義務違反に伴う賠償責任額は業務執行者と同額である。しかし、取締役や監査役が、関与の度合いや監視義務違反の程度を問わず損害額全額について責任を負うとする連帯責任規定（会社430条）は過酷であり、必ずしも適正であるとはいえない。

これに対し、会計監査人の責任は会計監査に限られ、したがって、監視義務も会計に関するものである（会社397条1項）。会計参与の責任は計算書類の作

成に関するものであり、監視義務も計算書類の作成に関するものに限られる（同法375条）。会計監査人と会計参与はその責任の範囲で、他の役員と連帯責任を負うことになる（同法430条）。

　連帯責任規定（会社430条）によれば、取締役と監査役については、その地位や関与の度合い、社外役員であるかに関係なく、一律に損害額全額について連帯責任を負い、損害賠償責任を果たした取締役と監査役は他の役員等に対し求償権を行使することになるが、求償権の行使には他の役員等の弁済能力などについて問題がある。

　元来、役員は各人の会社に与えた損害について責任を負うが、原告にとって各役員の行為を原因とする損害を立証することは困難である。そこで、それに対処するために役員の責任を連帯責任としたのであり、連帯責任規定は多分に政策的な推定規定といえる。原告において、各人の任務懈怠行為（関与度）と、会社に与えた損害額を立証することは困難であることを救済するための政策規定である。

　連帯責任とすることにより、会社は当該役員に対し損害額全額の支払いを請求することができることになり損害の回復が容易になるが、関与の度合いの低い取締役や監視義務違反の責任を負う役員に対し、損害額の全額を支払わせることは公平な損害賠償責任の負担という見地から妥当性に問題があるばかりか、弁済能力のある役員が狙い撃ちされる可能性がある。

　役員の連帯責任は、原因となる行為に複数の役員が関与している場合、原告が各役員の関与度と損害額を立証することが困難であることによる推定規定と考えられることから、被告役員において自己の寄与度（関与度）と会社等に与えた損害額を立証すれば、それに応じた賠償責任を負えばよいことを意味するといえよう。そのための解釈論的努力として、寄与度に応じた責任の分担理論が唱えられている。

2　役員等の損害賠償責任額の巨額化と問題点

　役員が任務懈怠行為により会社に損害を与えた場合は、会社に対し損害賠償責任を負うが、損害賠償額は任務懈怠行為と因果関係にある損害についてである（民416条1項）。それは、任務懈怠行為により直接会社に生じた損害のほか、

対策費用や弁護士費用等の裁判費用、会社が支払った罰金、納付した課徴金が含まれる場合もある。そのため賠償責任額が巨額になり過酷になる場合も少なくない。

会社に生じた実損害の賠償という損害賠償責任の法理からすると、賠償責任額が巨額であるからといって、当然に不当であるとはいえない。しかし、役員の賠償責任は制裁を目的とするものではないから、役員が全く支払うことができないことが明白な巨額の賠償責任を課すことは、無益であるばかりか社会通念上妥当ではない。加えて、損害賠償責任債務の消滅時効期間は損害発生時から10年であり（民166条1項）、役員の死亡により相続人が承継することから相続人にとっても酷であるといえる。

民法の損害賠償責任規定は「通常生ずべき損害」としており（民416条1項）、それは債務不履行と因果関係がある損害をいうが、一般に、損害額が巨額になる場合を想定したものではない。したがって役員特に取締役について、民法上の受任者の損害賠償責任規定をそのまま適用するのは妥当ではない。

また、取締役の地位の重要性を考慮しても、自己の利益を図ったものではなく、別段、違法な行為をしたわけでもなく、経営判断を誤っただけで、しかも、監視義務違反のように自ら何ら行為をしていない場合についても、民法の損害賠償規定をそのまま適用し巨額の損害に対する賠償責任を課すことは妥当でない。

そうであるからといって、取締役を救済するために過失がないとして、取締役の責任を否定する方向で処理するのは適正とはいえない。そうすれば、取締役の損害賠償責任額の認定において、適正な損害額とするための解釈論的努力が必要となる。

3 寄与度に応じた損害額の認定

元来、役員の損害賠償責任は個別責任であって、各人は自己の関与部分（寄与度）と因果関係にある損害額について賠償責任を負うが、会社法は役員の損害賠償責任は全額連帯責任としている（会社430条）。役員の連帯責任規定は、原告において役員各人にどのような任務懈怠があったのか、誰の行為により損害が発生したのか、および各人による損害額を立証することは困難であるから、

それに対処するための特別の措置であると理解することができる。

　しかし、連帯責任規定を形式的に適用することは適正でない。すなわち連帯責任規定は、立証困難に伴う推定規定と解されることから、各役員は自己の関与部分、自己の行為により会社に生じた損害の額を立証すれば推定は覆されることになり、自己の関与部分、行為に応じた責任を負い、その範囲で連帯責任を負うことになる。これを根拠づけるのが寄与度に応じた損害額の認定理論である。

　関与の度合いが低い取締役、監視義務違反の責任を負う取締役や監査役が損害額全額について連帯責任を負うことは公正とはいえない。そこで、各人は自己の関与部分、自己の行為により会社に生じた損害の額を立証すれば、自己の責任原因に応じた責任を負い、その範囲で連帯責任を負うことになる。

　各人は損害発生の原因に関与（寄与）している割合（寄与度）に応じて賠償責任を負うべきであるとの寄与度に応じた割合的因果関係論によれば、会社に発生した損害額（各役員の責任の合計額）を1とし、それを各役員の賠償責任額の割合（寄与度・関与度）に応じて比例分配し（負担部分）、各人は負担部分について賠償責任を負うという算定方式である。各人は自己の負担部分に関する責任について、他の役員と連帯責任を負うことになる。

　寄与度に応じた損害額の認定の理論は不法行為の分野で発達したものである。数名の者の不法行為により損害が発生した場合、各人は自己の行為と因果関係がある損害について責任を負うはずであるが、民法は共同不法行為者の責任を連帯責任としている（民719条1項）。これは、いずれの行為者の行為によって損害が生じたか、いくらの損害を与えたかが明らかでない場合の立証が困難であることから被害者を救済することを趣旨とする。

　近年では、会社役員の責任についても、責任の個別化、寄与度に応じた因果関係の割合的認定により、各自が損害発生の原因に関与した程度に応じた賠償責任を負うとの解釈論が高まっている。それは賠償責任額の巨額化に伴い、関与の度合いが低い取締役、役員の監視義務違反の責任について、連帯責任規定をそのまま適用し、全額連帯責任とするのは公正ではないことを理由とする。

　役員の会社に対する責任について、各人の寄与度（関与度）に応じて、あるいは因果関係の割合的認定により責任の個別化を図り、各人は自己に責任のあ

る限度で連帯責任を負う解釈論的努力が試みられているが、これが寄与度による役員の責任分担である。

会社は各人に対して損害額について全額請求することができるのではなく、各人の負担部分に応じて請求し、それを合計すれば損害全額となる。したがって、無資力者の負担部分は会社が負担することになる。会社は全額回収することができない場合があるが、各役員の関与に応じた公正な損害賠償責任の負担として、寄与度に応じた責任によるのが適正である。

寄与度に応じた責任分担による場合、各役員は寄与度または因果関係の割合を認定する基礎的事実について立証しなければならない。立証できなければ全損害について賠償責任を負うことになる。

4 寄与度に応じた責任分担の考えを取り入れた裁判例

多くの裁判例は、割合的因果関係ないし寄与度に応じた賠償責任額の認定の考え方を取り入れ、損害額全額について連帯責任を課していない。しかし、それは、本来の寄与度に応じた賠償責任額の認定によるものではない。裁判例に現れた事例は、当該役員の就任時期などとの関係で原因となる事実の一部にしか関与していない場合、損害発生行為との因果関係が不明確、あるいは因果関係の程度がかなり低い場合などに関するものである。

(1) 大和銀行株主代表訴訟の第1審判決

違法な行為が被告だけでなく、他の者の行為も競合的要素として働き、長期間にわたり継続的に繰り返されていたことから、「責任原因となる事実の一部にしか関与していない」取締役に、会社に生じた全損害について責任を負わせるのは酷であるとして、寄与度に応じた因果関係の割合的認定を行い、各人の責任を寄与度に応じて限定すべきであるとした（大阪地判平成12・9・20金判1101号3頁。なお、東京地判平成8・6・20判時1572号27頁）。

これは、各取締役の行為と損害発生の因果関係が不明確、因果関係の程度がかなり低いことから、会社に生じた損害の一部について損害賠償を認めるべきであるとして、損害発生についての各人の関与と寄与の割合に応じて賠償額を認定したものである。しかし、責任原因となる事実の一部にしか関与していない取締役の責任に関するものであり、各人の寄与度を合計して1になるように

算定し、それに応じて各人の責任を分割するという本来の寄与度に応じた責任の分担ではない。

つまり、複数の原因事実が競合した事案ではなく、取締役の就任時期との関係から賠償額を限定したものである。単に被告らの就任時期または関与時期との関係で、取締役として責任の対象となる行為が継続的な行為の一部にすぎなかったことを根拠としている。本来的な割合的因果関係論が機能する場合でなく、本来の寄与度を基準とする賠償額の算定がなされたものではない。[14]

就任時期との関係で、損害発生の原因となる行為の一部についてしか関与していない取締役は、在籍期間中の行為についてのみ責任を負うのは当然のことである。

(2) ダスキンの肉まん事件

(ア) 第1審判決

第1審判決は、被告担当専務取締役は、違法行為を認識した以上、取締役会に報告するなど適切な措置をとるべきであったのに、それを怠ったとして責任を認めた。その一方で、違法行為に直接関与した取締役が損害発生に圧倒的に寄与していることに加え、被告が本件事実を認識した時点においてすでに販売が終了していたことを理由として、会社に生じた全損害を賠償させるのは公平を失するから、寄与度に応じて因果関係の割合的認定を行うのが合理的であるとした（大阪地判平成16・12・22判時1892号108頁）。

判旨は、寄与度に応じて因果関係の割合的認定を行ったものとしているが、被告は、違法行為を認識した後に取締役会に報告するなど適切な措置をとることを怠った責任を追及されているのであり、違法行為が行われた後の責任であり違法行為に関与した責任ではないことから、寄与度に応じた因果関係の割合的認定がなされたのではなく、自己が関与した部分に関する責任に基づいて判断されたにすぎない。

(イ) 控訴審判決

控訴審判決は、販売時に違法の事実を知らなかった取締役も、その後事実を

14　岩原紳作「大和銀行代表訴訟事件一審判決と代表訴訟制度改正問題（下）」商事1577号10～11頁、川村正幸「判批」金判1010号48～50頁、吉本健一「判批」商事1562号43頁。

知ることにより深刻さを認識して、直ちに公表すべきであったのに、それを隠ぺいして損害を拡大させたとして、代表取締役ほか取締役13人の責任を認めた。しかし、賠償責任額については、会社に生じた損害の中には、販売継続や公表遅滞による販売禁止の処分との因果関係が不明確なものもあることから、公表するなどしなかったことと因果関係が認められる損害について損害賠償責任を認めている（大阪高判平成18・6・9判タ1214号115頁）。

判旨は、違法の事実について公表するなどしなかったことと損害の間に因果関係が認められるものについて損害賠償責任を認めているが、これは違法行為を知った後に適切な措置を講じないことにより損害を拡大させた責任であり、違法行為に関与した責任ではないから、負うべき責任を限定したものであり、寄与度に応じた割合的因果関係による損害額の認定がなされたものではない。

(3) 小　括

このように、裁判例に現れた事例は同一の違法行為に関与した責任に関するものではなく、取締役に就任した時期、違法行為を知った後の責任についての問題であるから、本来的意味での寄与度に応じた責任の分配をいうものではない。しかし、寄与度に応じた責任の分配に準じた賠償責任の軽減化を図るものとして適切な判決であるといえる。

Ⅵ　役員の任務懈怠責任の軽減化の方法

1　適正な損害賠償額の算定

役員に損害賠償責任が認められる場合でも、とうてい支払いができない金額について支払いを命じるのは適正を欠くばかりか妥当でないから、適正な賠償額を認定し過酷な賠償額とならないようにするために責任の軽減化を図る必要がある。

まず、責任限定契約を締結する方法があげられる（後記Ⅶ 4 参照）。ただし、責任限定契約は、業務執行取締役については会社と締結することを認められておらず、しかも、責任軽減の要件として善意で重大な過失がないことを要求される。そこで、役員の責任の一部免除という方法によることも考えられるが

（会社425条1項、426条1項)、これも責任限定契約と同一の要件が要求されるばかりか、特別決議を要するから、常にこれに期待できるとは限らない（後記Ⅶ2参照)。

そうすれば、代表訴訟または会社による責任追及訴訟を和解（故意・重過失、法令違反の責任についても、和解は可能であり、また限度額の制限もない）により終了させるのが、損害賠償責任の適正化の現実的手段として得策といえるが、それ以前に役員の賠償責任額そのものについて適正化を図る必要がある。

損害賠償責任は、会社に生じた実損害のてん補を目的とするものであるが、損害発生に他の要素が関係している場合にその全額を賠償責任額と認定することは適正でない。そこで、公平の観点から実損害を適正に認定し、賠償責任額を減額する必要がある。そのための方法として、損益相殺と過失相殺規定の類推適用が考えられる。

2 損益相殺による賠償責任額の減額

取締役の任務懈怠行為により会社に損害が生じたが、他方、それにより会社が利益を得ている場合がある。損害発生の原因である取締役等の任務懈怠行為と、それにより会社が得た利益との間に因果関係が存在する場合には、賠償額は損害額から利益額を差し引いて計算し、会社に生じた損害と会社が得た利益との差額をもって賠償責任額とする損益相殺を認めるべきである。そこで、どのような場合に損益相殺を認めるかが問題になる。

本来は退職慰労金を支払うべき場合に、取締役が任務懈怠により会社に損害を与えたことから会社が支払いを免れた場合は、退職慰労金相当額については損益相殺的要素を加味して賠償額を決定すべきであるとの裁判例がある（福岡地判平成8・1・30判タ944号247頁）。取締役の任務懈怠行為による損害発生により、会社は支払うべき退職慰労金の支払いを免れたことを損益相殺として取り扱うのは公平である。

また、違法に会社資金を支出することにより会社に損害を与えたが、それにより会社が利益を得た場合に損益相殺の可否が問題になるが、損害賠償責任額は会社に生じた実損害であることから、実損害の算定において違法行為により会社に生じた損害と、それにより会社に生じた利益との相殺が認められないと

する理由はない。[15]

　会社が賄賂を贈ったことにより、工事を受注して会社が利益を得た場合、賄賂の額が会社に生じた損害であるが、損害額の認定において会社が工事を受注したことにより得た利益を差し引くことができるかが問題になった事案において、取締役の正当な業務執行権限を逸脱する贈賄のような刑法上の犯罪行為は、それが会社の業績の向上に役立つとしても営業の手段とすることはできず、賄賂としての供与額が会社の損害であるから、取締役はこの額について損害賠償責任を負うとする裁判例がある（東京地判平成6・12・22判時1518号3頁〔ハザマの株主代表訴訟〕）。贈賄による工事受注の結果会社が利益を得たとしても、その利益は工事を施工したことによる利益であり、賄賂が返還されたというように贈賄による損害を直接補てんするものではなく、損害の原因との間に相当因果関係がないので損益相殺はできないとするのである。

　しかし、原因となる行為が公序良俗に反することと、それにより会社の得た利益についての損益相殺は別問題である。会社に損害を与えたことの原因となる行為（贈賄）が、社会的に非難される行為として是認することができないとしても、賄賂を贈らなければ工事が受注できないのに、賄賂を贈ったことにより工事が受注でき、それにより会社は利益を得たのであるから、贈賄と会社が得た利益との間に因果関係が認められるから、損益相殺を認めない理由にはならないであろう。

3　過失相殺による賠償責任額の減額

　債務不履行または損害の拡大に関して、債権者に過失があるときは過失相殺が認められる（民418条）。しかし、取締役の任務懈怠による賠償責任については、他の取締役や従業員の過失は存在するとしても、それは会社の過失ではない。一方で、過失相殺は損害の公平な分担であるから、会社自身の過失ではないとの形式論理により、一切の過失相殺を認めないというのは公正ではない。

　そこで、損害賠償責任の公平化という観点から、他の取締役や従業員の過失、管理体制の不備をもって、会社の過失と同一視して過失相殺の類推適用による

15　河本一郎「判批」重判解〔平成元年〕（ジュリ957号）99頁。

べきであろう。すなわち、他の取締役の行為や会社の組織に欠陥がある場合には、従業員の行為を履行補助者の過失として、これを会社の過失とみるのである。これらを考慮することなく、当該取締役の責任として処理するのは明らかに不公正である。

裁判例も、定年年齢を過ぎた従業員を退職させなかった任務懈怠により、退職が遅れたことによる給与・賞与の過払金相当額の損害について賠償責任を追及された事案において、被告を補佐すべき職員の任務懈怠も損害発生の一因であり、また、他の取締役の責任も否定し得ないという組織上の欠陥があるにもかかわらず、原告が他の取締役の責任を不問にしたまま、被告の責任のみを追及するのは適当ではないとして、過失相殺の法理を類推したものがある（東京地判平成2・9・28判時1386号141頁）。公平の観点からみて極めて妥当な判決である。

Ⅶ 役員の責任の免除と一部免除

1 役員の任務懈怠責任の免除

役員等の任務懈怠の責任を免除するためには、総株主（議決権を有しない株主を含む）の同意が必要である（会社424条）。そこで、総株主の同意を得れば事後的に役員の責任を免除することができる（故意または重大な過失がある場合、法令違反行為についても免除することができる）。

しかし、株主数の多い大規模な会社では総株主の同意を得ることは実際上困難である。責任免除が厳格なのは、代表訴訟の提起権が単独株主権とされていることによる（多数決により責任免除を認めたのでは、単独株主権とした意味が失われる）。

2 役員の任務懈怠責任の軽減（一部免除）

役員の任務懈怠の責任について軽減（一部免除）する制度がある。その方法として、善意で重大な過失がない場合に、①株主総会の特別決議による方法（会社425条1項）と、②定款により役員の責任は取締役会決議により軽減することができると定めている場合に、取締役会が責任軽減の決議をする方法（同

法426条1項）とがある。

　軽減の限度額は、賠償責任額から株主総会決議の日を含む事業年度以前の各事業年度において、各役員が職務執行の対価（報酬等）として受け、または受けるべき財産上の利益の1年間あたりの額（事業年度ごとの合計額）のうち、最も高い額に役員の区分に応じた数を乗じた額（最低責任限度額）を控除した額である。区分に応じた数とは、代表取締役または代表執行役は6、代表取締役以外の取締役（業務執行取締役である者に限る）または代表執行役以外の執行役は4、取締役、会計参与、監査役、会計監査人は2である（会社425条1項1号、会施規113条1号）。

　たとえば、代表取締役についていえば、賠償責任額から最も高い財産上の利益の1年間あたりの額の6年分が軽減の限度額となる。そこで、この財産上の利益×6については最低限責任を負わなければならないのであり、責任軽減（一部免除）手続によるも、この額を超えて免除することはできない。たとえば、1年間あたりの財産上の利益（役員報酬、賞与、退職慰労金等の合計額）が1億円とすると、6億円についての賠償責任を免れない。会社に生じた損害が10億円であっても、支払責任額を6億円にまで軽減することはできるが、損害が5億円の場合については軽減は問題にならない（最低6億円の賠償責任を負うのであるから、損害が5億円の場合には軽減の余地がないことになる）。

　責任免除にせよ、軽減（一部免除）にせよ、役員の責任が発生した後に、事後的に責任の軽減を図るものであり事前に行うことはできない。

　役員について一部免除がなされているのに、代表訴訟の原告株主が全額請求した場合、あるいは代表訴訟の係属中に一部免除がなされた場合、被告役員は一部免除がなされたことを主張しなければならない（一部免除は抗弁事由）。したがって、一部免除を主張しないで全額の支払いが命じられた判決が確定したときは、既判力によりもはや一部免除について主張することができない。原告が被告役員について悪意または重過失があるとして一部免除の効力を争った場合、被告役員は重過失がないことを立証しなければならない。

3　完全子会社と役員の責任免除

　役員等の任務懈怠の責任を免除するためには総株主の同意が必要であり（会

社424条)、一部免除のためには、株主総会の特別決議が必要であるが(同法425条1項、309条2項8号)、完全子会社の場合の株主は親会社1人であるから、親会社の意思によって免除または一部免除することができる。これは、当否はともかく、規定上は問題がない。

しかし、改正法は多重代表訴訟を創設したが(第8章参照)、これを認めたのでは多重代表訴訟の趣旨が減殺されることになる。そこで、子会社の役員等の責任の免除のためには、総株主(完全親会社)の同意のほかに、最終完全親会社の総株主の同意を必要とし(会社847条の3第10項)、一部免除についても子会社の株主総会の特別決議のほかに、最終完全親会社の株主総会の特別決議が必要であるとしている(同法425条1項)。

4 責任限定契約の締結

(1) 責任限定契約の趣旨

役員の責任の一部免除のための事前的措置として責任限定契約がある。会社は、取締役(業務執行取締役等である者を除く)、会計参与、監査役、会計監査人(以下、「非業務執行取締役等」という)の会社に対する任務懈怠責任について、職務を行うにつき善意で重大な過失がないときは、定款で定めることにより、定款で定めた額の範囲内で、あらかじめ会社が定めた額と「最低責任限度額」とのいずれか高い額を限度とする契約をすることができる(会社427条1項)。

改正前の会社法では、取締役と監査役については社外取締役と社外監査役に限定していた(旧会社427条1項)。それは、社外取締役と社外監査役について人材を確保するためであったが、改正法は社外性の要件をはずし、取締役については非業務性の要件に変更した。責任限定契約の対象者の範囲を拡大したのは、非業務執行取締役等(非業務執行者)の監視義務違反の責任が過重にならないようにするためである。

それに加え、改正法は、社外性の要件に、親会社の関係者や兄弟会社の業務執行者、業務執行者の近親者でないことを追加して、社外取締役と社外監査役の要件を厳格化したことから(会社2条15号・16号)、改正前に社外性の要件を満たす者であっても改正後においては社外性の要件を欠くことになり、責任限定契約をなし得ない場合が生ずることになり、これでは人材確保が難しいとの

指摘を踏まえて、責任限定契約の要件から社外性をはずしたのである。

(2) 責任限定契約の内容

　責任限定契約は、定款の定めに基づき会社との契約により、あらかじめ定めた責任の限度額で責任を負うという契約である。責任限定契約による最低責任限度額は、報酬等（職務執行の対価として受けた（または受けるべき）財産上の利益）の2年分である（会社425条1項1号ハ）。そこで、定款規定の金額の範囲内であらかじめ会社が定めた金額と、法定の最低責任限度額（一部免除の限度額）とのいずれか高い額を限度として責任を負う（同法427条1項）。

　責任限定契約は、責任の一部免除と異なり賠償責任額自体は影響を受けないが、契約を締結した役員は、責任限定契約により限定された額を支払うことを内容とするものである。したがって、契約による責任限度額を超えた部分は自然債務の性質を有すると解される。

　損害額全額について請求された場合は、当該役員は責任限定額によることを主張して（抗弁事由）、それを超えた額の支払いを拒絶することになる。

Ⅷ 会社と役員の第三者に対する責任

1　役員の第三者に対する責任

　役員は任務懈怠行為について、第三者（株主を含む）に対し損害賠償責任を負う場合がある。民法上、債務者が第三者に損害を与えた場合は不法行為責任を負うが（民709条）、会社法は役員等がその職務を行うについて悪意または重大な過失があったときは、第三者に対しても連帯責任を負うとする特別の規定を設けている（会社429条1項、430条）。

　この場合、悪意または重大な過失とは、会社に対する職務執行上の悪意または重大な過失をいうのであり、第三者に対する悪意または重大な過失をいうのではない。

　会社に対する任務懈怠について、悪意または重大な過失と因果関係がある第三者に生じた損害について賠償責任を負うのである。この場合、第三者は、直接、役員の責任追及訴訟を提起することができる（直接訴訟）。もっとも、役員の任務懈怠行為により会社に損害が生じ、その結果、第三者に損害が生じた

場合については、代表訴訟によるべきであり、直接訴訟によることはできない。

2　会社の第三者に対する責任

　代表取締役などの会社代表者が、職務を行うについて第三者に損害を与えた場合（職務執行上の不法行為）は、会社は損害賠償責任を負う（会社350条）。代表取締役等の会社の代表者が、職務執行上の行為により第三者に損害を与えた場合、不法行為による損害賠償責任を負うが（民709条）、これに加え、会社も損害賠償責任を負うのである。

　一般社団法人と一般財団法人は、代表理事その他の代表者がその職務を行うについて第三者に加えた損害を賠償する責任を負う（一般法人78条、197条。平成18年改正前の民法44条1項と同趣旨）。これは、法人の代表者が、職務を行うにつき不法行為により（職務執行上の不法行為）、第三者に損害を与えた場合は、法人自身の不法行為であるとして法人が賠償責任を負うとの規定である。会社法350条もこれと同趣旨であり、代表取締役等の職務執行上の不法行為により、会社の賠償責任を規定するものである。

　したがって、代表取締役等が職務執行上の行為として第三者に損害を与えた場合に限られ、私的な行為により第三者に損害を与えた場合には会社は責任を負わない。しかし、職務執行上の行為はかなり広く解され、職務執行に関連する行為も含まれる。

　この会社の責任を認める規定は、第三者が会社の責任を追及するために多く用いられる。

第2章 取締役の内部統制システム構築義務

I 会社法と内部統制システムの構築義務

1 内部統制システム構築の概要

(1) 意 義

　内部統制システム（internal control system）とは、企業経営者の経営戦略や事業目的等を組織として機能させ達成していくためのしくみであるとともに、企業がその業務を適正かつ効率的に遂行するために、社内に構築され運用されるプロセスであり、企業が自ら整備するものである[1]。これに対し、経営者が作成した財務報告を会計監査人（監査法人・公認会計士）が監査し評価するのが外部統制システムである。

　コーポレート・ガバナンス（企業統治）は、株式会社の機関設計と経営のあり方、企業経営の健全性をどう確保するか、経営に対する監視をどのように行うか、株主の保護のあり方などのための組織づくりである。これに対し、内部統制システムは業務の適正を確保するための体制であってより具体的なものである。両者は相互補充的な関係にあり、両者が機能することにより企業経営の健全性が確保されることになる。

　内部統制システムの整備の動機は、企業規模が大きくなり、従業員の数や事業拠点が増えていくと、取締役相互間で監視し、経営者が、直接、従業員を指導監督することが不可能であることから、会社の事業活動が効率的かつ適正に行われるための体制の構築が必要となったことによる[2]。

---

[1] 経産省・企業行動の開示・評価に関する研究会「コーポレート・ガバナンス及びリスク管理・内部統制に関する開示・評価の枠組みについて（平成17年8月）」5頁。
[2] 鈴木克昌ほか『会社法・金融法下の内部統制と開示』2頁。

内部統制システムは、元来、担当取締役や従業員による違法または不適切な行為の防止と早期発見による対応を主眼とするものであったが、近時、経営トップ（社長）が関与し、あるいは企業ぐるみで不正行為がなされている例が見受けられる。システムの運営責任者である社長が関与するとなると、システムが機能しないのは当然でありガバナンスにも影響する。

　内部統制システムの構築は会社業務の適正を確保することにあるから、それを適切に構築し運用していれば、企業不祥事の発生は最小限に食い止められる。内部統制システムの構築と運用は善管注意義務の内容をなすから、それが不十分であれば企業不祥事が発生した場合、取締役（指名委員会等設置会社の場合は執行役）は、善管注意義務違反の責任を負うが、適切に構築されていれば責任を免れることになる。

　すなわち原告が、被告役員に対して個別監視義務違反による善管注意義務違反を主張した場合に、被告役員において内部統制システムの構築等義務を尽くしていたから過失はないということができる。つまり内部統制システムの構築と適切な運用は、被告の過失責任を否定するものとして、抗弁事由としての機能も認められることになる。

　内部統制システムの機能を大別すると、企業リスクの回避とコンプライアンス（法令遵守）経営の確保であるが、その中心は違法行為の防止と再発の防止を目的とするコンプライアンス体制の確保である。

　従来から、多くの裁判例は内部統制システム（リスク管理システム）の構築の必要性を指摘していたが、会社法は大会社と委員会設置会社について内部統制システムの構築（規定上は、整備の決定）を義務づけた（会社348条3項4号・4項、362条4項6号・5項、416条1項1号ホ）。

　会社法が内部統制システムの整備について規定したのは、企業不祥事、違法行為などが多発したものの、その原因は、不祥事の発生を防止するためのシステム（体制）の整備の不十分によることから、不祥事の発生を防止するためのシステムの構築が必要とされたことによる（委員会設置会社については、旧商法当時からシステムの構築が義務づけられていた）。その後、改正法は監査等委員会設置会社についても内部統制システムの構築を義務づけた（会社399条の13第1項1号ハ）。また、子会社による違法行為、子会社を用いた違法行為が懸念さ

れることから、グループ内部統制システムの構築の必要性が唱えられているところであり、会社法はグループ内部統制システムの整備に関する決議について直接規定している（同法362条4項6号）。しかし、依然として企業不祥事（多くはコンプライアンス違反）が後を絶たない。

(2) **内部統制システムの整備の手続**

内部統制システムとは、法律用語ではない。会社法は、「内部統制システム」という文言を用いておらず、「業務の適正を確保するための体制」としている（会社362条4項6号等）。

内部統制システムの構築義務を負う会社は、取締役会設置会社と取締役会非設置会社（いずれも、大会社に限る）、監査等委員会設置会社、指名委員会等設置会社があるが、設置義務を負う多くの会社は取締役会設置会社であるから、以下、取締役会設置会社の内部統制システムとして取り扱う（会社362条4項6号、会施規100条1項5号）。それ以外の会社についても同様の規定が設けられており（取締役会非設置会社については取締役の過半数、それ以外の会社については取締役会決議）、同様に扱うことになる。

内部統制システムの構築義務を負う会社以外の会社も、任意に内部統制システムを構築することが望ましい。任意に構築する場合であっても、その構築にあたっては同一の手続（取締役会決議等）によることになる。

会社法は内部統制システムの構築義務を直接規定するのではなく、取締役会で「体制の整備」についての決議により決定しなければならないとしている（会社362条4項6号・5項等）。

そこで、取締役会決議により内部統制システムの基本方針（大綱）を決定し、それに基づき代表取締役等がシステムを構築し運用する。この代表取締役の内部統制システムの構築および適切な運用は、代表取締役等の善管注意義務の内容となる。一方、他の取締役は内部統制システムの構築と運用に対し監視義務を負うことになるが、これらは取締役の善管注意義務の内容となる。

内部統制システムについてはその内容の開示が求められていることから、取締役会で内部統制システムの整備について決定したときは、事業報告に整備の概要を記載することになる。また、システムがどのように運用されているかについても開示が必要であり、改正法は運用状況を事業報告に記載することを追

加している（会施規118条2号）。そして、事業報告の相当性について、監査役による監査の対象になる（同規則129条1項5号）。

2 内部統制システムの構築義務を規定するに至った経緯

　企業規模の大きい会社では、企業不祥事の発生は取締役の個別監視義務だけでは十分に対応できない。そこで、内部統制システム構築の必要性が唱えられているが、そのきっかけともいえるのは、大和銀行株主代表訴訟事件の第1審判決である（大阪地判平成12・9・20判時1721号3頁）。

　判旨は、次のとおりである。

① 一定規模の株式会社において、健全な会社経営を行うためには、目的とする事業の種類、性質等に応じて生ずる各種リスクの状況を正確に把握し適切に制御すること、すなわち、会社が営む事業の規模、特性等に応じたリスク管理体制を整備することを要する。

② 重要な業務執行については取締役会で決定することを要するから、会社経営の根幹に係るリスク管理体制の大綱については取締役会で決定することを要する。

③ 業務執行を担当する代表取締役および業務担当取締役は、大綱を踏まえ担当する部門における管理体制を具体的に決定し、リスク管理体制を構築すべき義務を負い、これは取締役としての善管注意義務の内容をなす。

④ 取締役は取締役会の構成員として、また代表取締役または業務担当取締役として、代表取締役または業務担当取締役がリスク管理体制を構築すべき義務を履行しているか否かを監視する義務を負う。これは取締役としての善管注意義務の内容をなすものである。

⑤ 整備すべきリスク管理体制の内容は、リスクが現実化して惹起されるさまざまな事故の経験の蓄積とリスク管理に関する研究の進展により充実していくものであるから、現時点で求められているリスク管理体制の水準をもって、本件判断基準とすることは相当でない。

⑥ どのような内容のリスク管理体制を構築すべきかは経営判断の問題であり、会社経営の専門家である取締役に広い裁量が与えられている。

⑦ 頭取あるいは副頭取は、各業務担当取締役にその担当業務の遂行を委ね

ることが許されるから、各業務担当取締役の業務執行の内容につき、疑念を差し挟むべき特段の事情がない限り監督義務懈怠の責任を負うことはない。

判旨は、会社が営む事業の規模、特性等に応じた内部統制システム（リスク管理システム）の整備と構築の必要性を明確にしたうえで、ⓐシステムの構築は重要な業務執行にあたるからシステムの大綱は取締役会で決議する、ⓑ代表取締役および業務担当取締役は、取締役会で決議した大綱（概要）に基づき、内部統制システムを構築する（運用する）義務を負う、ⓒ取締役は代表取締役または業務担当取締役によるリスク管理体制の構築と運用義務の履行に対して監視義務を負う、ⓓ内部統制システムの内容をどのようなものとするかは、取締役の経営判断事項である、としている。

そこで、ⓐについて決議せずまたは決議内容が不十分な場合は、取締役の決議義務違反の責任が生じ、ⓑの構築と運用を怠りまたはそれが不十分な場合は、代表取締役等の構築・運用義務違反の責任が生ずる。ⓒについてはシステムの監視義務違反の責任が生ずる。いずれも取締役の善管注意義務違反の責任である。

この判決は、内部統制システムを法定化する契機となったばかりか、会社法の下でもシステムの構築と運用の基本基準となっている。

内部統制システムの構築の必要性と重要性が認識されるに及び、旧商法（平成17年改正前の商法）は、委員会等設置会社（後に、委員会設置会社に改称）について内部統制システムの構築を義務づけていた（商特21条の7第1項2号、旧商施規193条）。

委員会設置会社について、内部統制システムの構築が義務づけられたのは、委員会設置会社には、常勤の監査委員が必要とされないばかりか、監査委員の調査権限等についても独任制がとられておらず、監査委員会において内部統制システムを通じた組織的な監査を行うことが想定されていることによる。すなわち、委員会設置会社は内部統制システムを組み込んだ制度であるといえる。[3]

もとより、内部統制システムの構築を必要とするのは、委員会設置会社に限られるものではない。会社法は、大会社（会社2条6号）についても、内部統

---

[3] 江頭憲治郎＝門口正人編集代表『会社法大系(3)機関・計算等』163～164頁〔小舘浩樹〕。

制システムの整備を義務づけた（同法348条3項4号・4項、362条4項6号・5項、416条3項）。さらに、改正法により新設された監査等委員会設置会社についても、構築が義務づけられている（同法399条の13第1項1号ハ）。

前述のとおり、一定の規模の株式会社については、取締役の個別監視義務だけでは十分でないことから、各企業の自主的判断に委ねるのではなく、大会社について取締役の職務の執行が法令・定款に適合することを確保するための体制、業務の適正を確保するための体制として、内部統制システムの構築を義務づけ、それに関する決定を事業報告により開示することを命じているのである。

会社法による内部統制システムは、①内部統制システムの構築は重要な会社業務であるから、取締役会で基本方針（システムの大綱）を決議して決定し（会社362条4項柱書・6号）、②これに基づき、代表取締役または業務執行取締役が、業務執行として具体的なシステム（内部統制および内部監査部門の設置、社内規程の整備等）を構築し運用する、③取締役と監査役はシステムの構築と運用に対する監視義務を負う、④決議されたシステムの概要を事業報告により開示する、という構図である。

内部統制システムの構築というモニタリングを通じて、監視義務の実効性の確保を図り、取締役の業務執行の監視の実効性を確保するとともに、それに違反することにより善管注意義務違反の責任を負うとするのである。

内部統制システムの構築義務を負う会社とは、大会社（公開会社（会社2条5号）に限らない）、指名委員会等設置会社（委員会設置会社）と監査等委員会設置会社（いずれも会社規模を問わない）である。それ以外の会社についても、任意に内部統制システムを構築することができる。内部統制システムを構築することにより、監視義務違反の責任を追及されることを回避することが可能な場合も想定することができる。

3　内部統制システムの機能と内容

内部統制システムの構築は、当該株式会社だけでなく、それを取り巻くステークホルダーの利益を確保するために必要である。内部統制システムは、業務の適正性を一般的に確保するしくみを通じて、違法または不当行為を事前に防止するとともに、違法または不当行為がなされた場合の事後的責任追及のた

めの重要な機能を果たすものである[4]。それゆえ、内部統制システムは形式的に構築すればよいというものではなく、それが実質的に機能するものでなくてはならない。

内部統制システムは、経営の効率化、リスク管理体制、コンプライアンス体制からなっているが、近時の企業不祥事の多くが、コンプライアンス体制の不備によるものであるから、コンプライアンス体制の整備が中心になる。

コンプライアンス体制とは、取締役および使用人の職務の執行が法令および定款に適合することを確保するための体制である（会社362条4項6号、会施規100条1項4号）。その会社において想定される典型的な法令違反行為の監視・予防体制（法令遵守マニュアルの作成や使用人間の監督体制）、法令違反行為が生じた場合の対処方法、対応機関に関する事項等についての決定である。

具体的には、企業行動憲章等の確立、コンプライアンスに関する基本方針の決定、担当役員と担当部署の設置、コンプライアンスプログラムまたはマニュアルの作成、コンプライアンスに関する教育・研修の実施、内部検査部門等モニタリングの担当部署の設置、内部通達制度の設置などである[5]。

内部統制システムは、違法または不当な業務執行を防止と、そのための監視を主眼とすることから、直接的には、取締役の経営判断の誤りを防止する機能は期待できない。

内部統制システムの構築と運用義務に違反した代表取締役等、その運用について監視義務を怠った取締役は、会社に対して善管注意義務違反の責任を負う。監視義務違反は、個別監視義務ではなく、システムの構築と運用に対する監視義務として問題にされる。

もとより、取締役に内部統制システムの構築と運用義務違反、監視義務違反があるというだけで責任を負うものではなく、それに原因して会社に損害が生じた場合に責任が問われる。さらに、取締役のこれらの義務違反について、故意または重大な過失があるときは、取締役は第三者に対して損害賠償責任を負う。監査役についても同様である（会社429条1項）。

4　吉本健一「会社法における内部統制システムの意義と機能」森淳二朗＝上村達男編『会社法における主要論点の評価』175頁。
5　鈴木ほか・前掲書（注2）32～33頁。

4　内部統制システムの整備の決定と実施義務

　会社法の内部統制システムに関する規定は、取締役（会）は、「取締役の職務の執行が法令及び定款に適合することを確保するための体制その他株式会社の業務並びに当該株式会社及びその子会社から成る企業集団の業務の適正を確保するために必要なものとして法務省令で定める体制の整備」（下線筆者）について決定（取締役会設置会社については取締役会決議）しなければならないとしている（会社348条3項4号、362条4項6号、会施規98条1項5号、100条1項5号）。下線部分はグループ内部統制に関する規定であるが、改正前は会社法施行規則に定めていたものを、改正法では会社法本体に規定したのである。

　会社法は内部統制システムという表現を用いることなく、「株式会社等の業務の適正を確保するための体制」としている。内部統制システムについて特に定義はないが、規定に従い株式会社の業務の適正を確保するための体制および企業集団の業務の適正を確保するための体制ということができる。

　大会社、指名委員会等設置会社、監査等委員会設置会社の取締役会は内部統制システムの決定をしなければならないが、取締役会で内部統制システムの整備のための決議をしなければならないのは、それが、「その他の重要な業務執行」の決定にあたるからであり（会社362条4項柱書）、代表取締役または担当業務執行取締役がシステムを構築し、運用することは代表取締役等の業務執行にあたるからである。また、取締役がシステムの構築と運用に対し監視するのは、代表取締役等の職務執行に対する監督（監視）権限によるものである（同条2項2号）。

　内部統制システムの構築と運用の必要性は株式会社だけに限られるものではない。他の組織についても、規模が大きくなると個別的な監視だけでは不正を防止し得ないから、最高責任者が内部統制システム（リスク管理体制）を構築し運用し、他の理事や役員はそれを監視するという体制づくりが必要である。

5　金融商品取引法の内部統制システム

(1)　金融商品取引法の内部統制報告書

　金融商品取引法（以下、「金商法」ともいう）は、投資家保護の観点から上場

会社等に対し適正な財務と企業情報の開示を確保するために内部統制報告制度を設けている。すなわち金商法24条１項の規定による有価証券報告書を提出しなければならない会社のうち、上場会社および店頭売買有価証券の発行会社は、事業年度ごとに当該会社の属する企業集団および当該会社に係る財務計算に関する書類その他の情報の適正性を確保するために必要なものとして内閣府令で定める体制（財務報告に係る内部統制）の有効性について評価した「内部統制報告書」を有価証券報告書とあわせて内閣総理大臣に提出し（金商24条の４の４第１項、財務計算適正体制府令３条）、公衆の縦覧に供しなければならないとするものである（金商25条）。

内部統制報告書制度は、平成18年の証券取引法改正に伴う金商法により新設されたものであり、上場会社等に対し内部統制報告書の作成と開示を義務づけるものである。粉飾決算が多発していたアメリカでは、エンロンの不正経理の発覚を契機にサーベンス・オクスレイ法（SOX）が制定されたが、証券取引法により作成提出される年次報告書に内部統制に関する所定の事項を組み込ませるというものであるが、これはわが国の内部統制のあり方にも影響を与えた。

わが国では、カネボウの粉飾決算事件で、不公正会計処理と有価証券報告書の虚偽記載が発覚したのを契機に、事後的な会計監査制度のみでは粉飾を防止できないとの認識が高まり、内部統制により担保された適正な情報開示を徹底させるため、証券取引法改正に係る金商法に、上場会社等に対し内部統制報告書の作成と開示を義務づけたものである。[6]

内部統制報告書は、原則として、当該提出会社と特別の利害関係のない公認会計士または監査法人の監査を受けなければならない（金商193条の２第２項）。

(2) **金融商品取引法と会社法の内部統制システム**

内部統制システムには、会社法上のものと金商法上のものがある。

会社法の内部統制システムは、企業活動の適法性等の確保を目的とし、取締役等の善管注意義務を具体化したものである。これに対し、金商法による内部統制報告書は、情報開示制度の適正を確保し、財務報告に対する信頼性を確保

6　河本一郎ほか『新・金融商品取引法読本』56～57頁。

し、投資家の保護を目的とするものであり、両者の趣旨と目的は必ずしも同じではない。規制対象も、会社法では業務全般であるのに対し、金商法では財務報告に限られる等の相違点がある。

会社法の内部統制システムを、財務報告の信頼性の確立という観点からみれば、公表するために必要な情報の保存および管理に関する体制（会施規100条1項1号）、財務報告の信頼性を損ねるリスクに対する管理体制（同項2号）、金商法を含む法令遵守体制（同項4号）を定めたものといえる。

会社の財務状況が、結局は、会社法では業務全般を集約したものと考えると、会社法と金商法で基本的に異なったものと考える必要はない。したがって、金商法の定める財務報告に係る内部統制システムは、会社法の内部統制システムに包摂され、金商法上の財務報告に係る内部統制も、会社法上の内部統制システムの1つということになる。

財務報告の信頼性は、法令遵守等を前提とした会社業務の適正性を前提とせざるを得ないから、会社法上の内部統制システムの有効性は、財務報告に係る内部統制の有効性を検証するための前提となる。このため、会社法上の内部統制システムと金商法上の内部統制システムは不可分一体の関係にあり、両者は有機的に関連している。

会社法の内部統制と金商法上の内部統制報告書は趣旨と目的が異なるが、後者も会社法上整備すべき内部統制システムに含まれるから、財務報告に係る内部統制の基本方針を取締役会で決議し、事業報告において開示することが必要となる。

内部統制システムを構築する目的や、基本的要素は密接に関連し合っており、会社法の内部統制システムと財務報告に係る内部統制システムを構築するのが現実的である。

会社法の内部統制システムと金商法の内部統制システムの適用会社は、それ

7　神田秀樹『会社法〔第14版〕』199頁、川村正幸編『金融商品取引法』123頁。
8　河本一郎＝大武泰南『金融商品取引法読本〔第2版〕』89頁、江頭＝門口・前掲書（注3）126頁〔上田裕康〕。
9　川村・前掲書（注7）124頁。
10　鈴木ほか・前掲書（注2）33頁、138～140頁。

〈表１〉　会社法上の内部統制と金融商品取引法上の内部統制の比較

	会社法上の内部統制	金商法上の内部統制
内部統制の対象となる会社	大会社・指名委員会等設置会社・監査等委員会設置会社	上場会社・店頭売買有価証券の発行会社
内部統制の目的	企業活動の適法性等の確保	財務報告に対する信頼性確保
監査機関	監査役による事業報告書に対する内部監査（監査報告書）	公認会計士・監査法人による外部監査

ぞれに基づく内部統制システムを整備構築し、監査役等または監査法人等の監査を受けなければならない。この場合、金商法上の内部統制報告書について、公認会計士等の適性意見が付されている監査証明があれば、監査役は、会社法上もそれを信頼して、財務報告に係る内部統制を含む内部統制システムについて、「指摘すべき事項は認められません」と記載することができる。[11]

　もっとも、目的が異なることから、求められる内部統制の水準は同じではない。会社法上の内部統制システム構築義務は、取締役等の善管注意義務の具体化であるから、その水準は、会社の規模や業務の複雑さなどによって決定される。これに対し、金商法上の内部統制システムの構築義務は、財務報告の正確性を確保し、投資家の利益を図るものであるから、有価証券報告書等に虚偽記載がないことを一定の程度で担保できる水準であることが要求されることになる。[12]

　内部統制報告書に虚偽記載または重要事実の不開示がある場合、発行者の役員および当該内部統制報告書を監査した公認会計士・監査法人は当該株式を取得した者に対して損害賠償責任を負う（金商24条の4の6、22条）。また罰則規定がある（同法197条の2第6号）。これに対し、会社法の内部統制については、内部統制システム整備構築義務の違反として、善管注意義務違反の責任を追及されることになる。

11　河本ほか・前掲書（注6）77頁。
12　近藤光男ほか『金融商品取引法入門』61頁。

Ⅱ 内部統制システムの整備の決定と実施義務

1 内部統制システムの構築等義務の内容

　内部統制システムの構築等に関する取締役の義務は、①システムの整備についての決定義務、②決定に基づく構築義務、③構築されたシステムを運用する義務、④システムの構築と運用に対する監視義務からなる。

　①は、システムの整備の大綱の決定義務であり、取締役会決議（取締役会非設置の場合は、取締役の過半数で決定）によるから全取締役の義務である。これを行わないときは決定義務違反の任務懈怠となる。会社法が直接規定しているのは、内部統制システムの整備についての決定である。決定義務に違反して決議しないときは法令違反となる。しかし、整備について決定すればよく、構築は先送りすることが可能であるという趣旨ではない。

　内部統制システムの整備に関する取締役会の決定は、所定の内部統制の各項目について決議すれば、その内容いかんにかかわらず決定義務違反にはならないが、それが会社の業態、規模等に照らして不十分な内容の場合は、構築された内部統制システムについて構築義務違反の責任として問題になることがある。[13]

　②は、代表取締役または担当業務執行取締役が、決議に基づきシステムの細目を決定し、システムを構築する義務である。整備について決議があれば、速やかにシステムを構築しなければならないのであり、これを怠れば構築義務違反の任務懈怠となる。

　③は、構築したシステムを、代表取締役または担当業務執行取締役が実施し運用する義務であり、これを怠れば運用義務違反の任務懈怠責任が生ずる。内部統制システムを構築し、それを実際に機能させることは、代表取締役の業務執行の一環として、会社の損害を防止するための善管注意義務である。[14]

　指名委員会等設置会社については、取締役会決議に基づき（会社416条1項1号ホ）、代表執行役が制度を構築し運用する。

13　鈴木ほか・前掲書（注2）14頁。
14　江頭憲治郎『株式会社法〔第6版〕』403頁、467頁。

④は、システムの構築と運用が適正になされているかの監視義務であるが、非業務執行取締役、社外取締役を含めた全取締役および監査役が監視義務を負う。取締役の監視義務は、取締役会の構成員として代表取締役または業務執行取締役が、決議に基づき内部統制システムを構築しているか否かを監視し、これを怠ると監視義務違反の任務懈怠責任を負うが、これは通常の監視義務と同様の構造である。[15]

しかし、この監視義務はシステムを通じて負う義務であり、システムが有効に構築され、運用されているかについて監視義務を負うのであり、取締役の業務執行行為を監視する個別監視義務（通常の監視義務）とは趣旨が異なる。

以上の義務に加え、構築し運用しているシステムについて検証し、不備があれば是正措置を講ずる義務があるが、この義務は取締役会決議または取締役の過半数で決定すべきであるから、これを怠れば取締役全員が任務懈怠責任を負うことになる。

2　内部統制システムの整備の決定義務

会社法は、内部統制システムの整備の決定は重要な業務執行の決定であるから、取締役会設置会社にあっては、取締役に委任することができないとして、取締役会決議によることを要求している（会社362条4項柱書）。取締役会非設置会社にあっては、各取締役に委任することができない、取締役が2人以上ある場合は、必ず取締役の過半数をもって決定しなければならないとしている（同法348条2項・3項）。

これは、取締役は内部統制システムの整備の決定をしなければならないとともに、取締役会決議または取締役の過半数をもって決定しなければならないとの意味であり、これに違反すると法令違反の任務懈怠責任が生ずる。

決議しなければならないとするのは、構築すべきシステムの基本方針についての決定であるから、取締役会で「内部統制システム構築の基本方針」として、大綱を決定しなければならないが、どのような内容のシステムにするかは、各個別企業の規模、業種等の特性に応じて判断されるべきであり、取締役に裁量

15　神田・前掲書（注7）211頁。

権が認められる。また、取締役会でシステムの大綱を決定すれば、細部は代表取締役等に委任することが許される。

　取締役会の決議によらず、代表取締役が内部統制システムの整備を決定することは違法である。しかし、その内容が適正であれば手続違反を理由にすべて無効とするのは適正ではないから、取締役会の追認があれば有効とすべきであろう。

　取締役会は、内部統制システムの大綱（基本方針）を決定する義務を負うが、決定をすればよいというものではなく、それに基づきシステムを整備・構築し、運用しなければならない義務を当然に伴うものである。

　手続としては、取締役会において、内部統制システムの整備に関しての大綱を、「内部統制システム構築の基本方針」等として決議する。決議は一度すれば、変更等がなければ毎年決議する必要はないが、取締役会は、年1回定期的に見直し、必要に応じて変更のための決議をすることが必要である。

　内部統制システムの構築が義務づけられている大会社、指名委員会等設置会社、監査等委員会設置会社以外の会社については、内部統制システムの構築を必要としないということではなく、任意にこれを構築することは可能であるし、また必要であるともいえる。内部統制システムの構築が法律的に義務づけられるか否かにかかわらず、それが構築され有効に機能していれば企業不祥事の防止につながる。内部統制システムを構築することで不祥事の発生を防止するための体制が整備されているとして、取締役の善管注意義務違反と認定される場合が少なくなるといえよう。

3　代表取締役等の内部統制システムの構築と運用義務

　代表取締役等は、取締役会で決議した内部統制システム構築の基本方針（大綱）に基づき、内部統制システムを構築し、運用していく義務がある。これにより、企業経営と業務の適正が確保されるのである。代表取締役等が内部統制システムの構築を怠り、あるいは構築されたシステムに不備があり不完全な場合には、それにより会社に生じた損害について、代表取締役等は構築義務違反の任務懈怠責任を負う。

　また、代表取締役等は、業務の執行として構築した内部統制システムを適正

に運用していく義務を負う。構築されたシステムは適正に運用され、有効に機能して初めて意味があるのである。構築されたシステムが適正に運用されていないことにより、会社に損害が生じた場合は運用義務違反の責任が生ずる。

内部統制システムの構築義務違反は、適正なシステムを構築しない場合と、構築されたシステムを適正に運用しない場合の義務違反からなり、これにより、会社に損害が生じた場合は、代表取締役等は任務懈怠の責任を負うのである。

では、構築すべき内部統制システムの内容と水準はいかなるものか、すなわちどのような内容と程度を備えたシステムであれば、構築義務違反にならないか。一定の標準（基準）が作成されているが、ひな形に従えばよいというものではない。企業規模、業務内容、業務形態等に基づき、各企業に適合するものであることが要求される。よって、システムの構築に際し代表取締役等に、大綱と会社法施行規則が定めた範囲内で裁量が認められることになる。

Ⅲ　内部統制システムに基づく取締役の監視義務

1　内部統制システムによる監視義務の必要性

(1)　監視・監督義務の変化

相次ぐ企業不祥事の発生に伴い、取締役の監視義務違反の責任に対する関心が高まっているが、企業組織が大きくなり複雑化すると、各取締役が直接関係のない業務を担う取締役を監視することは難しく、また代表取締役や業務執行取締役が使用人を監督することが、実際上困難な場合がある。そのため、個別監視義務や監督義務では対応できないことから、その違反はないと判断せざるを得ない場合が多くなる。そこで、業務と経営の適正を確保するための体制（システム）を構築し、その体制に対する監視義務を負うという形をとることが必要となる。すなわち取締役は、内部統制システムが有効に構築され、機能しているか否かについての監視義務を負うのである。

(2)　監視義務の実効性の確保

業務の適正を確保し、不祥事や取締役による違法行為を防止するためには、システム（体制）を整備することの必要性が認識され、会社法も内部統制システムの構築を義務づけ、対象企業は相応のシステムを構築している。しかし、

依然として企業不祥事が多発している。それは、構築されたシステムの運用が不十分であり、またシステムに対する監視義務が機能していないことに原因があると考えられる。

　改正法においては、前者に関しては、内部統制システムの運用状況の概要を事業報告の内容とするという方法で運用の適正化が図られている（会施規118条1項2号）。後者に関しては、監視義務違反の責任という形で、監視義務の実効性を確保することになる。

　取締役の監視義務には、従来型の個別監視義務と内部統制システムの構築と運用に関する監視義務とがあるが、不祥事が発覚した場合に後者の義務違反とすると、不祥事の未然防止や早期発見あるいは早期是正のシステムが構築されていないもしくは機能していないなどとして取締役の監視義務違反の責任を追及することができ、前者の義務違反によるよりも責任を問いやすいといえる。そのため、内部統制システムの整備構築が進むことで、従来に比べて取締役はより水準の高い監視義務を求められることになるとされている[16]。

　もっとも取締役の監視義務を内部統制システムの構築と運用に対する監視義務として考えることは、従来型の個別監視義務を不要とするものではなく、両者は併存し相互補完的な関係にあるものと考えられる。したがって、取締役の監視義務違反の責任を、個別監視義務違反の責任として追及することも可能であり、取締役の監視義務違反の責任追及訴訟において、内部統制システムの構築と運用に対する監視義務違反と個別監視義務違反をあわせて請求原因とすることもできる。

　内部統制システムは、業務の適正を確保するための体制であるから、これによりすべての監視義務をカバーできるものではない。取締役の経営判断の適正までは監視し得ないことから、個別監視義務によらざるを得ない場合もある。

2　内部統制システムによる監視義務と責任

　内部統制システムは、大綱を取締役会で決議し、これに基づき代表取締役ま

---

[16] 野村修也「判批」会社法判例百選125頁、同「判批」会社法判例百選〔第2版〕113頁、青木浩子「会社法と金融商品取引法に基づく内部統制システムの整備」浜田道代＝岩原紳作編『会社法の争点』153頁。

たは担当業務執行取締役が、内部統制システムを構築し運用していくしくみとなっている。取締役は、内部統制システムの構築と運用が適正になされ、機能していることについて監視義務を負う。取締役がその監視を怠った場合には、会社に対して監視義務違反の責任（任務懈怠責任）を負うのであるが、悪意または重大な過失があるときは、第三者に対しても責任を負うことになる。

取締役の内部統制システムの構築と運用に関する監視義務の根拠について、取締役会は取締役の職務の執行を監督することから（会社362条2項2号）、システムの構築と運用に関しても監視義務を負う。そして取締役は取締役会の構成員として監視義務を負うことになる。この関係は、個別監視義務の場合と同様である。

個別監視義務は、他の取締役の個別業務執行を監視し、それに違反した場合に監視義務違反の責任を負うものである。これに対し、内部統制システムによる監視義務は、内部統制システムの構築と運用が適切になされているか、システムが有効に機能しているか否かについて監視義務を負い、それに違反すれば監視義務違反の責任を負うのであって、取締役の個別業務執行に対する監視義務を怠ったか否かとは別の基準により判断される。

3　内部統制システムによる監視義務の特性

内部統制システムの構築と運用に対する監視義務は、個別的な監視義務違反とはその適用場面が異なる。したがって、取締役の個別監視が困難であり監視義務が期待できない場合であっても、内部統制システムの構築と運用に対する監視義務の違反として責任を問われることがある。一方で、内部統制システムに係る監視義務を尽くしていれば、個別監視義務違反の有無を問われず責任を免れることもある。つまり代表取締役等の任務懈怠行為により会社に損害が生じても監視義務違反の責任はないとされる場合もある。

内部統制システムの構築と運用に対して監視義務を負うことは、業務執行取締役の違法行為を知らなかった、知る機会がなかったというだけで責任を免れるものではない。取締役の監視義務違反の責任を問題にする場合、原告（多くは、代表訴訟を提起した株主）は、取締役の個別監視義務違反を立証できない場合には、内部統制システムの構築と運用についての監視義務違反を立証するこ

とで取締役の責任を問い得ることから、立証が容易になったともいえる。そのため、近時の監視義務違反の責任追及訴訟は、個別監視義務違反として構成するよりも、内部統制システムの構築と運用に対する監視義務違反として責任を追及する場合が増加傾向にある。

　もとより、内部統制システムの構築と運用に対する監視義務は、抽象的な監視義務違反をいうものではない。代表取締役等の任務懈怠行為により、会社に損害が発生した場合に、内部統制システムの構築と運用が有効になされていたか、また、それに対する監視義務が尽くされていたか、という形で問題にされることから、監視義務違反の責任は、代表取締役等の任務懈怠行為がなされた時を基準として、事後的に判断されることになる。

　また、内部統制システムの構築と運用に対する監視義務は、日常的にその義務を尽くすことを要求するものではない。取締役会、取締役、監査役等各方面からの報告に基づいて、問題があると認められる場合に受動的に調査するだけではなく、相当の注意義務を尽くし、内部統制システムの構築と運用について監視し、問題があるとの疑念を抱いた場合は、自ら積極的に調査する必要がある。もとより、内部統制システムが有効に機能していると認められる状況の下では、特に疑念を感じる特段の事情がない限り、信頼の原則に基づいて、直ちに、監視義務違反があるとはいえないとされる。

Ⅳ　会社法が定める内部統制システム

1　構築すべき内部統制システムの内容

　会社法の内部統制システムに関する規定は、取締役（会）は、「取締役の職務の執行が法令及び定款に適合することを確保するための体制その他株式会社の業務並びに当該株式会社及びその子会社から成る企業集団の業務の適正を確保するために必要なものとして法務省令で定める体制の整備」について決定（取締役会設置会社については取締役会決議）しなければならないとしている（会社348条3項4号、362条4項6号）。

　「当該株式会社及びその子会社から成る企業集団の業務の適正を確保するため」とは、グループ（企業集団）内部統制システムであるが、親子会社（企業

グループ）のガバナンスおよび親会社取締役の子会社に対する監視義務の根拠として重要な意味をもつ。そこで、改正法は、直接、会社法本体に規定したのである。

　会社法は、内部統制システムの構築を義務づけているが、どのような内容の内部統制システムを構築すべきかについては、法務省令で定める体制の整備として、会社法施行規則に委ねている（会社362条4項6号、348条3項4号、416条1項1号ホ、399条の13第1項1号ハ）。

　そして、会社法施行規則は、取締役会で決議すべき内部統制システムとして、内部統制システムの整備に関する事項（会施規98条1項1号〜4号、100条1項1号〜4号）と、グループ内部統制システムの整備に関する事項（同規則98条1項5号、100条1項5号）を定めている。会社法施行規則による内部統制システムの整備に関する事項は下記のとおりである。グループ内部統制システムの構築については、次章で解説する（第3章参照）。

① 　取締役の職務の執行に係る情報の保存および管理に関する体制（会施規98条1項1号、100条1項1号）

　　取締役の職務執行状況を知り、その判断と行動が適正であったかどうかの検証が必要となる場合があるが、そのためには、取締役の職務の執行に関する情報の保存と管理が必要である。取締役の職務執行状況に関する情報の多くは、取締役会議事録、決済書類、稟議書等であるから、これらを保存・管理するために必要な体制を整備することが求められている。具体的には、職務の執行に係る情報に関する文書の作成、保存と管理に関する社内規程を作成し、それに基づいて文書等の保存と管理を行うことである。

② 　株式会社の損失の危険の管理に関する規程その他の体制（会施規98条1項2号、100条1項2号）

　　企業リスク管理体制の構築についての規定である。損失の発生を未然に防止するために、存在または発生する可能性のあるリスクを把握し、企業活動の持続的発展を害するすべてのリスクの発生を防止するための体制を構築することを求められている。そのための措置として、リスク管理規程（マニュアル）を作成し周知する、従業員のための研修などが必要である。

　　リスク管理体制として一般に講じられるのは、ⓐリスク管理に関する基

本方針を定め、リスク管理に関する統括部署を設置し、リスクのカテゴリーごとにリスクの管理部署をおき、部署ごとに責任者または担当者を定める、ⓑリスク管理委員会を設置する。同委員会は、業務運営リスクと経営戦略リスクについて、基本方針と年次計画等を作成するとともに、構築されたリスク管理体制の進捗状況、達成状況を把握し、評価して取締役会に提出する、ⓒ統括部署およびリスク管理委員会は、リスク管理に関する重要事項を取締役会に報告する。取締役会はリスク管理に関する重要事項を決議する、ⓓ役員および従業員による不適切な業務執行によりリスクが生ずることを防止するために、役員および従業員に対し、リスク管理に関する教育と研修を継続的に行う、などの措置である。

③ 取締役の職務の執行が効率的に行われることを確保するための体制（会施規98条1項3号、100条1項3号）

経営の効率という観点から、取締役の職務の効率性を確保するための体制の構築が求められている。

そこで、取締役の非効率な職務の執行（経営）を防止し、効率的な職務執行を確保するための体制を構築する必要がある。代表取締役等が職務権限を明確に分担するとともに、それを統括する指揮命令系統を確立し、意思決定が迅速かつ適正に実行されるための体制を構築することである。それには、過度に効率性を追求（過度の利益第一主義）すべきでないことも含まれる。過度の効率性の追求はコンプライアンス違反を招きかねない。

経営の効率性は、取締役と従業員の協働によって実現されるから、取締役と従業員の役割分担や指揮命令関係を適切かつ明確にし、それに応じた規程等を作成する。

④ 使用人の職務の執行が、法令・定款に適合することを確保するための体制（会施規98条1項4号、100条1項4号）

取締役の法令遵守は、会社法本体に規定し（会社362条4項6号、348条3項4号）、会社法施行規則において使用人の法令遵守体制を規定している。法令遵守体制の構築のために、取締役のみならず使用人もその対象としている。法令遵守体制（コンプライアンス体制）の構築は内部統制システムの最も重要な事項である。

2　コンプライアンス体制の構築

　法令違反行為は、企業に多大な損失を与えるだけでなく、企業活動にとって致命的な障害となることから、法令遵守体制は内部統制システムの中心であり極めて重要な役割を担うといえる。

　コンプライアンス体制とは、取締役または使用人の職務の執行が、法令および定款に適合することを確保するための体制をいうが（会社362条4項6号、348条3項4号、会施規100条1項4号、98条1項4号）、会社法は、コンプライアンス体制の構築を内部統制システムの重要項目と位置づけている。

　企業コンプライアンス（compliance）は、企業の法令遵守を意味するが、遵守すべき法令は、会社法に限らず事業活動にかかわるあらゆる法令が対象となる。たとえば、消費者や顧客の保護、食品や住民の健康維持、従業員の保護、取引秩序の維持等を目的とする法令等多くの法令が含まれ、さらに、新たな問題の発生に伴い追加されている。また、制定法による具体的な法令だけでなく、条例、行政命令・通達等の行政指導その他の公的ルール、民間ルールも含まれる。さらに、広く社会の非難を浴びるような、社会的に不適正な行為や企業倫理に反する行為をしてはならないことも意味する。

　コンプライアンス体制の構築は、法令を遵守させ、企業不祥事や違法行為が行われることを防止するものであるが、企業の健全性の確保だけでなく企業利益にもつながる。また、取締役にとっても、コンプライアンス体制を構築し適切に運用することで責任を免れるというリスク回避機能が期待できる。

　コンプライアンス体制を積極的に開示する必要があることから、内部統制として事業報告により法定開示することに加え、社内向けに整備し、全役員および全従業員に周知徹底する必要がある。

　昨今、企業不祥事が少なくないが、その原因の多くは、コンプライアンス体制の構築の不備に起因する。企業不祥事とは、代表取締役、業務執行取締役、重要な使用人によりなされた違法行為その他企業が社会的非難を浴び、企業の評価と社会的信用を害する行為をいう。不祥事の発生は企業活動に大きな障害が生じるから、不祥事の発生を防止するとともに、発生した場合には速やかに対応するためのシステムの構築が求められている。

コンプライアンス体制を形式的に構築しても、適切に運用され有効に機能しなければ意味がない。そこで、コンプライアンス体制の運用の最高責任者である代表取締役の責任は大きい。また、コンプライアンス体制を有効に機能させるためには、モニタリングが重要であるから、社外取締役や社外監査役の職責は重大である。さらに、情報を得るために社内通報制度と通報者の保護など体制を整備することが必要である。

3　使用人の職務執行とコンプライアンス体制

　会社の業務執行のすべては、代表取締役や担当取締役が行うのではなく、その多くは、部下である使用人により行われている。そこで、コンプライアンスに違反する行為が使用人によって行われる可能性があることに対処するために、使用人の職務の執行について、コンプライアンス体制の整備が必要とされる。
　取締役会は、使用人が法令を遵守し、法令違反行為をすることを未然に防止するためのシステムの整備を決定し（会社348条3項4号、362条4項6号）、代表取締役等が決定に基づきコンプライアンス体制を構築し、運用していく。そして、取締役はコンプライアンス体制の構築と運用に対して監視義務を負うのである。これを怠れば監視義務違反の責任を追及される。内部統制システム違反は、使用人の法令違反行為としてなされることが多いからこの監視義務は重要である。
　企業不祥事の多くは取締役や使用人の法令違反行為に起因することから、これらの行為を防止するとともに、法令違反行為がなされた場合には、速やかに発見し対処することができる体制を構築することが必要となる。使用人に対する法令遵守体制を構築するのに加え、取締役についても、法令遵守のための行動規範や倫理規程を定めるとともに、取締役が他の取締役の違法行為を発見し、それを阻止するための体制も構築する必要がある。コンプライアンス体制の構築は、企業におけるガバナンスとも関係することになる。
　取締役の法令等遵守体制は、取締役会の意思決定の適法性と妥当性を確保するため社外取締役の見解を尊重する、意思決定の適正性を確保するために重要な業務執行は取締役会の承認を得る、コンプライアンス体制の運用の最高責任者を代表取締役とし、各部署に管理責任者を設置しそれを統括する担当取締役

を定める、などである。

　使用人の法令遵守体制の構築は、想定される法令違反行為の防止と、法令違反行為が発生した場合の対応措置に関するものとなる。法令違反行為を防止するための法令遵守規程やマニュアルの作成と周知徹底、社員教育、研修、内部通報制度の確立などが内容となるが、一般に、下記のようなコンプライアンス体制が設けられている。

① コンプライアンスに関する基本方針を定め、それを実践するために、企業行動規範、企業行動基準を定め、その運用を徹底するための体制を構築する。具体的には、コンプライアンスの統括部署をおき責任者を定め、各部においても責任者を定める。

　代表取締役直轄の経営監査部を設置し、経営監査部はグループ企業を含め内部監査を実施または統括し、業務全般にわたる内部統制システムの有効性と妥当性を確保する。また、代表取締役に対し、内部統制システムの構築状況と評価を報告し、必要に応じ改善を提案する。

② コンプライアンスに関する重要事項は、取締役会で決議または報告をする。代表取締役等は、毎年度、コンプライアンスを実現するための具体的な実践計画（コンプライアンス・プログラム）を作成し、それを実行するとともに、その進捗状況を把握して評価する。

③ 役員および従業員のためにコンプライアンス・マニュアル（手引書）を作成するとともに、コンプライアンスに関する教育と研修を継続的に実施し、法令遵守を啓発する。

④ 役員および従業員に対し、業務運営に関する法令違反行為その他のコンプライアンス違反と思われる重要な事実を発見した場合に報告義務を課す。そのために、社内および社外の窓口に直接通報できるコンプライアンス・ホットラインの制度を整備する。

⑤ 反社会的勢力に対しては、毅然とした態度で臨み、一切の関係をもたない。不当要求には応じないとともに、一切の利益供与を行わない。

⑥ 監査役は、業務全般にわたる監視と監査を適正に行えるよう、会計監査人および経営監査部との緊密な連携のための体制を構築する。

4　コンプライアンス違反が問題になる例

　コンプライアンス体制の構築義務違反による企業不祥事は、会社法違反、独占禁止法違反などに限らず日常生活に関係する法令違反に係る例もみられる。また、産地偽装、食材偽装行為として食品関係に多くみられるところでもある。あるいは、独占禁止法違反行為特に談合により多額の課徴金を課せられたうえに、株主代表訴訟により責任が追及される例も見受けられる。これらは、目先の利益優先の考え方による企業不祥事事例といえるが、それは決して企業の利益になるものではない。

　近時の企業不祥事（コンプライアンス違反）の例として、みずほ銀行が、政府の決定した指針（暴力団排除）にもかかわらず、暴力団融資が発覚した後も、解消に向けた努力と対応を怠ったとして、親会社のみずほフィナンシャルグループとともに、業務改善命令を受けた例がある。政府指針には法的拘束力がなく罰則もないが、取締役が遵守すべきコンプライアンスの対象である。そこで、みずほフィナンシャルグループ（親会社）の株主から、取締役に対し子会社に対する監視監督義務違反の責任を追及する代表訴訟が提起された。また、バブル崩壊時における有価証券投資により発生した巨額の損失を、歴代の会社首脳が10年以上も「飛ばし」という手法を用いて隠し続け、粉飾会計で処理していたことが発覚し、金商法違反（粉飾決算）として問題になり、企業不祥事として大きく取り上げられた事例としてオリンパスの事件がある。この事件では、関与役員に対し、内部統制システム（コンプライアンス）の構築義務違反、ガバナンスの不備が表面化したことによる、会社からの責任追及訴訟、株主代表訴訟が提起されたほか、金商法違反（有価証券報告書虚偽記載）として刑事責任が追及されている。

　利益の水増しによる不正な会計処理（有価証券報告書等の虚偽記載）を行った東芝については、委員会設置会社（改正法の下では指名委員会等設置会社）であること、経営トップの関与の下に、長期間にわたり組織ぐるみで不正が行われ、不正な会計処理による金額も大きいことから関心が高い。

5 内部統制システムの構築と取締役の経営判断

　取締役会で構築すべき内部統制システムの大綱を決議し、代表取締役等の担当業務執行取締役が決議に基づきシステムを構築するのであるが、構築すべきシステムの内容については、会社法および会社法施行規則の定める範囲内で、企業規模、業務形態、経営の効率性等を総合して決定すべきであるから、取締役に相当な範囲で裁量権が認められ、経営判断の原則の適用が認められる。

　内部統制システムの構築内容は、想定される企業リスクに対応しうるものでなければならないが、あらゆるものに対応できるシステムをあらかじめ構築することは難しい。システムの内容をいかなるものにするかは、一律的に定めることができるものではなく、各個別企業の特性に応じて定めるものである。その内容と程度は、企業規模や業態等の特性に基づき取締役の合理的な裁量の下で経営判断に委ねられる。

　そこで、構築された内部統制システムが十分でなかった場合でも、十分に調査・検討したうえでシステムを構築し、その内容も取締役の合理的な裁量の範囲内であると認められる場合は、内部統制システム構築義務違反の責任は生じない。もとより、内部統制システムを構築しないとする経営判断は許されない。

　裁判例も、どのような内部統制システムを構築するかについて裁量権を認め、経営判断の原則の適用を認めている。たとえば、大和銀行株主代表訴訟第1審判決では、内部統制システム（リスク管理体制）の構築は取締役の善管注意義務の対象であるが、どのような内部統制システムを構築するかは、基本的には経営判断の問題として取締役に広い裁量権が与えられるとする（大阪地判平成12・9・20判時1721号3頁）。また、ヤクルトの株主代表訴訟事件では、リスク管理体制の内容は、会社の規模、事業内容等の諸事情や会社のおかれている状況などを踏まえたうえで、会社の経営者としての専門的かつ総合的判断により定まるものであるから一律的に定まるものではなく、取締役の経営判断に属する事項としてその裁量が認められるべきであり経営判断の原則が妥当するとしている（東京地判平成16・12・16判時1888号3頁、東京高判平成20・5・21判タ1281号274頁）。その他、経営判断の原則を適用した事例として、神戸製鋼事件の和解における裁判所の見解（神戸地和解平成14・4・5商事1626号52頁）、ダス

キンの肉まん事件の判決（大阪地判平成16・12・22金判1214号26頁、大阪高判平成18・6・9判タ1214号115頁）などがある。

リスク管理体制の構築にあたり、最低限の水準を満たすか否かについて経営判断を行う余地はないとして、経営判断の原則の適用を否定する見解があるが[17]、それは裁量の合理性の問題である。学説の多くは、どのような内部統制システムを構築するかについて経営判断の原則を適用している。

将来、何が起こるかの予測が困難な状況の下で、合理的な裁量の範囲内で策定したシステムが、結果的に失敗に終わった場合に、システムの構築義務の責任を問うのは適正ではない。

もとより、経営判断の原則が適用されるのは、合理的な裁量の範囲内である場合であるから、構築された内部統制システムが、当該会社の規模や業務内容からみて、明らかに不十分であるときは、適正な裁量の範囲内とはいえないから、それに起因して取締役の任務懈怠行為が発生した場合は、内部統制システムの構築義務違反となる。その場合には、会社に対し善管注意義務違反の責任を負い、悪意・重過失のある場合は、第三者に対しても損害賠償責任を負うことになる[18]。

6　内部統制システムと事業報告による開示

(1)　内部統制システムの概要と事業報告への記載

取締役会は、内部統制システムの整備について決議または決定をしたときは、その内容の概要を事業報告の内容として記載または記録しなければならない（会施規118条2号）。

内部統制システムの整備について、決議等があったときは、その内容の概要を事業報告において開示しなければならないとするのは、内部統制システムの整備が義務づけられている会社だけに限らず、内部統制システムを定めたすべての会社について求められている[19]。

監査役設置会社については、事業報告とその附属明細書は監査役の監査を受

17　野村・前掲判批（注16）会社法判例百選124～125頁。
18　鈴木ほか・前掲書（注2）37頁。
19　鈴木ほか・前掲書（注2）46頁。

けなければならないとされていることから、決議等された内部統制システムの内容の概要も監査役の監査を受け、監査報告の内容となる（会社436条1項・2項2号、会施規117条2号）。監査役は、決議等された内部統制システムの内容が、相当でないと認めるときは、その旨およびその理由を監査報告に記載しなければならない（会施規129条1項5号、130条2項2号）とされており、監査役の監査を通じ、決議内容の適正の確保を図るのである。

内部統制システムの整備について、一度、決議等をすれば、システムについて変更がない限り、有効なものとして存続することから、毎年、決議をする必要はなく、事業報告に同一の記載をすることが許される。しかし、会社をめぐる状況の変化に応じて内部統制システムは、変更されるべきであるから、毎年、同一の内部統制システムを事業報告に記載することは好ましくない。

(2) **内部統制システムの運用状況の概要と事業報告への記載**

内部統制システムの整備について決議等をした場合に、事業報告に記載して開示するのは「決定または決議の内容の概要」であるが、むしろ取締役会決議等に基づき、どのような内部統制システムが構築されたか、それが適切に運用されているかが重要となるものの、これは事業報告に記載することは要求されていなかった。

しかし、運用状況を事業報告に記載することは必要である。そこで、会社法制の見直しに関する要綱は、内部統制システムの構築をさらに実効的なものとするために、その運用状況の概要を事業報告の内容に追加するものとし[20]、改正会社法施行規則は、内部統制システムの運用状況の概要を事業報告の内容としている（会施規118条1項2号）。

運用状況を記載することにより、システムの適切な運用と実効性を確保するのであるが、グループ内部統制システムの運用状況も記載しなければならない。運用状況の概要は、各社の状況に応じてそれがどのように運用されているのかという客観的な運用状況をいうのであり、金商法の内部統制報告書（金商24条の4の4）のように経営者による運用状況の評価の記載を求めるものではない。

20　会社法制の見直しに関する要綱〈http://www.moj.go.jp/content/000100819.pdf〉第1部・第1の後注。

運用状況の記載は各社の状況に応じた記載が求められるが、たとえば、内部統制に関する委員会の開催状況や社内研修の実施状況、内部統制・内部監査部門の活動状況等を記載することが考えられる[21]。運用状況として、当該事業年度における問題になる行為の有無、問題行為があった場合にはそれに対処する方法も記載すべきであろう。

運用状況の概要を事業報告に記載するにあたり、特に問題となるのは、企業不祥事が生じた場合の記載方法である。すなわち構築されている内部統制システムに対する検証と評価、そのために必要な改善策、内部統制システムの整備に関する決議を変更することの必要性、取締役のシステム構築および運用についての任務懈怠の有無、監査役の判断または意見等が必要となる。

7 社外取締役の監視義務違反の責任

(1) 社外取締役の任務・機能と責任

ガバナンスの面から社外取締役を設置する必要性が唱えられているが、改正法は、社外取締役をおくことが「相当でない理由」を当該事業年度に係る事業報告の内容としなければならないとして（会施規124条2項）、社外取締役をおくことを事実上強制していると解され、さらに、2人以上の社外取締役の設置が必要であるとの議論が進んでいる。

社外取締役の経営監視機能を重視し、社外取締役の設置を積極的に進めることは必要であり、いずれ義務づけられるであろう。しかし、その一方で、社外取締役の責任をどのように考えるかという問題を検討しておく必要がある。社外取締役の責任が過度に重いと、担い手が不足し、また、能力のある人物の就任が望めなくなるおそれがある。社外取締役に適任者を確保するための責任のあり方を検討することが求められる。

社外取締役の主たる任務と機能は、代表取締役等の業務執行に対する監視と取締役会における意思決定に参加することである。したがって、問題のある取締役会決議に賛成した社外取締役は、監視義務違反の責任を問われかねない。

さらに、重要なのは、代表取締役等の業務執行取締役に対する監視義務違反

---

[21] 坂本三郎ほか「会社法施行規則等の一部を改正する省令の解説（Ⅱ）」商事2061号21頁。

の責任である。社外取締役も個別監視義務にとどまらず、内部統制システムの構築と運用に対する監視義務、グループ内部統制システムを通じた子会社の経営に対する監視義務を負っていることから、内部統制システムの構築と運用に対する監視義務違反が認められる可能性が高い。

社外取締役であろうとも監視義務違反の責任を負うのは当然といえなくもないが、必要以上に責任が過酷にならないようにすることが必要である。たとえば代表訴訟等による訴訟リスクを負わないようにするためには、適切な会社情報に接する機会を確保するためのシステムを整備し、社外取締役が監視機能を発揮できるようにするための環境づくりをすることが求められる。もとより、社外取締役の役割を軽くせよという趣旨ではない。

(2) 責任限定契約

また、社外取締役の責任の軽減化のために、責任限定契約を締結するという方法がある。現在、多くの会社では、社外取締役との間で責任を問われる範囲を限定する契約を結んでいる。今後も進められるべき方策であろう。

改正法は、社外取締役でなくても、非業務執行取締役であれば、責任限定契約を締結することを認めている（会社427条1項）。これは、内部統制システムの構築と運用に対する監視義務違反の責任が強化されることに備えたものといえる。

責任限定契約を締結した場合において、会社が社外取締役等の非業務執行取締役の任務懈怠により損害を受けたことを知ったときは、その後最初に招集される株主総会において、責任の原因となった事実等を開示しなければならない（会社427条4項）。また、当該損害が特定責任に係るものであるときは、責任の原因となった事実等は、当該子会社および最終完全親会社の株主総会で開示しなければならないとされ（同項）、責任限定契約の運用の適正確保に努めている。

(3) 役員賠償責任保険

社外取締役を役員賠償責任保険（株主代表訴訟特約付のD&O保険）の被保険者とし、保険料を会社負担とするための工夫により社外取締役の責任の軽減化を図ることができる。

8　内部統制システム構築義務等違反と第三者に対する責任

　取締役等がその職務を行うについて、悪意または重大な過失があったときは、これによって第三者に生じた損害について賠償責任を負わなければならない（会社429条1項）。悪意または重大な過失は、会社に対する関係で要求され、それが認められた場合において因果関係がある第三者（株主を含む）に生じた損害について賠償責任を負うのである。

　取締役の監視義務違反の責任、内部統制システムの構築義務等違反の責任は、任務懈怠責任であるから、それについて悪意（故意）または重過失があるときは、第三者に対しても責任を負わなければならない。

　第三者に生じた損害とは、取締役の任務懈怠により、直接、第三者に損害が生じた場合（直接損害）および会社に損害が生じた結果、第三者に損害が生じた場合（間接損害）とがある。直接損害の場合には、第三者が取締役の責任を追及することができることは問題ない。

　間接損害としては、第三者が株主であり、取締役の任務懈怠により会社の業績が悪化し株価が下落することで、全株主が均しく損害を被る場合が考えられるが、裁判例は、株主は、第三者として取締役の責任を追及する訴訟（第三者が直接自己に対する給付を求めるものであり、アメリカの直接訴訟に相当する）ではなく、代表訴訟により会社の損害の回復を図るという方法をとるべきであるとする（東京高判平成17・1・18金判1209号10頁）。

　これに対し、第三者が債権者や従業員であり、取締役の責任を追及する場合において、裁判例は、取締役の任務懈怠行為と第三者に生じた損害との間に、因果関係が存在すれば、取締役の第三者に対する責任が認められるとする（最判昭和44・11・26民集23巻11号2150頁、名古屋高金沢支判平成17・5・18判時1898号130頁）。

　従来、取締役が他の取締役に対する監視義務を怠ったとして、第三者に対して損害賠償責任を負うのは、中小企業が倒産するなどして支払いが不能になった場合に、債権者が取締役の責任を追及する場合であった。しかし、企業規模が拡大し組織が複雑化することに伴い大規模会社においても、監視義務違反、内部統制システムの構築義務等違反として責任が追及される場合も考えられる。

もっとも、会社に支払能力がある限り、第三者（債権者）が取締役の責任を追及するという方法を選択することは少ないであろう。

V 内部統制システムにおける監査役の役割

1 取締役会の決定の相当性の監査

　取締役会が、その決議により内部統制システムの整備を決定したときは、代表取締役は決議内容の概要を事業報告に記載し、定時株主総会の開催に際し、招集の通知とともに提供しなければならない（会社437条、会施規133条）。一方、監査役設置会社においては、事業報告は監査役の監査を受けなければならないから（会社436条1項・2項）、内部統制システムの整備の決議内容も監査役の監査の対象となる。

　監査役は、取締役会の内部統制システムの整備に関する決定が相当であるか否かを監査し、取締役会の決定の内容が相当でないと認められるときは、その旨および理由を記載した監査報告を作成しなければならない（会社436条1項・2項2号、会施規129条1項5号）。さらに、改正法は、運用状況の概要を事業報告の内容としたことから、これも監査役監査の対象となる。監査について過誤があれば任務懈怠の責任が生ずる。

2 内部統制システムの整備状況についての監査

　事業報告には、内部統制システムの整備に関する決議の内容の概要とその運用状況の概要を記載しなければならないことから（会施規118条2号）、監査役は内部統制システムの整備に関する決定について監査するにとどまらず、そのシステムが適正に構築され、有効に運用されているかについても監査しなければならない。そして、監査役はその監査内容を監査報告の内容としなければならない（会社436条1項・2項2号、会施規117条2号、130条2項2号、129条1項5号）。

　内部統制システムに関する監査役の監査の対象が拡大し、取締役会における内部統制システムの整備に関する決議が、会社法および会社法施行規則の規定に基づき要件を備えているか、決議の内容が内部統制システムとして適切であるかにとどまらず、決議内容に従ったシステムが構築され、適切に運用されて

いるかについても監査し、それを監査報告の内容にしなければならない。

　監査報告の記載は、「監査の結果、内部統制システムに関する取締役会決議の内容は相当であり、また、当該内部統制システムは適切に構築されているから、事業報告の記載内容に指摘すべき事項は認められない」などとなる。[22]

　日本監査役会の「監査役監査基準」（平成23年3月10日最終改正）[23]は、監査役が取締役による内部統制システムの適切な構築と運用を監視し検証するための監査基準を示している。監査役は、内部統制システムの整備に関する取締役会決議の内容並びにその構築と運用の状況を監視し検証しなければならないとするものであり（同基準21条1項）、内部統制システムの整備等に関する必要項目を網羅している。

① 内部統制システムの構築と運用の状況についての報告を取締役に対し定期的に求めるほか、内部監査部門等との連携および会計監査人からの報告等を通じて、内部統制システムの状況を監視し検証する（同基準21条2項）。

② 内部統制システムに関する監査の結果について、取締役または取締役会に報告し、必要があると認めたときは、取締役または取締役会に対し内部統制システムの改善を助言または勧告しなければならない（同基準21条3項）。

③ 監査役監査の実効性を確保するための体制に係る取締役会決議の状況および関係する各取締役の当該体制の構築・運用の状況について監視し検証し、必要があると認めたときは、代表取締役その他の取締役との間で協議の機会をもたなければならない（同基準21条4項）。

④ 取締役または取締役会が監査役監査の実効性を確保するための体制の適切な構築・運用を怠っていると認められる場合には、取締役または取締役会に対し、速やかにその改善を助言または勧告しなければならない（同基準21条5項）。

⑤ 内部統制システムに係る取締役会決議の内容が相当でないと認めたとき、

22　あるいは、「監査の結果、内部統制システムに関する取締役会決議の内容は、……という点について相当でない。また、当該内部統制システムは……という点に問題があり、事業報告の記載内容に……という指摘事項がある」などとなる。

23　公益社団法人日本監査役協会ウェブサイト〈http://www.kansa.or.jp/support/el001_100315_01a.pdf〉。

内部統制システムに関する事業報告の記載内容が著しく不適切と認めたとき、および内部統制システムの構築・運用の状況において取締役の善管注意義務に違反する重大な事実があると認めたときには、その旨を監査報告に記載する。その他、株主に対する説明責任を果たす観点から適切と考えられる事項があれば監査報告に記載する（同基準21条7項）。
⑥　企業集団に係る監査に関して、子会社および重要な関連会社（以下、「子会社等」という）を有する会社の監査役は、連結経営の視点を踏まえ、取締役の子会社等の管理に関する職務の執行の状況を監視し検証する（同基準22条1項）。
⑦　子会社等において生じる不祥事が会社に与える損害の重大性の程度を考慮して、内部統制システムが会社および子会社等において適切に構築・運用されているかに留意してその職務を執行するとともに、企業集団全体における監査の環境の整備にも努める（同基準22条2項）。

3　監査の実効性を確保するためのしくみ

(1)　中間試案と監査の実効性を確保するためのしくみ

　監査役制度に係る累次の見直しにもかかわらず、監査役監査を支えるに十分な人材・体制の確保が行われていないことから、監査役監査は十分にその機能を果たしていないとの指摘がある[24]。そこで、会社法制の見直しに関する中間試案は、監査の実効性を確保するためのしくみとして、株式会社の業務の適正を確保するために必要な体制について、監査を支える体制や監査役による使用人からの情報収集に関する体制に係る規定の充実・具体化を図るとともに、その運用状況の概要を事業報告の内容（会施規118条等）に追加するものとしている[25]。

　監査の実効性を確保するためのしくみについては、下記3点の見直しをするものとしている[26]。

24　法制審議会会社法制部会「参考資料1」〈http://www.moj.go.jp/content/000046835.pdf〉。
25　会社法制の見直しに関する中間試案〈http://www.moj.go.jp/content/000101557.pdf〉第1部第2・2。
26　法務省民事局参事官室「会社法制の見直しに関する中間試案の補足説明（平成23年12月）」〈http://www.moj.go.jp/content/000084700.pdf〉。

①　株式会社の業務の適正を確保するために必要な体制（内部統制システム。会社362条4項6号等）について、監査を支える体制に関する規定の充実・具体化を図る。具体的には、実効性のある監査を行うためには、監査役の指示に従ってその職務を補助する使用人や、十分な監査費用を確保する必要があるとの指摘を踏まえ、監査役の職務を補助すべき使用人に対する監査役の指示の実効性確保に関する事項や、監査費用に係る会社の方針に関する事項を内部統制システムの内容とする。

②　改正前会社法では、内部統制システムに関する事項として、「取締役及び使用人が監査役に報告をするための体制その他監査役への報告に関する体制」が規定されていたが（旧会施規100条3項3号等）、このような監査役への報告に関する体制に、当該報告をした使用人に対して不利益な取扱いをしないようにするための体制が含まれることを明確にし、不祥事等の情報がより適切に監査役に提供されるようにするため、内部統制システムに関する事項として、たとえば、使用人が監査役に法令違反等の情報を提供したことを理由として、不利益な取扱いをしないようにするための体制を明記することが考えられる。

③　改正前会社法では、監査役設置会社における内部統制システムには、監査役の監査が実効的に行われることを確保するための体制を含むものとされていた（旧会施規98条4項、100条3項）。そして、内部統制システムの整備についての決定または決議の内容の概要は、事業報告の内容とされ（同規則118条2号）、その相当性に関する事項が監査報告の内容とされていた（同規則129条1項5号、130条2項2号）。この点に関して、監査役と内部統制システムとの連携を強化する観点から、内部統制システムの運用状況の概要等を事業報告の内容（会施規118条等）に追加すべきであるとの指摘があることから、見直しをするものとする。

(2)　**会社法制の見直しに関する要綱と監査の実効性を確保するためのしくみ**

会社法制の見直しに関する要綱は、会社法制の見直しに関する中間試案を踏襲し、株式会社の業務の適正を確保するために必要な体制について、監査を支える体制や監査役による使用人からの情報収集に関する体制に係る規定の充実・具体化を図るとともに、その運用状況の概要を事業報告の内容に追加する

ものとするとしている[27]。

　改正前会社法が定める株式会社の業務の適正を確保するために必要な体制（内部統制システム）の構築義務をさらに実効的なものとするために、監査を支える体制や監査役による使用人からの情報収集に関する体制に係る会社法施行規則等の規定の充実・具体化を図るとともに、内部統制システムの運用状況の概要を事業報告の内容に追加する会社法施行規則の改正を行ったのである[28]。

　監査役は、改正前会社法では、内部統制システムの整備の決定または決議の内容が相当でないと認めるときはその旨および理由を監査報告書に記載しなければならないとされているが（旧会施規129条1項5号）、改正法によれば、内部統制システムの運用状況を事業報告に記載するように見直されたことから、その運用状況は監査役や監査委員が実施する監査の対象となる。そこで、監査役は内部統制システムの運用状況について相当でないと認めるときは、その旨およびその理由を監査報告書に記載することになる[29]。

　改正前会社法は、内部統制システムの体制整備を定めていたが、内部統制システムの運用状況は事業報告の内容とされていないなど、その適切な運用を実現することを確保するには十分とはいえなかった。また監査役の取締役、会計参与、使用人等からの情報収集に関し一定の定めと、それを実行するための一定の手当てはあったものの（旧会社381条、388条等）、使用人から監査役への情報提供等の体制が不十分であり、実効的であるとまではいいがたかった。そこで、それを改善すべく、内部統制システムの実際の効用性を高めるための各種制度の整備を、会社法施行規則の改正等を通じて図ったものである[30]。

　コーポレート・ガバナンスの観点からみて、改正前会社法下では、内部統制システムの運用のためのしくみは十分とはいえなかった。使用人が監査役に対し情報を提供するための体制は不十分であり、実効性が確保されていなかった。また、監査役は内部統制システムの整備の決定または決議の内容が相当でない

27　会社法制の見直しに関する要綱・前掲（注20）第1部・第1の後注。
28　岩原紳作「『会社法制の見直しに関する要綱案』の解説」別冊商事法務編集部編『会社法制の見直しに関する要綱の概要（別冊商事法務372号）』13頁。
29　富田亜紀「投資家の立場に立った、会社法制の改正」Mizuho Industry Focus138号14頁、21頁。
30　岩原・前掲論文（注28）13頁。

と認めるときは、その旨およびその理由を監査報告に記載しなければならないが、内部統制システムの運用状況は事業報告により開示されなかった。

そこで、改正法下では、会社法施行規則を改正して、監査役が使用人からの情報収集の充実化を図るとともに、内部統制システムの運用状況の概要を事業報告の内容として追加することにより、内部統制システムの実効性を高めることとしたのである。

4　監査役監査の実効性を確保するための体制

監査役による監査の実効性を確保するために、監査役設置会社の内部統制システムには、監査役が監査機能を発揮するための体制（監査を支える体制）、情報収集のための体制（取締役や使用人からの情報収集のための体制）を設けなければならない（会施規100条3項）。具体的には以下の体制である。

(1) **監査役設置会社の監査役がその職務を補助すべき使用人をおくことを求めた場合における使用人に関する事項**

監査役がその職務を補助すべき使用人をおくことを求めた場合に、それをおくととともに、使用人に関する事項をあらかじめ定めておくという監査役の監査を支える体制の整備である（会施規100条3項1号）。監査役の職務を補助すべき使用人として、職務規定等により監査役室の職員（スタッフ）を配置するが専属であることが望ましい。

内部統制システムへの記載例としては、「監査役が円滑に職務を執行し、監査役監査の実効性を確保するために、監査役室に相当数の使用人（職員）を配置し、監査役の要請に応じ監査役の職務を補助させる」などとなる。

(2) **監査役の職務を補助する使用人の取締役からの独立性に関する事項**

監査役の職務執行を補助すべき使用人は、取締役から独立して職務を執行することが必要であるから、補助使用人の人選、変更について監査役の同意を必要とするなどして、その旨を明確にする（会施規100条3項2号）。

内部統制システムへの記載例としては、「監査役の職務を補助する職員は、監査役の職務の補助に関し、取締役、所属部署の長などの指示・命令を受けない」、「監査役の職務執行を補助する使用人の人事に関しては、監査役と協議し同意を得なければならない」などである。

(3) **監査役の当該使用人に対する指示の実効性の確保に関する事項**

監査役が実効性のある監査を行うためには、監査役の職務執行を補助すべき使用人が、監査役の指示に従うことが必要である。従来、必ずしも監査役の職務執行を補助すべき使用人が監査役の指示に従わなかったことから、改正会社法施行規則は指示の実効性の確保に関する事項を定めなければならないとした（会施規100条3項3号）。

監査役の職務執行を補助すべき使用人が指示に従わなかった場合の取扱いとして、合理的な理由なく指示に従わなかった場合は、監査役に補助使用人への懲戒や変更の申立権を認める必要がある。

内部統制システムへの記載例としては、「監査役の職務執行を補助すべき職員は、その職務に関し監査役の指示に従わなければならない。指示に従わない場合は、監査役は懲戒と使用人変更の申立をすることができる」、などである。

(4) **取締役等の監査役への報告に関する体制**

監査役が監査機能を発揮するためには、職務の執行に関する情報の収集が必要であるから、取締役等の監査役への報告に関する体制（通報制度）に関する定めをしなければならないとする（会施規100条3項4号）。

監査役への報告は、監査役に対して直接報告する場合に限らず、社内外の適切な窓口を通じて監査役へ報告する場合が多いから、その窓口（ホットライン）を通報体制として整備しておく必要がある。

(ア) **監査役設置会社の取締役、会計参与、使用人が監査役設置会社の監査役に報告するための体制**

監査役は、いつでも、取締役、会計参与、支配人その他の使用人に対し、事業の報告を求めることができるのであるが（会社381条2項）、会社に重大な業務上の問題が生じたときは、取締役等は監査役の請求を待たずに監査役に報告することが必要であるから、報告をするための体制を定めることにより監査役の情報収集の充実を図るのである（会施規100条3項4号イ）。なお、会計参与は改正会社法施行規則で追加された。

内部統制システムへの記載例としては、「取締役、会計参与、使用人は、会社に重大な法令違反行為や不正行為があることを知った場合は、直ちに監査役に報告しなければならない。そのために、通報窓口として社内窓口や社外窓口

を設ける」、などである。

　(イ)　**子会社の取締役等から報告を受けた者が、当該監査役設置会社（親会社）の監査役に報告するための体制**

　監査役設置会社の子会社の取締役、会計参与、監査役、執行役、業務を執行する社員、会社法598条1項の職務を行うべき者（法人が業務執行社員である場合に、その職務を行う者として選任された者）、その他これらの者に相当する者、および使用人またはこれらの者から報告を受けた者が、監査役設置会社（親会社）の監査役等に報告するための体制を定めなければならないとしている（会施規100条3項4号ロ）。これは、改正会社法施行規則により新設されたものであるが、当該株式会社およびその子会社から成る企業集団の業務の適正を確保するための体制（グループ内部統制システム）に対応する規定である。

　これは企業グループ内部通報制度であり、子会社に重大な法令違反行為や不正行為がある場合に、子会社の取締役等が親会社の監査役等に報告するための体制である。子会社の取締役や使用人等が親会社の監査役等に直接報告することは容易ではないから、報告しやすくするために報告を受ける者を定め、その者が報告を受けた場合に速やかに監査役に報告しなければならないとするのである。

　報告を受けるための内部通報窓口を設け匿名の通報を認め、報告（通報）を受けた者が親会社の監査役等に報告（通報）するという体制をつくり、これにより親会社の監査役等の子会社情報収集の実効性を図るのである。窓口は親会社に設けるだけでなく子会社にも設け、報告を受けた者が親会社の監査役に報告するという体制である。外部の弁護士を受付窓口とする「内部通報システム」の導入、社内・社外の窓口に直接通報できる「ホットライン」などを設置して、直接通報できる手段を確保することなどが考えられる。

　内部統制システムへの記載例としては、「子会社の取締役、会計参与、監査役、執行役、業務を執行する社員、会社法598条1項の職務を行うべき者等、および使用人は、重大な法令違反行為や不正行為があることを知った場合、直ちに親会社の監査役に報告しなければならない。これらの者から報告を受けた者も同様である。そのために、親会社と子会社は、報告を受けるための窓口を設ける」、などである。

なお、内部通報は取締役や使用人（従業員）が、法令違反行為や不正行為の行われていることを窓口その他組織内の担当部署に相談または通報することをいうが、「内部告発」は企業などの組織に属する者などが、組織内の法令違反行為や不正行為等を中止させるために、行政機関、特別の機関（委員会）、マスコミ等の外部に対し情報として通報することである。

(5) **監査役に報告した者が、報告をしたことを理由として不利な取扱いを受けないことを確保するための体制**

　監査役に報告をするための体制を整備しても、報告をした者が報告をしたことを理由に不利な取扱いを受けたのでは報告体制の実効性は確保されない。そこで、報告をしたことを理由に、解雇等の不利な取扱いを受けないことを確保するための体制の整備を明確にするために改正会社法施行規則が新設したものである（会施規100条3項5号）。

　親会社または子会社の取締役や使用人による親会社監査役への不祥事等発生の情報提供を容易にして、コンプライアンス違反行為、企業不祥事の早期発見と是正を可能とすることにより、グループ内部統制システムの実効性を確保することができる。

　監査役への報告者が不利益な処分を受けた場合、会社が他に理由があることをあげた場合は、いずれが主要な理由によるものか、他の理由について一般的に不利益な処分が行われてきたかなどにより、報告による不利益処分であるか否かを認定することになろう。

　内部統制システムへの記載例としては、「監査役に報告した取締役および使用人、子会社の取締役または使用人等から報告を受けた者が監査役に報告したことを理由に不利な取扱いをしてはならない」、などである。

　東京証券取引所が、平成27年6月1日に公表した「コーポレートガバナンス・コード」は、上場会社は、従業員等が不利益を被る危険を懸念することなく、違法または不適切な行為・情報開示に関する情報や真摯な疑念を伝えることができるよう、また、伝えられた情報や疑念が客観的に検証され適切に活用されるよう、内部通報に係る適切な体制整備を行うべきであるとしたうえで、取締役会はこうした体制整備を実現する責務を負うとともに、その運用状況を監督すべきであるとする（原則2-5.内部通報）。

(6) **監査役の職務の執行について生ずる費用の前払いまたは償還の手続、その他の当該職務の執行について生ずる費用または債務の処理に係る方針に関する事項**

監査役は、職務の執行について生ずる費用の前払いもしくは償還または負担した債務の債権者に対する弁済等を会社に対して請求できるが（会社388条）、監査役が職務を行うためには十分な監査費用を確保することが必要である。そこで、会社があらかじめ費用または債務の処理に係る方針についての決定を行い、監査役が費用または債務の処理に要した費用について、前払いまたは償還を受けることが可能な範囲について定めることが必要であることから、改正会社法施行規則が新設したものである（会施規100条3項6号）。

内部統制システムへの記載例としては、「監査役の職務の執行について生ずる費用または職務の執行について生ずる債務等について、監査役の請求により協議の上、すみやかに前払または償還の手続、その他の処理を行う」、などである。

5　内部統制システムに対する監査役の監視義務

監査役は事業報告の内容について監査を行うほか、監視機関として内部統制システムの構築と運用について監視義務を負い、それを怠れば任務懈怠の責任を負う。

もとより、大会社においては、監査役は単独で監視義務を尽くせるものではなく、補助者を必要とする。そこで、監査と監視義務の実効性を確保するために、上述の体制を定めたのである（会施規100条3項1号～3号）。

監査役各自が上記すべての事項について監査し、監視義務を尽くすことは困難であるが、監査役会における監査の方針等の監査役の職務の執行に関する事項の決定に基づき（会社390条2項3号）、監査役の間で適切な職務分担を行うことは可能である。そして、職務分担が適切に行われていれば、監査役は他の監査役を信頼することができるから、特段の事情がない限り、監視義務違反の責任を負わない。また、適切に選任された会計監査人を信頼することができ、部下の使用人についても、適切な管理体制が確立されていれば、使用人を信頼することが許されるから、特段の事情がない限り、内部統制システムの運用に

関する監視義務違反の責任を負わない。

　監査役の監視義務は、取締役の業務執行行為を監視し、違法または不当な行為がなされることを防止するとともに、取締役の違法または不当な行為を発見したときは、是正措置を講ずることを内容とするものである。たとえば、監査役は、経営不振の会社において、代表取締役が不当に会社財産の流出行為を行っていることを知り、しかも、同様の行為を繰り返すおそれがあることを予見できた場合は、監査役監査規程に従い、取締役会に対して、そのような行為を防止できるリスク管理体制を直ちに構築すること、並びに代表取締役が監査役の意見を無視し続けたことから、代表取締役の解職および取締役解任決議を目的とする臨時株主総会を招集することを勧告する義務がある。それにもかかわらず、これら勧告をしないことは、監査役の善管注意義務に違反する（大阪地判平成25・12・26判時2220号109頁）。

　このように、監査役が代表取締役の任務懈怠行為を知り、それが繰り返されることを予見した場合に、是正措置をとりうるのに必要な措置をとらなかったことが、監視義務違反となるのである。

VI　内部統制システム構築義務違反の責任が問題になった事例

1　内部統制システムの構築義務違反となる場合

　取締役は取締役会の構成員として内部統制システム整備の決定に参加する。そして、代表取締役または業務執行取締役は、業務執行者として内部統制システムを構築し運用する義務を負う。他の取締役は取締役会の構成員として代表取締役等が内部統制システムの構築義務を履行しているか、システムが有効に機能しているかについて監視義務を負う（大阪地判平成12・9・20判時1721号3頁、最判平成21・7・9判時2055号147頁）。

　これらの義務に違反したことにより、会社または第三者に損害が発生した場合に、内部統制システムの構築と運用義務違反またはそれに対する監視義務違反の責任が生ずる。

　内部統制システムの構築等の義務違反が問題になる多くの場合は、コンプラ

イアンス体制（取締役または使用人の職務の執行が法令等に適合することを確保するための体制）の整備に関する責任である。法令違反行為をした取締役が責任を問われるのは当然のことであるから、問題となるのは内部統制システムの構築および運用義務違反、それに対する監視義務という法令違反行為に直接関与していない取締役の責任である。これは、善管注意義務に違反する行為に関与していない取締役の責任についてもあてはまる。

この点、相応のコンプライアンス体制が構築され、それが有効に機能している状況にあれば、担当取締役の職務執行が違法であることを疑わせる特段の事情がない限り、それを信頼することに正当性が認められるから、監視義務違反の責任を問うべきではないという基本原則がある。[31]

2　内部統制システム構築義務違反を認定した事例

会社法が、監査役設置会社に対して内部統制システムの構築義務を課す規定を設ける前から、取締役（会）は内部統制システムの構築義務を負うこと、それが善管注意義務の内容をなすことは一般に承認されていた。

裁判例は、取締役の会社に対する責任事例において、内部統制システムの構築を取締役の義務であるとしながら、相応のリスク管理体制が構築され、それが有効に機能しているとして、取締役の内部統制システム構築義務違反の責任を否定した事例がほとんどである。

内部統制システムの構築義務違反の責任を認めた多くの場合は第三者責任の事案である。

裁判例に現れた内部統制システムの構築義務違反に関する事例は、平成17年改正前商法の適用事案であるが、基本的な流れは会社法により内部統制システムの構築が義務化された（会362条5項）後においても変わらないであろう。

(1)　新潮社フォーカス事件

法廷内で週刊誌記者により盗撮されたことにより、肖像権を侵害されたとして、Ｘ出版社の代表取締役Ｙ等に対し損害賠償を請求した事案である。

31　野村・前掲判批（注16）会社法判例百選125頁、同・前掲判批（注16）会社法判例百選〔第2版〕113頁、寺田昌弘ほか「不祥事に関与していない取締役・監査役の責任（中）」商事1999号18頁。

判旨は、Yは、X社の代表取締役として、会社業務全般についての執行権限を有するから、従業員による違法行為を防止すべき注意義務を負うとしたうえで、X社の本件写真週刊誌に関する違法行為が反復されており、法務局等から各種の勧告を受けていたことから、X社の代表取締役として、少なくとも本件写真週刊誌による違法行為の続発を防止することができる社内体制を構築・整備する義務があったが、それに違反したとして賠償責任を認めた（大阪地判平成14・2・19判タ1109号170頁）。

本判決は、代表取締役の社内管理体制（内部統制システム）の構築義務違反を認めているが、構築義務の根拠として写真週刊誌編集部が違法行為を反復していたことをあげている。そこで、従来から違法行為が行われ、それが取締役会等に伝わっているような場合には、取締役は当該違法行為を予見すべき義務が発生するから、当該違法行為を防止する義務、すなわち違法行為防止体制の構築が求められるのであるが、それが整備構築されていなかったとしたのである。[32]

(2) **商品先物取引を行う会社の取締役の責任**

X社は商品先物取引を行う会社であるが、長年にわたり顧客との間で多数の紛争を抱え、適合性原則違反や特定売買の違法行為を認める多数の判決を受け、行政当局から業務改善命令を受け、日本商品先物取引協会から過去3度過怠金を含めた制裁を受けていた。

X社の取締役であるYらは、従業員が適合性原則違反などの違法行為をして、顧客（委託者）に損害を与える可能性があることを十分に認識しながら、法令遵守のための従業員教育、懲戒制度の活用等の適切な措置をとることなく、また、従業員による違法行為を抑止し、再発を防止するための実効的な方策や、内部統制システムを適切に整備・運用することを怠り、業務の執行またはその管理を重過失により懈怠したというべきであるとして、取締役の第三者に対する責任を認めた（名古屋高判平成25・3・15判時2189号129頁）。

---

[32] 南健悟「企業不祥事と取締役の民事責任(1)」北大法学論集61巻3号833頁。

3 内部統制システムの構築義務違反を認めなかった事例

(1) 日本ケミファ事件

X社とY社は製剤の共同開発に合意し、共同申請により厚生大臣（当時）から製剤の製造承認を受けた。ところが、Y社が試験データを捏造していたことが発覚し、厚生省から製品回収と製造停止の処分を受けた。そこで、X社はY社に対し、債務不履行による責任追及をするとともに、Y社の代表取締役Zに対しても取締役の第三者責任を追及した。

第1審判決は、Zの責任について、従業員による広範かつ組織的データ捏造等は、社内の管理体制が確立されていればたやすく防止できたとしたうえで、代表取締役にはデータ捏造等という重大な違法行為が行われないよう管理体制を整備すべき義務があるのに、これに違反したことによりデータ捏造等を発見できなかったことに重大な過失があるといわなければならないとして、Zの責任を認めた（東京地判平成元・2・7判タ694号250頁）。

これに対し、控訴審判決は、データ捏造等の不正が行われず、また不正を看過しない社内の管理体制を整備すべきは当然であると述べたうえで、一般的な製薬会社の組織として、Y社の当時の新薬開発管理の体制が、捏造等防止の点で同業他社に比べ特に劣っていたと認めるに足りる証拠はないから、他に特段の事情の認められない本件においては、Y社の開発部門でデータ捏造が行われ、社内的にこれを防止または発見できなかったことについて、Zに職務執行上の重大な過失があると認めることはできないとした（東京高判平成3・11・28判時1409号62頁）。

これは、内部統制システムの構築義務が正面から問題にされる以前の事例であり、社内の管理体制を「整備」すべき義務があるとしている。

控訴審の判旨において、当時の新薬開発管理の体制が、捏造等防止の点で同業他社に比べ特に劣っていたと認めるに足りる証拠はない、社内的にこれを防止または発見できなかったことについて重大な過失があると認めることはできないとしているが、同業他社と比べることは、管理の体制の整備についての重要な判断基準であるもののそれがすべてではない。また、重大な過失があると認められないとの点については、Y社のZに対する責任の追及訴訟であれば、

過失責任が認められる余地があろう。

(2) 大和銀行事件

　内部統制システム（リスク管理）の構築義務を、正面から問題にした最初の判決であり、賠償責任額の大きいことからも関心が集まっていた。後に、内部統制システムの構築義務の法定化と取締役の責任軽減立法の契機となった有名な判決である。最終的には、控訴審における和解により決着している。

　事件は、①ニューヨーク支店の行員に、長年にわたり証券ディーリングを任せきりにしていたことから、米国財務省証券の不正取引を行い、巨額の損害を発生させたことについての、内部統制システムの構築義務違反に関する部分と、②米国財務省証券の無断取引および無断売却の事実を知った後の、報告義務違反と虚偽報告をした責任の部分からなっている。

　判旨（大阪地判平成12・9・20判時1721号3頁）は、①ニューヨーク支店におけるリスク管理体制は、大綱のみならず具体的なしくみについても、整備されていなかったとまではいえない、巨大な組織を有する大規模な企業においては、業務担当取締役がその責任において適切な業務執行を行うことを予定して組織が構成されているのであって、頭取あるいは副頭取は、業務担当取締役にその担当業務の遂行を委ねることが許され、業務担当取締役の業務執行の内容につき疑念を差し挟む特段の事情がない限り、監督義務違反の責任を負うことはないとした。

　しかし、財務省証券の保管残高の確認は、その方法において、著しく適正さを欠くものであり、リスク管理体制は、この点で、実質的に機能していないとして、ニューヨーク支店長の地位にあった取締役の責任を認めた。

　また、②ニューヨーク支店長の地位にあった取締役は、本件不正取引の事実を知りながら、アメリカ当局に対する届出を行わなかった。また、FRBに対し虚偽の内容のコール・レポートを提出したり、ニューヨーク支店の帳簿と記録に虚偽の記載をしたりしたものであり、これらの行為はアメリカ連邦法典違反の行為として取締役の善管注意義務に違反するとした。

　本件不正取引を知った他の取締役らも、アメリカ当局に対する届出を行うよう代表取締役に働きかけるべきであったが、それをしなかったことは取締役の善管注意義務に違反する、とした。

判旨①については、リスク管理体制については、整備されていなかったとまではいえないが、米国財務省証券保管残高の確認方法について実質的に機能していないとして、ニューヨーク支店長の地位にあった取締役の運用責任を認めたものである。この点について諸説があるが、当時の状況の下では判旨はやむを得ないであろう。

判旨②には、ニューヨーク支店長の地位にあった取締役が、届出を行わず、また虚偽の内容のコール・レポートを提出するという、アメリカ連邦法典違反行為が法令違反（旧商266条1項5号）に該当するか否かを問題にするまでもなく、取締役の善管注意義務に違反するといえる。

本件不正取引を知りながら、アメリカ当局に対する届出を行わなかった頭取、副頭取に善管注意義務違反の責任があり、アメリカ当局に対する届出を行うよう代表取締役に働きかけるべきであったが、それをしなかった他の取締役らに監視義務違反の責任があることになる。これら取締役らの責任は、根本的には内部統制システムの構築義務違反に起因するが、自ら、なすべき行為をしなかったという責任があるというべきであろう。

(3) 三菱商事カルテル事件

黒鉛電極の国際カルテル事件であり、アメリカ当局に独占禁止法違反により起訴され、巨額の罰金や和解金を支払ったことにより、会社に損害を与えたとする株主代表訴訟である。

判旨は、法令遵守体制の構築義務違反の主張については、原告は、本来構築されるべき体制の具体的内容、これを構築することによる本件カルテルの回避可能性について、何ら具体的な主張を行わず、主張自体失当であるとしたうえで、会社は、各種業務マニュアルの制定、法務部門の充実、従業員に対する法令遵守教育の実施等、独占禁止法の遵守を含めた法令遵守体制を一応構築していたことが認められるとし、会社による組織的関与を認めるに足りる証拠はなく、直属の上司である被告2名の監督義務違反の善管注意義務違反はないとした（東京地判平成16・5・20判時1871号125頁）。

(4) 雪印食品食肉偽装事件

現場従業員による牛肉の産地偽装について、これを防止する方策をとらなかったことは、取締役の善管注意義務に違反するとして責任を追及された事案

である。

判旨は、牛肉偽装工作は現場従業員により短期集中的に行われたものであるが、当時、担当部門役員が、部下がそのような違法な行為を行い、あるいは行う可能性があることを認識し、これを防止する方策をとらなかったことをもって、取締役としての善管注意義務に違反すると認定するには無理があるとして取締役に責任を認めなかった（東京地判平成17・2・10判時1887号135頁）。

判旨が、取締役の善管注意義務違反を認めなかったのは、内部統制システムの構築義務というより、監督義務違反の責任として問題にしているようである。監督義務違反の責任とすれば、判旨は是認することができるが、内部統制システムの構築義務として問題にすれば、なお検討の余地がある。

本件は、グループ企業におけるコンプライアンス体制の構築と関係する。雪印乳業は平成12年に集団食中毒事件を発生させたが、さらに平成14年に子会社の雪印食品のBSE（狂牛病）関連の牛肉産地偽装事件が発覚し雪印グループに極めて大きな打撃を与えたことにより、コンプライアンス体制の不備が表面化し、雪印食品は廃業に追い込まれた。

この不祥事は、雪印食品だけでなく、雪印グループ全体の信用にかかわる問題であった。雪印乳業は子会社の雪印食品の不祥事が重なり事業の継続が困難になったが、かかる企業不祥事の原因はコンプライアンス体制の不備によるものであるとされている。

これは、親会社取締役の子会社に対する監督義務違反として問題にされるところであるが、会社法の下で生じた不祥事であれば、グループ内部統制システムの構築義務違反の責任として問題にされるところであろう。

(5) **ヤクルト本社事件**

資金運用業務担当取締役が、デリバティブ取引の失敗で会社に巨額の損害を与えたとして、右取締役を含む取締役および監査役に対して提起された代表訴訟である。

判旨は、巨額の特別損失を発生させた担当取締役は、独自の判断で、リスク管理体制による制約事項のうち、元本の限度額の規制に実質的に違反する取引をしたことにより、善管注意義務違反の責任があるとされたものの、当該会社においては、デリバティブ取引に関して社内で一応のリスク管理体制がとられてお

り、担当取締役が巧妙な態様で制約事項に違反する取引を行っていたという事実関係の下では、担当取締役以外の役員の監視義務違反は認められないとした（東京地判平成16・12・16判時1888号3頁、東京高判平成20・5・21判タ1281号274頁）。

(6) ダスキンの肉まん事件

ダスキンが経営する「ミスタードーナツ」が、平成12年5月から同年12月頃までの間に販売した「肉まん」に、食品衛生法上使用が認められていない添加物が含まれていた。担当取締役A・Bは、取引先関係者Cから指摘を受け、添加物混入の事実を知ったが、口止め料として6300万円を支払い、在庫がある限度で継続して販売した。

平成14年5月、保健所により店舗への立入検査を受けたダスキンは、同月20日の記者会見で右添加物が含まれている「大肉まん」の販売の事実を公表した。翌21日以降、新聞等のマスコミは、右「大肉まん」の販売継続、事実の隠ぺい、指摘した業者への口止め料の支払いなどを大きく報じた。これにより、ダスキンは、「ミスタードーナツ」の加盟店の売上げが減少したことに対する補償等として合計105億6100万円を支払った。

そこで、ダスキンの株主Xは、A、Bおよびダスキンの取締役等であったY_1〜Y_{11}に対し、善管注意義務に違反してダスキンに損害を与えたとして、105億6100万円およびCに支払った6300万円の合計106億2400万円の支払いを求めて株主代表訴訟を提起した。

第1審判決は、取締役はリスク管理体制を構築すべき善管注意義務を負うが、食品取扱会社として食品衛生法上許されない添加物が食品に使用されないようにする相応のリスク管理体制を構築していなかったとはいえず、本件販売について認識がない代表取締役、他の取締役、監査役の監視義務違反について善管注意義務違反はないとした（大阪地判平成17・2・9判時1889号130頁）。

判旨は、相応のリスク管理体制を構築していなかったとはいえないとして、Y_1〜Y_{11}の責任を否定したが、添加物が含まれていることを知った後に、公表するなど適切な措置をとらなかったことについての責任を認めている。

(7) 日本システム技術事件

(ア) 事実関係

リスク管理体制（内部統制システム）の構築義務違反に関する最初の最高裁

判決である。取締役等の会社に対する責任を追及する代表訴訟ではなく、内部統制システムの構築義務違反を理由に、第三者が会社に対して損害賠償を請求した事案である。事実関係は次のとおりである。

①Y社（被告・控訴人・上告人）は、ソフトウェアの開発・販売等を目的とする東京証券取引所2部上場会社である。X（原告・被控訴人・被上告人）は、平成16年9月、Y社株式を600株買い付けた。

②Y社には、伝票を確認するBM課とソフトの稼働を確認するCR部が設けられている。BM課が受注を確認して検収書を取引先に渡し、CR部の担当者が取引先でソフトの稼働を確認する検収を行った後、BM課が検収書を回収して財務部経由で売上計上するしくみである。財務部および監査法人は、定期的に取引先に書類を送付して売掛金の残高を確認していたほか、回収期日を過ぎた債権については、財務部が営業担当部署に滞留の理由を報告させていた。

③Y社の事業部長兼営業部長Aは、高業績を達成し続け自らの立場を維持するため、平成12年9月、部下営業担当者に対し、後日、正規の注文を得ることができる可能性が高い案件について、取引先である販売先会社の印鑑、注文書、検収書等を偽造し、注文前に売上げがあったごとく装い、架空売上げを計上するよう指示した。営業担当者は、右指示に従い平成16年12月頃までの間、売上総額11億4000万円を架空計上するという不正行為を行った。

架空の売掛債権は必然的に滞留することになるが、Aは、取引先の事情を滞留理由としたほか、他の回収金を付け替えることで架空の売掛金債権を処理するなど、巧妙な手口で隠ぺい工作を行っていた。そのため、Y社は本件不正行為を約4年間見抜くことができないまま、有価証券報告書に虚偽記載を行う結果となった。

④本件不正行為を知ったY社は、平成17年2月10日、不正経理が行われていたことを公表した。そこで、東京証券取引所は直ちにY社株式を管理ポストに割り当てた。翌日の新聞においても不正経理が報道されたためY社の株価は急落した。Xは、同月18日、保有するY社株式のすべてを売却したが売却損が発生した。

⑤そこで、Xは、Y社の代表取締役Bには内部統制システムの構築義務違反があるとして、Y社に対して不法行為による損害賠償を請求した。

(イ) 判　旨

　第1審判決と控訴審判決は、本件不正行為当時、事業部長等が企図すれば容易に本件不正行為を行いうるリスクが存在していたのに、代表取締役は、組織体制や事務手続を改変するなどの対策を講じなかったから、各部門の適切なリスク管理体制を構築する義務を怠った過失があるとして、会社の不法行為責任を認めXの請求を一部認容した（東京地判平成19・11・26判時1998号141頁、東京高判平成20・6・19金判1321号42頁）。

　これに対し、最高裁判決はリスク管理体制の構築義務違反を認めなかった。判旨は次のとおりである（最判平成21・7・9判時2055号147頁）。

　①本件不正行為当時、Y社は、職務分掌規程等を定めて事業部門と財務部門を分離していたが、事業部について、営業部とは別に注文書や検収書の形式面の確認を担当するBM課およびソフトの稼動確認を担当するCR部を設置し、それらのチェックを経て経理部に売上報告がされる体制を整え、監査法人との間で監査契約を締結し、当該監査法人およびY社の財務部が、それぞれ定期的に、販売先宛てに売掛金残高確認書の用紙を郵送し、その返送を受ける方法で売掛金残高を確認することにしていたのであるから、Y社は、通常想定される架空売上げの計上等の不正行為を防止し得る程度の隔離体制を整えていたものということができる。また、本件不正行為は、通常、容易に想定しがたい巧妙な方法によるものである。

　②売掛金債権の回収遅延につき、Aがあげていた理由は合理的なもので、販売先との間で過去に紛争が生じたことはなく、監査法人もY社の財務諸表につき適正であるとの意見を表明していたのであるから、財務部がAの巧妙な偽装工作の結果、販売先から適正な売掛金残高確認書を受領しているものと認識し、直接販売先に売掛金債権の存在を確認しなかったとしても、財務部におけるリスク管理体制が機能していなかったとはいえない。

　また、本件以前に、同様の手法による不正行為が行われたことがあったなど、Y社の代表取締役に、本件不正行為の発生を予見すべきであったという特別の事情もみあたらない。

　したがって、Y社の代表取締役に、Aによる本件不正行為を防止するためのリスク管理体制構築義務に違反した過失があるとはいえないからY社には責任

がない。

(ウ) 解　説
(A)　内部統制システムの構築義務違反と会社の第三者に対する責任

本件は、第三者（元株主）が、代表取締役の内部統制システム構築義務違反という不法行為により、会社の責任を追及した事例である（平成17年改正前の商法261条3項、78条2項によって準用される当時の民法44条1項による請求である。会社法の下では、会350条、附則2項）。内部統制システムの構築義務違反の有無を問題にするに先立ち、代表取締役の内部統制システムの構築義務違反を、会社の第三者に対する責任の根拠とすることを疑問視する指摘がある[33]。

代表取締役の内部統制システムの構築義務違反は、会社に対する善管注意義務違反となり、また第三者に対する損害賠償責任の原因になる。しかし、会社に対する任務懈怠となっても、「代表取締役がその職務を行うについて第三者に加えた損害」、つまり、第三者に対する不法行為を構成するものとは考えにくい。そこで、内部統制システムの構築義務違反を理由に、第三者（元株主）が、会社に対する損害賠償を請求する主張自体が成り立ちうるのか検討しなければならないが、判決はこの点を問題にすることなしに、内部統制システムの構築義務違反の有無について判断している。

本件は平成16年の証券取引法改正以前の事案であることから、代表取締役の内部統制システムの構築義務違反と会社の不法行為責任を組み合わせて損害賠償請求をしたものである。改正法により有価証券報告書の虚偽記載に対し提出会社（株式発行会社）は、株式の取得者に対し無過失の賠償責任を認める規定が設けられ（証取21条の2第1項、金商21条の2第1項）、改正後であればこの規定により提出会社に対して損害賠償請求が可能であることから、内部統制システムの構築義務違反を問題にする必要はないことになる。

提出会社の責任は無過失とされていたが、平成26年の改正金融商品取引法は、提出会社が故意または過失がないことを証明すれば、賠償責任を負わないとして過失責任とした（金商21条の2第2項）。そこで、提出会社は無過失を立証することにより責任を免れることになる。無過失の立証方法として、内部統制シ

---

[33] 野村・前掲判批（注16）会社判例百選〔第2版〕113頁。

ステムが適切に構築され運用されていたことを立証して、内部統制システムの構築義務の違反はないから過失はないとして、責任を免れることができる。

(B) 内部統制システムの構築義務違反

　第1審判決は、本件不正行為当時、事業部長等が企図すれば容易に本件不正行為を行いうるリスクが存在していたのに、代表取締役は、組織体制や事務手続を改変するなどの対策を講じなかったとして、構築されたリスク管理体制では不十分であるといっているのに対し、最高裁判決は、通常想定できる程度の架空売上げの計上等の不正行為を防止することができる程度のリスク管理体制の構築がなされていたが、事業部長兼営業部長Ａらの不正行為は極めて巧妙で、通常容易に想定しがたい方法であり、以前に同種の不正行為がなかったことを理由としている。

　第1審・第2審判決と最高裁判決で結論が分かれたのは、構築されたリスク管理体制に対する評価の問題である。通常想定できる程度の不正行為を防止するためのリスク管理体制が、構築されていたと評価できるかどうかである。

　リスク管理体制として、通常容易に想定しがたい方法による不正行為までも回避できるような水準を要求するものではないが、はたして、本件不正行為が防止できないほど巧妙なものであったのかどうかについては評価の分かれるところである。[34]

　Ａらの不正行為は、大和銀行事件のニューヨーク支店の行員の行った不正行為の手口と類似している。大和銀行事件についての第1審判決は、リスク管理体制の構築義務の違反はないが、実質的に機能していないとして、確認を怠ったニューヨーク支店長の責任を認めている。それとの整合性から、いかに手口が巧妙であるにしても、長年にわたり放置したことにリスク管理体制の構築義務違反があるといえなくもない。もっとも、本件は直接の担当取締役の責任ではなく、代表取締役の責任を問題にしているという点で異同がある。

34　野村・前掲判批（注16）会社法判例百選〔第2版〕113頁。

VII　内部統制システムの実効性確保と取締役等の情報収集

1　取締役の情報収集権限と問題点

　取締役が、監視機能を発揮し代表取締役等の違法行為を阻止するためには、会社情報を得る機会の確保が必要である。個別監視義務についても、内部統制システムの構築と運用に関する監視義務についても、取締役が監視機能を発揮するためには、会社情報の収集と業務についての調査権限が認められることが必要である。

　会社業務に関係していない取締役、特に社外取締役は会社情報に接する機会が少ない。取締役会で配布された資料だけでは十分ではなく、また疑問があれば他の取締役、監査役あるいは従業員に質問するなどして情報に接しなければならないが、これも、現実には、何らかの情報あるいは指摘に基づく必要がある。

　会社情報に接する機会が少なければ、監視義務違反の責任を免れる範囲が広がると考えられるが、それは、取締役が会社情報に接するための努力をどこまでしたかに関係する。

　取締役会は、取締役の職務の執行を監督することから（会社362条2項2号）、会社情報の収集、会社書類の閲覧等をなしうると解され、監査役については調査権限が明確にされている（同法381条2項）。ところが、個別の取締役の情報の収集、会社書類の閲覧等については規定がない。しかし、取締役の監視義務違反の責任を問題にすることとの関係で、検討が必要である。

　取締役による会社の会計帳簿等の閲覧・謄写請求訴訟において、これを認める規定がないとして棄却した判決がある。判旨は、会社の不当拒絶により取締役の義務の履行が不能となったときには、その履行が不能となった義務の違反に基づく取締役の責任が追及される局面において、当該不当拒絶の事実を取締役のために斟酌し得るものと解すれば足りるとしている（東京地判平成23・10・18金判1421号60頁）。

　判旨は、取締役が会社の会計帳簿等の閲覧・謄写を請求することを認める規

定はないが、取締役が取締役会の構成員として監督是正権を行使するための必要から、閲覧・謄写を求めた場合にはこれを認める余地があるとしていると考えられる。また、会社の不当拒絶ということからも、閲覧・謄写を請求することを認める趣旨とも読み取れる。

判旨は、取締役の監視義務違反の責任が問題になった場合に、会社の会計帳簿等の閲覧・謄写の不当拒絶によりそれを否定する方向で斟酌すればよいとするのであるが、会計帳簿等の閲覧等請求が認められなかったというだけで、任務懈怠責任が否定されるものではなく、取締役会で閲覧等が否決されたときは、監査役や監査委員に業務・財産の調査を促すなどが必要であるといえる。[35]

判旨は、当該不当拒絶の事実を取締役のために斟酌し得るというのは、過失がないとの方向からの解決を示唆するのであろうが、斟酌し得るとしているように、過失が否定される一要因になるが、閲覧等請求が拒絶されたからといって、それだけで過失がないということにはならない。疑義があれば取締役会で質問するなど相当な方法を講ずることが必要であり、相当な方法によるも情報を得ることができない場合に初めて過失がないということができよう。

2　監査役と監査委員の情報収集権限

(1)　監査役の情報収集権限

監査役は、取締役の職務の執行を監査し、監査報告の作成をするのであるから（会社381条1項）、それを通じて取締役の職務の執行を監視することになる。また、いつでも、取締役および支配人その他の使用人に対し、その職務の執行に関する事項の報告を求め、または業務および財産の状況を調査することができるから（同条2項）、必要に応じて、報告を求めまたは調査をしなければならない。

監査役は、取締役が不正の行為をし、もしくは不正の行為をするおそれがあると認めるとき、または法令・定款に違反する事実もしくは著しく不当な事実があると認めるときは、遅滞なくその旨を取締役会に報告しなければならない（会社382条）。それは、報告を受けた取締役会が、速やかに適切な措置を講ず

35　弥永真生「社外取締役と情報収集等」商事2028号8頁。

ることを可能とするためである。

　また、取締役会に出席し、必要があると認めるきは、意見を述べなければならず（会社383条1項）、必要があると認めるときは、取締役会の招集を求め、または取締役会を招集することができることから（同条2項・3項）、取締役会を通じて監督権限を行使することになる。

　次に、監査役は、その職務を行うために必要があるときは、子会社に対して事業の報告を求め、または子会社の業務および財産の状況を調査することができる（会社381条3項）。

(2) **監査委員の情報収集権限**

　指名委員会等設置会社の監査委員会は、執行役と取締役の職務の執行の監査および監査報告の作成をすることから（会社404条2項1号）、それを通じて執行役と取締役の職務の執行を監視することになる。

　また、監査委員会が選定する監査委員は、いつでも、執行役と取締役等および支配人その他の使用人に対し、その職務の執行に関する事項の報告を求め、または指名委員会等設置会社の業務および財産の状況を調査することができるから（会社405条1項）、必要に応じて、報告を求めまたは調査をしなければならない。

　監査委員は、執行役または取締役が不正の行為をし、もしくは、それをするおそれがあると認めるとき、または法令・定款に違反する事実もしくは著しく不当な事実があると認めるときは、遅滞なくその旨を取締役会に報告しなければならない（会社406条）。それは、報告を受けた取締役会が、速やかに適切な措置を講ずることを可能とするためである。

　さらに、監査委員会が選定する監査委員は、監査委員会の職務を執行するために必要があるときは、子会社に対して事業の報告を求め、または子会社の業務および財産の状況を調査することができる（会社405条2項）。

(3) **監査役・監査委員の責任**

　上記のとおり監査役と監査委員には、取締役等に対する監視義務、調査義務そして報告義務を課しているから、これに違反して会社に損害を与えた場合は、任務懈怠（善管注意義務違反）の責任を負う。

　また、監査役または監査委員には、子会社に対して事業の報告を求め、また

は子会社の業務および財産の状況を調査する権限が与えられているから、これらの任務を怠ったことにより、子会社の取締役等の任務懈怠責任により、当該会社（親会社）に損害が生じた場合は、当該会社に対し任務懈怠の責任を負うことになる。これらは、監視・監督義務違反の責任であるが、ある意味では、取締役の監視・監督義務違反の責任より厳格な責任であるということができる。

第3章 グループ内部統制システムの構築

I 親子会社とグループ内部統制システムの構築

1 グループ内部統制システムの意義と機能

　グループ内部統制システムとは、企業集団における業務の適正を確保するための体制をいう（会社362条4項6号後段）。経営の効率化など企業集団のメリットを活かすとともに、企業集団による経営の健全化を図るために必要な措置である。

　内部統制システムは単一の会社における業務の適正を確保する体制（経営監視システム）であるのに対し、グループ内部統制（企業集団内部統制）システムは、親子会社（企業グループ）を通じた業務の適正を確保する体制である。単体に関する内部統制システムを、子会社を含めた企業集団に拡大し、グループ内部統制システムとして子会社の業務の適正を確保するのである。

　会社法改正論議の経過においては、グループ内部統制システムの整備を求める趣旨は、親会社株主の保護特に親会社取締役の子会社に対する監視を図ることにあるとされているが、条文において業務の適正を確保するために必要な体制とされている（会社362条4項6号後段）ことから、主として企業グループによる経営の健全性の確保のための体制の整備にあるように思われる。

　すなわち親子会社関係（企業グループ）により企業活動が展開されるようになると、子会社に損害が生じたことにより親会社にも損害が生じ、親会社株主に損害が生ずることから、親会社株主の保護のために親会社取締役の子会社に対する監視義務が必要とされ、内部統制システムも子会社を含めた管理体制としての内部統制システムが構築されるようになったのである。グループ内部統制システムも、内部統制システムの一部として事業報告の内容となり、株主に

開示されることになる。

　グループ内部統制システムの目的と機能は、第1に、グループ企業の経営の健全性を確保し、親会社取締役の子会社に対する管理権と監視義務を根拠づける、第2に、親会社取締役はシステムを通じて子会社の経営と業務を監視する義務を負うことになり、監視義務違反の責任を根拠づけることになる、第3に、システムの構築と運用、それに対する監視が適正になされていれば、子会社における不祥事の発生を未然に防止し、たとえ子会社に不祥事が発生しても、親会社取締役は監視義務違反の責任を免れることになる。

　親会社取締役の子会社に対する管理権と監視義務については明文の規定がないことから、法律上これを義務づけることは困難であるが、グループ内部統制システムを通じて管理権と監視義務を行使することになるから、実際上、法的に義務づけられたとみることができる。

　親会社取締役の子会社に対する監視義務違反の責任も、グループ内部統制システムの構築と運用に対する監視義務の違反として追及されることになる。親会社取締役にとっては、監視義務違反による責任追及の訴訟リスクが増大することになる。

2　改正法とグループ内部統制システム

　会社法は、業務の適正を確保するために必要なものとして、株式会社に法務省令で定める体制の整備を求め（旧会社348条3項4号、362条4項6号）、グループ内部統制システムについては、当該株式会社並びにその親会社および子会社からなる企業集団における業務の適正を確保するための体制の整備として、会社法施行規則に規定していた（旧会施規98条1項5号、100条1項5号）。

　改正法においては、「当該株式会社及びその子会社から成る企業集団の業務の適正を確保するために必要なものとして法務省令で定める体制」の整備として、会社法本体においてグループ内部統制システムについて規定している（会社348条3項4号、362条4項6号、399条の13第1項1号ハ、416条1項1号ホ）。これは、グループ内部統制システム構築の重要性に鑑みたものである。

　会社法の改正論議において、親会社取締役の子会社に対する監督義務の明文化の必要性が唱えられており、その監督義務を根拠づけるために、取締役会の

職務に関する規定（会社362条2項）に、子会社取締役の職務の執行の監督を加えることが検討されていた。そこで、親会社による子会社へのガバナンスの強化の趣旨から検討が進められていた多重代表訴訟制度を創設しない場合の代替案として、親会社取締役の子会社に対する監督義務の明文化が検討されたのである。しかし、改正法は多重代表訴訟の制度を創設した（同法847条の3）ことから、監督義務の明文化は見送られることになった。その一方で企業グループの業務の適正を確保するための体制の必要性が注目されグループ内部統制システムの整備を会社法本体に規定し（同法348条3項4号、362条4項6号）、あわせて、改正会社法施行規則に、グループ内部統制システムの整備に関する詳細な規定を設けたのである（会施規98条1項5号、100条1項5号）。

　このことは、グループ内部統制システムを通じて子会社を管理し、必要な範囲で親会社取締役は監視義務を負うという方向性をより明確にするものである。親会社取締役の子会社に対する監督義務は、グループ内部統制システムを通じて行われることは改正前と同様であるが、監視義務の程度は、実質的には高くなったとみることができる。

3　グループ内部統制システムの内容

　グループ内部統制システムの整備にあたっては、会社法施行規則において、下記内容を決議することが求められている（会施規98条1項5号イ～ニ、100条1項5号イ～ニ（取締役会設置会社））。しかし、必ずしもイ～ニに分類して決議しなければならないというものではない。

① 　子会社の取締役等の職務の執行に係る事項・当該株式会社への報告に関する体制（各5号イ）
② 　子会社の損失の危険の管理に関する規程その他の体制（各5号ロ）
③ 　子会社の取締役等の職務の執行が効率的に行われることを確保するための体制（各5号ハ）
④ 　子会社の取締役等および使用人の職務の執行が、法令および定款に適合することを確保するための体制（各5号ニ）

1　多重代表訴訟については、第8章、第9章参照のこと。

①は、親会社取締役が子会社の取締役の業務遂行状況を把握し、子会社管理を適正に行うためには、親会社に報告することが必要であるから報告体制として明確にしたものである。報告体制として決議される例として、ⓐ子会社は定期的または必要に応じ、親会社の管理部署の責任者に対し業務状況を報告する、管理部署の責任者または統括責任者は必要に応じ子会社と協議する、ⓑ子会社は、決算、業務内容などあらかじめ定めた重要事項を親会社に報告し、重要財産の処分、一定限度を超える取引については、親会社の事前承認を要するなどであるが、子会社に対する不当な干渉とならないように、その基準を明確に定めることが必要である。

　②は、子会社のリスク（損失の危険）管理に関する体制の整備に関する規定である。決議される例として、ⓐグループのリスクを管理するための基本方針を定め、予想される重大なリスクに対応するための規程を設け、それに従い、子会社の管理部門が必要なリスク管理を行う、ⓑグループ経営が適正になされることを確保するために、子会社の管理のための担当部署を設置し、子会社等の状況に応じて必要な管理を行う、などである。

　③は、子会社取締役の非効率な経営を防止し、職務の執行が効率的に行われることにより、企業グループ全体の利益確保と発展を図るための体制である。
　決議すべき体制の例として、ⓐグループ全体の適正な経営が行われることを確保するために、子会社を管理する担当部署を定め、緊密な連携により業務の円滑かつ効率化を図る、ⓑ子会社管理規程により子会社を管理するとともに、必要な助言と承認を行う。過度の効率性の追求をすべきでない、などである。

　④は、子会社の取締役および使用人のコンプライアンスに関する規定であり、グループ内部統制システムの整備の中で最も重要である。コンプライアンス体制の整備は、当該株式会社だけでなく、子会社その他を含め一体として行う必要があることから、子会社の取締役等および使用人の職務の執行の適正を確保するための体制（グループ・コンプライアンス体制）の構築を定めるのである。

　コンプライアンス体制を整備することで親会社取締役の子会社に対する監視義務の根拠づけをするとともに、子会社の取締役等および使用人が、法令・定款に違反する行為を防止するのである（Ⅲ2参照）。そして、子会社の取締役等および使用人が法令・定款違反の行為をした場合には、親会社取締役は、コ

ンプライアンス体制の構築および運用義務違反、それに対する監視義務違反の責任が問題になる（子会社の取締役等に対する監視義務違反、使用人に対する監督義務違反を問題にするのではない）。

　決議すべき例として、①グループ・コンプライアンスに関する基本方針を定め、統括部署を設置する。重要事項については取締役会で決議し、取締役会に報告する、②グループ・コンプライアンスを徹底し、コンプライアンスが重要である事項および部署について、子会社のコンプライアンスを確保するための部署と責任者を定める、③違法行為を未然に防止するために、継続的に教育と研修を行い、マニュアルを配布し、コンプライアンスの重要性と遵守の意識の理解に努める、などである。

　グループ内部統制システムの整備を会社法本体に規定し、その内容を会社法施行規則において整備したのであるが、これに対し改正前会社法（当時の現行法）の親会社取締役の義務を超える義務を課すことになるのではないかとの経済界等からの慎重論が根強かった。そこで、法定化は従来の規律の内容を変更または拡大する趣旨ではなく、あくまで当時の現行法上の義務の範囲を超えない範囲で、法律に明文の規定を設けるものとしたのであり、グループ内部統制システムの整備について実質的に変更するものではないと説明されている[2]。

　しかし、改正前会社法上の義務の範囲を超えない範囲で、法律に明文の規定を設けたとしても、グループ内部統制システムを会社法本体に規定するとともに、会社法施行規則を整備したことはその重要性を強めることになり、構築すべきシステムの内容と程度は改正前に比べ実質的に強化され、より高い水準のシステムの構築が要求され、それに伴い、より高い管理・監視義務の基準が求められる。そうでなければ、グループ内部統制システムを会社法本体に規定した意味はない。したがって、親会社取締役の子会社に対する監視義務違反の責任が認められる可能性が高くなるといえよう。既存のグループ内部統制システムに関する規律を実質的に変更し、親会社取締役に新たな義務や責任を課すものではないが、システムの内容と程度を改正前の規律から引き上げたものと解

---

[2]　岩原紳作『会社法制の見直しに関する要綱案の解説（別冊商事法務372号）』26頁、坂本三郎ほか「会社法施行規則等の一部を改正する省令の解説（Ⅰ）」商事2060号6頁。

される。

　したがって、改正法によりグループ内部統制システムの整備についてすでになされた決議内容を、直ちに変更しなければならないわけではなく、従来のグループ内部統制システムを継続すればよいが、システムの構築と運用義務、それに対する監視義務に違反するリスクは高まることから、既存のシステムの再点検が必要となる。

II　グループ内部統制システムと子会社に対する監視機能

1　グループ内部統制システムによる監視義務

　グループ内部統制システムは、親子会社のガバナンス機能を有するものであるが、現実には、親会社株主保護の観点から、親会社取締役の子会社に対する監視義務の根拠づけと、実効性確保としての機能をもつ。親会社取締役の子会社に対する監視義務は、明文がなく、個別監視義務では対応に限界がある。

　そこで、親会社取締役が子会社を監視するために、企業集団を通じたグループ内部統制システムの重要性が認識されるに至った。通常の内部統制システムは、単一の会社において取締役に対する監視機能を期待するものであるのに対し、グループ内部統制システムは、親会社取締役による子会社に対する監視義務を実現しようとするものである。

　過去においては、子会社の不適切な業務執行について、親会社取締役が監視義務の責任を負うべきではないとの考え方（東京地判平成13・1・25判時1760号144頁）もあったが、現在では、子会社の企業活動によって親会社も利益を受けることから、別法人であるがゆえに責任を負わないとの考えによるべきではない。

　改正法においては、会社法および同法施行規則により親会社取締役はグループ内部統制システムの構築と運用義務、これを監視する義務を負うこととされ

3　塚本英巨「平成26年改正会社法と親会社取締役の子会社監督責任」商事2054号29〜30頁、藤田友敬「親会社株主の保護」ジュリ1472号37頁。

たことから（ただし、規定上は体制の整備）、親会社取締役の子会社に対する監視義務が根拠づけられるとともに、システムの構築等義務違反により監視義務違反の責任を負うことが明確になった。

グループ内部統制システムによる監視義務は、直接、子会社の取締役を監視するという個別的な監視義務ではなく、子会社を管理し監視するためのシステムが構築され、有効に機能しているかについての監視義務である。子会社取締役の任務懈怠行為があった場合に、内部統制システムの構築と運用に問題がなかったか、それについて、監視義務の違反がないかという形で問題にされる。したがって、個別的に監視義務を尽くせない状況の下でも、監視義務違反の責任として問題にされるのである。

2　グループ内部統制システムの効力

グループ内部統制システムにより、親会社取締役の子会社に対する監視義務（監視権限）が認められると理解されている。しかし、親会社取締役の子会社取締役に対する監視・監督義務を直接規定したものではない。それはグループ内部統制システムの効力として認められるのである。

その前提としてグループ内部統制システムの子会社に対する法的拘束力、つまり親会社の構築したシステムの効力が子会社に及ぶことが必要とされる。この点、親会社が整備することを定めるグループ内部統制システムの規定（会社362条4項6号後段、会施規100条1項5号）は、子会社に効力が及ぶことを認める規定であると解される。

グループ内部統制システムには、親会社の子会社に対する調査権、子会社の報告義務、親会社の承認を要する取引などが含まれるが、子会社取締役はこれに従う義務がある。

子会社取締役に不祥事が生じた場合、その原因がグループ内部統制システムの内容の不備による場合は、代表取締役等はグループ内部統制システムの構築義務違反の責任を負い、必要な調査や報告聴取を行わず、承認を要する取引について承認を受けなかった場合は、運用義務違反の責任を負う。他の取締役と監査役はシステムの構築と運用が適正になされているかについて監視義務を負うことになる。

3　親会社取締役による子会社の監視権の行使のあり方

　親会社取締役が、グループ内部統制システムの構築等について監視義務を負うことは、システムに不備があり、あるいはシステムが有効に機能していないと認められる場合には、それを是正することが求められ、必要があれば子会社の業務執行に対し、直接是正を求めることができる。もとより、親会社取締役が子会社の意思決定や業務執行に逐一介入することを認めるものではない。

　子会社の業務の適法性、効率性の確保について責任を負うのは、まず子会社の取締役である。親会社取締役は、子会社の取締役による子会社の業務の適正の確保を前提として、子会社の独立性、自主性やグループ経営効率性とのバランスに配慮して監視権を行使すべきであり、親会社取締役には、子会社に対する監視にあたっては裁量権が認められる[4]。

　子会社の経営は子会社の取締役が行うことから、親会社取締役は過度に子会社の取締役の業務執行に干渉すべきではない。子会社に対する監視は必要に応じて行われるが、どのような場合に、どのような監視を行うかは親会社の裁量に委ねられる。

　そこで、親会社取締役が子会社に対する監視権の裁量を誤り、あるいは監視権行使が不十分な場合に、監視義務違反の責任を負うのであるが、監視義務の程度は、当該子会社が完全子会社であるか否か、企業集団にとってどの程度の重要性を有するかにより異なる。

　また、グループ内部統制システムの構築は、企業不祥事の防止等のコンプライアンスを主目的とするから、親会社取締役は子会社取締役の経営判断に基づく業務執行に対し監視権を行使しうるものではなく、個別監督義務違反として処理せざるを得ない。

4　塚本・前掲論文（注3）30頁。

Ⅲ　グループ内部統制システムの構築と運用

1　グループ内部統制システムの構築

　グループ内部統制システムは、通常の内部統制システムとその目的、内容において異なるところはないから（会社362条4項6号）、システムの構築義務を負う会社、その手続、事業報告への記載などもまた通常の内部統制システムと同様である。取締役会で内部統制システム構築の大綱を決定し、代表取締役または担当取締役が大綱に従ってシステムを構築し運用する、そして、他の取締役はそれを監視する義務を負う。

　事業報告への記載について、改正会社法施行規則では、内部統制システムの運用状況の概要を事業報告の内容として追加したことから（会施規118条1項2号）、グループ内部統制システムについても、その内容の概況だけでなく、運用状況の概要を事業報告に記載しなければならないことになる。

　グループ内部統制システムは、会社が親子会社関係にある場合に構築しなければならないが、親子会社とは、総株主の議決権の過半数を有するなど経営の支配という実質基準による（会社2条3号・4号）。

　グループ内部統制システムの対象子会社は、完全子会社に限らずすべての子会社であり、海外子会社も含むことになる。しかし、多数存在するすべての子会社を含めるのは現実的ではないから、企業規模、重要性などに基づき合理的な基準によりシステムに含める子会社の範囲を定めることも許されるといえよう。

　グループ内部統制システムの構築義務を負うのは親会社（大会社、指名委員会等設置会社、監査等委員会設置会社）だけでなく子会社も含まれる。当該親会社がシステムの構築義務を負う場合に、子会社も内部統制システムの構築業務を負う会社（大会社・監査等委員会設置会社・指名委員会設置会社）の場合は、子会社もシステムの構築をしなければならない。

　また、企業集団が多重的に形成されている場合で、中間子会社（中間支配企業）が存在する場合は、親会社、中間子会社、企業集団の最下部に位置する子会社（従属企業）もシステムの整備について決定することが求められる。企業集団の支配企業（親会社）が、企業集団全体におけるグループ内部統制システ

ムの整備について決定するだけでなく、中間子会社、子会社も企業集団全体の内部統制システムの整備のために連携すべきことが要求されているのである。[5]

```
C（孫会社） ← B（中間子会社） ← A（当該株式会社・親会社）
```

　親子会社関係が上記のように形成されている場合、AはBを含めたグループ内部統制システムを構築するが、C（孫会社）はシステム対象子会社とはならない（会社362条4項6号）。Bもシステム構築義務を負う場合、BはCを含めたグループ内部統制システムを構築することになるが、Aのシステムとの整合性を図る必要がある。

　AはBを含めた、BはCを含めたグループ内部統制システムを構築するという2つのシステムの構築を通じ、A、B、Cを含めたグループ内部統制システムが構築されることになる。

　リスクは、企業の業種、業態、規模等によりさまざまであるから、各社において企業活動に関連するリスクを把握したうえで、リスクの顕在化を未然に防止するための手続、リスクの管理、顕在化したリスクへの対処方法、是正手段についてグループを通じたリスク管理体制として構築することになる。

　具体的には、リスク管理規程等を制定し、適切にリスクを管理するための体制を構築するとともに、リスク管理の実施状況を検証するための委員会等を設置し、実施状況を把握するなどの方法による。

2　グループ内部統制システムとコンプライアンス体制

　企業集団における業務の適正を確保するための体制として、グループ内部統制システムに定めなければならない事項が規定されているが（会施規98条1項5号、100条1項5号）、その中で最も重要なのは、子会社の取締役等および使用人の職務の執行が、法令・定款に適合することを確保するための体制（コンプライアンス規定）である（各5号ニ）。

　親会社は、企業グループ全体を通じたコンプライアンス体制の整備を決定し、

5　吉本健一「会社法における内部統制システムの意義と機能」森淳二朗＝上村達男編『会社法における主要論点の評価』169～170頁、神田秀樹「新会社法と内部統制のあり方」商事1766号37頁。

代表取締役等が構築し運用するのである。これは、企業グループに属する子会社において、取締役および使用人の職務執行の適正を確保し、不祥事が発生することを防止し、不祥事が発生した場合には速やかに対処し、損害がグループ全体に及ぶことの防止と損害を最小限に食い止めるための体制を構築することが求められている。親会社が構築したグループ内部統制システムによって子会社で不祥事が発生することを防止するのである。

グループ内部統制システムが、使用人の職務の執行が法令・定款に適合することを確保するための体制を内容にするのは（会施規98条1項5号ニ、100条1項5号ニ）、企業活動は、取締役だけでなく代表取締役等の指揮の下で、部長、課長、係長等の下で行われることによる。コンプライアンスの対象となるのは、具体的な法令だけでなく、企業活動において当然に遵守すべき法令や通達等が含まれる。

3　構築すべきグループ内部統制システム

グループ内部統制システムは、企業集団全体で構築することになる。親会社（当該会社）はグループ全体を対象とする内部統制システムを構築するのである。内部統制システムの整備構築にあたり、子会社化のメリットを損なうことなく、親会社が子会社に対し、どこまで、何を、どのように管理するのかという線引きと役割分担が重要である[6]。

グループ内部統制システムの内容は、一定の範囲で定型的な内容となるが、企業規模や業種など企業集団の特性と各個別企業の特性に応じて決定されるべきである。また、親会社、子会社といった複数の会社が、それぞれにおいてグループ内部統制システムを構築する場合には、各会社のシステムの内容は整合性を維持しつつ、親会社と子会社によってその内容は異なる。

グループ内部統制は、親会社は企業グループ全体の内部統制システムを構築し、子会社はそれに沿って独自の内部統制システムを構築することになる。この場合、親会社についても、子会社についても、どのような内容の内部統制システムとするかについて、所定の事項の範囲内で取締役会に相当の裁量権が認

---

[6]　武井一浩「平成26年度ガバナンス改革への対応」ジュリ1472号63頁。

められている。

　もとより、一般に想定可能な企業不祥事の発生を防止するために必要な、相当程度のリスク防止体制と法令遵守体制の整備を内容とするものでなければならない。したがって、子会社において想定外の不祥事が発生した場合は、構築されているグループ内部統制システムの内容が、通常、想定される企業不祥事の発生を防止するために必要なものとして整備されていれば、親会社取締役は、システムの構築等義務違反の責任を負わない。

　構築すべきグループ内部統制システムの内容として、次のような例が考えられる。

① 　当社の業務の執行が法令および定款に適合することを確保するための諸施策に加え、グループ全体のコンプライアンス体制およびリスク管理体制を構築する。

② 　代表取締役等は、グループ各社が適切な内部統制システムの構築を行うよう指導し子会社等の業務の規模と特性に応じ、子会社等の業務運営を適正に管理する。

③ 　代表取締役直轄の経営監査部を設置し、経営監査部は当社グループにおける内部監査を実施または統括し、グループの業務全般にわたる内部統制システムの有効性と妥当性を確保する。経営監査部は、代表取締役に対し、当社およびグループ会社の内部統制システムの構築状況の評価および改善を提案する。

④ 　監査役は、グループ全体の監視と監査を適正に行えるよう、会計監査人および経営監査部との緊密な連携のための体制を構築する。

⑤ 　グループにおける重要度の高いグループ内取引等について、当社がグループの戦略目標との整合性、リスク管理面、コンプライアンス面等の観点から検証する。

4　社内カンパニーとグループ内部統制システム

(1) 社内カンパニーの意義

　グループ企業による企業形態は別法人である子会社を用いるが、社内カンパニー（企業内カンパニー）制を採用して事業を展開している企業も少なくない。子会社化することなく事業部門を独立させる制度であり、法律上は1つの会社

であるから、最終的には本社（経営本体）で統合して処理することになる。東芝、パナソニック、川崎重工業などが採用している。

社内カンパニー制は、多くの事業部門が存在する大規模な会社において、各事業部門を発展させ社内で独立した会社のように位置づけ（社内分社）、独立採算性で運営していく形態であり、事業部門の独立性を強め、事業運営に関する権限を委譲し、専業化することにより迅速な事業運営を可能とする。

社内カンパニー制は子会社（別法人）に類似するが、子会社と異なり法律上の制度ではない。当該会社（本社）と社内カンパニーとは親子会社関係にないから（企業内で独立した事業部門）、グループ内部統制システムの対象子会社とはならない。

(2) 社内カンパニーに対する経営監視

社内カンパニー制の下では、各カンパニーが総務、経理、人事権を有し、そのトップはカンパニーの経営権を有し、本社からの独立性が相当な程度で認められる。反面、企業内で事業部門ごとの縦割りの経営が行われることから、カンパニー間で競争を生み、カンパニーの利益を会社全体の利益よりも優先させる現象を生みかねない。

経営指針や決算書などは各社内カンパニーが作成して本社に報告し、最終的には本社で統一するが、本社は管理がしにくい。カンパニーに対しては、ガバナンスや内部統制が機能しにくくなり、不正や不適切会計が行われる余地が生じる。本社がどこまで把握できるかが重要である。

そこで、社内カンパニーを子会社に準ずるものとしてグループ内部統システムに加えることが業務の適正を確保するために必要であるといえる。グループ内部統制システムに関する規定（会社362条4項6号後段）は、社内カンパニーをシステムに加えることを認めない趣旨とは解されない。

事業部門ごとのセグメント情報の開示が要求されていることから、企業が複数の事業部門を有し多角化している場合、企業を構成する一定の単位である各事業部門別に分類して作成された経営成績（会計情報）をセグメント情報（報告セグメント）として、有価証券報告書において、連結財務諸表とあわせて開示される。セグメント情報には、事業部門ごとの売上高、利益または損失、資産、負債その他の項目の金額およびこれらの算定方法を注記しなければならな

い（連結財務諸表規則15条の2第1項2号）。

　これは、各事業部門の経営成績（会計情報）を有価証券報告書に記載することで連結子会社に準じて開示し、事業部門の会計情報の適正を確保するものであるが、社内カンパニー（事業部門）をグループ内部統制システムに加えることで、事業報告に各カンパニーの会計情報を記載することにより社内カンパニーの業務の適正を確保することができる。

　社内カンパニー制を採用した東芝では複数のカンパニーによる不適切会計がなされていたことから、このような事態を防止するためにも、社内カンパニーをグループ内部統制システムに含めるべきである。[7]

5　親会社の構築するグループ内部統制システム

　親会社の構築するグループ内部統制システムは、グループ内部統制システムの中核的なものである。企業グループを構成する各社が連携してグループにおける業務の適正の確保と経営の効率化のために、基本的事項を統一しグループ全体に通じるシステムを構築するのである。これを監視することにより、グループ全体のコンプライアンス体制を整備することを目的とする。

　それは、グループ全体の業務の有効性と効率性を確保するとともに、子会社の業務執行を適切に管理し、適正なグループ経営の管理を実現し、グループ全体の利益を図るものであるが、子会社の独立性と自主性を害してはならないばかりか、親子会社取引、グループ内取引による当該子会社の利益を害さないための方策が必要である。そのため、子会社管理規程、グループ経営管理契約等によりできるだけ明確に基準を設定しておく必要がある。

　親会社の構築するグループ内部統制システムは、グループ全体を通じたシステムであることから、会社管理規程等を整備し、親会社による子会社の適正な管理、親会社と子会社の役割分担などを定め、さらに子会社の業務の規模や特性に応じ、子会社を適正に管理するための体制を構築する。また、子会社の業務の適正の確保という観点から、子会社におけるコンプライアンス違反を防止

---

[7]　本社のトップ＝社長の関与と企業ぐるみの不適切会計であり、内部統制システムが機能していなかったという特殊事情もある。

するために、コンプライアンス体制とリスク管理体制の構築を中心にシステムの整備を行うことになる。親会社が子会社に対して不当な行為を指示することの防止、利益相反行為等により子会社の利益を害することがないようにするための措置なども含まれる。

　具体的には、①子会社における業務の適正の確保のための議決権行使の方針、②子会社との情報交換、人事交流をはじめとする子会社との連携・協力体制の確立、③子会社を統括する部署の設置など子会社の監視体制の確立およびそれに関する子会社管理規程等の制定、子会社に対する架空取引の指示など、子会社に対する不当な取引要求等を防止するための体制の確立などがあげられる。[8]

　リスク管理体制やコンプライアンス体制の整備との関係で、親会社の構築するグループ内部統制システムにより、子会社の行う意思決定や経営判断についてどこまで規制しうるか、反対に、どの程度の規制をすれば、子会社の行う意思決定や経営判断について、親会社取締役が監視義務違反の責任を問われないかという問題がある。

　企業集団の経営として、子会社の経営陣の自由に任せるというわけにはいかないが、子会社の独立性と独自性を無視するわけにはいかない。そこで、一般的には、「決定基準規程」等を定め、子会社の行う重要な意思決定に際しては、親会社の関連部門との協議、重要事項の報告などを義務づけるとともに、一定金額を超える財産処分行為等については、事前に親会社の取締役会や代表取締役の承認を必要とすることが必要である。

　一定金額を超える財産処分行為等について規制をすることは、子会社取締役の無謀な取引行為を防止することができるし、親会社取締役に監視義務違反の責任が生じることもないであろう。もっとも、グループ内部統制システムの定める規制に違反したことにより子会社取締役が行った行為が無効となるわけではない。

---

[8]　江頭憲治郎＝門口正人編集代表『会社法大系(3)機関・計算等』168頁〔小舘浩樹〕、鈴木克昌ほか『会社法・金商法下の内部統制と開示』34〜35頁。

6　子会社の構築するグループ内部統制システム

　グループを構成する子会社は、親会社との関係で業務の適正を確保するために、独自のグループ内部統制システムを整備し構築する必要がある。システムを構築しなければならない子会社は、会社法上の大会社（会社2条6号）等であるが、大会社等でない子会社についても、任意にグループ内部統制システムを構築することが望ましい。親会社の取締役会が企業グループ全体としての内部統制システムの整備・構築を決定することから、子会社の構築する内部統制システムは、親会社との連携を中心とする内容となる。企業集団としての統一性を維持するために、親会社の構築する内部統制システムとの整合性を確保する必要があるから、親会社の整備・構築したシステムに依拠することになる。

　子会社の構築すべき内部統制システムは、親会社との連携を中心とするものであるが、子会社の独自性を維持するものでなければならない。そのために、独自の利益を確保するための体制の整備、親会社からの独立性、不当な指示や要求に対する対処姿勢、利益相反行為による不利益回避の方策などを内容とする必要がある。

　すなわち子会社において構築すべき体制は、①親会社との連携体制の確立、②親会社からの不当な圧力による取引の強要や不当な指示に対する予防と対処方法の確立、③親会社の役員等を兼務する役員等の当該子会社に関する忠実義務の確保に関する事項の決定、④親会社の計算書類または連結計算書類の粉飾に利用されるリスクに対する対応等の決定などとなる。[9]

　各子会社は親会社が策定した内部統制システムを基礎にして、個別の内部統制システムを構築することから、親会社が策定したシステムと相反するもしくは矛盾するシステムを策定することはできない。そこで、子会社の取締役の内部統制システム構築・運用義務違反が問題になる場合は、その基礎となった親会社のグループ内部統制システムが適切なものであったか否かも検討する必要がある。[10]

9　江頭＝門口・前掲書（注8）168頁〔小舘浩樹〕、鈴木ほか・前掲書（注8）35頁。
10　山本憲光「多重代表訴訟に関する実務上の留意点」商事1980号36頁。

子会社取締役は、親会社が定めたグループ内部統制システム、これに基づく親会社取締役の指示について、法令・定款違反または明らかに子会社の利益に反すると認められる特段の場合でなければ、これに従わなければならない。

しかし、子会社の取締役は、親会社の構築するグループ内部統制システムを信頼するとしても、自社の事情にあわせたグループ内部統制システムを構築することが必要であり、漫然と親会社の策定したグループ内部統制システムに従えばよいというものではない。難しいのは当該子会社の利益に反するが、グループ全体の利益に沿う場合である。

子会社取締役が、親会社が策定した内部統制システムを検討した結果、特に問題点や疑問点がなかったことから、これに依拠してシステムを構築した場合、構築したシステムが不十分であったことにより子会社に損害が生じた場合でも、特段の事情がない限り、信頼の原則により、子会社取締役はグループ内部統制システムの構築義務違反の責任を負わない。しかし、この場合、親会社取締役は、親会社が構築したグループ内部統制システムについて、構築義務違反の責任を免れない場合がある。

IV グループ内部統制システム構築義務違反の責任

1 グループ内部統制システムの構築義務違反と取締役

子会社取締役の任務懈怠行為に起因して親会社に損害が生じた場合、親会社取締役の親会社に対するグループ内部統制システムの構築義務等違反による善管注意義務違反の損害賠償責任を負う場合がある。善管注意義務違反が認定された場合は、株主代表訴訟で責任を追及されることになる。

どのようなシステムを構築するかは、親会社が企業集団を構成する子会社の特性に応じて決めるものであるが、企業規模や業種など個別企業の特性に応じて多様であるから、取締役に広く裁量権が認められる。そこで、グループ内部統制システムの構築義務違反の責任は、システムが取締役の裁量権の範囲を逸脱したものである場合に問題となる。

取締役会で、グループ内部統制システムの構築（整備）について決議しなければ、取締役は法令違反の責任を負うことになるが、実際にはあまり考えられ

ない。決議内容が不十分であったとして責任が問われることも考えられるが、現実的には、構築義務違反と運用義務違反の責任として問題にされることになる。

　代表取締役または業務執行取締役は、取締役会で決議したところに従い、グループ内部統制システムを構築し、運用する義務を負うから、システムの構築または運用を怠ったこと、構築したシステムに不備があることが責任原因となる。この場合、システムの構築または運用義務違反の過失がないことは、被告代表取締役等が主張・立証することになる。

　他の取締役は、代表取締役または業務執行取締役が、グループ内部統制システムを有効に構築しているか、また、システムが有効に機能しているかについて監視義務を負う。この監視義務がグループ内部統制システムに基づく親会社取締役の義務であり、それに違反した場合に責任が生ずる。

　従来型の取締役の個別監視義務とは、親会社取締役の子会社に対する直接の監視義務をいうが、グループ内部統制システムによる監視義務は、子会社に対する直接の監視義務を問題とするのではなく、代表取締役または業務執行取締役が構築し、運用しているグループ内部統制システムを監視義務の対象とする。そして、システムについて監視義務の違反がなければ、子会社取締役の任務懈怠行為について、親会社取締役は監視義務違反の責任を負わないことになる。この場合も、監視義務違反（過失）がないことについては、被告取締役等が主張・立証することになる。

　もとより、グループ内部統制システムの構築と運用に対する監視義務違反の責任は、抽象的に問題にされるのではない。子会社取締役の任務懈怠行為により、子会社そして親会社に損害が生じた場合に、子会社取締役の任務懈怠行為が、グループ内部統制システムの構築と運用義務違反、それに対する監視義務違反によるものであり、親会社に対する任務懈怠責任にあたるものとして問題にされるのである。

2　グループ内部統制システムの構築義務違反が問題にされた事例

　親会社取締役の子会社に対する責任追及は、グループ内部統制システムの構築または運用義務違反、それに対する監視義務違反の責任として行われる。そ

の例として、親会社（持株会社）の取締役が、グループ内部統制システム構築義務違反と子会社に対する監視義務違反を理由に、代表訴訟により責任を追及されたみずほフィナンシャルグループ（以下、「みずほFG」という）の株主代表訴訟事件がある。[11]

(1) **事案の概要**

事実関係の概要は以下のとおりである。

みずほ銀行は、提携先の信販会社オリエントコーポレーション（以下、「オリコ」という）を通じて提携ローンによる融資をしていたが、融資に際し自ら審査を行わず、オリコが反社会的勢力等の該当性を含め審査し、それに基づき融資を実行するという運用がなされていた。

政府は、平成19年6月、暴力団等の反社会的勢力との取引を含めた一切の関係を遮断し、反社会的勢力との関係をもたないのはもとより、知らずに関係が生じた場合には、速やかに関係を解消することを促すことを内容とする政府指針（反社会的勢力排除指針）を定めた。銀行は政府指針に従うのは当然であり、全国銀行協会は、指針の趣旨を踏まえ、反社会的勢力とは断固として対決することを申し合わせるとともに、反社会的勢力との関係遮断ができるよう、融資取引の契約等に盛り込むべき、暴力団排除条項の参考例を取りまとめ、会員銀行にその導入を要請している。

金融庁の監督指針も、平成20年3月の金融機関等に対する監督指針の一部改正（最終改正平成25年8月）により、主要行向けの総合的な監督指針の策定上の重点項目として、反社会的勢力との関係を遮断するための態勢整備の検証をあげ、反社会的勢力とは一切の関係をもたず、反社会的勢力とは知らず関係を有してしまった場合には、相手方が反社会的勢力と判明した時点で、可能な限り速やかに関係を解消できるよう、反社会的勢力が取引先となることを防止することに留意した取組みをしているか否かを評価項目としている。

みずほ銀行は、平成22年12月、当時の頭取の指示に基づく内部調査で、融資先顧客に反社会的勢力（暴力団員）が含まれていることが判明した（融資件数230件、融資金額約2億円余り）。この事実は経営陣に報告され、それ以後も、合

11　本事件は、係属中である。

計8回にわたり経営陣に対し報告されていたとされている。そこで、元頭取だけでなく、前頭取や現頭取もそれを知りまたは知り得る立場にあった。

　しかし、平成24年12月からの金融庁の検査で指摘されるまでの2年以上の間、みずほ銀行は、取締役会の配布資料にこの件が記載されていたにもかかわらず、解消に向けた議論をせずに放置していた。そして、金融庁の検査の際に、報告が担当常務にとどまっており、経営陣まで事実が報告されていないとの事実に反する説明をした。それにより、金融庁の行政処分を受けることになった（業務改善命令2回、一部業務停止命令1回）。

　みずほFG（親会社・持株会社）の取締役には、みずほ銀行の取締役との兼任者が存在していたが、みずほFGの取締役会でも、本件反社会的勢力に対する融資について質問がなされていた。しかし、取締役会でこれを検討せず、代表取締役等もみずほ銀行に対し取引解消を求めるなど別段の指示をしなかった。これらにより、みずほFGも親会社として業務改善命令を受けた。

(2)　みずほFG取締役に対する責任追及の株主代表訴訟

　みずほFGの株主が、平成26年3月28日、社長や歴代の役員14名に対し、総額約16億7000万円の損害賠償の支払いを求める代表訴訟を提起した。親会社であるみずほFGの取締役の、みずほ銀行に対する監視義務違反、グループ内部統制システム構築義務違反の責任を追及したのである。

　請求原因は、①被告らは、みずほFGの子会社である「みずほ銀行」が同行系列の信販との提携ローンにより、暴力団員ら反社会的勢力に対し融資していた事実を把握していたのに、適切な対応をすることなく放置したが、それは、取締役の善管注意義務違反である、②被告らの業務執行の主たる内容は、子会社の経営管理と監視義務であり、善管注意義務の内容として、傘下の「みずほ銀行」において違法行為が行われないように監視し、グループ全体の信用と企業価値を損なわないようにする義務が含まれている、③被告らは、反社会的勢力との取引を速やかに発見、防止する経営管理体制および法令遵守体制を構築する義務を負い、反社会的勢力との取引を発見した場合に、これを速やかに解消する経営管理体制、内部管理体制および法令遵守体制を構築する義務を負っていたにもかかわらず、被告らはそれらの義務を果たしていない、みずほ銀行の不祥事は、被告らの監視義務違反に原因がある、④被告らのこれらの義務違

反により、みずほFGは、みずほ銀行の業務停止による損害、信用毀損、虚偽報告による新たな対応費用等の損害を被ったことから、会社法847条3項により、前記損害賠償金の支払いを求めるというものである。[12]

(3) 問題点とその検討

　㋐　責任の所在

　みずほ銀行は、オリコとの提携ローンによる融資に際して、自ら調査しなかったことの過失があるという問題があるが、本件で問題にされたのは、内部調査で融資先顧客に反社会的勢力（暴力団員）が含まれていることが判明した後も、2年以上にわたり放置したという取締役の任務懈怠を問題にしている。そして、それに対するみずほFG取締役の、監視義務違反、グループ内部統制システム構築義務違反の責任として追及したものである。

　本件不祥事（解消に向けた適切な措置をとることを怠った）は、みずほ銀行で発生したものであるから、元来、みずほ銀行の取締役の責任を追及すべきである。しかし、原告はみずほ銀行の株主でないからそれができない。そこで、親会社であるみずほFGの取締役の、監視義務違反、グループ内部統制システム構築義務違反の責任を追及したのである。

　なお、本件不祥事が改正会社法の施行後（平成27年5月以降）に発生したものであれば、多重代表訴訟により、みずほ銀行の取締役の責任を追及することが可能となるが、提訴権を有するのは少数株主権（みずほFG総議決権の1％以上を有している株主）であることから、おそらく、原告はこの要件を満たすことはできず、多重代表訴訟によることはできないであろう。

　㋑　みずほ銀行取締役の責任

　政府指針（反社会的勢力排除指針）に従うことは取締役の義務であるから、融資先顧客に反社会的勢力が含まれていることが判明したのにもかかわらず、取引解消に向けた努力をしないことは、それを知りまたは知り得た取締役についてコンプライアンス違反となる。代表取締役については、コンプライアンス違反とグループ内部統制システムの構築義務違反の責任が生じ、他の取締役については監視義務違反の責任が問題になる。

---

[12] 商事2030号75頁「ニュース」参照。

㈦　みずほ FG の取締役の責任

　親会社であるみずほ FG の取締役については、グループ内部統制システムの構築義務違反の責任と監視義務違反の責任が問題になる。それは、みずほ銀行の取締役が、反社会的勢力との関係解消に向けた議論をせずに放置したとして行政処分を受けたが、かかることにならないように措置すべき義務に違反した責任である。

　グループ内部統制システムの構築義務違反の責任は、子会社において反社会的勢力との取引が存在することを発見した場合に、これを速やかに解消する内部管理体制を構築すべきであったのに、これを怠ったという責任である。

　監視義務違反の責任については、個別監視義務としても、みずほ FG は純粋持株会社であるから、その取締役の職務は傘下の子会社であるみずほ銀行に対する管理である。そこで、みずほ銀行に対する監視義務を有するものといえる。

　グループ内部統制システムに関する監視義務は、みずほ FG の取締役は代表取締役がシステムを構築して運用しているかについての監視義務であるが、みずほ FG の取締役が反社会的勢力との関係解消に向けて何らの措置をとらなかったのは、システムの構築と運用、それについての監視義務違反となるかが争点となる。

　みずほ FG の取締役については、本件問題融資を知り、または知ることができた取締役については、責任が認められる可能性があり、特に兼任取締役については責任ありとされる可能性が高い。なお、親会社取締役の子会社に対する監視機能という観点では、取締役を兼任することは好ましくない。

　みずほ FG の取締役の監視義務違反の責任を問題にする場合、みずほ FG に生じた損害をどうみるかという問題がある。みずほ銀行は、オリコから融資金の全額については代位弁済を受けているので回収不能の損害はない。そこで、みずほ銀行に生じた損害、それにより、みずほ FG に生じた損害をどうみるかが問題となる。みずほ銀行の業務停止による損害、信用毀損、虚偽報告による新たな対応費用等の損害を、そのままみずほ FG に生じた損害とみることは難しい。みずほ FG が業務改善命令を受けたことによる信用低下は損害となるが、これらの損害額を特定して立証することは容易ではない。そこで、損害額については、裁判所による損害額の認定（民訴248条）によらざるを得ないであろう。

V 企業不祥事発生後の措置

1 不祥事の発生後に取締役のとるべき是正措置

　グループ内部統制システムの中心となるのは、取締役および使用人が違法ないし不適正な行為をしないようにする体制（コンプライアンス体制）を構築し（会施規98条1項5号ニ、100条1項5号ニ）、企業不祥事の発生を防止することである。さらに、企業不祥事が発生した場合、どのように対処し、損害の発生や企業が失う社会的評価や信頼を最小限にとどめるための体制の整備も含まれる。

　取締役は、会社または子会社の業務執行について、違法行為がなされないように監視監督義務を負い、違法行為が行われていることを知った場合は、速やかに是正措置を講ずる義務がある。そこで、取締役にグループ内部統制システムの構築と運用についての監視義務の違反がなかった場合でも、それを知った後に是正措置を講じなかった場合には、監視義務違反の責任（是正措置を講ずることも監視義務に含まれる）となる。監査役についても、内部統制システムの構築と運用についての監視義務違反の責任が生ずる。

　違法行為の継続中に取締役に就任した者も、それを中止させるなど是正措置を講ずる義務があり、それを知りながら放置した場合は監視義務違反の責任を免れない。また、違法行為がなされた後に取締役に就任した場合であっても、やはり是正措置を講じる義務があるから、それを怠れば任務懈怠の責任を免れない。

2 取締役会等による是正措置

(1) 代表取締役等への報告・通知、取締役会の招集

　グループ内部統制システムに基づき他の取締役（内部統制システム担当以外の業務執行取締役・非業務執行取締役・社外取締役）は、システムの構築と運用について監視義務を負うが、子会社の業務執行について、違法行為または不適当な行為がなされていることを知り、あるいはその疑いがあるとの情報に接した場合、親会社の取締役として子会社に対し監督是正のための措置を講じなければならない。

講じるべき措置は、単一の会社の場合と同様に考えるべきである。当該取締役は代表取締役等に報告するとともに情報を提供し、必要に応じ他の取締役に通知することも必要である。それにより目的を達成し得ない場合は、取締役会を招集し、または招集することを求め、取締役会において報告し、子会社に対し具体的な是正措置を講ずることを提案することである。さらに、監査役に通知することも必要であろう。ここまでの対応があれば任務懈怠の責任は生じないであろう。監査役については、代表取締役等に報告し、あるいは取締役会で報告するということになろう。

(2) 子会社代表取締役等への指示、解職・解任

報告を受けた代表取締役または取締役会は迅速な調査を行い、子会社において違法または不当な業務執行が行われていると認めるときは、その代表取締役または業務執行取締役に対し、当該業務執行を中止することを指示すべきである。子会社の代表取締役等が指示に従わない場合は、子会社の取締役会に対し代表取締役等を解職すること（会社362条2項3号）を指示するべきである。

これら指示は、グループ内部統制システムに基づく子会社管理権に基づき可能であると解される。子会社の取締役会による代表取締役等の解職ができない場合は、親会社は株主として、子会社の株主総会の招集手続を経て、当該取締役を解任することになる。

(3) 取締役の違法行為差止請求権

子会社代表取締役等の解職または解任の手続をとっていたのでは、違法または不当な業務執行が行われ、子会社に回復困難な損害が生じ、それにより親会社にも重大な損害が生じるおそれがあることが懸念される。そこで、取締役が違法行為（法令の範囲は、具体的な法令違反だけでなく、善管注意義務違反も含まれる）を行い、またはそのおそれのある場合には、株主と監査役に認められている取締役の違法行為の差止請求権によることになる（会社360条1項、385条1項）。さらに緊急性が認められる場合には、差止仮処分の方法によることになろう（民保23条2項）。

取締役が法令違反等行為をし、またはそのおそれがあり、それによって会社に著しい損害が生ずるおそれのある場合は、監査役は取締役の法令違反等行為を差し止めることができる（会社385条1項）。しかし、監査役が差止請求権を

行使するとは限らないので、株主にも差止請求権を認めている（同法360条1項）。法令違反の法令の範囲には、具体的な法令だけでなく、忠実義務（同法355条）、善管注意義務（同法330条、民644条）の違反も含まれる。

　子会社の取締役が、法令等に違反する行為をし、またはそのおそれがあり、それによって子会社に著しい損害が生ずるおそれのある場合は、親会社は株主として子会社の取締役の法令違反等行為を差し止めることができる。差止請求権の行使は代表取締役が親会社を代表して行う。

　差止請求権を行使しうるのは株主（親会社）であり、個々の取締役は株主ではないから差止請求権を行使し得ないことになる。そこで、会社（代表取締役）が差止請求権を行使しない場合、どのように対応すべきかが問題となる。

　差止請求権の行使は、会社の業務執行に含まれると解されるから取締役会の決議に基づいてなされる（会社362条2項1号）。ところで、取締役の他の取締役の職務の執行に対する監視義務についてもその根拠は必ずしも明らかではない。取締役会が監督権限（監視義務）を有することから、取締役会の構成員である取締役は監視義務を負うとして、取締役の監視義務を取締役会の監視権限（監視義務）から導き出している。

　そうすれば、差止請求権についても、その権限は取締役会に属するから（取締役会で決議し、代表取締役が差止請求権を行使する）、取締役会の構成員である取締役は、差止請求権を有するとの考え方は十分に成り立ちうる。

　差止請求権は監督是正権の1つであるから、取締役会に差止請求権が認められるのであれば、構成員である個々の取締役にも違法行為の差止請求権を認めることは可能であると解される。単一の会社においても、個々の取締役に差止請求権を認めないとの見解が予想されるが、解釈論としてそれを認めるべきであり、それを親会社が株主として差止請求権を行使する場合にも及ぼすべきであろう。

(4) 小　括

　以上のように、グループ内部統制システムに基づき取締役は、子会社の違法行為を是正しうるのであるが、現実論として、平取締役が取締役会を通じてかかる是正措置を講ずることは容易ではない。特に、子会社の違法行為が親会社の代表取締役等の指示によりなされている場合は、親会社取締役による適切な

措置を講ずることが期待できない場合が想定される。もとより、このような場合でも、適切な措置を講じなかった取締役に善管注意義務違反の責任が生ずることはある。

3 違法行為後に適切な是正措置を講じなかった取締役の責任事例

子会社において違法行為が行われた場合に、親会社取締役が是正措置を講じなかったことを問題にした事例はみあたらないが、単一の会社における是正措置を講じなかったことから、取締役の責任が問題になった事例として下記がある。この事例は、子会社に対する是正措置を講じなかった親会社取締役の責任についても、基本的には同様に考えることができる。

(1) 大和銀行株主代表訴訟の第1審判決

頭取、副頭取らが、社員の米国財務省証券に関する不正取引を知りながら、アメリカ当局に対して必要な届出と適正な報告をしなかった取締役への監視義務に違反したとして善管注意義務に違反するものとされ、他の取締役らも、不正取引を知った後、アメリカ当局に対する届出を行うよう代表取締役に働きかけるべきであったにもかかわらず、それを怠ったことは取締役の善管注意義務に違反するとして株主代表訴訟が提起された（大阪地判平成12・9・20判時1721号3頁）。

(2) ダスキンの肉まん事件

使用が認められていない添加物が混入した肉まんが販売されている事実を知った担当取締役が口止め料を支払うなどの隠ぺい工作をしたことについて、リスク管理体制の構築義務違反の責任を認めなかったものの、添加物混入を知った専務取締役が、その事実を代表取締役社長や取締役会に報告しなかったのは善管注意義務違反であるとして専務取締役の責任を認めた（大阪地判平成16・12・22金判1214号26頁）。

控訴審判決は、添加物混入の事実を知った後の措置として、経営者には、すでに行われた重大な違法行為による会社の信頼喪失の損害を、最小限にとどめる方策を積極的に検討することが求められるが、本件では、取締役らはそのための方策を取締役会で明示的に議論することなく、積極的に公表しないという曖昧な成り行き任せの方針を黙示的に承認したものであり、とうてい、経営判

断というに値しないとした。また、担当取締役の隠ぺい工作を知った代表取締役は、マスコミが動くまで公表しないという隠ぺいを行い、その後、保健所の立入り後に急遽公表を迫られ、それが最悪の事態を招く結果につながった。他の取締役らも、事実を知った時期および地位などに照らし、その割合を異にするとはいえ、いずれもその善管注意義務違反により損害が拡大したことに責任を負うべきであるとして、販売時に違法の事実を知らなかった代表取締役および他の取締役の責任を認めた（大阪高判平成18・6・9判タ1214号115頁）。

　本件は、担当取締役が口止め料を支払うなどの隠ぺい工作をしたことについては、リスク管理体制（内部統制システム）の構築義務違反を認めなかったが、添加物混入を知った後の措置を誤ったとして、善管注意義務違反の責任が認められた事案である。

第4章 親会社取締役の監視義務違反の責任

I 親会社取締役の子会社に対する監視義務

1 取締役の監視義務の概要

　子会社取締役の任務懈怠により子会社に損害が生じた場合、親会社に損害が生ずることになり（一般に、保有する子会社株式の価値の低下による損害）、親会社株主にも損害が生ずることになる。この場合、親会社取締役の親会社に対する善管注意義務違反（監視義務違反）の責任が生ずる（子会社取締役の子会社に対する責任も生ずるが、これに対しては、親会社株主が多重代表訴訟により子会社取締役の責任を追及することになる）。

　親会社取締役が子会社取締役に対し、違法または不当な行為をすることを指示した場合は、親会社取締役の親会社に対する善管注意義務違反の責任となる（たとえば、最判平成5・9・9民集47巻7号4814頁〔三井鉱山事件〕）。この場合、親会社取締役の子会社に対する不法行為責任（民709条）、親会社の子会社に対する損害賠償責任（会社350条）が生ずる。

　しかし、親会社取締役の責任（親会社に対する責任）が問題となる多くは、親会社取締役が積極的に関与していない場合であり、監視・監督義務（以下、「監視義務」という）違反という不作為（違法な行為をさせないという義務の違反）の責任である。監視義務は、単一の会社における取締役の他の取締役（代表取締役）に対する監視義務だけでなく、子会社取締役に対する監視義務についても考えられる。

　取締役の監視義務（監査役も監視義務を負う）とは、他の取締役（代表取締役・業務執行取締役、指名委員会等設置会社については執行役）による業務執行が適法かつ妥当に行われることを確保するために、業務執行を監視し違法または

不当なものと認めるときは是正するための措置を講ずることである。それは、会社の業務状況を把握する義務（調査義務）と、業務執行が違法または不当と認められる場合にこれを是正するための措置をとる義務（是正義務）からなる。[1]

これは、単一の会社における取締役の監視義務と、親会社取締役の子会社取締役に対する監視義務に共通する。内部統制システムとグループ内部統制システムの構築と運用に対する監視義務についても同様である。そして、これらを怠れば親会社に対する任務懈怠の責任が生ずる。

2 親会社取締役に監視権を認める必要性

親会社取締役の子会社に対する監視権（管理権）は、グループ経営を円滑に行うための必要性、親会社に損害が生ずることの防止のために必要であるが、親子会社のガバナンスの観点からも重要な意味をもつ。親会社取締役の子会社に対する監視義務は、善管注意義務の内容となるから、それを怠れば任務懈怠の責任が生ずる。

近時、親子会社関係の形成により親会社株主の権利が縮減したことから、親会社取締役の監視義務とその違反の責任は、親会社株主保護の観点から重要な課題となり、会社法改正論議においても重要な検討課題となった。

親会社がグループ経営を円滑に行うためには、親会社取締役に子会社取締役に対する管理権と監督権を認めることが必要である。親会社取締役は、グループ企業全体のための統一的な経営計画を立て、子会社に指示を与え、経営活動を監督し、子会社はそれに従わなければ、親子会社による効率的な会社経営は成り立たない。

会社法には、親会社取締役の子会社取締役の業務執行に対する監視義務に関する規定はなく、したがって、法律上の監視義務とは認められないが、企業社会の慣行として親会社取締役の監視義務が認められている。監視義務自体を否定する見解はないと思われる。子会社取締役は親会社が示した基本方針に基づき、親会社取締役の指示に従い業務を執行しているが、特に重要な業務上の決定事項について親会社の承認を受けることが要求される。

---

1 神崎克郎『取締役制度論』109～110頁。

親会社は子会社を管理し監督していることから、親会社取締役は子会社取締役を監督し、監視する義務が生ずる。これを認めなければグループ経営は成り立たない。しかし、法律上の監視義務ではない。会社法には子会社取締役に対する監視義務の規定はないから、監視義務違反の責任を追及することは困難である。

　会社法上、子会社の株主にすぎない親会社の取締役に、子会社取締役の業務執行を監視する義務を認めることはできないことから、監視義務違反の責任を問題にすることはできない[2]。しかし、監視義務違反の責任が認められないとすれば、親会社株主の保護に障害が生ずる。そこで、親会社取締役の監視義務を解釈論により、法的レベルでの監視義務に引き上げるための工夫が可能であるか否か検討する必要がある。

　親会社取締役の子会社に対する監視義務は、親会社株主の保護との関係で重要な意味をもつ。企業活動が子会社や企業グループにより展開される場合、子会社の経営は親会社株主にも重大な影響を及ぼすからである。すなわち子会社取締役の任務懈怠行為により子会社に損害が生じれば、親会社の保有する子会社株式の価値が低下することにより損害が生ずることになる。そして、結果として親会社株主の損害となる。

　しかし、親会社株主の保護を図るためには多重代表訴訟を別にすれば、親会社取締役の監視義務違反の責任を追及するしかない。しかし、親会社取締役の子会社に対する監視義務違反の責任を追及するには、会社法には監視義務を定める規定がない。

3　親会社取締役の監視義務を認める解釈論

(1)　親会社取締役の監視義務と会社法

　グループ経営のためには、親会社取締役が子会社を管理し子会社取締役を監視する必要があり、そのために子会社取締役に対する監視義務（監督権）を認める（子会社独自の経営権を侵害しない範囲で）必要があることについて異論はないであろう。しかし、会社法に親会社取締役の子会社取締役に対する監視義

2　江頭憲治郎『企業結合法の立法と解釈』197頁。

務に関する規定がないことから法的根拠が明らかでなく、監視義務違反の責任を認めることは難しい。

親会社と子会社は経済的実体が同じであっても、法律的には別法人であるから、親会社は子会社の株主総会における議決権行使を通じてしか子会社の経営に関与できない。したがって、親会社取締役の監視義務を法律上認めることは困難である。

ただ、純粋持株会社（親会社）は自ら事業を行わず、傘下の子会社（事業子会社）の管理を目的とすることから、親会社取締役の職務は子会社の管理である。そこで、子会社の管理権から親会社取締役による子会社取締役の業務執行に対する監視義務を導き出すことは可能であろう。これに対し、多くの親会社は親会社自体が事業を行っている事業持株会社であるが、取締役は親会社の業務執行を行い、子会社の管理を職務としないから、子会社に対する監視義務を負っているとまではいえない。

親会社取締役の子会社に対する監視義務違反を問題にした事例は少ない。公表されているものでは、親会社と子会社は別個独立の法人であって、子会社（孫会社）について法人格否認の法理を適用すべき場合以外は、監督義務違反の責任を負わないとして監督義務を否定した判決がある（東京地判平成13・1・25判時1760号144頁〔野村証券事件〕）。

この判決は形式的すぎるともいえるが、監視義務（監督義務）に関する規定がないことから、別会社である親会社取締役の監視義務違反の責任を認めることは困難である。もっとも、今後、グループ内部統制システムの構築に対する監視義務違反としての責任追及が増加することが予測される。

(2) 親会社取締役の監視義務を認めるための解釈論

親会社（事業持株会社）取締役の子会社取締役に対する監視義務を、解釈論により根拠づけることができるか、また、その範囲が問題となる。法的レベルの監視義務を認めるための工夫として、次のような理由づけがなされている。

(ア) 法人格否認の法理の適用

まず、法人格否認の法理により親会社と子会社が実質的に同一と認められることから、親会社取締役は子会社取締役の業務執行を監視する義務を負うとの考え方がある。前掲野村証券事件（前掲東京地判平成13・1・25）は、「子会社

について法人格否認の法理を適用すべき場合」のほかは、としているが、これは、法人格否認の法理が適用される場合は、親会社取締役は監督義務を負うことを示唆しているとも解される。

　しかし、元来、法人格否認の法理は相手方（第三者）保護のために用いられる取引上の行為に関する法理であるから、これを親会社取締役の子会社取締役に対する監視義務の根拠として用いることができるのか疑問であるばかりか、可能であるとしても法人格が形骸化している場合に限られるであろう。いずれにしても、法人格否認の法理の適用が可能なのは、小規模な親子会社であり、しかも適用される親子会社関係は限定的であるから、これにより、一般的に親会社取締役の子会社取締役に対する監視義務を理由づけることはできない。

　(イ)　事実上の取締役理論

　次に、親会社取締役を子会社の事実上の取締役とする考え方である。この点、親会社の代表取締役が子会社の監査役を兼任している場合に、子会社の業務執行に関与していなくても、事実上の取締役であり監視義務の違反があるとして第三者に対して責任を認めた事例がある（京都地判平成4・2・5判時1436号115頁）。

　これは、子会社の業務執行に関与していないが、子会社の経営を支配するなど影響力が大きい場合に、特に第三者保護の観点から子会社の業務執行に関与していない者の監視義務違反の責任を認めるべく、事実上の取締役理論を用いることで理由づけをしたものと考えられる。しかし、これをもって、親会社取締役の子会社取締役に対する監視義務を理由づけることはできないであろう。少なくとも、子会社の業務執行に関与していることが要求されるべきである。

　事実上の取締役理論が通用するのは、小規模な親会社と子会社間において、親会社取締役が子会社を実質的に支配し、子会社の業務執行に関与している場合であり、大規模会社においてはほとんど考えられない。

　しかも、事実上の取締役理論を用いることができるのは、子会社やその債権者が親会社取締役の責任を追及する場合であり、親会社株主が当該取締役を子会社の事実上の取締役であるとして、親会社取締役の子会社取締役に対する監視義務違反の責任を追及するのにこの理論を用いることには無理がある。

(ウ)　取締役の会社財産価値の維持・向上義務の活用

　第3に、取締役は、会社の財産を管理してその価値を維持・向上させる義務を負っていることから、保有子会社株式の財産価値を維持・向上させる義務を負うことになる。すなわち子会社に損害が生じることにより、親会社が保有する子会社株式の価値の低下を防止する義務を負っているとする。そのため、子会社取締役の業務を監視・監督し違法行為がなされないように監視する義務があるとして、親会社取締役の子会社取締役に対する監視義務を理由づける考え方である。

　この考え方は、親会社が保有する子会社株式の財産価値を低下させないことが、親会社取締役の義務であることから、子会社取締役の業務を監視すべきであるとして、親会社取締役の監視義務を導き出そうとするものである。

　しかし、管理すべきは会社財産（子会社株式）であり子会社の業務ではない。親会社財産の管理義務という親会社に対する義務をもって、子会社取締役に対する監視義務の根拠づけができるのか、また、それにより子会社取締役に効力を及ぼす監視権限（監視義務）を法律上認め得ることができるのか判然としない。そこで、なお一層の検討が必要であろう。

　(エ)　小　括

　上記(ア)～(ウ)は、親会社取締役の監視義務を法律上の監視義務とするための解釈論的努力であり、実質的な理由づけである。そこで、これに成功したとしても、会社法上の監視義務とするためには、会社法の取締役の職務の執行の監督（会社362条2項2号）にある「取締役」に子会社の取締役を含めることが必要になるがそれは難しいであろう。

　このように、親会社取締役は子会社に対する管理権を有し監視義務を負っていると解されるが、それは子会社の株主総会において取締役の選任権と解任権を通じて間接的に監視・監督しうるにすぎず、法律上の監視義務ではないから、監視義務違反の責任を問うことは難しく、実務の実態と法律論に大きなギャップがある。そこで、監視義務の法定化の必要性があるとされるのである。

　解釈論として監視義務を認めることは困難であることから、親会社取締役の子会社取締役に対する監視義務を認めるためには、会社法に、子会社の自主性を害さない範囲で、監視義務があることを明確にする内容のかなり複雑な規定

を設けることが必要になろう。

4　親会社取締役の監視義務の法定化の必要性

(1)　事実上の監視義務と実効性確保の不十分

　親会社取締役の子会社取締役に対する監視義務（監督権限）は法定されていないが、それは実務の慣行として認められ、子会社取締役も親会社取締役の監督に服するという企業秩序が形成されている。しかし、事業活動が子会社を中心に展開されている場合には、子会社（事業会社）の代表取締役のほうが、親会社の代表取締役より序列が上であり、実権も子会社の代表取締役がもっているような場合も想定できる。

　このような場合は、親会社の代表取締役に法定の監視・監督義務がなければ、子会社の代表取締役を監視・監督することは難しいであろう。

　親会社の監督権限と監視義務が法律上のものでなければ、監視の実効性が確保できないばかりか、監視義務違反の責任を追及することも容易ではない。

(2)　監視義務の法定化に向けた動き

　親会社取締役の子会社取締役に対する監視義務、したがって監視義務違反の責任を認めるためには法定化が必要であるが、この点については賛否両論が対立しており、法定化は難しい。会社法の改正論議においても法定化が検討されていたものの見送られることとなった。

　会社法制の見直しに関する中間試案（以下、「中間試案」という）では、多重代表訴訟制度を創設する「A案」と、創設しないとする「B案」（多重代表訴訟の創設に反対の立場）とがあった。B案は、「A案」によらない場合でも、親会社株主の保護という観点から、「取締役会は、その職務として、子会社の取締役の職務の執行の監督を行う旨の明文の規定を設ける」等の規律を設けることを検討事項とした[3]。

　それは、親会社株主が親会社取締役の監視義務違反の責任を追及するにしても、監視義務の根拠規定がなければ監視義務違反の責任を追及することは難し

3　法務省民事局参事官室「会社法制の見直しに関する中間試案（平成23年12月）」〈http://www.moj.go.jp/content/000084699.pdf〉第2部第1・1。

いからである。

　これに対し、監視義務の法定化は現行法上（改正前会社法）の取締役会の義務を超えた内容が要求されるおそれがあるばかりか、親会社取締役会による子会社取締役に対する積極的なモニタリング等の行為が要求され、過剰に子会社経営に介入してその自主性が損なわれ、グループ経営そのものに対する委縮効果が懸念される等理由に強い反対意見があった。そこで、監視（監督）義務の法定化は多重代表訴訟制度の創設と両立するものであるが、会社法制の見直しに関する要綱（以下、「改正要綱」という）において多重代表訴訟制度を創設することになり、監督義務の見直しは見送られたという経過がある。[4]

　また、監視（監督）義務の法定化に関する論議と並行して、会社法施行規則に定めているグループ内部統制システムの規定を会社法本体に規定するとの論議がなされて、改正要綱はこれを会社法本体に規定することにした（会社362条4項6号後段）。

　改正法は、監督義務（監視義務）の法定化を見送り多重代表訴訟制度を創設した。多重代表訴訟は、親会社株主が直接子会社の役員（多くは取締役）の責任を追及する代表訴訟であるが、提訴の要件は極めて厳格であり、親会社株主が多重代表訴訟を提起することは容易ではない（現実にそれが可能なのは、非上場の中小規模の会社である）。そこで、依然、親会社取締役の子会社取締役に対する監視義務違反の責任を追及するという方法になるが、法律上、直接の監視義務の根拠規定はないという状況である。

5　グループ内部統制システムによる監視義務

　グループ内部統制システムは、親子会社（グループ）の業務の適正を確保するための体制であるが、グループ内部統制システム（体制）により親会社取締役の子会社に対する管理権が認められ監視義務が課せられる。システムの一環として子会社管理規程等を作成するが、それにより、親会社取締役の子会社に対する管理権を明確にする。

---

[4]　岩原紳作「『会社法制の見直しに関する要綱案』の解説」別冊商事法務編集部編『会社法制の見直しに関する要綱の概要（別冊商事法務372号）』8頁、14頁（注34）。

子会社管理規程等は子会社を拘束するものであり、子会社は親会社取締役の管理下に入ることから、子会社取締役は親会社取締役の監視・監督を受けることになる。加えて、子会社もグループ内部統制システムを構築するときは、親会社の内部統制システムに適合した内容とする必要があるから、子会社取締役は親会社のシステムによることを承諾したものといえる。

このように、グループ内部統制システムにより親会社取締役の子会社取締役に対する監視義務が根拠づけられる。親会社の取締役はシステムを通じて子会社取締役に対して監視義務を負い、それに違反すれば親会社取締役は、親会社に対して監視義務違反の責任を負うことになる。グループ内部統制システムにより、親会社取締役の子会社取締役に対する監視義務違反の責任の多くは追及が可能となった。

改正法が企業集団の業務の適正を確保するために必要な体制（グループ内部統制システム）の整備を会社法本体に規定し、会社法施行規則においてシステムの内容を整備したことは（会社362条4項6号、会施規100条1項5号）、グループ内部統制システムによる監視義務を強化し、その違反が監視義務違反となることが一層明白になった（改正前からグループ内部統制システムによる親会社取締役の子会社取締役に対する監視義務は認められていた）。そのため、親会社取締役の子会社取締役に対する監視義務が実際上強化されたものとして、グループ内部統制システムの構築等義務違反を理由に、監視義務違反の責任が追及されることが多くなったことは否定できない。

子会社取締役に対する監視義務はグループ内部統制システムにより根拠づけられ、それはシステムの構築と運用に対する監視義務となる。代表取締役等はシステムの構築と運用を行うとともに、子会社取締役がそれを遵守しているかどうかについて監視義務を負う。子会社取締役が任務懈怠行為をした場合、代表取締役等のシステムの構築と運用義務違反、監視義務違反の責任が生ずる。他の取締役は子会社取締役がシステムを遵守しているか否かについて監視義務を負う。監視義務の法定化の方向性は子会社取締役の各業務執行についての個別監視義務を根拠づけるものであるのに対し、グループ内部統制システムによる監視義務は、子会社取締役のシステムの構築・適切な運用を通じた監視義務の法定化という方向性である。

親会社取締役がグループ内部統制に基づき子会社取締役に対して監視義務を負うことは、常時、高度の注意義務を尽くすことを意味するものではない。親会社取締役に要求される相当程度の注意義務をもって子会社の経営を監視し、子会社において違法行為が行われ、または行われるおそれがあると認められる場合に、それを調査し適正な措置を講ずる義務をいうのである。

　グループ内部統制システムの整備により親会社取締役の子会社取締役に対する監視義務の根拠づけがなされたといえる。しかし、個別監視義務が不要とされるわけではない。システムで対応し得ない場合には個別監視義務によらざるを得ない。また、親会社取締役による子会社取締役に対する監視義務の法定化がなされていないことを、グループ内部統制システムの整備によりどこまでカバーできるかは今後の検証を待たなければならない。

　親会社取締役が子会社取締役に対する監視義務を履行するためには子会社情報に接する必要があるが、会社法は親会社取締役の子会社に対する調査権限を規定していないから（監査役については、調査権限を規定している（会社381条3項））、グループ内部統制システムに規定を設けるなどの措置を講ずる必要がある。

II　親会社株主の利益保護のあり方

1　親会社株主の利益保護の必要性

　企業活動が親子会社により展開されている場合、子会社の経営は親会社株主の利益に関係する。子会社取締役等の任務懈怠行為により子会社に損害が生じ、その結果、親会社に損害が発生した場合、親会社株主に損害が発生することになる。ところが、親会社株主と子会社およびその取締役等は直接の法律関係にない。そこで、親会社株主の保護をどのように図るかが問題となる。

　親会社株主の利益保護の方法として考えられるのは、①親会社株主に、直接子会社取締役等の責任を追及する方法（多重代表訴訟制度の導入）と、②親会社取締役の責任を追及する方法（監視義務違反、子会社取締役等の責任を追及することを怠った責任）とがある。②は、主として、多重代表訴訟制度の導入に消極的な立場から唱えられた。

　①と②は、相反する関係ではなく両立するものであるが、現実論として、両

者を法定化することは難しい。改正法は①を採用し、②の法定化は見送られたが、創設された多重代表訴訟制度の内容はかなり制限的なものになっていることから、②の方法による必要性は依然として高い。

　親会社取締役の子会社取締役に対する監視義務の法定化は見送られ未解決のままで残された。この点、グループ内部統制システムにより、親会社取締役の子会社取締役に対する監視義務が理由づけられ、監視義務違反の責任を追及することが可能であるから、親会社取締役の子会社取締役に対する監視義務を法定する必要はないのではないかという問題がある。しかし、改正前の会社法の下でも、グループ内部統制システムの整備は義務づけられており（旧会施規100条1項5号）、親会社取締役に子会社取締役に対する監視義務は認められていたが、それにもかかわらず、中間試案の段階で監視義務（監督義務）の法定化が議論されたのである。

　グループ内部統制システムと親会社取締役の子会社取締役に対する監視義務の関係について、本来、グループ内部統制システムは、親子会社における業務の適正を確保するための体制であり、親会社取締役の子会社取締役に対する監視義務を定めたものではない。業務の適正を確保するためには親会社が子会社を管理し監督する必要があることから、親会社取締役は子会社取締役を監視・監督する必要がある。そこから親会社取締役の監督権と監視義務が生ずるのである。

　グループ内部統制システムの機能の1つとして親会社取締役の子会社取締役に対する監督権と監視義務が認められる。グループ内部統制システムによる監視義務違反の責任は、システムの構築、運用義務違反およびそれに対する監視義務違反の責任であるから、本来の子会社取締役による業務執行についての監視義務違反の責任とは性質が同じではない。

　グループ内部統制システムにより子会社を管理する場合、システムによる規制は子会社の自主性を害しない範囲に限られる。子会社の経営は子会社取締役が行うから、子会社取締役の経営権や経営判断を奪うような規制をすることは許されない。そうすれば、グループ内部統制システムによる監視義務（監督権限）には限度があるから、やはり、子会社に関する親会社取締役の監視義務違反の責任を問うためには、監視義務の法定化が必要となろう。

2　親会社取締役の監督義務違反の責任追及

　前記1②は、子会社取締役の任務懈怠により子会社に損害が生じ、その結果、親会社に損害が生じた場合は、親会社株主の保護として、親会社取締役の子会社に対する監視義務違反の責任を追及するというものである。

　しかし、1②の方法は、子会社の損害は回復されないから終局的な解決にならない。子会社の損害回復を通じて、親会社の損害を回復するのが本筋である。

　親会社取締役の子会社に対する監視義務違反の責任が常に認められるとは限らないばかりか、親会社取締役の監視義務違反の責任を追及するためには、親会社株主において、子会社取締役の任務懈怠のほか、親会社取締役の監視義務違反について、子会社の管理に関する親会社取締役の責任の内容を明らかにし、これを立証しなければならないという二重の立証を必要とする。これに対し、多重代表訴訟による場合は、子会社取締役の任務懈怠の立証ができれば責任を追及できる。

　もっとも、現在では、親会社取締役の責任を追及する場合でも、グループ内部統制システムの構築等の義務違反の責任として処理することにより、多くの場合は対応できる。現に、近時の親会社取締役の子会社に対する監視義務違反の責任追及は、グループ内部統制システムの構築義務違反を理由としている。

　子会社取締役の任務懈怠を原因として親会社に損害が生じた場合、親会社株主が親会社取締役の監視義務違反の責任を追及する多くの場合は、グループ内部統制システムの構築等義務違反を理由とすることになる。この場合、親会社株主（原告）はシステムの構築等義務に違反する事実について立証しなければならない。これに対し、親会社取締役（被告）は、構築等義務違反について過失がないことについて立証責任を負うことになる。

　親会社取締役の子会社取締役に対する監視義務違反の責任追及と、多重代表訴訟による子会社取締役の責任追及とは両立する。親会社株主は両方の訴訟あるいは一方の訴訟を選択して提起することができる（多重代表訴訟による場合は厳格な提訴要件がある）。もっとも、いずれかの訴訟に勝訴し、目的を達した場合は他の訴えを提起できない（係属中の訴訟については訴訟を継続することはできない）。

3　子会社取締役の責任追及を怠った親会社取締役の責任

　子会社取締役等の任務懈怠行為により子会社に損害が生じた場合、親会社は株主として、代表訴訟により子会社取締役等の責任を追及することができる。親会社取締役は、代表訴訟の提起により子会社取締役等の責任を追及し、子会社の損害を回復することにより、親会社の損害を回復できるのにもかかわらず、それをしないのは親会社に対する善管注意義務違反であるとして、親会社株主が親会社取締役の責任を追及することができる。

　しかし、子会社取締役等に対して代表訴訟を提起しないことが、常に、親会社取締役の善管注意義務違反となるわけではない。子会社取締役の子会社に対する任務懈怠が認められない以上、子会社取締役の責任を追及しない親会社取締役に善管注意義務の違反を認める余地はないことになる（大阪地判平成15・9・24判時1848号134頁）。また、それ以外の場合でも、子会社取締役の責任が確実に認められるとは限らないし、勝訴の可能性が高い場合でも、勝訴により現実に親会社に生じた損害を回復できるか、提訴により会社業務に支障が生じないかなどの事情を総合して提訴判断をすることから、不提訴の判断が親会社取締役の裁量権の範囲内ということもあり得る。親会社取締役が経営判断として提訴しない場合は、親会社取締役の任務懈怠とはいえないであろう。

　子会社取締役に対する代表訴訟の提起を怠ったとして、親会社取締役の責任を追及した事案はみあたらないが、会社が第三者に対して有する損害賠償請求権を、取締役が行使しなかったことが、取締役の善管注意義務に違反するとして責任が問われた事例がある。

　判旨は、取締役が会社の債権の回収を図ることは善管注意義務の内容であるから、債権の回収が可能であったにもかかわらず、取締役が適切な方法で回収せずに放置した場合は、取締役の善管注意義務違反となるとしながらも、債権回収の具体的な方法については、債権存在の確度、回収の確実性、回収可能利益とそのためのコストとのバランス、敗訴した場合の会社の信用毀損のリスク等を考慮した専門的かつ総合的判断が必要となるから、その分析と判断には取締役に一定の裁量権が認められるとし、取締役の不提訴判断が裁量権の逸脱というためには、判断時において、資料に基づき当該債権の存在を証明して勝訴

し得る高度な蓋然性があり、債務者の財産状況に照らし勝訴した場合の債権回収が確実であること、訴訟追行により回収が期待できる利益が、そのために見込まれる諸費用などを上回るとの要件を満たしていることが必要であるとしている（東京地判平成16・7・28判タ1228号269頁、東京地判平成17・3・10判タ1228号280頁）。

この不提訴判断に関する裁量権の基準は、おおむね、子会社取締役に対する代表訴訟の提訴判断についても通用すると考えられるから、代表訴訟の不提起が親会社の取締役の任務懈怠となる場合は限定的なものになるといえる。

立証関係についても、親会社取締役の提訴懈怠の責任を問う場合は、子会社取締役の任務懈怠の立証に加え、提訴しないことが親会社取締役の任務懈怠となるという二重の任務懈怠について立証しなければならない。したがって代表訴訟の不提起が親会社取締役の任務懈怠であるとして、親会社取締役の責任を問うのは容易ではない。

4　親子会社と監査役の経営監視機能

監査役は、会社のガバナンスにおける重要な役割を果たすことが期待されているが、内部統制（グループ内部統制）システムの構築と運用を監視するという重要な職責を有している。その機能と職責を発揮するために、その地位の安定と独立性の確保が図られている。監査役は取締役等に対し事業の報告を求め、または業務および財産の状況の調査権が与えられ（会社381条2項）、子会社に対する調査権（同条3項）、取締役会への出席義務（出席権の意味でもある）、取締役会の招集請求権と招集権（同法383条1項～3項）、取締役の違法行為の差止請求権（同法385条1項）などの権限を認めている。

監査役が、内部統制システムとグループ内部統制システムの構築等義務を監視することは重要な義務であり、これを怠れば監視義務違反の責任が生ずる（会社423条1項）。親会社の監査役は、職務を行うために必要があるときは、子会社に対して事業の報告を求め、または子会社の業務および財産の状況の調査をすることができるとして子会社調査権が認められている（同法381条3項）。子会社に対する調査権は、親会社取締役のグループ内部統制システムの構築等の義務の履行を監視するために重要な手段であるといえる。反面、これを怠る

ことにより、任務懈怠の責任が生ずることもある。

Ⅲ 親会社取締役の監視義務違反が問題にされた事例

1 野村証券株主代表訴訟事件

(1) 事案の概要

　A社（野村証券）の完全孫会社B社は、アメリカ証券取引委員会規則に違反して、不正確な定期報告書を提出したとして、ニューヨーク証券取引所から18万ドルの課徴金を課せられ、それを納付した。これに対し、A社の株主は、A社の経営責任者であった被告らが、B社のアメリカ証券取引委員会規則に違反した定期報告書の内容および提出、課徴金の支払いを承認したことによる課徴金の支払いにより、B社に生じた損害がA社の損害になり、それはA社取締役の注意義務違反にあたるとして、A社の取締役らを被告として代表訴訟を提起した。

(2) 判　旨

　判旨は、親会社と子会社（孫会社も含む）は別個独立の法人であって、子会社について法人格否認の法理を適用すべき場合のほかは、財産の帰属関係も別異に観念され、それぞれ独自の業務執行機関と監査機関も存在することから、子会社の経営についての決定、業務執行は子会社の取締役が行うものであり、親会社の取締役は、特段の事情のない限り、子会社の取締役の業務執行の結果子会社に損害が生じ、さらに親会社に損害を与えた場合であっても、直ちに親会社に対し任務懈怠の責任を負うものではないとした。

　もっとも、親会社と子会社の特殊な資本関係に鑑み、親会社の取締役が子会社に指示するなど、実質的に子会社の意思決定を支配したと評価しうる場合であって、かつ、親会社の取締役の指図が親会社に対する善管注意義務や法令に違反するような場合には、特段の事情があるとして、親会社の取締役に損害賠償責任が肯定されると解されるとし、B社がニューヨーク証券取引所に提出する定期報告書の内容の決定について、被告らが指図した事実、違反事実の認定への同意、課徴金の支払いについて、被告らが指図した事実は、いずれも認めるに足りないから、原告の主張する取締役の注意義務違反の主張は理由がない

として、原告の請求を棄却した（東京地判平成13・1・25判時1760号144頁）。

(3) 検　討

　判旨は、子会社の取締役の業務執行の結果子会社に損害が生じ、さらに親会社に損害を与えた場合であっても、親会社取締役は、直ちに親会社に対し任務懈怠の責任を負うものではないとしている。すなわち、親会社取締役の子会社に対する監視義務を否定し、その義務違反の責任を負わないとしている。

　子会社（孫会社を含む）に生じた損失は親会社の損失となるが、子会社と親会社とは別個独立の法人であるから、親会社の取締役は子会社の経営を監視する法律上の義務がなく、したがって、監視義務違反の責任を負わないということになる。

　判旨は、「法人格否認の法理を適用すべき場合のほかは」としているが、これは法人格否認の法理が適用される場合は、親会社と子会社を同一の会社とみて、親会社の取締役は、子会社の経営を監視する法律上の義務を負い、それに違反すると監視義務違反の責任が生ずるとの趣旨であろう。

　親会社取締役が責任を負うべき「特段の事情」としてあげるのは、監視義務違反の責任ではなく、親会社取締役が実質的に子会社の意思決定を支配している状況下で、子会社取締役に対し善管注意義務や法令に違反する行為をするよう指図または指示した場合の責任であり、三井鉱山事件（最判平成5・9・9民集47巻7号4814頁）や片倉工業事件（東京高判平成6・8・29金判954号14頁。子会社に対する、親会社株式の違法取得の指示をした事案）のような場合を指す。

　なお、本件は、旧商法時代の事案であり、会社法の下では、グループ内部統制システム構築義務違反として問題にする余地があるが、実際にはB社は孫会社であるからA社取締役の責任を認定することは難しいであろう。

2　福岡魚市場株主代表訴訟事件

　子会社の役員を兼任している親会社取締役が、子会社に対する救済融資に失敗したが、経営判断に誤りがあるとして善管注意義務違反の責任を追及された事案である。子会社救済の事案であるが、子会社の経営不振の原因が不適正な循環取引にあり、被告らはそれに関する情報に接していたという特殊性がある。

　第1審判決は、「具体的な詳細な調査や検討を行うことなく、個別の契約書

面等の確認、在庫の検品や担当者からの聴き取り等の詳細な調査をし、または
これを命ずるべき義務があった」のに、それを怠ったとして被告取締役の責任
を認めた（福岡地判平成23・1・26金判1367号41頁）。

　この判決については、親会社取締役は子会社に対して監視（監督）義務を
負っているのに、それに違反したとするものであり、調査義務を監視義務の内
容としてとらえ、監視義務違反を認めたものといえ、親会社取締役の善管注意
義務等の一形態として、子会社に対する融資の際に、子会社の経営が破綻して
いないか、子会社の不良在庫らの実態を解明する等して、子会社の業務を監視
する義務が親会社取締役に認められることを前提としているとの見方がある[5]。

　確かに判決は、親会社取締役の子会社に対する監視義務を認めたとも受け取
れる表現ではあるが、子会社に経営破綻の事態が差し迫った状況にあり、回収
不能による多額の損失発生が当然予測されることが認識できたのに、十分な調
査も検討も行うことなく行った融資判断は、合理的な取締役の経営判断とはい
えないから、善管注意義務違反の責任を免れないとするものであり、子会社に
対する監視義務違反の責任を問題にするものではない。

　ここでいう調査は、子会社の業務執行に対する監視としての調査ではなく、
子会社に対する救済融資を実行するために必要な子会社の状況を十分に調査し
なかったという調査義務であるが、それを懈怠したとみるべきである。

　親会社取締役の監視義務違反の責任は、監視義務の違反により子会社取締役
が任務懈怠行為をした場合に問題になるのであるが、本件では、子会社に対す
る救済融資に際し調査を怠ったという任務懈怠が問題になったのであり、子会
社取締役の任務懈怠とそれに対する監視義務違反が問題になったのではない。

IV　子会社取締役の任務懈怠に関与した責任

1　子会社取締役に違法または不当な指示をした責任

　親会社取締役の監視義務違反の責任は、子会社取締役の業務執行に対し必要

5　高橋英治「企業集団における内部統制」ジュリ1452号28頁、手塚裕之ほか「福岡魚市場株主代表訴訟事件控訴審判決の解説」商事1970号15頁。

な監視義務を怠ったという不作為に対する責任である。これに対し、親会社取締役が子会社取締役に対し、違法または不当な行為をすること指示して、これを行わせたという積極的に子会社取締役の任務懈怠行為に関与した責任が問題になる。

親会社取締役は子会社を適正に管理しなければならないから、子会社に対する指示は適正なものでなければならない。そこで、違法または不当な指示をすべきでないことは、親会社に対する善管注意義務の内容となる。ところが、親会社取締役が子会社取締役に対し、違法または不当な行為をすることを指示し、あるいは、問題のある行為やリスクの高い取引を子会社により行う場合が考えられる。

子会社取締役が親会社取締役の違法または不当な行為の指示に従った結果、子会社に損害が生じ、親会社に損害が生じた場合は、子会社取締役の子会社に対する任務懈怠責任と、親会社取締役の親会社に対する任務懈怠責任が生ずる。これとは別に、親会社取締役は子会社に対し不法行為による損害賠償責任を負い（民709条）、親会社自身も子会社に対して賠償責任を負わなければならない場合もある（会社350条）。もっとも、現実に、子会社が親会社やその取締役の責任を追及することは考えられない。

子会社取締役は、子会社に生じた損害について任務懈怠の責任を負うが、親会社取締役の指示に従ったとして責任を免れることはできない。

親会社取締役の指示や、親会社の方針による子会社の特定の行為または措置が、子会社に不利益であり、または損害を与えるものであっても、その行為または措置と密接に関連する他の行為とあわせて考えれば、その不利益は当該行為から生ずる利益によりてん補されていると認められる事情がある場合は、親会社取締役の責任を認めるべきでない[6]。また、利益相反取引のように、子会社に損害が生じても親会社に損害が生じない場合には、親会社取締役の親会社に対する任務懈怠責任は生じない。もっとも、親会社取締役の指示や、親会社の方針が違法な場合は、親会社取締役は責任を免れない。

現在においては、親会社取締役が不当に子会社の利益を害することがないよ

---

[6] 大隅健一郎「親子会社と取締役の責任」商事1145号46頁。

うグループ内部統制システムの構築が義務づけられ、また、子会社も不当な指示を拒絶する内容について子会社のグループ内部統制システムにそれを盛り込んでいる例がある。

2 違法な指示をした親会社取締役の責任事例

　親会社取締役が子会社に対し違法な行為をするよう指示したことが、親会社に対する善管注意義務に違反するとして、代表訴訟により責任を追及された事例として、三井鉱山事件と片倉工業事件がある。

　当時、自己株式の取得が厳格に規制されていたが、親会社取締役が完全子会社に対し影響力を行使して、親会社株式を取得するよう子会社に指示し、子会社に自己株式を取得させ（子会社による親会社株式の違法取得）、それを処分させたことにより、子会社に損害が発生し、その結果、親会社に損害が生じたとして、親会社株主が親会社取締役の責任を追及したものであるが、子会社に親会社株式の取得を指示した親会社取締役の善管注意義務違反の責任を認めている（最判平成5・9・9民集47巻7号4814頁〔三井鉱山株主代表訴訟〕、東京高判平成6・8・29金判954号14頁〔片倉工業株主代表訴訟〕）。

　当時、子会社による親会社株式の取得は禁止されていたことから、親会社取締役は違法行為を指示したことになる。いわゆるグリーンメーラーから親会社株式を取得させ、それを安値で処分させたのであり、子会社に損失（差損）が生じたものである。その結果、親会社に損害が生じたのは、親会社取締役の親会社に対する善管注意義務に違反するとしたのである。

　しかし、この代表訴訟による責任追及では親会社の損害は回復されるが、子会社の損害は回復されることなく放置され、問題の根本的解決にはならない。そこで、子会社取締役の行為により子会社に損害が生じた場合は、子会社の損害は子会社取締役が賠償し、親会社の損害は子会社取締役の子会社への損害賠償によって間接的に補てんするのが筋論であるといえる。しかし、親会社株主は子会社取締役の責任を追及することができないから、親会社取締役の責任追及という方法によらざるを得なかった。

　次に、親会社に生じた損害額について、完全子会社に生じた損害をそのまま親会社の損害とする考え方があるが、親会社に生じた損害の額は親会社の資産

に減少を来した額であるから、子会社による親会社株式の買入価格と売渡価格との差額に相当する金額が親会社の資産が減少した金額になる。すなわち、親会社が有する完全子会社株式の評価損相当額が、親会社の損害とみるのが理論的である。もっとも、完全親子会社関係にあるから、いずれによっても結論は変わらないであろう。

V 子会社取締役の責任とその特殊性

1 親会社の指示に従った子会社取締役の責任

(1) 子会社取締役の責任

　子会社の取締役は子会社に対し善管注意義務を負っているから、それに違反すれば善管注意義務違反の責任を負う（会社423条1項）。ところが、子会社取締役は親会社の策定したグループ経営方針およびこれに基づく親会社取締役による指示に従って事業を行うことから、子会社取締役の責任については特有の問題がある。そして、これが子会社の取締役の任務懈怠責任の有無に大きく関係することは否定できない。[7]

　親会社取締役の指示に従って行為をしたことにより、子会社に損害が生じた場合の子会社取締役の責任をどう考えるか。親会社取締役の指示が違法な場合または違法が明らかな場合は、子会社取締役は指示に従うべきでないから、これに従った場合は責任を免れない。

(2) 子会社の利益に反する行為

　次に、子会社の利益に反する行為について、親会社または企業グループ（企業集団）の利益を図る行為をした場合に、子会社取締役の責任をどう考えるか。難しい問題であり、完全子会社であるか否かにも関係するが、完全子会社である場合を想定して検討する。

　原則論としては、子会社取締役は、完全子会社であっても、子会社の利益のために行為をしなければならないから、子会社の利益を犠牲にして親会社やグループ全体の利益を図ることは、子会社に対する任務懈怠となる。

---

[7]　山本憲光「多重代表訴訟に関する実務上の留意点」商事1980号34頁。

しかし、子会社取締役は子会社の利益と親会社またはグループ企業の利益が衝突する局面においては、子会社独自の利益と企業集団全体の利益との調和を図る必要から、子会社の利益を犠牲にせざるを得ない場合がある。子会社の独自性を強調し、親会社の指示やグループ経営方針に従わなければ、グループ経営の効率性を損なうばかりか、円滑なグループ経営は成り立たないことになるから、子会社取締役には難しい経営判断が求められる。

　完全親子会社は、法律的には別会社であるが、経済的実体は同一であるから共通の利益を有することになる。そこで、子会社取締役が、子会社に損害が生ずるが親会社や企業グループ全体の利益を図る行為が許されないわけではない。もとより、その程度には限界があり、子会社の債権者の利益を害する行為は許されない。しかし、子会社取締役が子会社に損害を発生させても、親会社が代表訴訟により子会社取締役の責任を追及することは考えられないばかりか、親会社に損害が発生していないから親会社株主による多重代表訴訟の提起もない。

　親会社またはグループ企業全体の利益を図るために必要であるとして、子会社の利益を損なう行為をすることが許されるのは、必要最小限度にとどめるべきであり、また公正を確保するために適正に開示させることが必要である。

2　親会社取締役の指示と子会社取締役の経営判断

　グループ経営を円滑なものとするためには、親会社の取締役に指示権が認められ、子会社取締役はそれに従う必要がある。これは、企業社会において確立された慣行であり、子会社取締役には指示に従うか否かについて裁量権はない。

　もとより、親会社取締役の指示は、適法かつ正当なものでなければならないから、子会社取締役は違法または不当な指示に従う必要はない。それを拒否することは現実には困難かもしれないが、特別の事情がない限り、親会社の指示に従ったことを理由に、任務懈怠の責任を免れるものではない。

　そこで、子会社取締役が違法または不当な指示を拒否することを可能とするシステムを整備する必要がある。すなわち、子会社のグループ内部統制システムに、親会社の違法不当な指示に従わない旨を記載し、これを拒絶するための明確な根拠づけをすることである。

　親会社取締役の指示が違法である場合や明らかな誤りまたは不合理があると

認められない場合は、グループ経営方針の前提とする事実関係に明らかな誤りがあり、また、当該方針の内容に明らかな誤りがない限り、それに従ったことにより子会社に損害が生じても、親子会社関係における経営判断の特殊性と信頼の原則により、子会社取締役に任務懈怠はないとする立場がある[8]。もとより、経営判断の特殊性と信頼の原則によるにしても、親会社の指図に従ったことを理由に、常に責任を免れることができるわけではない。

　子会社取締役は、親会社取締役の指示、策定したグループ経営方針に従って行為すべきであるが、上記の場合は、親会社取締役を信頼せざるを得ない。しかし、明らかな誤りまたは不合理がある場合でなくても、親会社取締役の指示に過誤または違法があると疑われる場合は、提供された資料と情報などに基づき必要な調査と検討をすることが必要である。

　親会社取締役の指示が違法または不当な場合でなくても、子会社取締役がその指示または意向に沿って行動するか否かについて裁量権が働く場合がないではない。それは、子会社の利益に大きく反する場合や、親会社取締役の指示が明確かつ具体的なものでなく、暗示または示唆にとどまり、あるいは親会社の方針を示したような場合である。このような場合は、子会社取締役は子会社の利益に沿うよう適正な判断をすることが求められる。

8　山本・前掲論文（注7）34〜35頁。

第5章 内部統制システムと独占禁止法・金融商品取引法違反

I 独占禁止法違反・金融商品取引法違反と内部統制システム

1 コンプライアンス体制の構築と運用義務違反

　取締役の法令違反行為が問題となる多くの場合は、独占禁止法違反と金融商品取引法違反である。前者についてはカルテル等不当な取引制限規制の違反、後者については有価証券報告書の虚偽記載（粉飾）の事例が多い。違反事件は大型化し会社に巨額の損害を与えるばかりか、企業の存亡にかかわることにもなりかねない。しかも、経営トップが関係している事例も少なくない。

　その原因として、ガバナンスが十分でないことや社外取締役が機能していないことがあげられているが、それ以上に内部統制特にコンプライアンス体制の不備が指摘される。コンプライアンス体制（法令遵守体制）とは、取締役および使用人の職務の執行が法令・定款に適合することを確保するための体制（会社362条4項6号前段、会施規100条1項4号）をいうが、その構築と運用、それに対するモニタリング（監視体制）が機能していないことが企業不祥事を生む原因となっている。問題が生ずる多くの場合は、コンプライアンス体制が形式的には整備されているものの実質的には機能していないことによる。

　不公正取引等の独占禁止法違反行為、粉飾やインサイダー取引等の金融商品取引法違反行為が行われるのは、コンプライアンス体制の構築と運用、およびそれに対する監視義務が十分でないことに原因がある。そこで、これを防止するとともに、違反行為を早期に発見し、是正措置を講ずるための内部統制システム（体制）の構築が必要である。取締役がこれを怠り、違法行為が行われた場合は任務懈怠の責任（会社423条1項）を免れない。

整備すべきコンプライアンス体制の内容は、想定される違法行為に対応しうる内容でなければならない。コンプライアンス体制を構築して適正に運用していれば、違法行為を防止しうるが、たとえ防止できなくとも取締役が責任を負うことはないといえよう。

取締役は職務遂行上あらゆる法令を遵守しなければならないから、コンプライアンスの対象となる法令の範囲は広い（形式的な法令に限らない）。その中で特に重要な法令で、違反行為も多いのが独占禁止法と金融商品取引法である。法令違反を理由に取締役の責任が追及される多くの場合は、独占禁止法については不当な取引制限規制違反の行為であり、金融商品取引法については有価証券報告書等の虚偽記載である。これらは公正な自由競争を害する、株式市場の公正を害する行為であるが、内部統制システムの構築と運用が十分でないことにより違反行為が生じやすい。

独占禁止法と金融商品取引法の重大な違反行為類型について、行為者が民事・刑事責任を負うのは当然であるが、会社にも課徴金の納付命令、第三者に対する損害賠償金の支払いなど巨額の損害が発生する。

2　不当な取引制限禁止規定違反（カルテル・入札談合等）の概要

カルテルや入札談合等の独占禁止法違反行為により会社に課徴金が課せられることで、会社に損害を与えたとして、取締役の任務懈怠責任を代表訴訟で追及されることが少なくない。かかる行為は企業の短期利益を図るために行われるが、違法精神の欠如とコンプライアンス体制の構築と運用が不十分であることにより違反行為を防止できないことに起因する。

違反行為により課徴金を課せられ会社に巨額の損害が生ずるが、それに加え、会社は指名停止を受けることや社会的信用の失墜により企業収益が低下することで損害が発生する。これらは取締役の任務懈怠（法令違反）による損害賠償責任の原因となる。

独占禁止法違反の行為は、会社にとっても、取締役にとっても割に合わない。課徴金の額が多額であることから、取締役の賠償責任額も多額となり支払困難な額となる場合も少なくない。法令違反行為であるから、経営判断の原則の適用はなく、また、少なくとも、直接関与した取締役（違反行為をした取締役、部

下にそれを指示した取締役）については損害額を減額することはできない（会社425条1項）。

　そこで、現実論としては、責任追及訴訟（会社による責任追及訴訟または代表訴訟）を和解により終了させるほかない。それ以外の取締役や監査役についても、監視義務違反の責任を免れない場合があるが、その責任は連帯責任である。

　独占禁止法違反行為を防止するための、内部統制システム（コンプライアンス体制）の構築が必要である。コンプライアンス体制の整備が不十分な場合は、独占禁止法違反行為が行われる可能性がある。しかし、体制の整備により独占禁止法違反行為を根絶しうるとは限らない。

　そこで、独占禁止法違反行為を発見した場合、どのように対処するかについてもコンプライアンス体制の内容となる。さらに、取締役は会社に生ずる損害を最小限に抑えるべきであるから、課徴金減免制度（リニエンシー）の利用と取締役の責任が問題になる。

3　有価証券報告書の虚偽記載等の概要

　金融商品取引法違反行為を防止するためのコンプライアンス体制の中心となるのが、粉飾の防止システム、違法な会計処理がなされないようにする内部統制システムの構築と運用である。金融商品取引法の違反行為は、有価証券報告書等の虚偽記載として行われるから、それを防止するシステムの構築と運用は取締役の善管注意義務である。

　有価証券報告書等の重要な事項について虚偽記載のあるものを提出した場合、提出会社は公衆縦覧の期間中に流通市場で株式を取得した者に対し、虚偽記載により生じた損害について損害賠償責任を負う（金商21条の2第1項）。したがって、会社は株主から損害賠償を請求され、これに加え課徴金が課せられることもあるから、会社に巨額の損害が発生する。それは、取締役の任務懈怠による損害賠償責任であるから代表訴訟で責任を追及されることになる。

　また、粉飾を行った役員だけでなく、会社にも刑事罰が科せられることがある。このように、粉飾の防止システムを構築し適正に運用することを怠った代償は大きい。

Ⅱ 独占禁止法違反行為の責任

1 独占禁止法違反行為と課徴金制度

　独占禁止法は事業者による不当な取引制限を禁止している（独禁3条後段）。不当な取引制限の代表的なものがカルテルと入札談合であるが（同法2条6項）、これらは事業者が単独で行うものではなく、複数の事業者が共同して行うものである。これら不当な取引制限の禁止規定に違反する行為に対し、公正取引委員会は排除措置命令を出すことができ、課徴金の納付を命じなければならない（同法7条1項、7条の2第1項）。

　課徴金の制度は、昭和52年の独占禁止法の改正により導入されたものである。カルテルや入札談合等の不当な取引制限行為を防止し、その実効性を確保するための行政上の措置として、違反事業者に対して課す金銭的な不利益である。それは、独占禁止法に違反する行為をしても割に合わないとして、違反行為に対する抑止力により、違反行為の防止を図るための制裁金である（独禁7条の2第1項）。

　公正取引委員会は、事業者または事業者団体が課徴金の対象となる違反行為をした場合、違反者に対し課徴金を国庫に納付するよう命じる（課徴金納付命令）。課徴金の対象となる行為は、カルテルや入札談合等の不当な取引制限規制違反行為（独禁7条の2第1項）と支配型私的独占規制の違反行為（共同の取引拒絶、差別対価等）である（同条2項）が、課徴金が課せられる多くの場合はカルテルや入札談合等である。

　独占禁止法違反行為を抑止するためには、課徴金の額（課徴金算定率）がある程度高く設定されなければ意味がない。そこで、平成17年と18年の独占禁止法改正により課徴金の算定率が引き上げられた。不当な取引制限規制違反に対する課徴金額は、当該違反行為を最初に行った日から、その事業活動がなくなる日（やめた日）までの期間における当該商品または役務の政令で定める方法により算出した売上額に、大規模な製造業者については10％、小売業は3％、卸売業は2％を乗じた額であるから（独禁7条の2第1項・2項）、事業者の納付金額が巨額になり1社で数十億円になることもある。その結果、不当な取引

制限規制違反により取締役が会社に与えた損害額も高額となる。

　課徴金額の算定率については加算減算がなされる。早期に違反行為をやめた場合は軽減され（独禁7条の2第6項）、違反行為を繰り返し、または違反行為において主導的な役割を果たした場合は加算される（同条6項～9項）。

2　課徴金の減免

(1)　意　義

　課徴金の減免制度（リニエンシー）は、平成17年の改正独占禁止法がアメリカのリニエンシー（Leniency）に倣って導入したものである。それは、談合やカルテルなどの不正行為をした事業者（会社）でも、公正取引委員会の調査開始前に、談合やカルテル等の独占禁止法違反行為をしたことを申告すれば、課徴金の減免を受けることができる制度である。調査開始後でも、一定の要件の下に、談合やカルテル等をしたことを申告した場合にも課徴金の減額を受けることができる。

　違反業者が公正取引委員会に違反事実を申告して、情報や資料を提供し調査に協力することにより、課徴金が減免される制度であるが、これは、談合、カルテルなどの関与者に対し、違反行為をしても後戻りの機会を与え、自主申告をするインセンティブを高めるとともに、違反行為の早期発見、解明、摘発を可能とする制度である。それゆえ、課徴金算定率が高ければ高いほど、課徴金減免申請をしようとするインセンティブが強く働くから、違反者への制裁が十分に厳格であって初めて有効に機能する[1]。

(2)　減免の対象者と減免額

　独占禁止法には、減免の対象者と減免額について詳細に規定されている。申告に虚偽があれば減免は認められない。

　減免額は、公正取引委員会の調査開始前（立入検査前）であれば、1番目の申請は全額免除（公正取引委員会は刑事告訴をしない方針）、2番目の申請は50％の減額、3番目は30％の減額である。4番目、5番目でも30％の減額の対象になるが（独禁7条の2第10項・11項）、公正取引委員会が把握していない違反の

1　浜田道代『日本の競争法政策の制度構造と変遷（下）』商事2054号14頁。

事実を報告しなければならない。

公正取引委員会の調査開始後（立入検査など）であっても、3番目までの申請者が30％の減額の対象となる（独禁7条の2第12項）。ただし、調査開始前に申告した事業者とあわせて最大5事業者までに限られるから、立入検査前に5番目の申請者がある場合は、調査開始後の申請はできないことになる。また、公正取引委員会が把握していない違反の事実を申告しなければならない。調査開始後の減額の適用を受けるためには、調査開始日から20日以内に申請する必要がある。

金融商品取引法違反の課徴金減算制度と異なり対象者が多く、減免率も多段階になっているが、これは、金融商品取引法違反の場合は単一の会社で行われるのに対し、カルテルや入札談合等の独占禁止法違反行為は、複数の事業者（会社）が共同して行うという違反者が多数存在することによる。

3　不当な取引制限規制違反と取締役の責任

(1)　違法行為をした行為者と会社の刑事責任

不当な取引制限に違反する行為をした者（行為者）は、不当な取引制限罪として、5年以下の懲役または500万円以下の罰金に処せられる（独禁89条1項）。不当な取引制限が談合の形でなされた場合は刑法の談合罪が成立する（刑法96条の6第2項）。

両罪は、一定の取引分野における競争の実質的制限という要件を必要とするか否か、保護法益などの違いがあるが、社会保険庁発注の目隠しシール談合事件（東京地判平成6・3・7判タ874号291頁）からも明らかなように、談合罪が不当な取引制限罪にも該当することになる場合もある[2]。両罪の関係は、1個の行為が2つの罪名に触れる行為として観念的競合となる（刑法54条1項前段）。

法人の代表者、代理人、使用人が不当な取引制限に違反する行為をしたときは、行為者は不当な取引制限罪で処罰されるが、両罰規定により法人に対しても5億円以下の罰金が科せられる（独禁95条1項1号）。そこで、代表取締役または代表執行役、使用人が不当な取引制限規制に違反する行為をしたときは、

2　西田典之『刑法各論〔第6版〕』449頁。

会社に対して罰金が科せられる。

　会社が罰金を納付したときは、会社に罰金相当額の損害が発生することになるが、それは行為者たる代表取締役等の任務懈怠責任による。

(2) 不当な取引制限違反行為に関与した取締役の責任

　カルテルや談合を指示するなど積極的に関与した取締役は、会社に対し法令違反の任務懈怠責任を負う。積極的に関与しなかった場合でも、それを知りながら放置・黙認した場合は、是正措置を講じなかったという任務懈怠責任を負うことになる。

　もとより、カルテルや談合が行われること自体、内部統制システム（コンプライアンス体制）の構築と運用が不十分であるといわなければならない。

(3) 不当な取引制限違反行為と監視義務違反の責任

　不当な取引制限違反行為に関与していない取締役も、カルテルや談合が行われないように監視義務を負い、それを発見したときは是正措置を講じなければならない。それに違反すれば任務懈怠の責任を負う。

　取締役だけでなく、監査役設置会社の場合、監査役は取締役の職務執行を監査し（会社381条）、監査等委員会設置会社の監査等委員は、取締役の職務の執行を監査する（同法399条の2第3項1号）、また、指名委員会等設置会社の監査委員は、執行役の職務の執行を監査することから（同法404条2項1号）、監査役、監査等委員、監査委員は、取締役または執行役がカルテルや談合を行わないよう監視義務を負う。

4 　カルテルや談合を防止するための内部統制システム

(1) 独占禁止法コンプライアンスの構築の必要性

　カルテルや談合といった独占禁止法違反行為をすることは、会社の利益にならないばかりか、会社に重大な損害が発生することから、これを防止するための内部統制システム（コンプライアンス体制）の構築が必要である。独占禁止法コンプライアンスといえば、①独占禁止法に違反する行為を防止するシステムであるが、②違反行為がなされた場合に早期発見を可能とするシステム、③違反行為を発見した場合の対処方法も含まれる。

　独占禁止法違反行為がなされた多くの場合、①の防止システムの構築義務違

反として問題にされるが、違反行為が行われた場合に損害の拡大を防止する必要から、②、③の重要性が認識されており、課徴金の減免申請との関係から特に③が重視されている。

そして、これらの独占禁止法コンプライアンスをあらかじめ整備し、構築することは取締役の善管注意義務の内容となる。したがって、これに違反することにより独占禁止法違反行為が行われ、会社に損害が生じた場合は、損害賠償責任を負うことになる。

(2) 独占禁止法違反行為を防止するためのシステム

独占禁止法違反行為に対処するための、独占禁止法コンプライアンスの構築と運用は一般のコンプライアンス体制と同様に行われるが、独占禁止法違反の重要性とカルテルや談合は行われる可能性が高いことから、より詳細で水準の高いシステムの構築が要求される。特に、カルテルや談合が行われやすい業種の場合は、それを予防するために、より高度で実効性を伴ったシステムを構築する必要がある。

コンプライアンス体制の整備として、コンプライアンス担当部署に独占禁止法に知識のある職員を配置し、独占禁止法コンプライアンスのマニュアルを作成して交付し、独占禁止法遵守のための研修をするなどが必要である。あわせて違反行為が行われないように内部監査の充実と、実効性のある内部通報制度を整備する必要がある。これらをシステムとして整備するのであるが、もとより、形式的なシステムとして整備すればよいのではなく、実質的に機能するものでなければならない。

システムの構築と運用に対するモニタリング（監視）を制度化し、その実効性の確保を図ることが重要である。さらに、過去に独占禁止法違反の行為を行った企業の場合は、システムの内容を厳格にするとともに、モニタリングの程度も高度なものが要求される。

いうまでもなく、システムが構築されていても、それが実際に機能しなければ意味がない。それを運用するのは人であるから、代表取締役以下の役職員がシステムを適切に運用し、独占禁止法違反の行為をしないという自覚と信念をもつ必要がある。これなしには、独占禁止法コンプライアンスの実効性を確保することは難しい。

独占禁止法コンプライアンスを構築しても、実際に機能しておらず、カルテルや談合が容易になくならないのは多分に個人の意識にも関係している。意識を改革して、カルテルや談合により一時的な利益を確保しても、決して会社の利益にならないという共通認識をもつ必要がある。

(3) 独占禁止法違反行為の早期発見システム

独占禁止法コンプライアンスの構築が不十分な場合だけでなく、コンプライアンス体制を適切に構築し、運用していても、秘密裡にカルテルや談合が行われることは否定できない。そこで、速やかに違反事実を発見し、調査確認のうえ、課徴金減免制度を利用するなどの措置を講ずる必要がある。

独占禁止法違反行為の早期発見システムとして、監視と情報収集が必要である。そのためには、違反行為をする可能性がある部署を中心に定時または臨時に内部監査を実行する必要がある。内部監査は関係書類や電子メール類の調査、担当取締役や使用人からの聴取り調査などによるが、疑いがある場合はより慎重に調査する必要がある。

また、内部通報制度などにより、取締役や監査役が違反行為に関する情報を得る必要があることから、内部通報制度の実効性を確保するために、通報窓口を社内、社外（弁護士事務所など）に設置し、通報者の保護と秘密保持を確実なものとする必要がある。これらは、一般のコンプライアンス体制の場合と同様である。

(4) 独占禁止法違反行為に対処するためのシステム

カルテルや談合が行われ、その事実を知ったときは、直ちに、代表取締役に報告するなどして、是正の措置を講ずることが必要である。そのための社内調査や対応策と手続や手順を独占禁止法コンプライアンスに定めておくことが必要である。違反行為を発見した場合の適切な対応をあらかじめ定めておくことは、問題の早期解決と会社に生ずる損害の拡大を防止するために必要である。

必要に応じ、弁護士等の外部の専門家の意見を得て速やかに調査を行い、調査の結果が経営トップに伝えられ、公正取引委員会への通報を含めた対応を可能とする手続をシステムとして定めておくことが必要である。違法行為の状況が継続中であれば直ちに停止するとともに、会社に発生する損害を最小限に食い止めるために課徴金の減免制度（リニエンシー）の手続を定める必要がある。

課徴金の減免制度を利用するためには、カルテルや談合等が行われたことを確認する必要があるが、申請は時機と順位が重要であるから、迅速に確認しなければならない。そこで、社内調査による確認のための手続を定めておく必要がある。

カルテルや談合等を発見した場合は、課徴金の減免制度の申請を検討する必要があるが、申請は早いほど有利であるから、発見した場合の対応手続を定めておく必要がある。特に公正取引委員会の立入検査により、カルテルや談合等の疑いが生じた場合については、時間的余裕がないのであらかじめ対応手続を定めておく必要性が高い。また、違反行為が発覚した後においては、課徴金の減免制度の早期利用を可能とするために、速やかに違反事実を把握し、減免制度を利用するための意思決定を可能とする体制を整備しておく必要がある[3]。

そして、内部統制システムに、課徴金の減免制度の利用のための手続を定め、それに従って減免手続を申請すれば、結果的に減免を受けることができず、会社に損害が発生しても役員は任務懈怠責任を負わない。

5 課徴金減免申請と取締役の責任

(1) 調査開始前の減免制度

取締役が、カルテルや談合の疑いがあるとの情報を得たのにもかかわらず、取締役会に報告するなどして調査確認をすることなく放置し、あるいは課徴金の減免制度を利用しなかった場合に、公正取引委員会から課徴金の納付命令を受けたことにより、会社には、納付した課徴金相当額の損害が生ずることになる。

この場合、取締役がカルテルや談合等の疑いについて調査すれば、違反事実が確認でき、また、違反事実を申告し課徴金の減免制度の利用を申請していれば、課徴金の減免を受けることができた（所定の順位内を確保できた）場合は、取締役の課徴金の減免申請をしなかった対応について任務懈怠の責任が問われる。

---

3 塚田朋子「我が国の課徴金減免制度と内部統制システム」法と経済のジャーナル2011年2月28日［インターネット・ウェブ］〈http://judiciary.asahi.com/fukabori/2011022800055.html〉4頁、6頁。

反対に、取締役が直ちに相当の注意を尽くして調査確認作業を行ったが、カルテルや談合等の事実が発見できなかったことから、課徴金の減免申請をしなかったのであれば、後に立入検査によりカルテルや談合等の事実が発見されたとしても、取締役が課徴金の減免申請をしなかった対応について任務懈怠とはならない。

また、調査確認作業を行った結果、カルテルや談合等の事実が発見された場合でも、その時点ですでに他の事業者が課徴金の減免申請を行い、もはや順位が確保できないと考え申請を断念した場合は、任務懈怠はないものと考えられる。ただ、他の事業者の申請に虚偽があり減免が認められない場合を予測して、とりあえず申請をしておくということも検討すべきである。

(2) 調査開始後の減免制度

公正取引委員会の立入検査があったからといって、カルテルや談合の事実があったことが確認されたわけではないから、調査開始後に減免申請をしなければならないわけではない。しかし、実際上、同業者間で順位の枠をめぐる競争が開始されることは避けられない。そこで、取締役は立入検査の対象となった独占禁止法違反の被疑事実について、直ちに調査を開始すべきである。

可能な限りの社内調査を行い、被疑事実は存在しないとの結論に至った場合は、その結論に合理性があれば減免申請をしないことは当然である。被疑事実についての社内調査が慎重に進められ、被疑事実は存在しないとの結論であったことから、取締役が減免申請をしないと判断したのであれば、合理的な裁量の範囲内と認められる。仮に、後に、公正取引委員会が、被疑事実はないとの主張を認めず課徴金の納付命令を出した場合でも、取締役に過失はないと考えられる。

6 課徴金の減免制度を利用しなかった取締役の責任

カルテルや入札談合という不当な取引制限規制に違反する行為により、会社に課徴金納付命令が発せられ、あるいは会社に罰金が科せられたときは、会社には、納付した課徴金と罰金相当額の損害が発生する。罰金額と課徴金額は高額であることから会社の損害は大きいが、任務懈怠の責任がある取締役はこれについて会社に対して損害賠償責任を負うことになる。

これに加え、入札に加われない、指名停止になったことによる損害、損害を被った第三者（カルテルの場合）や発注者（談合の場合）からの損害賠償請求、さらに、信用低下による損害も加わることで、損害賠償責任額はさらに巨額になることが多い。

この賠償責任を負うのは、カルテルや入札談合等を行った、または関与した取締役・執行役だけでなく、その他の取締役、監査役、監査委員も監視義務違反の責任を負う。また、違反行為が使用人により行われた場合は、代表取締役等の業務執行者は監督義務違反の責任を負うことになる。知らなかったというだけで、監視・監督義務違反の責任を免れるものではない。

そこで、カルテルや入札談合等が行われることを防止すべき内部統制システム（コンプライアンス体制）の構築と運用、それに対する監視義務が重要な意味をもつのである。システムの構築と運用、それに対する監視義務が十分でない場合は責任を負うことになるが、十分に整備されていれば、任務懈怠の過失はないことになる。

次に、カルテルや入札談合等が行われたことを知らなかったことにつき過失がなく、また内部統制システムの運用とそれに対する監視義務違反が認められない場合（過失がないとき）でも、それを知った後は速やかに是正措置を講じ、会社の損害を最小限に抑えるのが、取締役の善管注意義務である。そこで、課徴金減免制度（リニエンシー）によることが可能であるのに、課徴金の減免を利用しなかったことは、会社の損害の拡大を防止するという取締役の善管注意義務違反の責任が生ずることがある。

7 課徴金の納付による損害と株主代表訴訟

(1) 住友電工株主代表訴訟の概要

カルテルを行ったことにより課徴金を課せられ、それを納付したことにより会社に課徴金相当額の損害が生じる。そして、その損害は、取締役の任務懈怠によるものであるとして、取締役の責任を追及する代表訴訟が提起される例が多い。その代表的事例として住友電気工業（住友電工）光ファイバーケーブルカルテル事件がある。

公正取引委員会は、平成22年5月、NTT東日本などが発注した光ファイ

バーケーブルの受注をめぐり価格カルテルがあったとして、住友電工など6社に対し排除措置命令（独禁7条）を出すとともに、5社に対し総額160億円の課徴金納付命令を出した。

A社は自主申告で課徴金が免除になり、またB社は自主申告で課徴金が3割減額されたが、自主申告しなかった住友電工は、課徴金の減額を受けることなく約67億6000万円の課徴金を課せられた。そこで、同社の株主が取締役17名を被告として、課徴金と同額の支払いを求めて代表訴訟を提起した。

訴状によれば、被告取締役らの責任原因は以下のとおりである。

① 本件カルテルに関与または黙認した過失

　被告らは、故意に本件カルテルに関与し、またはこれを知り得たにもかかわらず、看過黙認して放置した過失がある。

② カルテル防止に関する内部統制システム構築義務違反

　被告らは、本件カルテルを事前に防止すべきコンプライアンス体制を構築し、それが有効に機能しているかを検証する義務を怠り、仮に、コンプライアンス体制を構築していても、形式的なものにとどまり、真に有効な体制を構築しなかった。

③ 課徴金減免制度に関する内部統制システム構築義務違反

　ⓐ リニエンシーに関するコンプライアンス・システム構築義務違反

　　被告らには、有効なリニエンシーに関するコンプライアンス体制を構築しなかった過失がある。光ケーブルは極めてカルテルが発生しやすい要注意分野であることは十分に予見できたはずであるから、カルテル発生を予想し、経営上のリスクとしてカルテルを見込んだうえで、他事業者の申告に先駆けて違反事実を申告して、課徴金を免れるコンプライアンス体制を構築する義務があったのにこれに違反した。

　ⓑ 実際にリニエンシーを利用しなかった過失

　　実際に、他事業者はリニエンシーにより課徴金を免れており、本件取締役らは立入検査前に他事業者に先駆けて違反事実を申告すべきであったし、立入検査後でも直ちに報告することができた。それにより、課徴金の減免を受けることができるのにそれを怠った過失がある。

訴状は、取締役のカルテルに関する責任原因となる事由を網羅しているが、

課徴金の減免制度（リニエンシー）の利用に関する体制の構築義務違反、実際に課徴金の減免制度を利用しなかった過失を理由としているのは、これが認められるか、立証が可能かは別にして注目すべきである。それは、課徴金の減免制度を利用することの重要性を明確にしたことについて重要な意味があるといえる。

(2) 代表訴訟の和解による訴訟の終了

大阪地方裁判所の勧告を受けて、平成26年5月7日、和解が成立し訴訟は終了した。和解は、被告取締役らは住友電工に対し5億2000万円の解決金を支払うとの内容であったが、代表訴訟における和解金額としては過去最高の支払額であるとされている。

和解内容には、和解金（解決金）の支払いのほか、本件カルテルの原因調査および再発防止のために、「談合防止コンプライアンス検証・提言委員会」を設置し、提言を受けるなど、再発防止のためのコンプライアンス体制の強化が含まれている。

これは、カルテルや談合が行われるのは、コンプライアンス体制の不備によるものであることから、本件の検証を行うとともに、再発防止のためのコンプライアンス体制の強化が不可欠であることを意味するものである。

その他、橋梁談合事件をはじめカルテルや談合により、会社に課徴金が課せられたことを原因として、同種の代表訴訟が提起されていたが、相次いで和解により訴訟は終了している。和解内容は、住友電工事件の和解と同様に、和解金（解決金）の支払いのほか、「談合防止コンプライアンス検証・提言委員会を設置し、委員会は原因調査と再発防止策の策定を行い、提言と再発防止策を公表する」などコンプライアンス体制の整備と再発防止に努めている。

カルテルや談合により、会社に課せられた課徴金相当額の損害は取締役らの支払能力を超える場合が多いと考えられる。そこで、早期解決の必要性と取締役らの支払能力を考えれば和解により訴訟を終了させることが望ましい。

また、原因の究明と再発防止のための施策が必要であることから、和解内容にコンプライアンス体制の一層の整備と強化が入っている。すなわち取締役はカルテルに関与してはならないことはもとより、カルテルを知らなかったということで責任を免れるものでないことが明らかになったことから、内部統制シ

ステム（コンプライアンス体制）の構築と運用の必要性が再認識されたことによる和解内容であるといえる。

訴訟は和解で終わったことから、原告が掲げた被告取締役らの責任原因について裁判所の判断は示されなかった。

Ⅲ　不正な会計処理に伴う責任

1　粉飾決算と内部統制システム

金融商品取引法は、平成18年の証券取引法の改正に伴い、法令名を証券取引法から改称したものであり、投資者の保護を目的としている。金融商品取引法に違反する行為は、内部者取引（インサイダー取引）などの不公正取引のほか多岐にわたるが、違反件数が多いのは企業内容の開示義務違反である。

企業内容の開示義務違反は、虚偽開示として問題になるが、多くの場合、継続開示に関する「有価証券報告書等の虚偽記載」が問題とされる。有価証券報告書等の重要な事項に虚偽記載等がある場合、提出者（提出会社＝発行会社）は株式の取得者（流通市場の取得者）に対して損害賠償責任を負い（金商21条の2第1項）、また提出会社の役員等も損害賠償責任を負う（同法24条の4）。また、課徴金の対象になるばかりか（同法172条の4第1項）、刑事責任が科せられる（同法197条1項）。

有価証券報告書等の虚偽記載の責任は、流通市場における株式取得者に対する責任であるが、発行市場における株式取得者を保護するために、有価証券届出書等の虚偽記載の責任が規定されている（金商21条1項）。

有価証券報告書等の虚偽記載は粉飾決算によりなされることから、粉飾決算の責任は有価証券報告書等の虚偽記載として問題にされる。粉飾とは、有価証券報告書等の虚偽記載との関係で問題にされるが法律用語ではない。一般に、会社の業績が振るわず赤字（欠損）であるとか、赤字ではないが利益が少ない場合に、経営者が経営責任を追及されることを避けるなどの目的で、架空の売上げによる利益の水増し、損失隠しまたは損失の過少計上などの利益操作による不正な会計処理を行うことを意味する。そして、有価証券報告書等の虚偽記載を防止するための内部統制システムは、粉飾防止のためのコンプライアンス

体制であり極めて重大な金融商品取引法コンプライアンスである。そして、有価証券報告書等の虚偽記載（粉飾）がなされることは、このコンプライアンス体制の構築が不十分であるか、有効に機能していないことが原因となる。

粉飾が行われるのは、企業体質と経営トップの意識に関係するところが少なくないが、監査法人の監査のあり方にも原因がある。社外取締役が存在しても、会計に関する知識が十分であるとは限らないことに加え、不正会計処理に関する情報が社外取締役に伝わることは少ないことから社外取締役により粉飾を防止することは難しい。

2 虚偽記載のある有価証券報告書等の開示

(1) 虚偽記載のある有価証券報告書等の提出

㋐ 有価証券報告書の内容

上場会社等の有価証券報告書を作成して提出する義務を負うものは、各事業年度の経過後3カ月以内に、その事業内容を記載した有価証券報告書を作成して内閣総理大臣（財務局長）に提出しなければならない（金商24条1項）。そして、提出された有価証券報告書は、提出日から5年間、財務局、当該会社の本店等、金融商品取引所において公衆縦覧に供され（同法25条1項、開示府令21号）、投資者の投資判断の用に供される。

有価証券報告書には、経理状況その他事業の内容に関する重要な事項を記載しなければならないが（開示府令15条）、その中心となるのは会計情報である。一方で、ガバナンスに関する記載として内部統制システムの整備の状況等を記載することになる。また、当該会社の属する企業集団および当該会社に係る財務計算に関する書類その他の情報の適正性を確保するために必要なものとして内閣府令で定める体制（財務報告に係る内部統制）の有効性を評価した、内部統制報告書もあわせて提出しなければならない（金商24条の4の4第1項）。

㋑ 有価証券報告書等虚偽記載の責任

有価証券報告書等の重要な事項について虚偽記載のあるものを提出した場合、提出会社は公衆縦覧の期間中に流通市場で株式を取得した者に対し、虚偽記載により生じた損害について損害賠償責任を負う（金商21条の2第1項）。提出会社の役員等も責任を負う（同法22条）。

さらに、刑事責任として、虚偽記載のある有価証券報告書等を提出した者は、10年以下の懲役もしくは1000万円以下の罰金、またはこれが併科される（金商197条1項1号）。虚偽記載のある内部統制報告書、四半期報告書等を提出した者は、5年以下の懲役もしくは500万円以下の罰金が科せられ、またはこれが併科される（同法197条の2）。刑事責任を負うのは、有価証券報告書等を提出した代表取締役等であるが、故意の場合に限られる（刑法38条1項参照）。

　加えて、法人である発行者にも7億円以下、5億円以下の罰金が科せられる（両罰規定。金商207条1項1号・2号）。有価証券報告書の虚偽記載に対する罰則規定は、株式取得者の保護と株式市場の信頼を確保するためである。課徴金の納付命令が発せられる場合は、罰金との調整がなされている。

　このように、虚偽記載のある有価証券報告書等を提出した場合の制裁は厳格である。会社が株式の取得者（株主）の請求（証券訴訟）により賠償金を支払い、罰金や課徴金を支払うことにより会社に巨額の損害が生ずる。

　虚偽記載のある有価証券報告書等を提出した役員、コンプライアンス体制の構築と運用を誤った取締役、それに対する監視義務を怠った取締役と監査役は、会社に生じた損害について任務懈怠責任を負うことになる。そして、株主から代表訴訟により損害賠償責任を追及される可能性が高い。

　有価証券報告書等の虚偽記載は、賠償責任額の巨額化、代表訴訟と多数の証券訴訟の提起、多額の課徴金の納付、上場廃止などのリスクを伴うもののその数は一向に減る様相をみせない。それは内部統制システム（コンプライアンス体制）の構築と適正な運用がなされておらずそれに対するモニタリングが機能していないことによる。

(2) 虚偽記載のある内部統制報告書等の提出

　金融商品取引法上、有価証券報告書の提出義務を負う会社は、有価証券報告書とあわせて内部統制報告書を提出しなければならない（金商24条の4の4第1項）。内部統制報告書は内部統制の評価に関する報告書である。この報告書も公認会計士または監査法人の監査証明を受けなければならない（同法193条の2第1項）。会社法上の内部統制報告は企業活動全般にわたる業務の適正確保を目的とするのに対し、金融商品取引法上の内部統制報告書（財務報告内部統制）は財務報告の適正性と信頼性の確保を目的とする。

会社法上の事業報告の内容は、内部統制システムの整備についての決定または決議の内容の概要および当該体制の運用状況の概要を記載しなければならないが（会施規118条2号）、財務報告内部統制も、会社法上の取締役の職務の執行が法令・定款に適合することを確保するための体制（会社362条4項6号）に含まれるから、会社法上整備すべき内部統制システムの1つである[4]。

そして、重要な事項について虚偽記載のある内部統制報告書を提出した会社は、虚偽記載のある有価証券報告書等を提出した場合と同様の責任を負う（金商21条の2第1項、25条1項6号）。

3 不正会計と有価証券報告書等の虚偽記載

(1) 不正な会計処理と不適切な会計処理

有価証券報告書等の虚偽記載は不正な会計処理（粉飾）に基づいてなされる。不正な会計処理のほかに、不適切な会計処理ともいわれるが両者に大きな違いはない。元来、不適切な会計処理とは、減損処理をしなかった会計処理の方法が適正であったか否かを問題にするものであり、代表的な例として三洋電気株主代表訴訟（大阪地判平成24・9・28判時2169号104頁）があげられる。つまり損失隠しなどの利益操作を伴う不正な会計処理をいうものではない。不正な会計処理についても、不正な会計処理であることが明確になるまでは不適切な会計処理という表現が用いられている。

有価証券報告書等の虚偽記載と認定された場合は、粉飾（不正な会計処理）であることに異論はない。不正な会計処理（粉飾）が故意になされたか、また組織的になされたか否かは、刑事責任、課徴金の納付命令、上場廃止の判断などに関して重要な意味をもつ。しかし、株式の取得者に対する損害賠償責任（民事責任）は過失責任であるから、故意であるか、過失であるかは特別の意味をもたない。

なお、金融庁が不正な会計処理であると認定して課徴金を課す場合や、その蓋然性が高くなる前後で不正な会計処理と不適切な会計処理を使い分けることがあるが、有価証券報告書等の虚偽記載と認定され、課徴金納付命令が発せら

---

[4] 河本一郎＝大武泰南＝川口恭弘『新・金融商品取引法読本』77頁。

れる段階に至れば、不正な会計処理に統一される。

(2) 不正な会計処理の手法

不正な会計処理（粉飾）の主な手口（手法）は、①架空売上げの計上、売上げ先行計上（来期に帰属する利益を前倒し、今期の利益と偽り計上するなど）、②循環取引を行うなどによる架空利益の計上、グループ会社を連結の範囲からはずし、内部取引利益を連結決算で利益計上する、③資産の過大計上、不良資産や損失の過少評価などによる損失隠し、④売上げ原価の虚偽記載、工事進行基準（インフラ整備において工事の完成度合い・進捗状況に応じ、総原価と売上げを適正に見積もって計上し、工事の進捗状況に応じた売上げを計上する会計処理である）の悪用などである。

これらの手口を組み合わせ、複雑なものとして用いる場合が多く、容易に内部監査部門で見破れず、外部監査からでも見破れない場合も多いが、会計監査人が見落とした、あるいは意識的に深く監査しなかった場合は会計監査人の監査責任が問題となる。

不正な会計処理（会計操作）が、特定の部署（たとえば、特定の営業部門）で行われていたが、統括している財務部門がそれを見抜けなかったために、全体として不正な会計処理がなされ、その結果、有価証券報告書等の虚偽記載がなされた、取締役のコンプライアンス体制の構築、運用義務違反が問題にされる事案と、会社ぐるみ（経営トップの関与）で不正な会計処理がなされている事案とがある。後者が故意による粉飾決算であるが、関与した経営トップに法令違反行為の責任（民事・刑事責任）が問われる。

4 有価証券報告書等の虚偽記載と発行会社等の責任

(1) 発行会社の株式取得者に対する責任

有価証券報告書等に虚偽記載等があった場合、かかる情報により形成された市場価格で有価証券を買い付けた投資者（流通市場における株式取得者）は、それが発覚したことにより株価が下落することにより損害を被ることになる。

しかし、それは、流通市場（株式市場）における当事者間の株式売買であって、発行会社（有価証券報告書等の提出会社）の関係していない取引であり、また、発行会社は虚偽記載等により利益を得ていない。そこで、損害を被った投

資者は、発行会社の不法行為責任（民709条）を問うしかなかったが、それは容易ではなく、流通市場での株式取得者の救済として不十分であった。そこで、投資者保護と違反行為を抑止するために、金融商品取引法は有価証券報告書等に虚偽記載がある場合の発行会社の責任を規定したのである。すなわち有価証券報告書等の重要な事項について虚偽の記載があり、または記載すべき重要な事項もしくは誤解を生じさせないために必要な事実の記載が欠けているときは、発行会社は、当該書類が公衆の縦覧に供せられている間に株式を取得した者に対し、虚偽記載または不開示により生じた損害につき賠償責任を負うとするものである（金商21条の2第1項）。

　この責任は、有価証券（株式）の取得者が、有価証券報告書等を閲覧したか、記載内容を信頼したか否かを問わないが、発行会社は、取得者が取得の際に虚偽記載等の事実を知っていたこと（悪意）を立証すれば責任を免れることができる。

　発行会社の責任は、従来、無過失責任であったが、平成26年改正金融商品取引法は、賠償責任を負う者は、虚偽記載等について故意または過失がなかったことを証明したときは、賠償責任を負わないとした（金商21条の2第2項）。これは、過失責任としたうえで発行会社は無過失を立証することにより責任を免れるとの趣旨である。しかし、無過失の立証は容易ではない。

(2) 損害額の推定規定

　発行会社の株式取得者に対する責任に関する規定（金商21条の2第1項）によるも損害額は請求者が立証しなければならないが、株価の下落には多くの要因があることから、虚偽記載の発覚による株価の下落による損害額を立証することは困難である。そこで、金融商品取引法は損害額の推定規定を設けている。

　すなわち有価証券報告書等の虚偽記載等の事実が公表されたときは、公表日前1年以内に当該有価証券（株券等）を取得し、公表日において引き続きそれを有するときは、公表日前1カ月間の市場価格（市場価格がないときは推定処分価額）の平均額から、公表日後1カ月間の市場価格の平均額を控除した額を、虚偽記載等により生じた損害額とすることができる（金商21条の2第3項）。

　推定損害額によれば、原告（株式取得者）は株価の下落による損害額を立証する必要はないが、推定損害額の賠償請求について限度制限がある（金商22条

の2第1項、19条1項）ので、推定損害額によらず、損害額を立証するという方法によることも可能である。

(3) 虚偽記載等の事実の公表

推定損害額によるためには、虚偽記載等の事実が「公表」されたことが要件となる。そこで、公表と公表日が重要な意味をもつが、公表とは、発行会社または発行会社の業務もしくは財産に関し、法令に基づく権限を有する者により、虚偽記載等について、公衆縦覧その他の手段により、多数の者の知り得る状態におかれた措置がとられた場合である（金商21条の2第4項）。

具体的には、発行会社による記者会見またはホームページ掲載、監督官庁の発表、金融商品取引所の公表措置などである。ライブドア事件では、検察官が記者会見で複数の報道機関に対し虚偽記載等の容疑で捜査に着手する旨を伝達したことをもって、公表と認定しているが（最判平成24・3・13判時2146号33頁、東京地判平成20・6・13金判1297号42頁）、検察官は、発行会社の業務もしくは財産に関し法令に基づく権限を有する者でないから（捜査権限をもって、ここにいう法令に基づく権限というのには違和感がある）、たとえ、それに信頼性があり、新聞等により報道され多くの人の知り得るところとなっても、捜査に着手する旨の伝達が「公表」に該当するかは疑問である。もっとも、これは投資者保護のための拡大解釈として理解できよう。[5]

なお、東芝の有価証券報告書等の虚偽記載については、平成27年4月3日に、不適正会計がなされていたとの社内調査の結果を公表しているから、これをもって公表されたとみることができる。

(4) 虚偽記載等と発行会社の役員の責任

有価証券報告書等の虚偽記載による損害について、発行会社の役員等も株主（株式取得者）に対し損害賠償責任を負う。株主（株式取得者）は有価証券報告書提出時の発行者の役員（取締役、執行役、会計参与、監査役、またはこれらに準ずる者）および監査証明をした公認会計士・監査法人に対し、損害賠償請求をすることができる（金商24条の4、22条）。

虚偽記載のある有価証券報告書等を、虚偽記載のないものとして監査証明を

---

[5] 詳細については、新谷勝「判批」金判1308号2頁以下。

した公認会計士・監査法人は、虚偽記載のないものとして監査証明をしたことにつき故意・過失がなかったことを証明しなければ責任を免れることはできない（金商24条の4、22条、21条2項2号）。そこで、公認会計士・監査法人の責任の追及に対する関心が高まっているが、東芝の不正会計についても、監査法人の責任が問題にされている。

(5) 取締役等の責任と代表訴訟による責任追及

　ライブドア事件にみられるように、株主（株式取得者）から虚偽記載のある有価証券報告書を提出した会社に対して損害賠償請求訴訟が提起され、多くの場合原告勝訴となる。そうすれば、会社に支払損害金相当の損害が生ずる。また、会社が課徴金を納付した場合はさらに会社の損害は拡大する。その他、東京証券取引所に対する上場契約違約金の支払い、第三者委員会に支払った報酬・調査費用という損害が生じることになる。会社の信用失墜による損害も問題になり、損害額の合計は巨額なものとなる場合がある。[6]

　これらの損害について、発行会社の取締役が関与し、または内部統制システム（コンプライアンス体制）の構築と運用が不十分な場合は、取締役は、会社に対し任務懈怠の損害賠償責任を負うことになる。この損害について、多くの場合、会社は取締役に過失がないとして責任追及訴訟を提起しないことから代表訴訟による責任追及となる。このように、内部統制システムの構築と運用義務を怠った取締役の代償は大きい

(6) 代表訴訟と証券訴訟

　有価証券報告書等に虚偽記載がなされた場合、①取締役等の会社に生じた損害（課徴金の納付、修正のための監査法人に支払った報酬等、第三者委員会等設置の費用、東京証券取引所に支払った上場契約違約金、信用低下による損害等）についての賠償責任と、②株主に生じた損害（虚偽記載等の発覚による株価の下落による損害）についての賠償責任が生ずる。①と②は別の訴訟であり、①は会社法上の責任であり、②は金融商品取引法上の責任である。

　①は会社に対する支払請求であるが、株主が請求する場合が「代表訴訟」で

6　いわゆる「証券訴訟」。株主が会社に対して、自己に生じた損害の賠償を請求する訴訟であり、代表訴訟とは別の訴訟である（後記(6)参照）。

ある（会社847条1項）。代表訴訟は会社の損害の回復により、株主の損害を回復するものであるが、株主の損害回復は間接的であり、勝訴により株主は直接の利益を受けない。

②は虚偽記載等により株価が下落したことにより、株主に損害が生じた場合に、株主が会社（有価証券報告書の提出会社・有価証券の発行会社）、有価証券報告書を提出した役員、監査法人等に対する、株価の下落による損害の賠償請求をする訴訟である（金商21条の2第1項、22条2項）。これが、「証券訴訟」といわれるものである。「証券訴訟」によれば、株主は直接損害を回復することができ、また、損害額の推定規定が設けられていることから（同法21条の2第3項）、数多く提起されている。「証券訴訟」には、専属管轄の定めがないため、各地の裁判所に多数人による集団的な訴訟提起がなされている。この場合、通常共同訴訟となる（民訴38条）。

有価証券報告書等の虚偽記載の責任は過失責任であるが、被告（会社、役員等）は無過失を立証しなければ、責任を免れない（金商21条の2第2項）。しかし、無過失の立証は容易ではないから、会社は多額の賠償責任を負い、これを支払うことにより会社に損害が生ずることになる。これは役員の任務懈怠責任となる。そこで、株主は代表訴訟により役員の会社に対する賠償責任を追及することになる。

5　金融商品取引法上の課徴金制度

(1)　金融商品取引法違反と課徴金制度の概要

金融商品取引法上の課徴金の制度は、同法所定の違反行為をした者に対し、違反行為に対する罰則規定とは別に金銭的な負担を課すことにより、違反行為の防止を図るための行政処分であり、独占禁止法上の課徴金と同趣旨である。

平成16年の証券取引法の改正により課徴金制度が導入されたが、発行開示書類の虚偽記載、不公正取引（インサイダー取引・相場操縦・風説の流布・偽計取引）を対象とするものであった。次いで、平成17年の改正により継続開示書類（有価証券報告書と訂正報告書・半期報告書・臨時報告書）の虚偽記載についても課徴金制度の対象となった。そして、金融商品取引法はそれを承継し、課徴金制度について規定している（金商172条～175条）。

重要な事項に虚偽の記載があり、または記載すべき重要な事項の記載が欠けている継続開示書類（有価証券報告書等、半期報告書、四半期報告書、臨時報告書並びにこれらの訂正報告書）を提出した発行会社は、課徴金が課せられる（金商172条の4第1項、金融商品取引法第六章の二の規定による課徴金に関する内閣府令1条の3、1条の4、1条の5）。課徴金が課せられるのは発行会社であって、その役員等には課徴金は課せられない。

虚偽の記載による課徴金の算定は、虚偽記載の大小によるのではなく、虚偽記載により得た利得をベースとしたものとされている。課徴金額は、①600万円（金商172条の4第1項1号）または②当該有価証券の市場価額の総額の10万分の6（同項2号）である。①、②のいずれか大きい額の課徴金が課せられるが、通常、②の額が①の額を超えることが多いから、②の額によることになる。

重要な事項につき虚偽記載のある四半期報告書、半期報告書、臨時報告書およびこれらの訂正報告書を提出した場合の課徴金は上記の2分の1になるから、発行者等に対して、①300万円または②当該有価証券の市場価額の総額の10万分の3のいずれか大きい額の課徴金が課せられる（金商172条の4第2項）。

課徴金を納付すべき行為について罰金が科せられる場合は、課徴金との調整が行われる。課徴金を課すべき有価証券報告書等の虚偽記載等と同一事件において、罰金についての確定判決があるときは、課徴金の額から当該罰金の額を控除した額が課徴金の額となり、課徴金の額を変更しなければならない（金商185条の8第6項・7項）。そこで、罰金額が課徴金額より大きいときは納付すべき課徴金はないことになる。

(2) 課徴金納付命令の手続

証券取引等監視委員会が調査を行った結果、課徴金の対象となる法令違反行為（有価証券報告書等の虚偽記載等）があると認めた場合に、①内閣総理大臣および金融庁長官に対し、課徴金納付命令を発出するよう勧告する（金融庁設置法20条1項）。②これを受け、内閣総理大臣から委任を受けている金融庁長官（金商194条の7第1項）は審判開始決定を行い、審判官が審判手続を経たうえで、課徴金納付命令決定案を作成し、金融庁長官に提出する。③金融庁長官は、決定案に基づき課徴金納付命令の決定をする（手続については、金商178条以下）。

6　課徴金の加算・減算制度

　平成20年の金融商品取引法の改正により、課徴金を課しただけでは違法行為を抑止するためには不十分であるとして、違反行為を繰り返した者に対し課徴金を加算する制度を設け、過去5年間に同じ違反行為により課徴金納付命令を受けた者に対しては、課徴金額を法定課徴金額の1.5倍とした（金商185条の7第13項）。

　それと同時に、証券取引等監視委員会等による検査または報告の聴取等が開始される前に、証券取引等監視委員会に対し違反事実に関する報告を行えば、直近の違反事実に関する課徴金の額を、所定の算出額の半額に減額することを内容とする課徴金の減算制度（リニエンシー）が導入された（金商185条の7第12項）。課徴金の減算制度の趣旨は、独占禁止法の課徴金減免制度と同様に違反行為の早期発見のインセンティブを与えるためである。

　内閣総理大臣は、開示制度（ディスクロージャー）の実効性を確保するために、必要かつ適当と認めるときは、有価証券報告書等の提出者に対し、報告、資料の提出を命じ、または当該職員をして帳簿書類その他の物件の検査（開示検査）を行うことができる（金商26条）。内閣総理大臣は、その権限を金融庁長官に委任し、金融庁長官は証券取引等監視委員会に委任することから（同法194条の7第1項・2項）、開示検査は証券取引等監視委員会によって行われる。

　虚偽記載のある有価証券報告書等の提出者が、課徴金の金額の50％減額を受けるためには、当該事実について報告もしくは資料の提出命令または帳簿書類その他の物件の検査のいずれかの処分が行われる前に、当該事実を内閣府令の定めるところにより内閣総理大臣（証券取引等監視委員会）に報告しなければならない。

　証券取引等監視委員会の調査が入る前に、違反者が証券取引等監視委員会に対し違反行為を報告した場合に、課徴金の金額を半減することにより、早期発見のインセンティブを得ることを目的とする。独占禁止法の課徴金減免制度のように、検査が開始された後の減額を認めるものではない。また、独占禁止法の課徴金減免制度とは異なり課徴金の免除は認めていない。

　取締役は、違法な会計処理がなされないように、内部統制システムの構築と

運用義務を負うが、違法な会計処理がなされ、有価証券報告書等に虚偽の記載がなされていることを発見した場合は、速やかにそれを報告し課徴金の減算を受けることができるようシステムを整備すべきである。これに違反して、会社に損害が発生し、または損害の拡大を防止できなかった場合は、取締役は任務懈怠の責任を免れないが、これらは独占禁止法コンプライアンスの場合と同様に考えることができる。

7 課徴金の納付と取締役等の責任追及訴訟

　近年、証券事件（金融商品取引法違反事件）として、有価証券報告書等の虚偽記載（粉飾）事例が多くみられるが、その規模も高額化している。代表的な事例として、カネボウ、ライブドア、日興コーディアル証券、IHI、オリンパスの粉飾事例があるが、現在、大規模な粉飾事件として東芝事件が関心を集めている。有価証券報告書等の重要な事項の虚偽記載に対しては、課徴金が課せられるがその金額は大きい。会社には納付した課徴金相当額の損害が生ずるが、取締役等はそれについて任務懈怠による損害賠償責任を負い、代表訴訟等で責任を追及されることになる。

　課徴金は、有価証券届出書等の虚偽記載（発行開示）についても課せられる。有価証券届出書の重要な事項につき虚偽記載があるとして、4373万円の課徴金を課せられた会社が、代表取締役等の任務懈怠によるものとして損害賠償を請求した事例がある（京王ズホールディングス事件）。判旨は、代表取締役と経営担当取締役には、適正な会計処理を行い、虚偽記載がなされないようにする注意義務に違反する任務懈怠があったと推認することができるとしたうえで、本件課徴金の納付により、会社に課徴金相当額の損害が生じたが、それは被告らの任務懈怠と因果関係が認められるとして、代表取締役に4373万円全額、経営担当取締役は関与した会計処理に係る課徴金2222万円の限度で、連帯して損害賠償責任を負うとした（仙台地判平成27・1・14商事2059号91頁）。

　この理は、有価証券報告書等の虚偽記載の場合にも通用する。後述のように、東芝への課徴金は、有価証券報告書等の虚偽記載と有価証券届出書等の虚偽記載に関するものである。

　いうまでもなく、有価証券報告書や有価証券届出書等の虚偽記載という不正

な会計処理がなされるのは、内部統制システムの構築と運用が十分でないことに原因がある。

8 粉飾決算と東京証券取引所の取扱い

　東京証券取引所は、その上場規程において、粉飾決算は投資家の信頼を失う行為であるとして、一定の処分をすることができると定め、上場廃止が検討される。カネボウ、西武鉄道、ライブドアは上場廃止になったが、日興コーディアルグループ、オリンパスについては上場廃止とはならなかった。

　上場廃止は株主と投資者に重大な影響を及ぼすから、上場廃止に関する投資者の予見可能性を確保するために、上場廃止基準を明確にする必要がある。そこで、東京証券取引所は平成25年8月上場廃止基準を明確にした。

　有価証券報告書等に虚偽記載を行い、かつ、その影響が重大であると東京証券取引所が認める場合を上場廃止事由とし、また、監査報告書における監査法人等の監査意見が「不適正意見」または「意見を表明しない」旨等が記載され、かつ、その影響が重大であると東京証券取引所が認める場合を上場廃止事由とした（有価証券上場規程601条1項11号）。

　その影響が重大であると東京証券取引所が認める場合とは、「直ちに上場廃止にしなければ市場の秩序を維持することが困難であることが明らであると認められる場合」をいうが、これは違反行為の重大性と、投資家と株主に与える影響の大きさを総合して判断すべきである。

　東京証券取引所は、上場廃止にしない場合でも、社内管理に問題があるとして投資家に注意を促す「特設注意市場銘柄」への指定の制度を設けている（有価証券上場規程501条1項2号）。

　特設注意市場銘柄に指定された場合、直ちに上場廃止にならないが、指定後1年（当初3年であったが短縮されている）という改善期間内に改善がみられない場合は上場廃止になる。

　また、上場廃止にしない場合でも、東京証券取引所は有価証券上場規程に基づき上場契約違約金の支払いを請求できる制度を設けている（有価証券上場規程509条1項1号）。

Ⅳ 近時の代表的な粉飾事例

1 不正な会計処理の特徴

　不正な会計処理（粉飾決算）と有価証券報告書等の虚偽記載が行われる多くは、カネボウに代表されるように経営不振で破綻に瀕した赤字会社の場合である。そして、粉飾に関係した会社役員の責任も刑事責任が中心であった。

　ところが、近年では、破綻に瀕した赤字会社の粉飾ではなく、株式投資の失敗による損失隠し、企業買収絡みの不正な会計処理が行われている。その手口も子会社を用いるとか、損失の付け替えなど複雑巧妙になっている。現在、大きな社会問題となっている東芝の不正な会計処理も、破綻に瀕した赤字会社が行ったものではなく、会社の業績をよくみせようとして行われたものであり、その手口は比較的単純なものである。

　株主代表訴訟の普及と証券取引法（金融商品取引法）により株主（投資家）の保護が図られたことから、粉飾に関与した取締役に対して代表訴訟（株主が役員を相手に、会社に損害金を支払うことを求める損害賠償請求訴訟）が提起されるだけでなく、会社に対し、粉飾（有価証券報告書の虚偽記載）の発覚が原因で株価が下落したことによる損害の賠償を請求する証券訴訟（株主が会社を相手に提起する損害賠償請訴訟）が多く提起され、その結果、課徴金の納付とあわせて会社に生ずる損害が巨額のものとなっている。

　粉飾決算が行われるのは、会計監査人（監査法人）が不正会計を見落としたことに起因するが、会計監査人の監査が十分行われたのか、監査が甘いのではないかという指摘がなされている。

2 ライブドアの粉飾決算

　ライブドアの粉飾決算に係る事件はかなり複雑で、民事・刑事事件にまたがっているが、有価証券報告書等の虚偽記載部分について要約すると次のとおりである。

　平成16年度決算は実際上3億円の赤字であった。ところが、子会社が実質的に支配する投資事業組合が有するライブドア株式を売却して得た53億円の売却

利益をライブドアに付け替えてライブドアの利益として計上し、50億円の黒字会社とする操作を行ったものである。ライブドアの粉飾（有価証券報告書等の虚偽記載）は、継続的に行われたものではなく手口も単純で、粉飾金額も53億円と比較的少ない。

投資事業組合の株式売買利益をライブドアの利益に付け替えることは、違法な会計操作とみることができるが、ライブドアと投資事業組合を実質的に同一体であるとみれば、利益の付け替えにならないのではないか、実質的支配下にある投資事業組合を通じて有していた自己株式の処分と同じように考えられないかが問題になる。これを利益の付け替えでないとみれば、許容性の範囲の行為として許された会計処理の範囲内の行為で違法ではないという問題がある。

これは、公正妥当と認められる企業会計の慣行に従うものとする規定（会社431条、旧商32条2項）の解釈と関係するが、投資事業組合の売却益を親会社の連結損益計算上、売上げとして計上することは、一般に公正妥当と認められる企業会計の基準に反するものであって許されないと解される（東京地判平成21・5・21判時2047号36頁）。

有価証券報告書等の虚偽記載により、会社および役員の刑事責任の追及がなされ、刑事事件（有価証券報告書の虚偽記載と偽計取引の併合罪）の判決は、代表者に懲役2年6カ月の懲役、ライブドアに対する罰金2億8000万円であった。その後、ライブドアは上場廃止になっている。また、代表訴訟と多くの証券訴訟の提起がなされた。

3　オリンパスの粉飾決算

平成初期のバブルの崩壊により投資が失敗に終わり、多額の損失が生じたところ10年以上も隠ぺいして粉飾を続け、平成23年に発覚した事案である。会社資産の運用は社長直轄で行われていたことから、少数者しか投資の失敗を知らなかった。不正会計には歴代経営トップが関与していたが監査役もかかわっていた。一部の役員しか不正会計に関与することなく秘密裡に行われたものである。

投資の失敗による損失隠しを、当初、帳簿上の操作で行っていたが、平成9年頃からは、「飛ばし」という損失の付け替えによる損失隠しを行っていた。

そして、平成18年から20年にかけて、ケイマン諸島に設立された投資会社を用いて、海外企業を企業の実態とはかけ離れた高額で買収し、国内でも不適切な企業買収を行い、会社の資金を流出させて損失隠しに利用し、企業買収について減損処理を行うなど手の込んだ損失隠しを続けていた。

粉飾額は1178億円であり、社長と副社長が懲役3年、執行猶予5年の判決を受けたほか、他の関係者も有罪判決を受けている。また、監査法人に対しては、金融庁から業務改善命令が出ている。オリンパスに対しても多くの証券訴訟が提起された。

V 東芝の不適切な会計処理と内部統制システム

1 不適切な会計処理の概要

(1) 証券取引等監視委員会による開示検査

本件が発覚した端緒は証券取引等監視委員会に対する内部告発によるものとされている。告発の内容は、インフラ部門（原子力部門）において当期利益確保（予算達成）が困難になったことから、工事進行基準による工事進捗率を実際より大きく見積もり、売上げを前倒しで計上しているといったものとされている。

平成27年2月12日、東芝は証券取引等監視委員会から金融商品取引法26条に基づく報告命令、インフラ関連事業の会計処理の「開示検査」を受けた。社内調査を行ったところ、平成26年3月までの5年間で累計548億円の不適切会計処理がみつかった。東芝は、これを同年4月3日に公表したが、半導体、パソコン、テレビの事業部門でも、不適切な会計処理が行われている疑念が生じた。

そこで、さらなる調査が必要であることから、外部専門家による第三者委員会を設けて調査させることにした。第三者委員会（東芝が設けた任意調査委員会で、委員の選任は東芝が行う）は、平成27年5月17日に調査を開始し、同年7月20日、東芝に対し調査結果を報告し、同社はこれを翌21日に公表した。

第三者委員会の調査によれば、不正会計処理額（利益操作額）は、平成20年度から同26年度4～12月期までの累計で1518億円であり、これに東芝の自主チェック額44億円を加えれば、合計金額1562億円となり、この間の税引利益

5650億円の3割近くになった。

　東芝はいち早く委員会設置会社という新しいガバナンスを採用し、内部統制システムも形式的には整備されているが、実際はガバナンスも内部統制システムも機能していなかったのである。いかに、形式的に制度やしくみを整えても、それを動かすのは人であることが明白になった事例である。折しも、コーポレートガバナンス元年といわれるように、ガバナンスが明確に位置づけられ、「コーポレートガバナンス・コード」の適用が開始された（平成27年6月1日東京証券取引所）のと時期を相前後して発覚した企業不祥事である。特に、委員会設置会社というすぐれたガバナンスの下での企業不祥事であることから、社会に与える影響は極めて大きい。

　不正な会計処理が長年にわたり3代の社長に引き継がれ、上司に逆らえない企業風土が生まれたのも、社長の退任者が会長や相談役として影響力を及ぼしうることと無関係ではないであろう。会長や相談役の制度は、指名委員会等設置会社という新しいガバナンスと調和するものであるかについても疑問である。

(2) 第三者委員会報告書の概要

　第三者委員会報告書の概要は、以下のとおりである。

　まず、経営トップを含めた組織的な関与が認められる。経営トップらは、意図的なみかけ上の当期利益のかさ上げの実行、費用・損失計上の先送りの実行またはその継続を認識しながら中止ないし是正を指示しなかった。社内カンパニーに対し、達成不可能な目標に対して、「チャレンジ」と称して達成を強く迫り、追い込み、当期利益至上主義と目標達成のためのプレッシャーをかけた。それにより、社内カンパニーは、当期におけるみかけ上の利益を予算やチャレンジの値に近づけるという不適切な会計処理を行わざるを得ない状況に追い込まれた。

　第2に、経営トップらの関与等に基づいて、不適切な会計処理が多くのカンパニーにおいて、経営判断として同時並行的かつ組織的に実行または継続された。カンパニー（独立した事業部門）社長や社内カンパニーのトップは、「見かけ上の当期利益の嵩上げ」という不適切な会計処理を実行しまたは継続してきた。それは、上司の意向に逆らうことができないという企業風土が存在したことにも起因する。

第3に、経営トップや幹部職員の関与により、財務報告に係る内部統制機能を逸脱、無効化して、その枠外からの指示などにより不適切な会計処理が行われていたが、これを想定した内部統制（リスク管理）システムが構築されていなかった。また、諸部門の監督機能も十分に機能していなかった。

　第4に、監査委員会による内部統制機能（監督機能）が働いていなかった。複数の監査委員が不適切な会計処理が行われている事実、または引当金の計上などの会計処理が必要となることを裏付ける事実を認識しているにもかかわらず、監査委員において問題点を審議するなどといったことは行われず、監査委員の1人が監査委員長（元最高財務責任者）に対し、懸念を示し精査するように求めた事案も取り上げられなかった。

　第5に、監査委員会には、財務・経理に関する監査を担当する常勤の監査委員が実質的に1名しか存在せず、3名の社外監査委員の中には財務・経理に関して十分な知見を有する者はいなかった。また、監査委員会の補助スタッフとして財務・経理に精通した人員が十分に配置されていなかった。

　第6に、結果として外部監査による統制が十分に機能しなかったが、それは、会計監査人の気づきにくい方法を用いて、かつ会計監査人からの質問や資料要請に対しては、事実を隠ぺいしたり、事実と異なるストーリーを組み立てた資料を提示して説明するなどしたことによるものであり、会計監査人がそれを覆すような強力な証拠を入手することは極めて困難であった。

　最後に、内部通報制度が十分に活用されていなかった、とされている。

(3) 第三者委員会報告書の検討

　経営トップを含めた組織的な会計不正が行われていた。それは、経営トップの当期利益至上主義と目標達成のためのプレッシャーにより各カンパニーで継続的に行われたものである。これらについては、内部統制（リスク管理）システムが構築されていなかった、監査委員会による内部統制機能（監督機能）が働いていなかった、と要約することができる。しかし、「見かけ上の当期利益の嵩上げ」を図った背景、経営トップの関与の度合い（ある程度具体的な指示の有無）、関与した経営トップの責任、内部統制システムの構築・運用義務違反の責任には踏み込んでいない。

　第三者委員会は、本件不適切な会計処理は、企業ぐるみで行われたことは認

めるが、経営トップによる「チャレンジ」の要求に起因する、上司に逆らえない企業体質が存在するなど抽象面を強調するにとどまり、不正会計をするに至った背景と原因、「チャレンジ」の意味、それを要求する経営トップの意図、不正な会計処理がなされることの認識の有無、経営トップの責任には立ち入っていない。上司に逆らえない企業体質は、東芝に限ったことではないが不正な会計処理をやむを得ないとする事由にはならない。

内部統制システムの整備が不十分であった点についても、経営トップのシステム構築と運用義務違反、他の取締役の監視義務違反の責任には踏み込んでいない。監査法人の責任についても、東芝の資料と説明によれば責任がないとはいえないのに、この点について踏み込んでいない。

会社ぐるみの組織的な不正会計処理が行われ、経営トップの関与を認めながら、主導したか否かは不明確であるとの立場をとり、漠然としたものにとどめ関与の度合いと責任について踏み込まなかった。これでは十分な調査報告とはいえない。経営トップの関与の度合いは悪質性の判断基準となる極めて重要な事項であるから、これを明確にする必要がある。

報告書は原因として当期利益優先を指摘するにとどまり、経営不振、利益があがらないことを隠すためという根底にある動機について明確に言及していない。また、不正会計が発覚した発端が内部告発にあり、それは原子力発電事業に関係するばかりか、一部マスコミにより、米国原子力事業会社を買収したことが重荷になっている、「のれん」の消却が必要となり、これが不正な会計処理と無関係でない旨の報道がなされているにもかかわらず、原子力事業子会社の問題には触れていない。さらに、不正な会計期間中に社債を発行し、多額の資金を調達している事業にも触れていない。単に、委託されたことだけを報告するのであれば、第三者委員会を設けた意味が失われる。

報告書は重要部分について欠落しているが、後に、次々に事実が明らかになった。それが東芝の再生にとってマイナスに作用することは否定できないであろう。

第三者委員会報告書は、監査法人の責任について消極的と思える立場をとり踏み込まなかったが、金融庁の公認会計士・監査審査会は、東芝の第三者委員会の調査の進展にあわせ、監査が適正になされたか否かの調査を実施した。検

査のポイントは、原子力発電所やパソコン事業などで東芝が抱えるリスクに基づき、財務諸表に虚偽記載があるのではないかという職業的な懐疑心をもって監査していたのかを主要な目的としている。[7]

なお、カネボウの粉飾決算では、監査法人が業務停止処分を受け、オリンパスの粉飾決算では、監査法人が業務改善命令を受けている。

2 東芝のガバナンスと内部統制システム

(1) 東芝の企業形態（委員会設置会社）

東芝は委員会設置会社制度が新設された平成12年に委員会設置会社（現指名委員会等設置会社）に移行し、経営と監督を分離するガバナンスを採用している。そのため、執行役等の職務執行機関と職務執行の監督機関としての監査委員会が設置されている。監査委員会は5名の委員で構成され、3名は社外取締役である。

また、経営の効率化と事業部門の独立性の強化を図るために社内カンパニー制を採用し、独立採算性をとっている。カンパニー（事業部門）の決定権は事業部門の長（カンパニーの社長）に委ねられていることから、カンパニーの独立性が確保されるしくみとなっている。

(2) 東芝のガバナンスと内部統制システム

ガバナンスについては、委員会設置会社であるから、業務執行事項の決定は、原則として取締役会から執行役に権限移譲が行われ、取締役会は監督機能に徹することになる。東芝の公表したところによれば、執行役に権限移譲された業務執行事項のうち、最重要事項については執行役社長などがコーポレート経営会議（原則毎週1回開催）などで決定する。また、監査委員である社外取締役3名に対して、専任の監査委員会室スタッフがサポートしている。

内部統制システムについては、重大なリスク案件に対して、各部門で連携を図ったリスク・コンプライアンス委員会で、多様化するリスクへの予防、対策、再発防止をきめ細かく行うことで、リスク管理システムの強化を図っている。また、各社内カンパニーや国内外グループ会社でも、これに準じた体制を整備

---

7 平成27年8月25日付け朝日新聞7面。

している。

　内部監査部門として、社長直属の「経営監査部」（46名）を設置し、業務執行の正当性、結果責任および遵法の視点から、社内カンパニー、スタフ部門、グループ会社などの監査を行っている。内部監査部門である経営監査部は、その年度監査方針および監査計画の策定にあたって、監査委員会と事前に協議するとともに、毎月2回開催する監査委員会との連絡会議を通じて、被監査部門についての監査前協議や監査情報の共有を行う。

　これらを前提として、監査委員会は、東芝およびグループ会社の内部統制システムの整備、機能状況の詳細な調査などを、原則として経営監査部による実地調査に委ねている。経営監査部の監査結果については、監査委員会はそのつど報告を受けるが、当該報告などにより必要と判断した場合は、監査委員会自らが実地調査を行う。

　また、監査委員会は、会計監査人から期初に監査計画の説明を受けるとともに、期中の監査の状況、期末監査の結果などについて随時説明、報告を求めている、としている。[8]

　このように、東芝はガバナンスも内部統制システムも形式的には整備されていたのであるが、現実にはどちらも機能していなかったのである。経営と監督分離型のモデル的な会社であるといわれてきただけに企業社会に与える影響は大きい。

　いかに制度を整備しても、それを運営すべき経営トップの認識により大きく左右され、また社外取締役を設置しても容易に不正を防止することができないことが明白になった事例である。近代的なガバナンスと企業風土の狭間で生じた不祥事ということができる。

3　不適切な会計処理を行った理由の不明確さ

　東芝は長年にわたり企業ぐるみで不正な会計処理を行ってきた。東芝の不適切な会計処理は、利益の付け替え・利益の水増しといったものであるが、赤字

---

[8] 「東芝アニュアルレポート2013」〈https://www.toshiba.co.jp/about/ir/jp/library/ar/ar2013/tar2013.pdf〉41～43頁。

会社ではなく優良企業とされている東芝が、不適切な会計処理をした理由が判然としなかった。しかし、しだいに、経営不振を隠すために、架空利益の計上、紛失の先送りという不適切な会計処理により、当期利益の確保を図っていたという実態が明らかになってきた。

電気業界大手他社は、業績不振により収益が悪化し巨額の赤字会社に転落している。これに対し、東芝の場合は赤字会社ではないのにもかかわらず、不適切な会計処理により経営状態をよくみせようとしたのである。リーマン・ショックは東芝だけの問題ではなく、東日本大震災（東京電力福島第一原子力発電所の事故）という事業環境の変化に伴う売上げの低下は、想定外のことであるから、組織的に利益操作（利益の水増し）をしてまで、みせかけの当期利益を確保する必要はないはずである。

長年にわたり不正な会計処理をしてまで、業績をよくみせかけなければならない事情が何かが判然としない。株価対策、配当維持、資金調達、経営トップの経営状況が良好であることを示したいという思惑などが絡むものと推測できる。しかし、問題の根本は、業績悪化に対して不採算事業部門を中心にリストラを行うなど抜本的な解決を行うことなく、安易に利益の水増しにより業績不振を隠そうとしたことにあるとみることができる。

この点、不正な会計処理が行われた背景にある事情として、高値で買収した原子力事業子会社が重荷になっていたことが考えられ、原子力事業子会社の買収により生じた「のれん」の処理、収益の悪化による繰り延べ税金資産の取り崩し問題が関係するが、原子力事業子会社の買収後のリーマン・ショックによる売上げの減少、東京電力福島第一原子力発電所の事故が重なり収益が悪化したことがあげられている。[9]

4 訂正有価証券報告書による不適切会計状況

東芝は、平成27年9月14日、平成21年3月期から同26年12月期までの訂正有価証券報告書（決算修正）を提出するとともに、不正会計処理額（利益の水増

---

[9] たとえば、毎日新聞経済プレミア〈http://mainichi.jp/premier/business/entry/index.html?id=20150729biz00m010008000c〉（平成27年7月29日）。

分）を公表した。第三者委員会の調査によれば水増分は1518億円であったが、東芝が自主チェックで把握していた額、その後新たにみつかった水増分を加えれば、その総額は税引前で2248億円であり、これについて修正したことから、純損益ベースでみても1552億円が架空のものであったことになるとされている。

　修正により水増分の利益がなくなるから、利益は大幅に減少することになるが、平成21年3月期と同22年3月期では赤字となっている。これにより、無理に利益の水増しを行っていた理由が明らかになった。不適切な会計処理をしていたのは、もともと利益が出ていない、あるいは利益が少なかったことを隠すためであると考えられる。

　パソコン事業部やテレビ事業部で利益の水増しが多いのも、この事業分野の利益が少なかったためと考えられる。経営トップが強く「チャレンジ」を求め、撤退を示唆したのもこの分野であると考えられる。そうすれば、経営トップは単に不適切な会計処理を黙認していたにとどまらず、積極的に関与していたとみるのが自然である。

　経営トップが社長月例会議（各事業部門が社長に対し、業績と見込みを報告するために、毎月開かれる会議）において、「チャレンジ」と称して予算と目標の達成を迫り、それが本件不正会計につながった。「チャレンジ」を強要した事由も、営業不振で利益があがっていないにもかかわらず、利益があがっているように装っていたことによるが、これは典型的な粉飾の手口である。東芝は、不適切な会計処理の発覚により、業績不振が表面化した。

　利益があがらない、経営状態が思わしくないのは家電業界に共通しており、東芝だけに限らないのに、なぜ東芝が当期利益第一主義に走り、不正な会計処理を重ねて利益が生じているように装ったのかその理由と原因は明らかでない。おそらく資金調達の問題が関係しているのではないかと思われる。赤字経営あるいはそれに近い状態であれば市場からの資金調達（平成22年12月から同25年12月までの間、社債発行により合計3200億円を調達している）、新規銀行借入れも難しいばかりか、約定により借入金の一括返済を迫られるおそれがあるとの事情が指摘されている。この点についても、第三者委員会の報告書は触れていない。

　そして、決算の修正により水増分の利益がなくなることから、この間に行われた剰余金の配当（利益の分配）が違法配当となり、執行役について違法配当

の責任が生ずる余地がある（会社462条1項）。

5　東芝に対する東京証券取引所の措置

　東京証券取引所は東芝株について上場廃止にしなかったが、平成27年9月15日、東芝が同年8月末に提出した訂正有価証券報告書、平成27年3月期有価証券報告書により、有価証券報告書等の虚偽記載を行い、内部管理体制について改善の必要性が高いと認められるとして、有価証券上場規程に基づき、東芝株を「特設注意市場銘柄」に指定した。

　これとあわせて、開示された情報の内容に虚偽があり、東京証券取引所の市場に対する株主および投資者の信頼を棄損したものと認められるとして、東芝に対し上場契約違約金9120万円の徴求を行った。[10]

　「特設注意市場銘柄」に指定されたことにより、東芝は1年以内に内部管理体制を改善しなければ上場廃止になる。そこで、東芝は急遽経営陣の入れ替え、社外取締役の増員、内部管理体制対応部署の新設などを行っている。しかし、内部管理体制を改善するためには、その前提として不適切な会計処理が行われた背景と、旧経営トップの責任の有無を明確にすることが必要である。

　なお、オリンパスについては、有価証券報告書等への虚偽記載等（飛ばし取引）により、特設注意市場銘柄に指定するとともに、1000万円の上場契約違約金の徴求をしている。[11] この徴求金額に比べ東芝の違約金は極めて高額であるが、上場契約違約金の算定基準は年間上場料の20倍とされている。

6　東芝の不適切な会計処理と課徴金

(1)　証券取引等監視委員会の調査

　証券取引等監視委員会は内部告発を受け、平成27年2月に東芝に対し報告命令を出すとともに不適切会計の調査を進めていたが、第三者委員会による調査の結果、平成26年3月までの過去5年間で1562億円の不適切会計が行われていたことが判明したことから、一般投資家の投資判断を誤らせた有価証券報告書

10　東京証券取引所の平成27年9月14日付け「マーケットニュース」。
11　東京証券取引所の平成24年1月20日付け「マーケットニュース」〔プレスリリース〕。

等虚偽記載の疑いがあるとして、東芝が平成27年8月末に提出した訂正有価証券報告書、平成27年3月期有価証券報告書などを精査し、重大な虚偽記載があると認定すれば、金融庁長官に対し課徴金を課すことを勧告する方向で検討を始め、そのための本格的調査に入った。

提出した有価証券報告書等の重要な事項につき、虚偽記載（虚偽の情報）があった場合、内閣総理大臣（金融庁長官）は、課徴金の納付を命じなければならないが（金商172条の11第1項）、東芝は重要な事項につき虚偽記載があったことから課徴金が課せられることになる。

違反者が証券取引等監視委員会による調査が入る前に、同委員会に対して違反行為を報告することにより、課徴金の金額を半減することができるが、東芝は平成27年2月12日、証券取引等監視委員会から金融商品取引法26条に基づく報告命令、インフラ関連事業の会計処理の「開示検査」を受けていることから、課徴金の金額が半減されることはない。

金融庁による検察庁への刑事告発は、オリンパスのケースと比べ悪質でないとして見送られる公算が高いとされているが、組織ぐるみであることから必ずしも悪質性の程度が低いとはいえない。しかし、不正な会計処理であることの認識を立証することは困難であることから、パソコン事業部の不正な会計処理を除き、刑事告発は見送られる公算が高い。

(2) **東芝の決算修正と原子力事業子会社関連の不開示**

東芝は平成27年9月、不正会計が行われた期間中の決算を修正し、有価証券報告書を訂正した。そして、不正会計による利益の水増しは2248億円であり、平成27年3月期決算で378億円の赤字が生じたことを公表した。

東芝が、平成18年に6000億円で買収し、子会社とした米国原子力事業会社（原発会社）ウェスチングハウス（WH社）の経営は比較的順調であるとされてきた。ところが、平成24年度、25年度に減損処理（資産価値を切り下げて損失にする）をしたことにより、13億ドル（約1600億円）の減損が生じ赤字になった。しかし、東芝はそれを連結決算に反映させ開示しなかった。修正決算公開後の11月、東京証券取引所から開示基準（ルール）違反を指摘されそれが判明した。東京証券取引所の開示基準は、子会社の損失が連結純資産の3％以上の場合は開示を要するとするものである。東京証券取引所の指摘を受け、東芝はWH

社の損失を公表したが、信用回復に悪影響を及ぼすことは否定できない。

(3) 東芝の有価証券報告書等の虚偽記載による課徴金

証券取引等監視委員会は、平成27年12月7日、東芝の不適切な会計処理を有価証券報告書等の虚偽記載と認定し、内閣総理大臣と金融庁長官に対し73億7350万円の課徴金を課すよう勧告した。課徴金額は、①継続開示書類の虚偽記載の課徴金と、②発行開示書類の虚偽記載の課徴金の合計額である。

①については、東芝が修正した有価証券報告書は平成21年3月期から同26年12月期までの6期分であるが、そのうち平成24年3月期と同25年3月期分について、重要事項につき虚偽の記載がある有価証券報告書を提出したと認定したことによる。

②については、平成22年12月から同25年12月までの間、重要事項につき虚偽の記載がある発行開示書類を提出し、募集により有価証券を取得させた（合計3200億円の社債発行）と認定したことによる。

①と②について、所定の割合で計算した課徴金の合計額が73億7350万円である。73億7350万円の課徴金は今までの最高額である（過去の最高額はIHIの16億円）。[12]

東芝の利益修正額は2248億円に達しているが、重要事項につき虚偽の記載がある有価証券報告書等を提出したと認定されたのは、平成24年3月期と同25年3月期分であったことから、課徴金額が73億7350万円にとどまったのである。

金融庁長官は、平成27年12月25日、証券取引等監視委員会の勧告に基づき、東芝に対し前記額の課徴金納付命令を発令し、東芝は平成28年1月27日右金額を納付した。

(4) 有価証券報告書等の虚偽記載と刑事責任

不正な会計処理について刑事責任を負うのは、有価証券報告書等の重要な事項につき、虚偽の記載のあるものを提出した者である。罰則は10年以下の懲役もしくは1000万円以下の罰金、またはその併科である（金商197条1項）。両罰規定により発行会社に対しても7億円以下の罰金が科せられる（同法207条1項

---

[12] 計算方法については、平成27年12月7日付け、証券取引等監視委員会「株式会社東芝に係る有価証券報告書等の虚偽記載に係る課徴金納付命令勧告について」〈http://www.fsa.go.jp/sesc/news/c_2015/2015/20151207-1.htm〉を参照。

1号)。証券取引等監視委員会は有価証券報告書等の重要な事項につき虚偽の記載がなされていると認めるときは、有価証券報告書虚偽記載の罪（粉飾）で告発する。そして、多くの場合、右告発により刑事手続が開始されている。

　行為者として刑事責任を問われるのは、重要な事項につき虚偽の記載のある有価証券報告書等を提出した者であり（金商197条1項1号）、通常は社長（代表取締役または代表執行役）である。関与している他の役員または従業員も共犯者として責任を問われることがある（刑法65条1項）。

　虚偽記載は、重要な事項につきなされなければならず、かつ行為者が自ら虚偽記載を行いまたは虚偽記載を指示した場合に責任があるとされる。故意犯であるから、虚偽（不正な会計処理）であることを認識していなければならない。

　東芝についていえば、虚偽記載のある有価証券報告書等を提出した者は、元社長（代表執行役）等であるが、東芝も両罰規定により罰金刑に処せられる。刑事責任を問うためには、有価証券報告書等の作成（提出）に際し、虚偽の記載があることを認識していたことが要件になる。

　不正会計による利益の水増額は2248億円と巨額であり、社会的影響も大きいことから、刑事責任として問題にすべき事案である。有価証券報告書等の虚偽記載の責任は、重要な事項につき虚偽の記載のあるものを提出した責任であるから（金商197条1項1号）、元社長らが、不正な利益操作の指示をすることまでは不要であるが、不適切な会計処理がなされていることの認識が必要である。この点、元社長らによる、「チャレンジ」の要求は予算達成を求めたものであり、不適切な会計処理をすることを指示したとまではいえないばかりか、各事業部門（カンパニー）で、不正な会計処理が行われていたことを認識していたとまではいえないから、刑事責任を追及することは難しいとされている。

　もっとも、パソコン事業部では、部品の販売による利益のかさ上げ、つまり部品の価格をかさ上げして生産委託先に販売することにより一時的に利益を水増しし、それを後に完成品を買取る際に、買取価格とかさ上げ分を相殺するという不適切な処理をすることに加え、相殺を先送りして営業赤字を圧縮するという不適切会計が行われていた（「Buy-Sell」取引の悪用）。これに関しては、元社長らは不適切な会計処理がなされていることを認識していたとされている。

　第三者委員会報告書も、元社長らはパソコン事業部において多額の利益のか

さ上げによる不適切な会計処理および利益計上を認識しながら、それを中止させなかったと認定している。また、部品の購入をもちかけられた海外メーカーのトップは、異常な取引だと指摘したうえで、「会計処理に疑義をもたれる懸念がある。そのリスクを覚悟した指示か」と問いただした、とされている。[13]

　そこで、元社長らのパソコン事業部の「Buy-Sell 取引」による不正な会計処理については、これを認識していながら虚偽の有価証券報告書等を作成して提出したものといえるから、有価証券報告書等虚偽記載罪が成立する可能性は高い。そこで、証券取引等監視委員会は、パソコン事業部の不正会計については、元社長らは不正取引である（虚偽）ことを認識しながら、利益として計上した疑いがある（虚偽記載）として、告発を視野に入れて調査を進めていると報じられている。

　東芝に罰金刑が科せられる場合は、課徴金と罰金についての調整がなされる。東芝は73億7350万円の課徴金が課されているから、課徴金と罰金の調整により、課徴金の額から罰金の額を控除した額が課徴金の額となる（金商185条の8第7項）。そこで、課徴金が課せられた後に罰金が科せられた場合は、課徴金額を計算し直すことになるが、トータルでは73億7350万円であることに変わりはない。

VI　東芝と旧経営陣の責任追及訴訟

1　東芝に生じた損害と役員の損害賠償責任

　東芝には、有価証券報告書の修正のための監査法人に支払った報酬等、第三者委員会等設置の費用、東京証券取引所に支払った上場契約違約金の支払い等の損害が発生している（約10億円相当）。それに加えて、納付した課徴金73億7350万円相当の損害が生じている。これらは不正な会計処理を行ったことによる執行役（取締役）の賠償責任として問題になるが、因果関係も認定されることになる。

　次に、東芝は重要な事項について虚偽記載のある有価証券報告書を提出した

---

[13]　産経新聞2015年7月23日付け報道（インターネット配信）。

として、株主から、虚偽記載の発覚により株価が下落したことを理由に損害賠償責任を追及される（金商21条の2第1項）。この証券訴訟は、すでに各地の裁判所に提起されているが拡大していく傾向がみられる。東芝がこの訴訟に勝訴する可能性は低いことから、巨額の損害賠償金の支払いを余儀なくされ、これも不正な会計処理（粉飾）によって生じた東芝の損害となる。

　株主による証券訴訟の提起が続き、判決（和解による決着が想定される）により決着するまでに時間を要するため、賠償金の支払いによる損害額の確定はかなり先になるだろう。さらに、粉飾による信用低下が業務に与える損害を考えれば、東芝に生ずる損害は少なく見積もっても百数十億円を下回らないことになろう。そして、旧経営陣と当時の役員はこれらの損害について会社に対して損害賠償責任を負うことになる（関与の度合い、在職期間等により負担部分は異なる）。

　重要な事項について虚偽記載がある有価証券報告書を提出した場合、有価証券報告書提出時の役員（取締役、執行役、会計参与、監査役、またはこれに準ずる者）、監査証明をした公認会計士・監査法人は、株主に対して損害賠償責任を負う（金商24条の4、22条）。また、東芝に加え、旧経営トップ等の責任を追及する証券訴訟も現れている。

　役員は虚偽記載等を知らず、かつ相当な注意を払っても知ることができないことを証明すれば責任を免れるが（金商22条2項、21条2項1号）、それを立証することは容易ではない。公認会計士等は虚偽証明について故意または過失がなかったことを証明すれば責任を免れるが（同法22条2項、21条2項2号）、東芝の場合については難しいであろう。

2　役員に対する提訴請求と役員責任調査委員会の設置

(1)　役員の責任追及の検討の必要性

　東芝は、役員の入れ替え、社外取締役の増員などの経営改革により、再発の防止策を講じている。当然に必要な対応であるといえるが（特設注意市場銘柄に指定されたことから、緊急の対応が必要であるという事情があるにしても）、再出発するためには、本件不正会計が行われた理由と原因を解明するとともに、関係役員の責任の有無を明確にして、株主等の理解と信用を回復しなければなら

ないにもかかわらず、その動きはみられなかった。

　本件は、単発的に不適切な会計処理が行われたというものではなく、企業ぐるみで長期間継続的に不適切な会計処理が行われていたものである。第三者委員会の報告書が不十分であるとの指摘がなされていることから、東芝自体が積極的に調査検討し、当時の役員の責任についても追及の有無を検討する必要があるはずである。このような状態の下で、株主から提訴請求を受けたのである。

(2) 東芝の株主による提訴請求と東芝の対応

　東芝の株主の１名が、平成25年９月８日、東芝（監査委員）に対し、室町現社長ら歴代役員28名（田中前社長ら歴代３社長を含む）に対し、10億円の損害賠償請求訴訟をするよう提訴請求をした。[14] 株主があげた提訴請求の理由（責任原因）は、「対象者（歴代役員）は不正な会計処理を認識しながら、役員の義務に違反して中止や是正の措置をすることなく、長期間放置した」とされている。これによれば、元役員等の監視義務違反の責任を問題にしているようである。

　これを受け、東芝は「役員責任調査委員会」（以下、「調査委員会」という）を設けて、平成20年４月から同26年12月期までの間に、税引き前の損益ベースで計2248億円の利益の水増しがあったが、この間に在職した取締役や執行役98名（対象役員）の責任の有無、責任追及訴訟提起の要否などについて調査と提言を求めた。そして、調査委員会の報告と提言に基づき、対象役員が任務懈怠責任を負うかどうかを検討のうえ、責任追及の訴えを提起するかどうかを判断する。提起すべきと判断した場合は、訴えを提起する、としている。[15]

　調査委員会方式は、アメリカの訴訟委員会方式と類似のものである。アメリカでは会社が株主から提訴請求を受けた場合、取締役会で直接判断せずに、訴訟委員会（弁護士、会社法の大学教授、元裁判官などにより構成される）を設置して提訴判断をさせ、しかも、訴訟委員会の不提訴判断に経営判断の原則を適用している（株主の主張が法令違反の場合は除く）。訴訟委員会の判断に委ねるのは、公正を確保するためであるとされているが、多くの場合、訴訟委員会は不提訴

---

[14] 決算の修正のために監査法人に支払った報酬等、第三者委員会設置の費用、東京証券取引所に支払った上場契約違約金、信用低下による損害等とされている。

[15] 平成27年９月17日付け「役員責任調査委員会の設置に関するお知らせ」と題する文書（東芝ウェブサイト〈https://www.toshiba.co.jp/about/ir/jp/news/20150917_2.pdf〉）。

判断をしている。

(3) 役員責任調査委員会の調査と提言

調査委員会報告書は、98名のうち元前社長3名（以下、「元社長等」という）と最高財務責任者であった元副社長2名（「元最高財務責任者」）の計5名（「責任追及対象者」）について提訴すべきであるとしたが、他の役員93名については提訴すべき善管注意義務違反の責任は認められないとした。

東芝の場合、会社ぐるみで重大な法令違反となる不正な会計処理がなされ、ガバナンスと内部統制（コンプライアンス）に問題があることから、役員の責任は否定できないが、責任を負うべき役員を絞り込み、影響を最小限に抑え、早期解決を図る必要があると考え、責任追及対象者について、「チャレンジ」と称する要求をし、直接の原因をつくった元社長3名と直接の責任者である元最高財務責任者2名の計5名としたものと推測することができる。

提訴請求は、監視義務違反の責任を問題にしているから、調査委員会は直接の関与者の責任はもとより、内部統制システムの構築と運用義務違反の責任に立ち入るとともに、システムの構築と運用に対する監視義務違反の責任を検討すべきであったといえる。

調査委員会報告書は、①不正関与者と②非関与者に分けて検討し、①について、責任追及対象者と非責任追及対象者に分けている。

(ア) 不正関与者の責任

（A） 責任追及対象者

調査委員会報告書は、①元社長（取締役兼代表執行役）等は、社長に在任中、「チャレンジ」（収益改善要求）などと称して、利益のかさ上げなど実質的な不正を指示し、不適切な会計処理を迫りこれを助長したが、それにより不適切な会計処理が行われることを知りながら、それを中止させなかったのであるから、取締役または執行役の善管注意義務に違反する、②元最高財務責任者等は、在任中、執行役および取締役として本件不適切会計に関与した善管注意義務違反、取締役監査委員長としての監視・監督を怠った善管注意義務違反が認められるとしている。

そこで、責任追及対象者に対しては、相当因果関係にある損害につき訴訟により責任を追及すべきであるが、まずは当面の請求として、損害の一部として

回収可能性等のある金額について賠償を求めることが相当であるとしたうえで、損害額の算定にあたっては、個人的利益を図ったものではなく、会社に対し特別の損害を加えることを画策したものでもなく、リーマン・ショックなどの厳しい事業環境の下で、競合他社に打ち勝って利益向上を図らなければならない厳しい会社経営の一環として行われたといった事情を考慮する余地があるとしている。

　　(B)　非責任追及対象者

　調査委員会報告書は、責任追及対象者のほかに9名の不正関与者がいるが、元社長から「チャレンジ」とよばれる要求を受けたことにより、やむを得ず不適切な会計処理を行ったものとされ、損害賠償請求の対象とするほどの善管注意義務違反と認定するに足りないとしている。

　(イ)　非関与者の責任

　調査委員会報告書は、残りの役員84名（非関与者）については、監視・監督義務違反または内部統制システムの運用義務違反を認めるに足りる特段の事情および証拠はみあたらず、また、損失引当金を計上する必要性について、認識しまたは認識し得る特段の契機があったとは認められないとしている。

(4)　**役員責任調査委員会報告書の検討**

　(ア)　不正会計と役員の責任の基本的理解

　代表取締役（代表執行役）と取締役（執行役）の責任は、①自ら不正（違法）な行為をし、または他の取締役や使用人にそれを指示して実行させた「関与者」としての責任、②内部統制システムの構築・運用義務違反、それに対する監視義務違反の責任が考えられるが、本件（東芝の不正会計）は、①、②のいずれも関係している。

　関与とは、故意によるものとみるのが自然であり、指示については黙示を含むにしても、ある程度具体的なものでなければならない。そこで、本件では、関与があったと積極的に認定できるか否かが問題になる。他方、長年にわたり、全社的に会計不正が行われてきたことは、内部統制システムの構築と運用の不十分、また、それに対する監視が不十分であり、内部統制システムが有効に機能していなかったことは疑いの余地がない。

　本件では、合計2248億円の利益のかさ上げがなされたが、歴代経営トップ

（社長）が、当期利益至上主義の下に、各カンパニーに対し「チャレンジ」と称して目標の達成を強く要求したことから、これに応じて各カンパニーが独自に不適切な会計処理を行い、それを本社の財務部門が一括して会計処理をすることで不適切な会計処理が行われたものである。社長は不適切な会計処理を指示していないし、不適切な会計処理がなされていることを認識していなかった（認識していたとしても、パソコン事業部における不正にとどまる）とされている。

　それによれば、社長月例会議における「チャレンジ」の要求は、不適切な会計処理がなされた原因であり、それを助長したことになるが、目標の達成を強く求めたものであり、利益のかさ上げなど不適切な会計処理を指示したとまではいえないということになる（黙示の指示とみる余地はある）。

　「チャレンジ」の要求により不適切な会計処理が行われることを予見し得たにもかかわらず、それを要求した、あるいは不適切な会計処理が行われていることを認識しながら、「チャレンジ」の要求を続けたことを関与とみるにしてもかなり度合いの低いものとなる。そうすれば、元社長らの責任は、関係役員や従業員に対する監視・監督義務違反の責任類型になり、適正な会計処理を行い、虚偽記載がなされないようにする注意義務に違反した責任とみるべきである（もっとも、パソコン事業における不正については、別途、検討する必要がある）。

　親子会社関係（企業グループ）が形成されている場合において、親会社取締役が子会社に違法行為をするよう指示したときには、親会社取締役は関与者として親会社に対して任務懈怠責任を負うが、違法行為は子会社により行われたことから、関与者としての責任に加えグループ内部統制システムの構築等違反の任務懈怠責任を負うことになる。

　東芝は社内カンパニー制を採用しているから、本社（親会社）の統括の下に各事業部門であるカンパニー（社内子会社）が存在することになり、親子会社関係に準じて考えることができる。本社のトップ（社長）が各カンパニーに対し「チャレンジ」と称して無理な要求をしたことから、各カンパニーで不適切な会計処理がなされ、それに基づき本社で不適切な会計処理が一括して行われたのである。

　社長は不適切な会計処理を指示していないが、過度の「チャレンジ」の要求、各カンパニーで不適切な会計処理がなされたということは、内部統制システム

（準グループ内部統制システム）が機能していなかったということになる。そうすれば、社長と内部統制担当役員は、内部統制システムの構築と運用義務違反の責任を負い、他の役員はそれに対する監視義務違反の責任を負うことになる。

　従来、企業ぐるみの会計不正といえば、経営トップが不正に関与している場合であったが、東芝の場合は各事業部門（カンパニー）が独自に不適切な会計操作を行い、それが全体として、企業ぐるみの不適切会計となったという点に特色がある。しかし、調査委員会報告書は、社長（CEO）と最高財務責任者（CFO）についてのみ責任を認め、不適切会計を行った各カンパニーの社長等関与者の責任を否定し、他の役員の監視義務違反の責任も否定している。

　経営トップ（社長）には、内部統制システムの構築と運用義務違反の責任が問題になり、他の役員（取締役）には、内部統制システムの構築と運用に対する監視義務違反の責任が問題になる。そこで、内部統制システムの構築等の義務違反として処理するほうが明確であるといえる。しかし、本件の内部統制システムの構築と運用に対する監視義務違反の責任は、従来の監視義務違反の事例と基本的に異なる点があることに注意しなければならない。

　従来、問題になった事例は、内部統制システムがそれなりに構築され機能していたが、一部の役員や使用人が、発見されにくい方法で秘密裡に不正を行ったものであるから、監視義務違反の責任を問うためには、不正行為が行われていることを認識しうる「特段の事情」の有無が過失の認定において重要であった。ところが、本件会計不正は、内部統制システムの構築等自体が不十分で、機能不全の状態の下で、全社的に、かつ、組織的に行われていたものであるから、不適切行為を認識しうる特段の事情の有無という、従来の監視義務違反の認定基準が通用する場合ではない。

　(イ)　責任追及対象者

　　(A)　責任の所在

　元社長らによる「チャレンジ」要求（収益改善要求）は、不適切な会計処理がなされた原因ではあるが、利益のかさ上げなど実質的に不正を指示し、不適切な会計処理を迫ったとまではいえないとされている。調査委員会報告書は元社長らの責任を関与者の責任（実質的な不正の指示）ととらえているが、具体的に何をもって不正に関与（指示）したというのか明らかでない。「チャレン

ジ」と称して当期目標達成を強く要求し、プレッシャーをかけたことは不適切な会計処理を指示したとまではいえないから、関与とまではいえないであろう。また、関与というためには、不適切な会計処理が行われることを認識ないし予見していながら、「チャレンジ」を要求したことを要するが、元社長等はそこまで認識していたかどうかは疑問である。

　不適切な会計処理がなされていることを認識していたとしても、それは、パソコン事業部の不正（「Buy-Sell 取引」による利益計上）にとどまるとされている。しかし、長年にわたる全社的な不適切会計であるから、パソコン事業部以外についても不適切会計が行われ、少なくとも、その可能性を認識していたとみるのが自然であるが、立証は難しいであろう。

　いずれにしても、歴代元社長が「チャレンジ」と称して、達成困難な数値を掲げ達成を迫ったことが、各事業部門に対する圧力となり、不適切な会計処理が行われる原因となったのであるから、不適切会計の関与者の責任とはいえないまでも、各カンパニー（社内子会社）でなされた不適切な会計処理は、内部統制システムの構築と運用義務違反によるものであることから、内部統制システムの構築等義務違反による責任とみることができる。

　関与者の責任とすれば、賠償責任の範囲は社長在任中の「チャレンジ」の要求と因果関係のある損害に限られることになる。そこで、有価証券報告書等の虚偽記載に関する課徴金の納付により生じた損害についていえば、平成24年3月期、同25年3月期の有価証券報告書の虚偽記載が課徴金の対象とされているから、責任を負うのはその当時の社長に限られ、他の2名の元社長の責任は問えないことになろう。これに対し、内部統制システムの構築等義務違反の責任として問題にすれば、責任の範囲は社長在任中の「チャレンジ」の要求に基づくものに限らないことになる。

　元最高財務責任者は、各カンパニーからあがってくる会計書類を統括する立場にあることから、不適切な会計処理を容認し、または見過ごし、是正しなかったという任務懈怠がある。加えて、取締役としての内部統制システムの構築等に対する監視義務違反の責任を負うことになる。

　(B)　一部請求と損害賠償責任額
　当面の請求として、損害の一部として回収可能性等を勘案した額の賠償を求

めることが相当であるとの点については、提訴請求時点で損害が10億円と見込まれるのに、なぜ、損害の一部を請求するのか理由が不明である。また、当面の請求の意味も明らかでない。損害賠償責任額は、任務懈怠と因果関係がある全損害であり、本来、弁済能力は考慮すべきことではない。考慮するにしても、数百億円というようなとうてい支払えない金額の場合であればその余地があるかもしれないが、本件損害はそのような額ではない。

　5名が連帯して3億円を支払えというのも適切ではない。10億円の損害について、役員各人が、関与の度合い、関与期間、監視義務違反の程度等に応じて分担して支払えばよい。しかも、最大の問題点は責任追及対象者を5名に限定したことである。責任追及対象者を限定すべき事案ではないから、多数の役員が責任を負い、各人が関与の度合い、監視義務違反の程度に応じて分担すれば、支払い可能な合理的な金額を策定することができる。

　　(C) 責任軽減事由

　個人的利益を図ったものではない、会社に損害を加えることを画策したものではない、リーマン・ショックなどの厳しい事業環境の下で、競合他社に打ち勝って利益向上を図らなければならない厳しい会社経営の一環として行われた側面もあるから、請求すべき損害額の算定において考慮する余地があるとするのは法律論ではない。

　任務懈怠責任は、個人的利益を図ったか否かあるいは会社に対する加害目的については要件としない。仮にこのような理由が通用するにしても、それは経営判断を誤ったことによる損害賠償責任についてであり、不適切な会計処理、有価証券報告書の虚偽記載という重大な法令違反行為についてはあてはまるものではない。厳しい事業環境にあるのは東芝だけに限らないから、有利に斟酌する必要はない。

　したがって、調査委員会報告書のあげるような理由は、損害額の算定において考慮する必要はない。むしろ、長年にわたり不適切な会計処理を行い、それをベースとして多額の報酬を受け取っていたという事実を無視することはできない。

　　(ウ) 非責任追及対象者

　他の9名の不正関与者は、社長から「チャレンジ」とよばれる要求を受けた

ことにより、やむを得ず不適切な会計処理を認容したから（認容したことを、監視義務違反とせずに関与したとしている）、損害賠償請求の対象とするほどの善管注意義務違反と認定するに足りないというのは、これは、第三者委員会報告書がいう上司に逆らえない企業風土とするものと同じであり、およそ会社法の解釈としてはとり得ない。

　9名の関与者には、直接、不適切な会計処理を行い、またはそれを容認した社内カンパニーのトップや本社の関係役員等が含まれると考えられるが、「チャレンジ」の要求を受けたから、やむを得ず不適切な会計処理を行った、それを認容したことを理由に責任を免れないことは明らかである。社長の「チャレンジ」の要求に従わないことは現実には難しいとしても、期待可能性がないとして、それに応じて不適切な会計処理をしたことが許されるものではない。また、社長は明らかに不適切な会計処理をすることを指示したとまではいえないから、社内カンパニーのトップ等は、やむを得ず不適切な会計処理を行ったとはいえない。それにもかかわらず、報告書が、損害賠償請求の対象とするほどの善管注意義務違反と認定するに足りないというのは、結論の先取りであって明らかに不適切である。

　9名の不正関与者の多くは、不正な会計処理にかかわった者として任務懈怠の責任を免れないが、加えて、他の執行役（取締役）による不正な会計処理を阻止しなかったとして、内部統制システムの構築等に関する監視義務違反の責任が問題になる。

　調査委員会報告書の見解に従えば、東芝が提訴請求者からの「不提訴理由」の説明を求められた場合、どのように説明するのか疑問である。不提訴理由の通知には、株式会社が行った調査の内容、責任の有無についての判断およびその理由を記載しなければならないが（会施規218条1号・2号）、「社長の要求により、やむを得ず不適切な会計処理を認容したから、責任はない」と記載するわけにはいかないであろう。

　不適切な会計処理は各社内カンパニー（独立した事業部門）で行われていたから、9名には社内カンパニーの長（統括責任者）が含まれているとみることができる。各カンパニーの長が、社長の「チャレンジ」の要求に従い、部下職員に不適切な会計処理を指示していたと考えられる。カンパニーの長の責任は、

子会社の取締役が親会社取締役の違法または不当な指示に従った場合にも、責任を免れないのと同様に考えることができる。

　㈎　非関与者の責任
　関与者とされる役員以外の84名の役員については、内部統制システムの構築等に対する監視義務違反の責任または個別監視義務違反の責任が問題となるが、調査委員会報告書は監視・監督義務違反または内部統制システムの運用義務違反を認めるに足りる特段の事情および証拠はみあたらないとしている。しかし、これは、論理が逆であり、不適切な会計処理が長年にわたり行われていたことは、内部統制システムが機能していなかったことに原因があることは明白であるから（監視義務違反の推認）、役員が監視義務を果たしたか否かという観点から検討すべき問題である。
　個別監視義務としても、長期間にわたり企業ぐるみで不適切な会計処理が行われてきたことから、その多くの者は、それを知り、または知り得たものと推認することができるのに、何ら是正措置を講じなかったのであるから任務懈怠があったことは否定できない。
　株式会社は毎会計年度の終了後に計算書類等を作成しなければならないが（会社435条2項）、指名委員会等設置会社の場合は、取締役会が選定した執行役（一般に、代表執行役）が計算書類等を作成し、取締役会が承認することから（同法436条3項、441条3項、444条5項）、代表執行役には計算書類等虚偽記載（作成）の責任があるが、それを承認した取締役会決議で賛成した取締役にも任務懈怠の責任がある。東芝の実態（実情）を知りうる立場にあることから、利益があるように装っている計算書類等に疑問を抱き、それに気づいて是正措置を講ずることに努めるべきであるから、それを怠ったことに責任が生ずる。計算書類等の不正に気づかなかったとしても、気づかないことに過失があるといえる。また、社長月例会議に出席していた役員については、監視義務違反の度合いが高くなる。
　内部統制システムが有効に構築され、機能している状況の下で、担当取締役や職員が秘密裡に不適切な操作をしていたとか、担当営業部長が部下に指示して、容易に発見されないような技法を用いて違法な利益操作をしていた場合には、内部統制システムの構築と運用に対する監視義務違反を認めるに足りる特

段の事情および証拠はないとして、監視義務違反の責任を否定することができる。しかし、本件のように内部統制システムの構築と運用が不十分で、有効に機能していない状況の下で、経営トップの「チャレンジ」の要求により、各社内カンパニーを通じて不正が行われていた場合（会社ぐるみの不正）には、監視・監督義務違反を認めるに足りる特段の事情による理由づけが通用するものではない。

　この場合の、「特段の事情」とは、むしろ、監視義務違反の責任を否定するための特段の事情となり、監視義務違反がないことについては、役員において特段の事情として無過失を立証すべきである。しかも、不正を認識しなかったとしても、認識しないこと自体に過失があるといわなければならない。

　このように、内部統制システムの構築と運用に対する監視義務違反があることは否定できないから、84名の非関与者には監視義務違反の責任を負うべき者が含まれているはずである。そこで、個別に調査し責任の有無を認定すべきであり、時間の制約があるにしても、可能な限り各人について監視義務違反の有無を検討すべきである。それにもかかわらず、調査委員会報告書は、監視義務違反または内部統制システムの運用義務違反（構築と運用は社長が行うことから、システムに対する監視義務違反の意味であろう）を認めるに足りる特段の事情および証拠はみあたらないとして、全員について責任を一括して否定しているのは適切ではない。

　特に、室町現社長については監視義務違反の有無を調査検討し、理由を付して説明する必要があり、再建の妨げになるとの理由により、監視義務違反の責任を否定することはできない。監視義務違反の責任が認められる役員が相当数存在するとしても、監視義務違反の責任が認められることは、直ちに責任追及訴訟の対象者としなければならないことを意味するものではない。責任は認められるが、再建を円滑に進めるための障害とならないよう、監視義務違反の度合いが低い役員に対して、責任追及訴訟を提起しないとの判断も合理的な裁量として許されるであろう。

　　(オ)　責任追及対象者を5名としたこと
　株主が提訴請求をしたことから、責任追及訴訟を提起せざるを得ない状況にあったが、責任追及対象者の範囲を広げたくないとの判断により、対象者（被

告）を、元社長3名、元最高財務責任者2名の合計5名に絞ったものとみることができる（会社ぐるみの不正という批判を意識したとも考えられる）。そのため、かなり無理をして他の役員の責任を否定したものと解されるが、それは東芝の意向に沿ったものと考えられ、結論を先取りして後付けの理由により他の役員の責任を否定したことから、緻密さに欠ける、通用しにくい理由づけとなったものといえよう。しかし、責任を負うべき役員が多数存在することは否定できないにもかかわらず、責任追及対象者を5名に絞ったのは不自然であり、妥当性の点においても疑問があり、株主等の理解を得ることは困難である。

　責任追及対象者を5名に絞ったことは、政策的判断によるものとしても、請求する賠償額にも影響を及ぼし、請求賠償額について無理が生ずることは避けられない。東芝に発生する損害は、10億円に加え、課徴金の支払い、株主に対する損害賠償金の支払い等により東芝にとって巨額となることから、とうてい、5名で支払える金額ではない。そこで、請求金額を発生した損害額と比較して少額に設定せざるを得ないが、これでは株主の理解を得ることは難しい。この点、賠償責任を負うべき役員を適正に認定し、多数人で分担すれば、損害回収は円滑に進むといえる。そして、請求金額をできるだけ損害額に近いものとし、提訴後に和解の方法により処理し、各人が相当額を負担する方法によるのが得策といえよう。

　以上みてきたように、5名の役員のみが責任を負い、他の役員が責任を負わないとすることの説明が不十分であるばかりか、不正な会計処理を指示していない元社長等が関与者として責任を負う理由が明確でない。この点、責任原因を監視義務違反とする提訴請求株主の主張のほうがわかりやすい。

3　東芝の役員に対する責任追及訴訟の提起

(1)　責任追及訴訟の提起

　東芝は役員責任調査委員会の報告書を受領した平成27年11月7日、役員の責任追及訴訟を提起している（事前に、調査内容を知らされ、意見調整をしたものとみることができる）。提訴は調査委員会報告書に依拠したものである。責任追及の対象役員（被告）は、調査委員会報告書に従って5名である。請求金額は5名に対して連帯して3億円の支払いを求めるものであるが、調査委員会報告

書があげた「請求すべき損害額の算定において考慮する余地がある」事情に依拠したものと思われる。

しかし、提訴の時点で損害が10億円を上回っていたのに、なぜ、3億円なのか不明である（提訴時に判明している10億円の損害について3億円を請求しているが、これを拡張する趣旨とは読み取れない）。調査委員会報告書の内容がいかなるものであれ、提訴の対象者の決定は東芝が独自に判断すべきことであるから、対象役員を5名としたのが適正であるかが問題となる。

東芝は、本件訴訟における基本的な考え方は、「不適切会計処理問題に起因して、会社に発生した損害のうち、被告らの法的に任務懈怠が認められた相当因果関係の範囲内にあるものについて、賠償を請求する」、ものとしている。[16] これは、当然の一般論であるが、相当因果関係の範囲内にある損害は10億円であって、3億円は損害額の一部でしかないのに、なぜ、3億円を請求するのか不明である。

「当面の請求として」とは、10億円の損害のうち3億円というのではなく、後に発生する巨額の損害を追加請求することを踏まえて3億円という趣旨に理解できるが、10億円の損害に対し、後発の損害賠償を踏まえて3億円を請求するにとどめるという手法は疑問である。回収可能性（支払能力）を問題にする場合、5名で3億円という金額に疑問が残るばかりか、新たに発生する巨額の損害についても、適正な賠償請求をなし得ないことになる。

おそらく、3億円としたのは、調査委員会報告書が、「当面の請求として、回収可能性等も勘案した額の賠償を求めるのが相当である」としたのを受けて、損害額の3割を請求することにしたものではないかと推測できる。そうすれば、3億円に特に根拠はなく、合理的に説明することは困難である。3億円の支払請求では、東芝に生じた損害は10億円であるから、残りの7億円は未解決のまま残されることになる。

株主の提訴請求は、対象者28名、請求すべき金額10億円であったのに対し、5名に対して3億円の支払請求をしたのであるから、23名、7億円については

---

[16] 平成27年12月7日付け「元役員に対する損害賠償請求について」（東芝ウェブサイト〈https://www.toshiba.co.jp/about/ir/jp/news/20151207_3.pdf〉）。

提訴拒絶となる。この提訴判断には合理性が要求されるが、合理性に欠け、適正でないとなれば、監査委員に提訴懈怠の任務懈怠責任が生ずることになりかねない。

(2) 東芝の提訴と請求金額の妥当性

(ア) 損害金の一部を請求することの問題点

役員は会社に生じた全損害について損害賠償責任を負うのが原則であり、損害があまりにも巨額な場合は、請求金額について支払能力等を考慮して回収可能な金額とすることが許されるとしても（支払能力の問題は役員の責任に限らないが、役員の賠償責任額は巨額である場合が多い）、それは合理的なものであることが必要である。もとより、支払能力はあまり大きな負担とならない程度という意味ではない。支払能力をいうのであれば、逆に3億円以上を請求するということも考えられる。

東芝に生じた損害が10億円であれば、役員の賠償責任額も同額であるから、支払能力等を考慮して、初めから減額した金額を請求することは適正ではない。10億円の損害に対して3億円を請求することは、初めから7億円の損害が回復されないことを意味することになる（強制執行によるも、回復できなかった場合とは意味が異なる）。減額した金額で請求することが許されるためには合理的な理由を必要とする。

10億円の損害にもかかわらず、5名の役員に対し連帯して3億円の支払いを請求することは、単純に考えれば1人あたり6000万円の負担となるが、それが合理的な金額といえるか疑問が残る。また、支払能力を理由とするのであれば、資産などについて相当な調査をすることを要するが、その形跡はみあたらない。

5名の役員に対し3億円の支払請求をするにしても、5名の各役員の関与の度合いや在任期間に応じて分担額を決めるべきであり、請求金額が少ないから、一律3億円でよいという粗雑な方法によるべきではない。この点、1名で10億円を支払うのではなく、責任のある役員を適正に認定して、多数の現旧役員が関与の度合い、在職期間等に応じて分担すれば支払困難な金額ではない。

元社長等の賠償責任をD&O保険（役員賠償責任保険）で処理しうるならば、被告役員の負担は極めて少なくて済む。もっとも、会社による責任追及訴訟の

場合は、一般に、免責事由とされ保険金が支払われない取扱いのようである。
　それは、企業内の紛争を保険でカバーするのは適切でないとか、代表訴訟の提起を目的とする提訴の防止、馴合訴訟の防止などを理由とするようである。しかし、同一の損害賠償請求権に基づく訴訟であるのに、会社による請求と代表訴訟による請求とで異なる取扱いをすることは疑問である。そこで、特約により免責事由から排除することが必要となろう。
　しかも、株主が東芝に共同訴訟参加していれば、株主と被告役員間の訴訟でもあるから、保険金を支払わないという取扱いが可能か否かという検討課題が生ずる。
　いずれにせよ、3億円を請求された被告5名にとっては、追加請求がなされる前に、請求を認諾し訴訟を終了させるのが得策ということになる（後述のように、既判力により、被告らは7億円の支払いを免れることになる）。

　(イ)　損害金の一部を請求する場合の基準
　東芝が被告役員の賠償責任額の一部を請求することが許されないわけではないが、それが訴訟上の一部請求でない場合は、実質的には責任の一部免除（会社425条1項）と同じ効果を有することになる。そこで、賠償責任額の一部を請求する場合には、合理的な理由に基づく合理的な金額によることが要求されるのであり、恣意的に認められるものではない。すなわち金額を減額して請求することは一部免除規制の潜脱となりかねないことから、因果関係の認められる損害について、少なくとも、責任軽減規制の基準との均衡が要求される。
　この基準によれば、代表執行役（社長）は、在職中に職務執行の対価として受けた1年間あたりの財産上の利益（報酬・賞与・退職慰労金等）の最も高い額の6年分については責任を免れない（会社425条1項1号イ、会施規113条）。そこで、報酬は1億円を超えるものと推定されるから、それに賞与・退職慰労金等を加えれば、最も高い1年間あたりの財産上の利益は2億円に近いということもあり得る。これを基準とすれば、賠償額の最低額は10億円を超えるものになるとも考えられる。つまり、10億円全額（請求を拡張した場合は、最低責任額は約12億円になる）の賠償責任を負うことになる。
　そうすれば、10億円の損害であれば一部免除の余地はないから、責任追及訴訟においても、一部免除規制との均衡上、合理的な理由がなければ減額して請

求することはできないことになる。代表執行役（社長）らの負うべき賠償責任額を、連帯して10億円とすることは酷であるとも考えられるが、これは、会社に生じた損害であることからやむを得ない。さらに、東芝に生ずる損害額は課徴金の支払い等を加えれば、最終的には百数十億円を下回らないと予測されるから、追加請求に配慮しても10億円の請求が多すぎるとはいえない。

　取締役等の責任の一部免除には、善意かつ重大な過失がないことを要件とし、株主総会の特別決議を必要とするが（会社425条1項）、本件不正会計はこの要件を満たさないことに加えて、特別決議を経ていないから一部免除はできない。法定の一部免除として行うことができないことを、責任追及訴訟における一部の請求という方法により行うことは適正とはいえない。

　賠償責任額が巨額の場合、相当額を差し引いて請求することは否定し得ないが、原則として、支払能力を考慮すべきではなく全額請求すべきである。提訴段階で減額しうるのは、客観的に損害額が役員の支払能力を超えた極端に巨額の金額の場合（たとえば、賠償請求額が数百億円の場合）に限るべきである。回収が望めないのに、多額の請求をすることは、訴訟費用（印紙代）が無駄となるなど訴訟経済に反することになる。それ以外の場合は、賠償責任額全額を請求すべきである。賠償責任額については、裁判所が役員の関与の度合い等に応じて判断すべきであるから、会社が提訴の段階で合理的な理由なく（支払能力が考慮されるにしても、これだけの理由によることはできない）、請求額を決めるべきではない。そうすれば、10億円の請求によるのが当然といえよう。

　もとより、提訴により損害額の全額の支払いを求めることは、最終的に被告役員に損害額全額の支払いを求めることを意味するのではない。提訴の段階で不明確な減額をするのではなく、訴訟の係属中に和解手続（会社850条）により一定程度の減額をすることは可能である。和解によれば、免除の限度もなく、責任の一部免除規制の適用もないから、法を潜脱することなく金額を減額することができ、公正も確保することが可能であり、株主の理解も得やすい。

　初めから、賠償責任を負う者を5名に限定し、しかも、請求賠償額を合理的な理由もないままに3億円として損害の一部を請求したのでは、株主をはじめ広く一般の理解を得ることは難しいばかりか、東芝の信用回復の妨げになりかねない。

(3) 課徴金の納付等による損害の発生

　提訴後の平成27年12月25日、東芝は金融庁長官から73億7350万円の課徴金納付命令を受け、課徴金を納付したことにより、新たに課徴金相当額の損害が生じた。また、株主による証券訴訟が相次いでいる。株主に対して支払う賠償金を加味すれば、最終的に東芝に生ずる損害金は百数十億円を下回らないであろうが、これは元役員らの任務懈怠と因果関係がある損害であるといえる。

　東芝はこれについて追加請求（請求の拡張）をしなければならないが、この点、「証取委により73億7350万円の課徴金納付勧告がなされたことにより、新たな損害の発生がほぼ確実になったので、監査委員会としては、訴訟における請求額を拡張する方針である。課徴金を支払った時点で損害として確定するので、請求額を拡張する」としている[17]。

　全額追加請求しない場合には、いくらの請求額にするかの判断は困難である。全損害額の3割というような曖昧な額によるわけにはいかない。適正な額を追加請求しなければ、監査委員の任務懈怠責任が生じ得る。

　請求賠償額の決定が困難である根本的原因は、被告を5名に限定して処理しようとすることにある。加えて、請求賠償額を会社に生じた損害の一部の3億円とすることは、代表訴訟回避（代表訴訟封じ）とみられても仕方がない。

　この方法によるも、代表訴訟との関係を無視するわけにはいかない。提訴済みの訴訟についていえば、株主の提訴請求に対し23名は提訴拒絶であるから、株主は代表訴訟を提起し、10億円の請求をなしうることになる。また、被告5名についても、7億円は提訴拒絶であるから、7億円について株主は代表訴訟を提起しうるかという問題がある。そして、課徴金の納付等により新たに発生した損害についても同様の問題が生ずる。

　仮に、東芝に生じた損害を百数十億円として、その3割を追加請求するとしても、被告5名で責任を負うには負担が大きすぎる。そうすれば、最も無理のない解決方法は、全額請求したうえで、すでに請求済みの3億円と合わせて、一括して和解により解決するという方法である。この場合、被告とされていない他の役員も利害関係人として和解手続に参加し、関与の度合いや監視義務違

17　前掲（注16）「元役員に対する損害賠償請求について」。

反の程度に応じて損害の一部を支払うという方法で、損害賠償金を負担するのが望ましい。この方法は公平であり適正であると考えられる。

(4) オリンパスの責任追及訴訟
(ア) 責任調査委員会報告書の概要

オリンパスの粉飾事案は、バブル期に発生した投資の失敗による巨額の損失を「飛ばし」という手法（損失の付け替え）を用いて15年間も隠し続けたものである。投資は社長直轄事項であり、損失隠しは歴代経営トップと財務担当役員に引き継がれてきたが、それを知る者は限られていた。「飛ばし」などの違法な手法は、経営首脳と監査役を中心に行われていた。損失隠しという不正な会計処理による粉飾であるが、内部告発により発覚した。粉飾額は、1178億円とされている。

オリンパスの責任調査委員会報告書は、①関与者（積極的に関与した者）・認識者（認識し、または認識し得たのに、中止・是正することなく、黙認または放置した者）、②それ以外の取締役に分け、①について善管注意義務違反の責任を認め、②については、相応のリスク管理体制が存在していたと思われるとしている。そのうえで、代表取締役や業務執行取締役の業務執行が違法であることを疑わせる特段の事情はなく、それを知り得なかったことに過失はないとして監視義務違反の責任を否定したが、買収事案に係る取締役会で賛成した取締役については、必要な情報の収集、分析を検討することなく、決議に賛成したとして善管注意義務違反の責任を認めている。

また、責任調査委員会報告書は、不正な会計処理によりオリンパスに生じた損害について、ファンドに支払った手数料、運用損、買収に関する支出など合計230億円を超えるとしたうえで、剰余金の配当等の支払義務が約586億円あると認定し、さらに、罰金、課徴金の納付、株主に対する損害金の支払いにより、新たな損害が発生することを指摘している。

これによれば、責任を負うべき役員の賠償責任額は巨額となるが、この点、責任調査委員会報告書は、「各人の支払能力を考慮して、賠償金額の一部を提訴請求金額とすることを否定するものではない」としている。

(イ) オリンパスの提訴

オリンパスは、責任調査委員会報告書に基づき、平成24年1月8日、現旧取

締役19名に対し、連帯して36億1000万円の支払いを求める責任追及訴訟を提起した（19名の連帯責任であるから、会社の請求金額は最大で、36億1000万円となる）。

現旧取締役各人に対する賠償責任額は、関与の度合い等により36億1000万円、30億1000万円、28億1000万円、10億円、5億円、2億5000万円、1億1000万円となっている。会社に生じた損害に対し、36億1000万円が適正な金額であるといえるのか、計算の根拠に疑問はないかなど問題は残るが、責任を負うべき取締役の範囲を広く認定し、各人の関与の度合い等に応じた、賠償金を請求していることは評価できる。

この点、オリンパスは、請求金額は、責任調査委員会報告書の内容に従い、各現旧取締役の支払能力や各責任原因に対する関与の度合いなどを考慮して決めたとしている。

なお、提訴後の平成24年7月11日、金融庁により課徴金1億9000万円が課せられたことから、オリンパスに新たな損害が発生している。

(ウ) 東芝とオリンパスの粉飾の比較

東芝の粉飾とオリンパスの粉飾には共通点があるが相違点もある。粉飾額は東芝のほうが大きいが（したがって、課徴金の額は東芝が格段に高額である）、会社に生じた損害はオリンパスのほうが大きい。長年にわたり、経営トップの関与の下に不正な会計処理が行われ、それが歴代経営トップに引き継がれてきた点、内部告発により発覚した点では共通している。粉飾の手口は、東芝は比較的単純であるのに対し、オリンパスは複雑な手口を使っている。

不正な会計処理（粉飾）の意図ないし契機は、オリンパスは投資の失敗により生じた損失の先送り（損失隠し）であったが本業は好調であったのに対し、東芝の場合は営業不振を隠ぺいすることであった。最大の違いは、オリンパスの不正は、経営トップなど少人数により秘密裡に行われたのに対し、東芝の場合は全社規模で行われ、それに関係した取締役も少なくなかったことである。

責任追及訴訟の対象者（被告）とするものについて、東芝とオリンパスで大きな差異が現れている。それは、報告書の違いによる。東芝の場合は、責任追及の対象者を、直接関与したとする歴代社長3名と財務の最高責任者2名の合計5名に限定し、その他の関与者の責任を否定するとともに、その他の取締役の監視義務違反の責任も認めていない。

これに対し、オリンパスの場合は、積極的に関与した者、不正を認識し、または認識し得たのに、中止・是正することなく、黙認または放置した取締役の責任を認め、加えて、漠然と取締役会決議に賛成した取締役の責任を認めている。取締役会決議に賛成した取締役の責任を東芝にあてはめると、「チャレンジ」が要求された社長月例会議や四半期報告会において、異を唱え、阻止しようとしなかった取締役の責任に相当する（取締役である以上、社長に逆らえないというのは、法律論として通用しない自己保身的な考えである）。

　会社法の解釈論としては、オリンパスの報告書の立場のほうが適正であるといえる。請求損害額についても、オリンパスの報告書は、「各人の支払能力を考慮して、賠償金額の一部を提訴請求金額とすることを否定するものではない」としているのに対し、東芝の報告書は減額請求を積極的に認めるものと理解することができる。

4　東芝の提訴と株主代表訴訟との関係

(1)　会社の提訴懈怠と株主提訴

　会社が、提訴請求を受けた日から60日以内に責任追及等の訴えを提起しない場合に、提訴請求をした株主は代表訴訟を提起しうるのであるが（会社847条3項）、規定自体は提訴請求全部を拒絶し、会社が責任追及を提起しない場合を想定したものであるといえる。しかし、会社が提訴請求を一部拒絶した場合をどう考えるかという問題がある。

　株主の提訴請求は、①被告となるべき者、②請求の趣旨および請求を特定するのに必要な事項を示してしなければならない（会規217条1号・2号）。①は訴訟の対象者（被告）とすべき役員であり、②の請求の趣旨は請求すべき賠償金額、請求を特定するのに必要な事項は、請求（訴訟物）を特定するための事実（請求原因）である。

　①について、複数人を被告とすべきとの請求に対し、会社がそのうちの一部の者に対してのみ提訴した場合、②について、ⓐ会社が請求すべきとされた賠償金の一部を請求した場合、ⓑ提訴請求とは別の請求原因で提訴した場合が考えられる。株主の提訴請求と会社の提訴判断が同一とは限らないから、このようなことが生ずるのは避けられない。そこで、株主が会社の提訴判断が合理的

でないとして、代表訴訟を提起することができるかが問題になる。

　①の場合、会社が提訴しなかった者（提訴請求は、A・B・Cを対象者にしたのに、会社がCについて提訴しなかった）については提訴拒絶にあたるから、株主は、その者(C)を被告として代表訴訟を提起することができる。

　②ⓐは、たとえば、株主の提訴請求が10億円であるのに対し、会社が5億円を請求する訴えを提起した場合である。この場合、株主が残額の5億円について代表訴訟を提起できないとすると、代表訴訟を無力化することに用いられることが懸念される。しかし、この問題は、訴訟物をどうみるか、一部請求であるか否かという民事訴訟法上の問題が関係する。この点については、従来、議論されていないといえよう。

　なお、会社が一部しか請求しない場合は、残部については提訴拒絶となるから、会社は不提訴理由の通知において、その理由を明確にしなければならない（会施規218条2号・3号）。

　②ⓑは、会社が提訴請求とは別の理由（事実）で提訴した場合であるが、請求の基礎となる事実が同一であれば提訴拒絶とならない。会社が提訴請求と異なる事実で提訴した場合は提訴拒絶となるが、株主に代表訴訟を提起することを認める必要はない。ただ、会社の提訴理由（請求原因）では勝訴が期待できない場合がある。この場合は、株主は会社の提起した責任追及訴訟に当事者参加し、請求原因の追加主張をすればよい。

(2) 株主の提訴請求と東芝の責任追及訴訟の提起

　株主の提訴請求は、現・元役員28名に対し、10億円の損害賠償請求訴訟を提起することを求めるものであったが、東芝は5名に対し、連帯して3億円の支払いを求める責任追及訴訟を提起した。そうすれば、①23名については提訴拒絶となる。そこで、株主は23名に対し連帯して10億円の支払いを求める代表訴訟を提起することができる。この場合、東芝の提起した責任追及訴訟と併合して審理されることになる。

　上記(1)②ⓑについて、東芝の事件においては、株主は監視義務違反の責任追及を求めているとみられるが、会社側は、元社長等5名は不適切な会計処理を迫り、不適切な会計処理を助長した関与者の責任を問うている。しかし、同一の基本的事実に基づくから、株主の提訴請求と同一理由とみてよいであろう。

上記(1)②ⓐについては、株主の提訴請求金額は10億円であるのに対し（東芝も、現時点で判明している損害額を10億円と見込んでいる）、東芝は5名に対し3億円を請求したので、株主は5名に対し残額7億円の支払いを請求する代表訴訟を提起することができるかという解釈上の問題がある。

(3) 残額7億円を請求する代表訴訟の提起の可否

株主による10億円の提訴請求に対し、東芝が3億円の責任追及訴訟を提起したことは、7億円について提訴拒絶となる。そこで、株主は提訴拒絶の7億円について代表訴訟を提起することができるか。これを認めなければ株主による代表訴訟の提起を回避する目的で、一部を請求するという少額請求を利用されることが懸念される。

3億円の責任追及訴訟を提起するとの東芝の提訴判断は、株主を拘束するものではないが、訴訟法上の問題が生ずる。すなわち代表訴訟は株主が会社の権利を会社のために行使し、会社に対する給付を求める訴訟であるから（法定代位訴訟）、会社が提訴した後に、株主が提訴することは二重提訴（民訴142条）にならないかという問題である。これは、責任追及訴訟の訴訟物をどのように解するかに関係する。

具体的には、東芝が10億円の提訴請求（しかも、本件では発生した損害も10億円を超える）に対し、3億円の支払請求訴訟の提起が一部請求（数量的に可分な請求の一部について請求すること）であるか否かに関係する。一部請求であることを明示した場合は、一部請求が認められる（最判昭和37・8・10民集16巻8号1720頁）。一部請求であれば、訴訟物は一部請求として請求する金額であり、残額は同一の訴訟物（請求）とはならない。したがって、株主が残額を代表訴訟により請求することは、二重起訴の禁止規定に抵触しない。また、一部請求に係る判決の既判力も残額には及ばない。反対に、一部請求でなければ、訴訟物は1つであるから、株主は代表訴訟により残額を請求することはできない。

東芝の株主が、7億円を代表訴訟により請求することができるか否かは、3億円の請求が一部請求であるか否かにより判断される。それは、東芝が、訴状により10億円の損害賠償請求金の一部請求として、3億円の支払請求をすることを明確にしているか否かによることになる。

おそらく、東芝は一部請求であることを明確にしていないと考えられるから、

株主は代表訴訟を提起することはできないであろう。そして、確定判決の既判力により、東芝は7億円については権利を失い、被告5名は7億円について債務を免れることになる。

この場合、東芝には提訴請求どおりの損害が生じているから、3億円を請求することに合理的な理由がなければ（本件の場合、支払能力・回収可能性だけでは不十分であろう）、会社の権利7億円を失わせたとして、監査委員（監査役設置会社については監査役）の任務懈怠責任による損害賠償責任が生ずる可能性が考えられる。

5　株主の訴訟参加と請求の拡張

株主が残額の7億円の支払いを請求する方法として、東芝の請求が一部請求と認められる場合は、代表訴訟の提起という方法があるが、代表訴訟の提起の可否とは別に、東芝の提起した責任追及訴訟に共同訴訟参加するという方法がある。適法に提訴請求をした株主は、当事者適格を有するから共同訴訟参加できるが、会社法はそれ以外の株主の共同訴訟参加を認めていることから（会社849条1項）、それ以外の株主も責任追及訴訟に共同訴訟参加することができる。

株主は東芝の提起した責任追及訴訟に、共同訴訟参加することにより、東芝と共同訴訟人となるが、その関係は類似必要的共同訴訟である。そして、請求の拡張は会社にとって利益となることから（民訴40条1項）、株主は請求の拡張（訴えの追加的変更）という形で、7億円の追加請求をすることができる（同法143条1項）。

このように、東芝が提訴請求金額（損害額）の一部（3億円）について提訴しても、株主は共同訴訟参加したうえで、7億円を追加請求して請求額を10億円に拡張することが可能である。それにより、東芝が10億円を請求したのと同様の効果が生ずる。そうすれば、東芝が少額請求をすることにより、代表訴訟の提起を無力化することは難しい。

株主が、提訴後に新たに発生した損害73億7350万円に対する東芝の追加請求が、少額であり妥当でないと判断するときも、同様に共同訴訟参加をして、73億7350万円につき請求を拡張することが可能であると考えられる。

6　提訴後に発生した損害と賠償金の追加請求

(1)　課徴金の納付等による損害発生と請求の追加

　東芝は、元役員5名に対し3億円を請求する責任追及訴訟を提起した後、①平成27年12月、過年度決算修正に係る監査作業報酬として、監査法人に約20億7000万円を支払い、②平成28年1月27日、課徴金73億7350万円を国庫に納付したことにより、新たに約94億4000万円の損害が発生した。これにより、損害額は訴訟提起時の10億円と合わせて約104億4000万円となった。そこで、東芝は、同日、被告5名に対し新損害約94億4000万円のうち29億円を追加請求した。

　追加請求した29億円の内訳は、①については3億円（被告5名の賠償責任額は1億円であるが、3名については関与度を考慮し3億円としたうえで、被告5名の連帯債務として請求する）、②については26億円（被告5名の賠償責任額を26億円から11億円として、これを、他の被告との連帯債務として請求）であるが計算関係は明らかでない。

　この点、東芝は、「不適切会計問題に起因して発生した損害のうち、被告らが不適切な会計処理に関与し、その任務を懈怠したことと法的に相当因果関係が認められる範囲内にあるものについて賠償を請求する。対象事案（工事進行基準案件3件における損失引当金の計上、Buy-Sell 取引における利益の計上および不適切なキャリーオーバーの実施）が不適切会計問題全体において占める割合を勘案して、相当因果関係が認められる損害の範囲とし、これに基づき請求額を算定した。課徴金および本報酬の全額相当額を請求しなかったのは、不適切会計問題が被告らに任務懈怠があった対象事案以外の事案・要因にも及んでおり、対象事案との相当因果関係の範囲内で請求するのが妥当だからである」と説明している。[18]

　29億円の追加請求により、賠償請求金額は訴訟提起時の請求金額3億円と合わせ合計32億円となるが、連帯債務として請求したことから、請求が全部認容された場合でも認容額は32億円となる。これは合計約104億4000万円の損害の

18　平成28年1月27日付け「課徴金の納付等に伴う元役員に対する損害賠償請求訴訟に係る請求拡張の申立て等について」（東芝ウェブサイト〈https://www.toshiba.co.jp/about/ir/jp/news/20160127_2.pdf〉。

一部（約30％）ということになる。そこで、約94億4000万円の新損害から追加請求額29億円を控除した残余の損害をどう処理するのか（放置するのか）、誰が責任を負うのかの問題が残る。

(2) 適正な解決方法の選択

任務懈怠責任について、財務の最高責任者である2名の副社長については、不適切な会計処理に関与した責任を認めやすいが、3名の元社長の任務懈怠責任も関与による責任としている。元社長らの「チャレンジ」の要求が、社内カンパニーにおいて不適切会計が行われた原因であるが、不適切な会計処理を指示したとまではされていないから、どのような関与をしたのかが問題になる。この点、調査委員会報告書は、実質的に不適切な会計処理を指示し、これを迫り助長したとしていることから、これを関与とみるのであろう。そうすれば、「チャレンジ」の要求を黙示の指示（暗示または示唆）とみることになろう。

「チャレンジ」の要求により、各カンパニーにおいて不適切会計が行われたのであるが、それは、内部統制システムが機能していなかったことに起因するから、本件は関与の責任というよりも、内部統制システムの構築等の義務違反の責任と理解すべきである。

調査委員会報告書は、責任追及の対象者とならない9名の関与者が存在するとしているが、その中には不正な会計処理の関与者（行為者）として責任を負わなければならない者が含まれていると考えられる。そうすれば、本件任務懈怠責任には、関与の類型の任務懈怠と、不正な会計処理を防止するための内部統制システムの構築義務違反という二面性が認められる。

14名の関与者以外の役員のうちにも、内部統制システムの構築等に関する監視義務違反の責任を負う者が含まれていると解されるが、一律に監視義務違反の責任を否定し、責任を追及していない。5名についてのみ関与による責任として追及しているのは、内部統制システムの構築等義務違反の責任とすれば、責任を負う役員の範囲が広くなるのが不可避であることから、それを避ける意図があるのではないかと考えられる。

被告5名に対する追加請求額を29億円とすることの当否は別にしても、提訴段階で会社が関与の度合いに応じて請求するのは疑問である。役員の連帯責任規定（会社430条）との整合性からみても、全損害を連帯責任として請求し、こ

れに対し、被告役員において損害発生の因果関係を争い、また自己の関与に応じた賠償賠償責任額を主張し、そして、それについて裁判所が判断するというのが適正な処理といえよう。

　東芝の提訴による請求、追加請求に対し、株主が当事者参加と請求額の拡張、5名以外の役員約10名に対する代表訴訟の提起を予定していることから、約15名の役員の全責任について、これを一括して和解により解決すべきである。和解金額は総額15億円程度とし、それを約15名の被告が2億から数千万円を分担して支払うことが想定される。

7　東芝の提訴と提訴請求した株主の対応

(1)　代表訴訟提起等の方針

　平成27年9月、株主が東芝に対し、室町社長ら現旧役員28名を対象者として、10億円の損害賠償請求をするよう提訴を請求したが、東芝は元社長ら5名に対し、連帯して3億円の支払いを請求する責任追及訴訟を提起したものの、室町社長ら23名に対しては提訴しなかった。

　そこで、当該株主は、平成28年1月6日、一連の不正会計を認識していたはずの室町社長ら現旧役員約10名（責任調査委員会が不正会計に関与していたと認定しながら、法的責任を問えないとした役員、および当時の副社長や執行役上席常務等だった役員が中心）に対し、同年3月末までに代表訴訟を提起して、納付した課徴金73億7350万円を含めて総額80億円前後の賠償請求をする方針であることを示した。

　また、東芝が提訴している旧社長ら5名に対する損害賠償請求事件について、東芝に共同訴訟参加する申立書を東京地方裁判所に送付した旨を明らかにするとともに、5名に対する損害賠償請求額が3億円であるのは不十分であるから、請求額を増やすよう主張する予定であるとしている。[19]

(2)　株主の示した方針の解説

　東芝は元社長ら5名に対し責任追及訴訟を提起したが、これは室町社長ら23名に対する提訴請求を拒絶したことになる。そこで株主は、役員23名に対し提

---

[19]　平成28年1月7日付け新聞報道より。

訴請求後60日の経過により、10億円の支払いを求める代表訴訟を提起することができることから（会社847条３項）、提訴請求の対象者に含まれている現旧役員約10名に対し、直ちに代表訴訟の提起が可能である。

しかし、提訴請求後に東芝が課徴金73億7350万円を納付したことにより、新たに課徴金相当額の損害が発生し、損害額は総額80億円を超えた。提訴請求手続を経ているのは10億円であり、また、課徴金相当額の損害は提訴請求後に新たに発生したものであることから、提訴請求における請求金額に含まれていない。したがって、80億円を超える損害について代表訴訟を提起するためには、あらためて提訴請求をする必要がある（会施規217条２号）。

株主が、平成28年３月末までに代表訴訟を提起する方針としているのは、代表訴訟を提起するためには、あらためて提訴請求をした後60日の経過を要することから、それを見込んだものと考えられる。東芝が、新たな提訴請求の対象者である室町社長ら現旧役員約10名に対し、責任追及訴訟を提起するとは考えにくいから、代表訴訟の提起がなされることになろう。

東芝が提訴した旧社長ら５名に対する損害賠償請求事件について、株主は、東芝（原告）に共同訴訟参加することにより、共同訴訟人（類似必要的共同訴訟）となる。損害賠償請求額が３億円であるのは不十分であるから、請求額を増額するように主張するというのは請求の拡張の趣旨である。おそらく、80億円を超える額に拡張するものと思われる。そして、それは、東芝が80億円を超える額を請求したのと同じ効果を生ずる。

そうすると、東芝が元社長ら５名に対し、３億円の支払いを請求する責任追及訴訟を提起するという選択（判断）は成功しなかったことになる。株主は東芝に共同訴訟参加したことにより共同原告の地位に立つが、実質的には、株主と東芝との訴訟となるであろう。

8　会計監査人の責任

(1)　会計監査人の虚偽または不当な証明と課徴金

公認会計士（監査法人）に対する課徴金の制度は、平成20年４月から導入された。課徴金の対象となるのは、公認会計士または監査法人の社員たる公認会計士が、虚偽または不当な証明をしたときである。それは、①故意に、虚偽、

錯誤または脱漏のある財務書類を、虚偽、錯誤および脱漏のないものとして証明したとき、②相当の注意を怠り、重大な虚偽、錯誤または脱漏のある財務書類を、重大な虚偽、錯誤および脱漏のないものとして証明したときである（公認会計士法30条、31条の2第1項柱書）。

　課徴金額は、①の場合は、当該財務書類に係る会計期間における報酬その他の対価として政令で定める額（監査報酬相当額）の1.5倍に相当する額であり、②の場合は、監査報酬相当額である（公認会計士法31条の2第1項1号・2号）。

　公認会計士（監査法人）に対する課徴金の納付命令は、公認会計士法に基づいてなされるが、その手続は、内閣総理大臣（金融庁長官）が調査を行い、課徴金の対象となる虚偽証明の事実があると認められる場合に、審判手続開始決定を行い、審判官が審判手続を経て課徴金の納付命令決定案を作成して、金融庁長官に提出する。金融庁長官は、決定案に基づき課徴金納付命令の決定をするという手続による（公認会計士法31条の2第1項、32条2項・3項～34条の53）。

　東芝の事件との関係では、公認会計士・監査審査会（金融庁の審議会の1つで、公認会計士等の処分に関する調査と監督官庁への勧告等を行う）は、平成27年12月15日、金融庁長官に対し、東芝の不正会計関係で会計監査を担当した新日本監査法人の、「運営が著しく不当なものと認められる」として、行政処分その他の措置をするよう勧告した。

　これを受けて金融庁は、平成27年12月22日、新日本監査法人に対し、約21億円の課徴金納付命令、新規契約の締結に関する3カ月の業務停止命令、業務改善命令（オリンパスの粉飾に関しても業務改善命令を受けている）を出した。そして、関係公認会計士7名を業務停止処分にした。業務停止を3カ月の新規契約の締結に限ったのは、顧客企業に混乱が生ずることを回避するためであると解される。

　東芝の事件は、会計監査人（監査法人）に対し、課徴金を課した初めての事例である。課徴金を課したのは、新日本監査法人の7名の公認会計士が、東芝の平成22年3月期、同24年3月期、同25年3月期の監査において、相当の注意を怠ったと判断したことによるとされている。課徴金を課した理由は、上記②の「相当の注意を怠った」場合に該当するが、課徴金額は、東芝から受け取った監査報酬の2年分（平成24年3月期、同25年3月期）である。

東芝の会計不正は規模が大きく、社会的影響が大きいことから、監査法人に課徴金を課したものであるが、課徴金に加え、業務改善命令、業務停止命令を出したのは、長年にわたり東芝の不正を見抜けず、見逃した監査法人の責任は重いとの判断によるものであるとされている。

　なお、明らかに異常値に気づきながら、監査法人が詳細な検討と確認を怠り不正を見逃したことに関し、東芝の第三者委員会の報告書は、外部監査による統制が機能しなかったのは、「会計監査人の指摘を受けないように、会計監査人に対し不十分な説明を行うなど、組織的な隠ぺいがなされていた。会社内部における意図的な操作であり、会計監査人の気付きにくい方法を用い、かつ会計監査人からの質問や資料要請に対し、事実を隠ぺいしたり、事実と異なるストーリーを組み立てた資料を提出して説明するなど、外部の証拠により事実を確認することが困難な状況を巧みに利用した組織的な不適切な会計処理であった」として、会計監査人の責任について消極的な立場をとっているが、あまりにも認識不足であるといえる。

(2) 会社および株主に対する責任

(ア) 会社に対する責任・代表訴訟

　会計監査人は、会社に対し任務懈怠の責任を負う役員等であり（会社423条1項）、その責任は代表訴訟により追及される（同法847条1項）。適正に会計監査をしなかったことにより、会社に生じた損害について賠償責任を負うが、適正に会計監査をしなかった原因が会社にあることは少なくない。

　東芝の不適切会計についていえば、責任の原因の多くは東芝にあるのであるから、過失相殺の理論により、監査法人の損害賠償金は大幅に減額すべきである。

(イ) 監査法人等の株主等に対する損害賠償責任

　有価証券報告書に虚偽記載があるのに、虚偽記載がないものとして監査証明をした公認会計士・監査法人は、投資者に対して、記載が虚偽等であることによって生じた損害について賠償責任を負う（金商24条の4、22条1項）。ただし、虚偽でないものとして証明したことにつき、故意または過失がなかったことを証明したときは、賠償責任を免れる（同法24条の4、22条2項、21条2項2号）。

　そこで、有価証券報告書に虚偽記載があることが発覚し、それにより株価が

下落した場合、株式取得者（株主）は公認会計士等に対し、記載が虚偽等であることによって生じた損害につき賠償請求を行うが、東芝の会計不正の場合、会計監査人（監査法人）が、虚偽でないものとして証明したことにつき過失がなかったことを証明して、責任を免れることは難しいであろう。

第6章 親子会社と株主保護のあり方

I 会社法改正論議における株主保護のあり方

1 親子会社法制の見直しの必要性

　現代の企業活動の多くは、親子会社・企業グループという結合企業により展開されていることから、親子会社法制の見直しは会社法改正の重要課題であったが、旧商法の改正や会社法制定の際に論議されたものの本格的に取り上げられることはなく、ほとんど手つかずの状態であった。

　会社法の規定は、単一の会社を前提にするものであり、結合企業に関する規定は断片的・部分的なものにとどまり、結合企業の実態に対応しているものとはいえず不十分である。

　結合企業（親子会社）をめぐっては、親会社株主の保護、子会社の少数株主と債権者の保護、親子会社の経営の健全化のためのガバナンスなどが議論されている。法整備が不十分なことから、解釈論により対応しようとしたが、限界があるので、結合企業に対応した法規制のための立法化が求められていた。

　親子会社法制は、従来、子会社の少数株主の保護を中心に議論されてきたが、純粋持株会社の解禁、株式交換等による完全子会社化が可能となったことにより、近年においては、親会社の株主は直接子会社に対し権利行使をし得ないという株主権の縮減が生じたことから、親会社株主の保護の必要性という見地から問題にされるに至った。

1　たとえば、子会社による親会社株式の取得禁止規定（会社135条1項）、監査役の兼任禁止（同法335条2項）、社外取締役・社外監査役の要件（同法2条15号・16号）、親会社株主の子会社書類の閲覧請求権（同法433条3項）などがあげられる。

平成26年の会社法改正に至る論議において、親子会社法制の見直しが初めて正面から取り上げられたが、親会社株主の保護のあり方を中心とするものであった。そして、改正法により多重代表訴訟が創設されたが、これにより、親会社株主保護の問題がすべて解決されたわけではない。

2　親子会社と法律上の問題点

(1)　株主保護と3つの問題点

　経営の効率化などの観点から、親子会社・結合企業による経営が増えているが、問題となるのは、①子会社の少数株主の保護、②親会社株主の保護、③親会社による適切な子会社の管理と親会社取締役の責任である。①は親会社による搾取の防止として問題にされ、②は親会社株主による子会社取締役に対する監督是正権（多重代表訴訟）であり、③は親会社取締役の子会社に対する監視義務として問題にされる。③が問題となるのは、親会社株主の利益保護のためである。

　平成26年の会社法改正論議において、上記①～③は親子会社法制の重要項目としてあげられ、検討された。いずれも従来から意見の対立するところであり、賛否両論があったが、以下のとおりの方向性で進められることになった。

　①については、不公正取引を防止するために会社法施行規則を改正して事業報告において開示するという方法がとられ（会施規118条5号）、③については、親会社取締役の子会社に対する監視義務の法定化は見送られたものの、グループ内部統制システムが会社法に規定された（会社348条3項4号、362条4項6号）。

　②は、親子会社法制改正論議の中心となった。これは、平成9年の独占禁止法の改正による純粋持株会社の解禁、平成11年商法改正による株式交換等の制度の新設の結果、持株会社形態の企業が急速に広がり、あるいは事業会社についても完全子会社化が増大した。それに伴い、親会社株主は、子会社に対して、本来、直接行使できた監督是正権を、親会社の取締役を通じて行うしかないという株主権の縮減現象が生じた。そこで、親会社株主の利益保護のための立法的措置が必要とされ、改正法は親会社（最終完全親会社）の株主に多重代表訴訟の提起権を認めた。

(2) 持株会社と株主保護

②、③は、親会社株主の保護の問題であるが、持株会社（親会社）の株主保護として現実化する。事業が親子会社（特に完全親子会社）により展開されている場合、親会社の利益は子会社の事業活動に依存するところが大きく、親会社株主の利益にも関係する。

ところが、完全親子会社関係が形成されている場合、親会社と子会社は経済的実体が同一であるとしても、法律的には別法人であるから、親会社株主は親会社の取締役を通じてしか子会社に対して権利行使をなし得ないという権利の縮減現象が生ずる。

完全親子会社関係は、独占禁止法上の持株会社（支配会社）と事業子会社（被支配会社）の関係である。そして、親会社株主保護の必要性が現実化するのは純粋持株会社についてであり、多重代表訴訟の導入論議は、純粋持株会社の株主保護のための施策として出発した。

持株会社は独占禁止法上の概念であり、会社法上においては親会社を意味する。持株会社には、事業持株会社と純粋持株会社とがあり、事業持株会社とは、事業会社が自ら事業を行いながら他社（子会社）の株式を有し、親子会社として事業を展開する従来からある親子会社形態である。

これに対し、純粋持株会社は、自らは事業活動を行わず、他社（子会社）の株式を有することにより、傘下の子会社の支配と管理を目的とする持株会社である（独禁9条）。ホールディングス、フィナンシャルグループ、○○本社等とよばれている。なお、持株会社は、一般に完全親会社であるが、法律的には完全親会社であることは要求されていない。

II 子会社の少数株主の保護

1 子会社の利益を害する親子会社間の不公正取引

子会社の取締役は、親会社の意向を無視することができないため、親会社との間の取引条件が子会社にとって不利益であっても、取引を承認する可能性がある。親会社が支配力を行使して不公正取引をすることにより、子会社やその少数株主あるいは債権者の利益が損なわれることから、従来から、親会社によ

る子会社の利益を害する不公正取引から、子会社、少数株主（完全子会社については、株主保護の問題は生じない）、債権者の利益保護が必要であることが認識されていた（仙台地判昭和45・3・26判時588号38頁、最判平成22・1・29金判1348号21頁参照）。

　親会社による子会社の利益を害する不公正取引は、支配会社と従属会社という親子会社間の関係により生ずるものである。子会社の取締役は、子会社の議決権の多数を保有し、自らを選任または解任することができる親会社の取締役の意向を無視できないため、親会社の影響力を背景にした不公正な条件の取引に応じなければならない場合がある。

　親会社は、親子会社間取引において親会社の利益を優先させ、また子会社間の取引においても、企業グループ全体の利益を個々の会社の個別的利益に優先させ、特定の子会社の利益を損なうことがある。そのため、子会社に帰属するはずであった利益が、親会社または企業グループ全体の利益のために犠牲になる可能性がある。その結果、子会社の配当可能利益の額が減少し、子会社の少数株主の利益が害されることになる[2]。

2　規制すべき親子会社間の不公正取引

　子会社の利益を害する親子会社間の取引は規制する必要があるが、不公正取引として規制の対象となるのは、子会社の利益を害する利益相反取引である。しかし、子会社に損害が生ずる可能性がある親子会社間の利益相反取引を、すべて不公正取引であるとして規制することは適切ではない。これでは、親子会社、グループ企業として事業を展開することの意味が減殺されることになる。

　親子会社間の取引においては、製品や原材料の売買価格等について公正な市場価格によらない場合が少なくないが、市場の同種商品との間には技術的・質的相違がある場合があるばかりか、同一の商品についても、契約の付随的条件（リベート、納期、保管、運送その他の顧客サービス、保証の有無等）に差異がある場合、契約期間、取引数量に差異がある場合などがあるから、利益相反取引

2　江頭憲治郎『結合企業法の立法と解釈』6～7頁、33頁。

であるからといって、すべてが不公正取引となるわけではない。

　そこで、親子会社間の利益相反取引が、不公正取引として規制されるものか、親子会社またはグループ全体の利益のために行われるものとして許容される取引であるかについて、その基準設定が問題となる。

　この点、一般に用いられるのが、独立した当事者間の取引条件によるものであるか否かという独立当事者間取引基準である。これは、独立した会社間で行われうる条件による取引か否かを基準とするものである。

　しかし、独立当事者間取引基準を親子会社間取引の公正基準として用いることが適正であるとは限らない。

　親子会社間の不公正取引であるか否かは、この基準だけでなく企業グループ内取引の特殊性に配慮し、不公正な取引条件であるか否かの判断をする必要がある。単に、価格の適正だけではなく、子会社に当該取引をする必要性があったか、資金的に無理がなかったか等を総合して、市場において独立の当事者間で同種の取引が行われている場合と比較して判断しなければならない。

3　不公正取引と親会社の責任

　親会社の取締役が、事実上の影響力の行使により、子会社の業務執行に不当に介入し、親子会社間で不公正取引をしたことにより子会社に損害が生じた場合は、それに合理的理由がない場合は、親会社の取締役は子会社に対して不法行為による損害賠償責任を負わなければならない（民709条）。加えて、親会社も子会社に対して損害賠償責任を負わなければならない場合がある（会社350条）。

　親子会社間の不公正取引により、親会社が利益を得たが、子会社に損害が生じた場合、子会社は親会社に対し、得た不当利益（不当利得）の返還を請求することができる（民703条）。子会社の得べかりし利益についての損害は、不法行為による損害賠償請求ということになる。

　不公正取引が、親会社によりグループ全体の利益のためになされたとき、あ

3　江頭・前掲書（注2）34頁。
4　江頭・前掲書（注2）8頁、41〜42頁。

るいはグループ内の他の子会社間でなされたなど、親会社が利益を得ていない場合は、不当利得の返還請求の要件を欠くことになる。この場合は、親会社取締役の不法行為責任が問題になる場合があろう。

親子会社間の不公正取引により、子会社に損害が生じた場合について、理論的には親会社の責任が認められるにしても、特別の規定がないことから民法の一般規定によらざるを得ないが、その要件、請求金額等が不明確である。また、子会社が親会社に対し損害賠償を請求することは現実には難しいから、親会社の責任の根拠について立法的措置を講ずることが必要であろう。

III　親子会社間の不公正取引の規制に向けた動き

1　中間試案と子会社少数株主の保護の措置

不公正取引（利益相反取引）の規制は、子会社の少数株主の保護との関係で問題にされる。利益相反取引により子会社に損害が生じると、その株主に損害が生ずることになる（保有株式の価値が低下することになる）。そこで、子会社の少数株主の保護の必要性は、すでに、平成11年の商法改正論議の際に取り上げられていた。「親子会社法制等に関する問題点」[5]は、親会社が子会社に対して影響力を行使することにより、子会社に損害が生じた場合に、親会社またはその取締役の子会社に対する損害賠償責任を法定すべきことの当否を問題にしている[6]。

平成26年の会社法改正論議では、親子会社（結合企業）法制のあり方が本格的に取り上げられ、子会社の少数株主保護の方策についても論議された。親会社との利益相反取引により、子会社の利益が害されるとの懸念から、子会社少数株主の保護を図るための立法的措置が検討されたのである。

中間試案は、子会社少数株主の保護として、親会社等の責任と情報開示の充実を掲げていた[7]。そして、利益相反取引によって子会社が不利益を受けた場

5　法務省民事局参事官室・平成10年7月8日公表。
6　原田晃治ほか「親子会社法制等に関する問題点の解説」商事1497号4〜5頁、14〜15頁。
7　法務省民事局参事官室「会社法制の見直しに関する中間試案（平成23年12月）」〈http://www.moj.go.jp/content/000084699.pdf〉第2部第2・1および2。

合における親会社の責任に関し、明文の規定を設けるとの「A案」と、明文の規定を設けないものとする「B案」を掲げている。

　不公正取引を規制する方法として、親会社の損害賠償責任を明確にする方法と、取引に関する情報の開示を充実させることにより、不公正な取引を防止するという方法があり、両者は併存可能であるが、改正法は後者を選択し、会社法施行規則の改正により、事業報告による情報開示の充実を図っている（会施規118条5号）。改正法ではA案を採用しなかったが、今後、再検討すべきである。

2　親会社の責任について明文の規定を設ける案の内容

　中間試案における不公正取引による親会社の責任を明確に規定するという上記「A案」は、①当該取引により、当該取引がなかったと仮定した場合と比較して子会社が不利益を受けた場合には、親会社は子会社に対して、当該不利益に相当する額を支払う義務を負うものとする、②不利益の有無および程度は、当該取引条件のほか、子会社と親会社の間における当該取引以外の取引の条件、その他一切の事情を考慮して判断されるものとする、③支払義務は、子会社の総株主の同意がなければ免除することができないものとする、④支払義務は、会社法847条1項の責任追及等の訴えの対象とする、というものであった[8]。

　①は、親会社は子会社に対して、当該不利益に相当する額を支払う義務を負うものとして親会社の責任を認めたうえで、支払責任額は当該取引がなかったと仮定した場合と比較して、子会社が不利益を受けたかどうかという基準を用い、独立当事者間取引基準（当該取引が独立当事者間であれば、合意されたであろう条件）によらないことを明らかにした。

　②は、子会社と親会社との間では、多様な取引が行われることが通例であることを踏まえ、親会社の責任の有無については、個々の取引のみではなく、継続的な親子会社間の関係を総合して考慮すべきであるとの考えによる。

　③は、不公正取引による親会社の責任の免除には、子会社の総株主の同意を要するものとする。親会社の責任の免除には、子会社の総株主の同意を要する

---

[8]　以下、法務省民事局参事官室・前掲資料（注7）参照。

とするのは、子会社の少数株主の保護を目的とするものであるから、完全子会社の場合は問題にならない。さらに、子会社の総株主の同意を要するとすることは、子会社の少数株主が、④の代表訴訟提起権を確保する趣旨である。

　④は、不公正取引による親会社の責任を、責任追及等の訴え（会社847条1項）の対象とすることにより、株主代表訴訟による責任追及を可能とする。不公正取引による親会社の責任を認めても、子会社が親会社の責任を追及することは現実には考えにくい。そこで、子会社の少数株主に株主代表訴訟の提起権を与え、責任追及の実効性の確保を図ろうとするのである。

　アメリカでは、親会社は子会社に対して信任義務（fiduciary duty）を負っていることから、これに違反して利益相反取引をするなどにより子会社に損害を与えた場合について、判例法上、子会社の株主は、親会社に対し代表訴訟を提起しその責任を追及することが認められているが、これと同様の考え方によるものであろう[9]。

　この場合の代表訴訟の構造は、子会社の株主が訴訟により請求するのは子会社の権利であることは、通常の代表訴訟と同様であるが、訴訟の対象者（被告）となるのが親会社であることに特徴がある。

3　不公正な利益相反取引の防止と情報開示の充実

　改正前会社法では、親会社等との重要な取引については、個別注記表における「関連当事者との取引に関する注記」（旧会計規98条1項15号、112条）や附属明細書（同規則117条）において、取引の内容、取引の種類別の取引金額、取引条件および取引条件の決定方針等を表示しなければならないものとされており、個別注記表および附属明細書における表示の適正さは、会計監査人や監査役による監査意見の対象とされていた（旧会社436条1項・2項1号、旧会計規122条1項2号、126条1項2号等）。

　中間試案は、親子会社間の利益相反取引は、定型的に子会社に不利益を及ぼすおそれがあることから、子会社少数株主に対する情報開示をさらに充実させるべきであるとの指摘があることを踏まえて、個別注記表または附属明細書に

---

[9]　Fletcher, Cyclopedia of Private Corporations Vol .13（1980 Rev Vol）§5977.1 p. 462.

表示された子会社とその親会社等との間の取引について、監査報告書等による情報開示に関する規定の充実を図るものとしている。具体的には、個別注記表等に表示された取引のうち、子会社と親会社またはそれと同等の影響力を有すると考えられる自然人との間のものについて、監査役の意見を監査報告書の記載事項とすること等が考えられると説明されている[10]。これは、前述のA案、B案にかかわらず必要とされる措置である。

4 改正要綱と不公正取引の取扱い

改正要綱は、親会社の責任に関し、明文の規定を設けるとの中間試案「A案」を採用せず、明文の規定を設けないとした「B案」によったことから、不公正取引についての親会社の責任の明確化は見送られた。それは、責任の要件が不明確であること、会社法上も、子会社取締役の任務懈怠責任や親会社の不法行為責任等によって子会社少数株主の保護は図られている等を理由に反対があり、意見の一致をみることができなかったことによる。

一方で、法務省令により、子会社少数株主の保護の観点から、親会社等との利益相反取引に関する情報開示の充実を図ることにして、中間試案が示した情報開示の充実の観点から、子会社の少数株主の保護を図るという方向で決着した。

すなわち、個別注記表等に表示された親会社との利益相反取引に関し（会計規112条1項）、株式会社の利益を害さないかどうかについての取締役（会）の判断およびその理由等を事業報告の内容とし、これらについての意見を監査役（会）の監査報告の内容とすることにしたのである。監査報告の内容とするということは、表示の適正さのみならず、取引内容に関する意見を監査報告に含み得るという趣旨である[11]。

改正要綱は、情報開示の充実により子会社少数株主の保護を図るべきであるとして、子会社少数株主保護の観点から、個別注記表等に表示された親会社等との利益相反取引に関し、株式会社の利益を害さないように留意した事項、当該取引が株式会社の利益を害さないかどうかについての取締役（会）の判断お

---

10 法務省民事局参事官室・前掲資料（注7）第2部第2・2。
11 岩原紳作「『会社法制の見直しに関する要綱案』の解説（Ⅲ）」商事1977号12頁、15頁注55。

よびその理由等を事業報告の内容としていた。[12]

　これを受け、改正会社法施行規則は、当該株式会社（子会社）とその親会社等（株式会社だけでなく、経営を実質的に支配している自然人が含まれる（会社2条4号の2ロ、会施規3条の2第2項））との間の一定の利益相反取引であって（当該株式会社と第三者との取引で、当該株式会社とその親会社等との間の利益が相反するものを含む）、個別注記表に関連当事者との間の取引に関する注記を要するものがあるときは、当該事項を事業報告の内容としなければならないとした（会施規118条5号イ～ハ）。

　事業報告の内容としなければならない事項は、①当該取引をするにあたり、当該株式会社の利益を害さないように留意した事項（当該事項がない場合にあっては、その旨）、②当該取引が、当該株式会社の利益を害さないかどうかについての、当該株式会社の取締役（取締役会設置会社にあっては、取締役会）の判断およびその理由、③社外取締役をおく株式会社において、取締役（会）の判断が社外取締役の意見と異なる場合には、その意見である。

　このように、事業報告の内容とすることにより、子会社の少数株主保護を確保しようとするのであるが、利益相反取引には、間接取引（子会社と第三者との間の取引であるが、親会社との間で利益が相反するもの）が含まれる。

　利益相反取引に関し、取引の適正を確保するために事業報告またはその附属明細書において、所定事項の開示を義務づけ（会施規118条5号、128条3項）、当該事項についての監査役等の意見を監査報告の内容とするのであるが（同規則129条1項6号）、これと取引自体についての善管注意義務とは別であるから、事業報告に記載しても、当該取引に関する取締役の善管注意義務違反の責任が生ずる。

IV　親会社株主の権利の縮減と保護の必要性

1　独占禁止法改正による純粋持株会社の解禁

　近年、親子会社関係と株主保護について、親会社株主の保護に重点が移って

---

[12] 「会社法制の見直しに関する要綱」〈http://www.moj.go.jp/content/000102013.pdf〉第2部第1・1の後注。

いる。それは、親会社株主は子会社の経営に重大な利害関係を有するが、親会社の取締役を通じてしか監督是正権を行使できないことによる。特に、完全子会社の場合は監督是正権の行使は、親会社取締役に専属しているとして、親会社株主の権利の縮減がいわれてきた。

親会社株主の権利の縮減の問題は、純粋持株会社を解禁した平成9年の独占禁止法の改正により意識されるようになった。純粋持株会社は自ら事業活動を行わず、主たる業務は子会社の管理であり、持株会社の株主と事業子会社（法律上は完全親会社であることを要求されないが（独禁9条3項～5項）、現実には完全親会社である）との間に持株会社が介在するから、直接の関係がない。

したがって、持株会社（親会社）の株主は、持株会社を通じてしか、子会社に対し監督是正権を行使し得ない。これは、純粋持株会社に限られることではないが、親会社の株主保護の問題は、特に純粋持株会社の場合に顕在化する。すなわち多くの事業持株会社は、完全親会社であっても親会社自身が事業を行っているから、親会社取締役の主たる役割は親会社の目的事業の遂行であって、子会社の管理を目的とするものではなく、したがって、子会社に対する支配力ないし影響力の度合いが低いが、純粋持株会社の場合には、親会社の目的は子会社の管理にあり、その利益の源泉は他の会社（傘下の子会社）の事業活動によるからである。

独占禁止法は純粋持株会社を解禁したが、これに対し、旧商法（会社法）は結合企業に関する規定をほとんど整備していなかった。旧商法の規定は経済的に独立した会社を前提にしており、親子会社に関する包括的な規制はなく、事業活動を行わない純粋持株会社は、伝統的な株式会社像から全くかけ離れたものであり旧商法の予想しないものである。そこで、純粋持株会社の解禁に伴い親会社の株主の保護について根本的な検討が必要となった。[13]

2 株式交換等と親会社株主の保護の必要性の現実化

純粋持株会社の解禁により、持株会社へ移行するための措置が必要とされた。そこで、旧商法において、親会社株主の保護について立法的措置をすることな

---

13 森本滋「純粋持株会社と会社法」曹時47巻12号15頁。

く、会社が持株会社へ移行すること、持株会社の設立を容易にするために、平成11年の商法改正により株式交換と株式移転の制度を創設した。その結果、親会社株主保護の問題が現実化し、議論が本格化した。

　持株会社は旧商法（会社法）上の親会社であるから、既存の会社が持株会社となることは、複数の会社が親子会社関係を形成することを意味し、持株会社の設立は、会社がその親会社となるべき会社を設立することを意味する。しかし、旧商法上、そのための手続を円滑に進める規定はなかった。そこで、株式交換等の制度が新設されたのである。

　株式交換等により完全子会社化が容易になったが、反面、親会社株主の権利の縮減という現象が生じ、その権利保護に関する議論が高まった。完全親会社の株主権の縮減現象は、親子会社関係が生じた後に、親会社の株式を取得した株主についても存在するが、より問題となるのは、子会社となった会社の株主が株式交換等がなされたことで、親会社の株主となったことにより、今まで、子会社取締役に対して直接監督是正権を行使し得たのにもかかわらず、親会社の取締役を通じてしか子会社の監督是正ができなくなった場合である。

3　親会社株主の保護とそのあり方

　完全親子会社関係にある場合、実質的に株主が存在するのは子会社ではなく親会社であるが、親会社株主の権利の縮減が進んでいる。親会社株主の利益は子会社の業務により影響されるが、実際に問題が起きている子会社の経営に対し、親会社株主のチェックは、直接の関係にないことから働かない。

　子会社取締役等の任務懈怠行為により子会社に損害が生じ、それにより親会社に損害が生じた場合は、親会社株主にも損害が生じることになる。そこで、子会社取締役の任務懈怠行為から親会社株主の権利を保護する必要がある。

　親会社株主の保護の方策として、親会社取締役の子会社取締役に対する監督義務違反の責任を追及する方法と、親会社株主に、直接、子会社取締役等の責任を追及することを認める方法とがある。後者は多重代表訴訟であるが、これによれば子会社の損害の回復を通じ、親会社の損害を回復するという本来の目的を達成することができる。これに対し、前者の方法によれば、子会社の損害は回復されないから、最終的な解決にはならない。

改正前会社法では、親会社株主が子会社取締役に対して監督是正権を行使するのは難しく、子会社取締役の任務懈怠により、親会社および親会社株主に損害が生じた場合には、親会社株主による親会社の損害の回復は、親会社取締役の子会社取締役に対する監視義務違反、または、子会社取締役に対する代表訴訟の不提訴を理由に、親会社取締役に対する損害賠償請求によらざるを得なかった。しかし、親会社取締役が子会社取締役に対して監視義務を有する根拠規定がなく、また、代表訴訟の不提訴を任務懈怠ということも容易ではない。

このような状況の下で、親会社株主の保護の方法として、親会社株主に、①子会社の取締役等の責任を追及する代表訴訟の提起権を認めるべきとの多重代表訴訟制度の創設、②親会社取締役の監督義務違反の責任追及を容易にするために監督義務の明文化の必要が唱えられてきたが、会社法の改正論議においてもこれらの問題が中心に取り上げられた。

取締役の監視義務と監督義務は明白に使い分けられているのではない。取締役が他の取締役の業務執行を監督するのは適切でないとして、監視義務という表現が用いられるものと考えられる。また、監視義務は監視権限と一体となっているから、監視権限、監督権限という表現が用いられる。これに対し、代表取締役や業務執行取締役が、使用人（従業員）を監督するのは監督義務（監督権限）であると解される。そうすれば、監視義務と監督義務は職務上の上下関係により区別することになる。

親会社取締役と子会社取締役の関係は、法律上、上下関係にないから、監視義務というのが適切であるが、監督義務という表現が用いられることもある。会社法改正論議（中間試案）では、「監督義務」の明文化として扱われたが、監視義務というのと実質的に変わりはない。

4 親会社取締役の監督義務の法定化に向けた論議

親会社取締役の子会社取締役に対する監督義務違反の責任を追及するにしても、そのためには、監督義務を認める法律上の根拠が必要である。法律上、監督義務が認められなければ、監督義務違反の責任を問題にすることは困難である。また、純粋持株会社については、親会社取締役と子会社取締役の力関係が逆転している場合があることから、親会社取締役の監督義務を明確にしなけれ

ば、子会社取締役に対する監督について実効性を確保できない。

　そこで、親会社取締役の子会社取締役の監督義務違反の責任を問題にするためには、親会社取締役の監督義務を明確にするための立法的措置が必要であるとされている。監督義務の明確化により、親会社取締役は監督義務違反の責任を追及されないために当該義務を尽くすことが期待される。

　これに対しては、改正前法の下でも監督義務を尽くしているから、監督義務の法定化は、親会社取締役に過重な義務を課すことになるばかりか、柔軟で機動的な企業集団の活動を妨げることを理由に反対の見解もあった。

　しかし、改正前法の下でも、親会社取締役の子会社取締役に対する監督義務の存在は否定されないから、それを明文化することで法律上の義務とすることにより、新たな義務が課せられるものではない。ここで、問題にするのは、親会社取締役に子会社取締役に対する義務があるか否かではなく、親会社取締役の監督義務違反の責任を追及するためには、当該義務の根拠づけが必要であるということである。もとより、監督義務の法定化は、取締役の柔軟で機動的な企業集団の活動を妨げたり、過重な監督義務を課すものであってはならない。

　親会社取締役の子会社取締役に対する監督義務を明記して、これを法律的に根拠づけるとしても、具体的にどのような監督をするかは、親子会社関係の事情に応じて親会社取締役に広範な裁量が認められることから、適正な監督がなされなかったとして、親会社取締役が監督義務違反の責任を追及されることは実際上それほど多くはないといえる[14]。

5　中間試案における監督義務法定化の動き

　会社法の改正論議において、親会社取締役の監督義務違反の責任の法定化が取り上げられた。中間試案は、企業統治の強化を図る一環として、親会社株主による子会社役員の責任追及のための「多重代表訴訟制度」の創設をあげていたが（A案）、それと選択的に、多重代表訴訟制度を創設しない場合の親会社取締役の子会社に対する監督義務の法定化をあげていた（B案）。

　B案は、多重代表訴訟制度を創設しないとしても、親会社株主の保護という

14　前田雅弘「親会社株主の保護」ジュリ1439号42頁参照。

観点から、親会社取締役の監督義務違反の責任を追及するために、当該義務を会社法上明確にする必要があるとして、①「取締役会は、その職務として、子会社の取締役の職務の執行の監視を行う旨の明文の規定を設ける」、②子会社の取締役等の責任の原因である事実によって、親会社に損害が生じた場合において、親会社が責任を追及するための必要な措置をとらないときは、親会社の取締役は、その任務を怠ったものと推定するものとする等の規律を設けることを含めて、検討されてきた。[15]

①は、親会社取締役の子会社取締役に対する監督義務を法定化し、監督義務違反の責任について根拠づけをするものである。②は、子会社取締役の責任追及を怠った（代表訴訟を提起しない）ことが、親会社取締役の任務懈怠といえるかどうかについて判断が難しい場合があることから、親会社取締役は任務を怠ったものと推定するとしたのである。

これらは多重代表訴訟制度を創設しない場合でも、親会社株主の保護という観点から、親子会社に関する規律を見直す必要は一切ないという意味ではないとして、中間試案において、親会社株主の保護のための規律の見直しを例示する[16]とともに、その具体的な内容を検討したものである。[17]

中間試案における「B案」の（注）は、多重代表訴訟の導入に消極的な立場があげる理由に沿ったものである。B案の立場に立つものは監督義務の明文化にも反対しているが、それは、親会社取締役の監督義務自体を否定するものではなく、改正前法の下でも、親会社の取締役は子会社に対し監督義務を負い、実際に監督義務を履行しているから、これを明文化して法定しなくてもよいというのである。

B案は、A案によらない場合の代替的措置として、多重代表訴訟を創設しない代わりに、より広い観点から親子会社に関するガバナンスを定める一環として掲げられたものである。多重代表訴訟と親会社取締役の子会社取締役に対する監督義務の明文化は、相互排他的な規制手法ではないから、A案とB案は併

15　法務省民事局参事官室・前掲資料（注7）第2部第1・1【B案】注ア・イ。
16　法務省民事局参事官室・前掲資料（注7）第2部第1・1【B案】注。
17　法制審議会会社法制部会第17回会議議事録12〜13頁〔塚本関係官発言〕。

存両立が可能である。監督義務の法定化は、多重代表訴訟制度の創設とかかわりなく必要であるが、現実論として、両案を合わせて盛り込むということは極めて難しいのが現実であるので、トレードオフ（二者択一）とせざるを得なかったとされている[18]。

　また、企業にとって、多重代表訴訟を導入するＡ案よりも、親会社の取締役の監督責任を明記するＢ案のほうが、負担が重いとの見方もあると指摘されている[19]。

　改正要綱では、監督義務の明文化に対して反対が強かったことに加え、多重代表訴訟の制度を創設することにしたので監督義務の明文化は見送られた。その結果、監督義務の根拠づけは、今後も解釈に委ねられることになった。

　中間試案の示した監督義務の法定化は、もともと、多重代表訴訟の制度を創設しない場合の代替策としての手当てであったが、監督義務の法定化は多重代表訴訟制度の創設とかかわりなく認めるべきであるとの見解がある[20]。多重代表訴訟制度を創設するからといって、親会社取締役の監督義務がないとか、軽減されるというものではない。そこで、両者を併存させるべきであったが、現実には無理であったとされている。

　改正法は、取締役の監督義務の明文化を見送ったが、親会社取締役の監視義務の根拠づけをグループ内部統制システムに委ねた。そして、グループ内部統制システムによる監視の実効性を確保するために、これを会社法本体に規定したのである（会社362条4項6号）。

---

[18]　岩原紳作＝中西敏和「〈対談〉会社法制の見直しへ向けた課題と展望」商事1956号13～14頁、加藤貴仁「企業グループのコーポレート・ガバナンスにおける多重代表訴訟の意義（下）」商事1927号37頁）。

[19]　岩原・前掲論文（注11）8頁、14頁注34、岩原＝中西・前掲対談（注18）14頁。

[20]　前田雅弘ほか「〈座談会〉『会社法制の見直しに関する要綱』の考え方と今後の実務対応」商事1978号32頁〔前田雅弘発言〕。

第7章 株主代表訴訟制度の概要

I アメリカの株主代表訴訟制度の概要——株主代表訴訟の法構造

　アメリカで、株主訴訟（shareholders suit）といえば株主代表訴訟を指すが、衡平法（判例法）により形成された訴訟であり、1世紀半の長い歴史をもつ。わが国の代表訴訟は、昭和25年の商法改正によりアメリカの制度に倣って導入された。代表訴訟を理解するためには、母法たるアメリカの制度の概要を知るとともに、アメリカの代表訴訟との相違点を知ることが必要である。

　代表訴訟の沿革は、19世紀の初め頃、経営者の責任を追及する訴訟として株主による集団代表訴訟（class action）または代表訴訟（representative suit）が、クラス・アクションの一種として衡平法上認められた。それは、取締役または支配株主が全株主に対して負う信任義務を根拠に、経営権の濫用を抑止し、少数株主を保護するための衡平法上の救済訴訟であった。

　初期の段階では、取締役と株主間の信任関係を根拠に、取締役の株主に対する信任義務違反により生じた株主の損害につき、株主は衡平法上の提訴権に基づき、自己および同様の立場にある他の株主を代表して、取締役が株主に対して負っている義務の履行を求める集合代表訴訟であり、株主が会社の権利を行使し会社の財産回復を求める派生訴訟ではなかった。

　ところが、19世紀の後半以降、会社活動の発展に伴い、会社が第三者に対して有する権利を行使しない場合、株主が、会社が第三者に対して有する権利を行使して第三者を訴求する必要が生じた。しかし、株主と第三者の間には信任関係（信託関係）がないから、株主と取締役間の信任義務違反に基づく代表訴訟では説明ができない。

　そこで、取締役の信任義務違反を理由とする訴訟に、新たに、取締役の第三

者に対する権利行使の不当拒絶による義務違反による株主訴訟を取り込み、株主の提訴請求に対する取締役の提訴拒絶を信任義務違反と構成し、これにより株主の対内部者訴訟と対第三者訴訟とのギャップを架橋し、株主の提訴請求と会社の不当拒絶により株主の提訴権が根拠づけられた。その結果、代表訴訟は会社の内部者に対してだけでなく、第三者に対する訴訟を含むものへと変化した。このように、代表訴訟は、集団代表訴訟（クラス・アクション）から、会社の権利に基づく派生訴訟へと質的変化をとげたのである[1]。現在では、アメリカの主要な州の会社法（たとえば、カリフォルニア会社法、ニューヨーク事業会社法、デラウェア会社法）は、派生訴訟として株主代表訴訟を規定している。

　また、株主代表訴訟は、クラス・アクションの一種として一括して規定されていたが（1938年連邦民事訴訟規則23条）、これと切り離して、原告株主が会社の権利に基づき提訴する派生訴訟として、別途、規定が設けられた（1966年改正連邦民事訴訟規則23.1条）。しかし、原告株主が他の株主を適正に代表すること（適切代表）を要求するなど、原告株主が他の株主全員の代表者であるとのクラス・アクションの性格を残している。アメリカでは、代表訴訟に派生訴訟と代表訴訟の両面性が認められるのである。

II　日本法における株主代表訴訟制度

1　株主代表訴訟制度の導入

　昭和25年の改正商法は、取締役の権限を強化した一方で、株主地位の強化を図り、株主による取締役の会社業務と経営に対する監督是正の制度として、アメリカの株主代表訴訟制度を導入した。これは、個々の株主に提訴権を認め（単独株主権）、各株主が会社に代わって取締役の責任を追及する訴訟制度である。

　改正前の取締役の責任追及の訴えに関する規定は、株主総会において取締役に対する訴えを提起することを決議したときは、会社は決議の日より1カ月以

---

[1] 池田辰夫「株主の代表訴訟」阪大法学149＝150号236〜238頁、竹内昭夫「株主の代表訴訟」同『会社法の理論III』224頁、小林秀之「手続法からみた株主代表訴訟」法学教室159号40頁、小林秀之「株主代表訴訟の沿革と手続的構造」小林秀之＝近藤光男『株主代表訴訟大系』145頁。

内に訴えを提起しなければならないとするものであった（昭和25年改正商法267条）。昭和25年において、GHQの指導の下に、商法に株主が直接取締役の責任を追及する代表訴訟制度を導入したのである。よって、日本における株主代表訴訟は、アメリカのように判例法により形成されたものではなく、また長い歴史をもつものでもない。

しかも、十分な調査と検討をする時間的余裕がない状態で導入されたのであり、理論的に十分に検討されたものとはいいがたい。株主代表訴訟の根拠を理論的に説明することは容易ではなく、提訴懈怠の一般的可能性と会社の損害回復という実際上の必要に基づき認められるものとされた。

わが国に導入された代表訴訟は、株主が会社の権利を行使する派生訴訟の法構造をもつものである。代表訴訟を導入した当時のアメリカでは、すでに代表訴訟は派生訴訟へと構造が変化しており、わが国においても原告株主は、当然のこととして全株主の利益のために訴訟行為をしなければならない。

アメリカでは、代表訴訟の対象は極めて広く、取締役や役員（業務執行者のこと、わが国では執行役がこれに相当する）の注意義務違反、忠実義務違反による損害賠償責任、違法行為による損害賠償責任、権限踰越行為、違法行為または詐欺的行為の差止めないし取消請求、債務不履行による損害賠償責任、取引上の特定債務の履行請求などが対象になっている。これに加え、会社の第三者に対する契約上の特定債務の履行請求、債務不履行による損害賠償請求権なども含まれる。

これは、株主代表訴訟が形成される経過の中で、法人擬制説（権利の帰属主体は本来自然人に限られ、法人は法により特に法人格者と擬制されたものとする英米法の考え方であり、したがって、法人の法人格の独立性は強いものではない）に立脚し、当初は、クラス・アクションと理解され、訴訟により請求するのは、取締役または役員の株主に対する信任義務違反による責任であるとする考え方によるものである。会社の権利は株主の権利であるとして、法人格の独立性を重視しない独自の考え方に由来するものであり、派生訴訟と認識される現在でも、会社の権利はすべて株主の権利であるという考えから脱却していないことによるものといえよう。さらに、注意すべき点は、訴訟の対象は広いものの株主が提訴しうる場合は制限されているということである。

わが国は、アメリカの代表訴訟のうち、取締役の会社に対する注意義務違反の責任を追及する代表訴訟の部分を対象として導入し、それをアレンジして株主代表訴訟の制度として創設した（昭和25年改正商法267条）。株主が提訴するためのハードルもアメリカのように高く設定していない。その後、対象者を監査役に拡張し、（旧商280条）、さらに、違法な利益供与を受けた者の、会社に対する返還義務を代表訴訟の対象とするなど（同法295条3項・4項）、訴訟の対象者を第三者にまで広げて現在に至っている（会社847条1項）。この代表訴訟導入の経緯は、わが国の代表訴訟を考えるに際して念頭においておく必要がある。

　アメリカでは、株主による取締役の違法行為の差止請求も代表訴訟の対象に含まれ、昭和25年改正商法はそれもあわせて導入したが、代表訴訟とは別に取締役の違法行為の差止め請求制度として規定されたのである（昭和25年改正商法272条、会社360条）。

2　株主代表訴訟制度の実質的意義

(1)　株主代表訴訟の現状

　代表訴訟制度は、昭和25年の商法改正により導入され、翌26年に担保提供規定を追加された後は、平成5年改正により訴額の定額化が図られ、同13年改正により代表訴訟における和解が法定され、また会社が被告取締役等に補助参加することが認められた。その後、会社法に承継され、活用されその役割をはたしている。

　代表訴訟制度が導入されて以来、重要な代表訴訟事例も存在するが、提訴数は多くはなく、あまり利用されていなかった。ところが、平成5年の商法改正により訴額が定額一元化されたことと、バブルの崩壊という社会経済情勢、企業不祥事の発生を契機に、提訴件数が増大するとともに請求金額が巨額化したことに伴い代表訴訟制度に対する関心も高まった。

　その後の株主代表訴訟の提訴件数は小康状態が続き、それほど多くはない。東京地方裁判所における平成17年～23年までの株主代表訴訟の新受件数は151件であり、年度別でみても、平成20年および21年からやや減少したものの、おおむね20件台で推移している。同時期の全国の地方裁判所における新受件数も、

おおむね70件台で推移しており、全国的にみても、会社法施行の前後で新受件数に顕著な変化はみられない。[2]

　上記事件数のうち、上場企業における提訴件数が少ないことに特徴がある。株主に代表訴訟の提起に至るまでの深刻な問題が生じていないとみることができれば、事件数の多寡に過剰反応する必要はないようにも思われる。また、代表訴訟における原告の勝訴率は高くないが、近年、取締役の支払能力をはるかに超える巨額の賠償責任を追及する訴訟が提起されるなどの傾向がみられる。

(2) 取締役等の責任追及と株主代表訴訟の役割

　取締役等の責任追及訴訟の大半は代表訴訟によるものであり、取締役等の責任の有無の判断基準、経営判断原則の適用基準など、取締役等の責任に関する重要な問題点の多くは、代表訴訟に関する判例と裁判例により形成されたものということができる。

　代表訴訟により、取締役等の責任が認められた事例は多くないが、責任が認められた事例の多くは重大な法令違反がある場合である。最高裁判例と下級審裁判例は取締役等の裁量権を広く解していることから、経営判断を誤ったことを理由として責任が認められた事例は、裁量権を逸脱し、重大な過失がある場合に限られる。

　取締役が経営判断を誤ったとして、職務執行上の過失が認められることは少ないが、近年では、取締役の監視義務違反、内部統制システムの構築義務違反による任務懈怠責任を追及する事例が増大し、取締役の責任として関心がもたれている。

III　株主代表訴訟の基本的理解

1　株主代表訴訟の概念と根拠

　代表訴訟は、株主が、会社のために、会社の権利に基づき取締役等の責任を直接追及し、会社に対する給付を求める訴訟である。会社と株主は別の法人格者であることから、会社の権利は会社が行使すべきであり、株主が会社の権利

2　福井章代「会社法施行後の東京地方裁判所における商事事件の実情と課題」民事訴訟雑誌58号58頁。

を行使することはできないが、取締役等の任務懈怠行為により会社に損害が生じているのにもかかわらず、会社が責任追及の訴えを提起することを懈怠している場合には、会社の損害は回復されず、株主の損害も回復されないことから、代表訴訟が認められることになる。

　会社経営が破綻に瀕した場合や、経営者の交代が円満になされなかったなどの場合を除き、会社による取締役等の責任追及がなされることは少ない。それは、役員間の特殊関係による提訴懈怠の可能性が高いが、それでは会社に生じた損害は回復されない。そこで、会社が提訴を懈怠していることを理由に、株主に提訴権が認められるのであるが、理論的根拠は明確ではない。会社による取締役等への提訴の懈怠は、代表訴訟を必要とする実質的根拠であっても、理論的根拠としては十分とはいえない。

　しかし、代表訴訟制度は、会社が取締役等の責任を追及すべき場合に、監査役等の提訴権者の判断に従えば役員間の特殊な関係から提訴を懈怠する可能性があるので、株主に会社の利益ひいては自己の利益の確保のための提訴権を認め、取締役等の会社に対する責任の実現を図るものとして、提訴懈怠の一般的可能性を理由にせざるを得ない。[3]

　アメリカにおいて、代表訴訟は実際上の必要性に基づき判例法上形成されたものであるが、その理論的根拠はそれほど明らかではない。わが国においても、株主が会社の権利を行使しうる根拠を理論的に説明することは容易ではない。原告株主を債権者ととらえ、債権者代位権（民423条）により説明することにも無理がある。

　そこで、会社役員の任務懈怠行為により会社に損害が生じた場合、株主は持株の価値の低下という損害を被る。この損害を回復するために役員の責任を追及し、会社の損害を回復させ、それにより株主は損害を回復することになる。このように、代表訴訟は、終局的には株主が自己の損害を回復する訴訟であると解される。会社が役員の責任追及を怠ったときに、株主に直接役員の責任を追及することを認めるという法政策的な訴訟であるといえる。

　このように、代表訴訟は、理論的に説明することは容易ではないが、会社に

---

[3]　神田秀樹「株主代表訴訟に関する理論的側面」ジュリ1038号65〜66頁。

よる提訴懈怠の一般的可能性を理由に、株主に法政策的に提訴権を認めた訴訟制度であり、会社の損害を回復するための有効な手段であるとともに、株主による監督是正権であるといえよう。

2　株主代表訴訟の目的と機能

　代表訴訟の目的と機能は、会社に生じた損害の回復を図るとともに、経営に対する株主の監督是正権（ガバナンス機能）であるとされている。従来、代表訴訟の本来的な目的である会社の損害回復ひいては株主の損害回復に重点がおかれていたが、株主は勝訴により直接の利益を受けないことなどを理由に、近時においては、監督是正としての機能つまりガバナンス面に関心が向いている。もっとも、会社に発生した損害の回復を図る訴訟であるから、取締役等の行為により会社に損害が発生したことを要件とする。ガバナンスに特化した訴訟ということはできない。

　株主による代表訴訟の提起に対し、取締役等からは、別段、違法な行為をしたわけではなく、また自己の利益を図ったものでもなく、会社の利益を図るために行動したのにもかかわらず結果が失敗に終わった場合に、賠償責任を問われるのは納得がいかないとして、代表訴訟の請求内容について不合理であると、反発が強いことは事実である。

　しかし、取締役等は会社の経営を受任した者であること、代表訴訟制度を前提とすれば、その責任が追及されることは取締役等にとって宿命的なものであろう。もっとも、取締役が経営判断を誤ったというだけで、責任が認められることは実際には少ない。

3　株主代表訴訟の構造

　代表訴訟は、株主が取締役等に対する会社の不提訴を理由に、会社のために提訴しその効果が会社に帰属する訴訟構造である。株主が、訴訟上取締役等に対して行使する請求権は会社の権利であるから派生訴訟である。株主は会社の法定代表機関的地位（株主は会社の法定代表機関ではない。そこで、代表訴訟の原告株主の地位を説明するために、法定代表機関に準じるものとして「法定代表機関的地位」という表現が用いられるのである）に基づき提訴するのである。法形式

は株主が会社のために提訴するという法定代位訴訟の構造をとっていることから、判決の効力は会社に及ぶことになる（会社847条3項、民訴115条1項2号）。

アメリカの株主代表訴訟は、原告が株主を代表して提訴する代表訴訟から、会社の権利を行使するという代表訴訟（派生訴訟）へと進展したのであるが、依然、原告株主が、他の株主を代表して提訴する代表訴訟性が残存し、クラス・アクションから完全に脱却していない。これと同様に、わが国においても、代表訴訟には、会社の権利を会社のために行使する訴訟（派生訴訟）と、全株主を代表する訴訟（株主を代表するという意味での代表訴訟）という2面性があるとの見解がある[4]。これは、原告株主は、全株主のために全株主を代表して適正に提訴しなければならないとの代表適正確保の趣旨である。

わが国において代表訴訟という場合、株主は誰を代表するのかという議論がなされたことがある。この点、株主が代表訴訟において請求するのは会社の権利であるから（派生訴訟）、株主の権利を行使する訴訟つまり原告は株主の代表者であるとして、この訴訟の2面性を持ち出す必要はないであろう。

代表訴訟の規定も、会社のために会社の権利を行使する訴訟であることを明確にしている（会社847条3項）。会社の権利は実質全株主の権利であり、全株主の利益は会社を通じて確保されるものであるから、代表訴訟性（株主を代表する代表訴訟）をいう必要はないであろう。しかも、原告が代表訴訟を提起するといっても、原告の提訴に反対の株主が存在することから、原告が全株主を代表するというのには無理があろう。

わが国の場合は、端的に会社の権利に基づく訴訟と理解すべきであろう。会社の権利は、終局的には株主の権利となるから、特に代表訴訟性を認める必要はないように思われる。アメリカの全株主を代表する意味でのクラス・アクション的な代表訴訟（representive suit）とは内容を異にし、規定上からみても、会社のために会社の権利を行使する派生訴訟（derivative suit）である。

会社の権利に基づく訴訟であるから、会社が取締役等に対して責任追及訴訟を提起した場合には、株主は代表訴訟を提起することができず、株主が代表訴訟を提起した場合は、会社は責任追及訴訟を提起し得ない。もっとも、会社ま

4　たとえば、竹内・前掲論文（注1）231〜239頁。

たは株主が一部請求として提訴した場合は、残部分について株主または会社による提訴は可能であろう。

訴訟で請求する（訴訟物）のは会社の権利であるから、会社または株主が役員の責任追及訴訟を提起した後に、株主または会社が提訴することは二重提訴になり許されないが（民訴142条）、会社法は訴訟参加を認めるという方法で解決している（会社849条1項）。

4 会社の権利による訴訟の特殊性

(1) 会社の権利の存在

原告株主が取締役等に対し、代表訴訟により請求するのは（訴訟物）は、会社の権利であるから、会社の権利が有効に存在しなければ代表訴訟は成立しない。被告取締役等は、会社に対して主張し得る事由（抗弁事由）をもって原告株主に対抗することができる。

会社が取締役等の責任を免除すれば、会社の権利が消滅するから代表訴訟は成り立たない。もっとも、取締役等の責任の免除は総株主の同意が必要であるから（会社424条）、免除は困難である（第10章Ⅴ1参照）。責任の一部免除が行われた場合（同法425条）には、株主が代表訴訟により請求できるのは免除を受けていない残額についてである。

訴訟の係属中に取締役等の責任の一部免除がなされた場合は、請求を減縮しない限り、免除部分については請求の棄却を免れない。また、代表訴訟の係属中に、会社が対象となる権利を譲渡すれば、会社の権利がなくなるから請求は棄却されることになる。

会社が、取締役等に対し損害額の一部について責任追及訴訟を提起した場合、株主は残余部分の支払いを代表訴訟により請求しうるかという問題がある。一部請求である場合は、株主は残部について代表訴訟を提起することは可能であろう。

代表訴訟の係属中に、会社が訴訟物である損害賠償請求権を譲渡し、譲受人が賠償請求訴訟を提起した場合に、代表訴訟を棄却した事例がある（和歌山地判平成12・2・15判時1736号124頁）。確かに、代表訴訟の係属中に会社が当該債権を譲渡することには問題があるが、これを禁止することはできないであろう。

したがって、仮装譲渡でない限り、会社が損害賠償請求権を譲渡することにより、会社の債権が消滅するから請求は棄却されることになる。かく解しても、適正な譲渡価格が支払われるのであれば、会社の債権は回収されるから問題はないであろう。

(2) 会社の権利行使の可能性

代表訴訟は、株主が会社の権利に基づき、取締役等に対して会社のために提訴する訴訟であるから、会社自身が提訴することが可能であることを前提とする。会社が権利行使し得ない状況にあれば、株主も代表訴訟を提起することができない。

会社が破産した場合（東京地判平成7・11・30判タ914号249頁）、会社更生手続が開始した場合（大阪高判平成元・10・26判タ711号253頁）は、会社財産の管理権と処分権は管財人に専属し、役員に対する責任追及は管財人が行うことになり、会社は責任追及訴訟を提起できないから、株主も代表訴訟を提起することができない。

代表訴訟の係属中に会社が破産した場合は、訴訟は中断し管財人が訴訟を受継することができる（東京地決平成12・1・27金判1120号58頁）。会社更生手続が開始された場合については、更生手続において株主の権利がすべて停止されるわけではないから、株主に代表訴訟の追行権は認められるとの考え方もできないではないが、事業の経営権および財産の管理処分権は管財人に専属することから、会社の役員に対する責任追及訴訟も、それに含まれるものとして、管財人が当事者適格を有することになり、訴訟手続は中断し管財人が受継することができると考えられる。

経営不振に陥った会社が、法的倒産手続をとらずに、任意の清算手続（私的整理）に入った場合、あるいは、会社を存続させるために民事再生手続を選択した場合は、株主の代表訴訟提起権は影響を受けることはない。

民事再生手続の開始により、再生計画に従った減資手続が行われ、これにより原告の持株数が減少しても、代表訴訟の原告適格として持株数が要求されるものではないから、原告による代表訴訟の遂行に影響を与えない。ただし、100％減資が行われた場合は、原告は株主でなくなるので原告適格を失うことになるが（東京地判平成16・5・13判時1861号126頁）、この場合、訴えは却下ま

たは訴訟承継のいずれとなるかが検討課題となる。

会社が解散し清算結了した場合は、会社がなくなるから代表訴訟を提起できない。訴訟の係属中に清算結了した場合も訴訟を継続することはできない。

Ⅳ　アメリカの株主代表訴訟との違い

1　訴訟の基本構造の異同

わが国の代表訴訟は、アメリカの株主代表訴訟を導入したものであるが、すべてが同じではない。株主が取締役等に対し訴訟により請求するのは会社の権利であり、会社の権利を会社のために行使する訴訟という派生訴訟（derivative suit）であるという基本構造は共通している。しかし、会社に判決の効力を及ぼすための法技術は大きく異なる。

わが国では、法定代位訴訟の法構造をとることから、会社は代表訴訟の当事者ではないが、判決の効力が及ぶことになる（民訴115条1項2号）。これに対し、法定代位訴訟によらないアメリカでは、判決の効力を会社に及ぼすための工夫として、必要的当事者（necessary party）として、会社を被告に加えるのである（したがって、会社の訴訟参加という問題は生じない）。もとより、会社の権利による訴訟であることから会社は名目的な被告にすぎず、積極的に訴訟活動をすることを期待するという意味ではない（第10章Ⅰ2(1)参照）。その他の主要な相違点は下記のとおりである。

2　行為時株主の原則

アメリカでは、代表訴訟を提起することができる株主は、取締役または役員の責任原因となる行為の時に株主であった者、または法律の規定により株主になった者（相続または合併により株式を取得した者）でなければならないとするルールがある。これを、行為時株主の原則（contemporaneous ownership rule）といい、取締役等の責任原因となる行為の後に株式を取得した者には提訴権を認めない。

行為時株主の原則（株式の同時所有の原則）が採用された経緯は、州会社法による訴訟費用の担保提供を回避するために、他州に住む者に持株の一部を譲

渡して株式を分散し、譲受人を共同訴訟人とすることにより連邦裁判所の管轄を作出し、提訴するという事例が多発したことから、これを防止するために連邦裁判所が考案したものである。

　後に、担保提供義務の回避の場合だけでなく、行為後に株式を取得した者による濫用的提訴を防止するための措置として連邦裁判所の衡平法上のルールとして一般化した。そして、現在では、連邦民事訴訟規則23.1条に規定されているが、主要な州の会社法（たとえば、ニューヨーク事業会社法）にも定められている。

　行為時株主の原則は一般化しているが、これを支える理論として、行為時の株主は、取締役等の問題ある行為により、株式の価値が下落したことにより損害を被るが、行為後に株式を取得した者は、下落した価格で株式を取得したから損害は生じておらず、これを保護する必要はないというものである。

　行為時株主の原則により、問題の行為後に株主となった者には提訴権が認められないが、行為後の株式取得者による提訴はすべて濫用的であるとして、一律に提訴を禁止するのは適切ではないとする批判も存在している。

　わが国では、通常の代表訴訟についても、多重代表訴訟についても、行為時に株主であることは要求されないから、取締役等の責任原因となる行為が行われた（責任の原因となった事実が生じた日）後に株式を取得した者でも、6カ月を待って提訴請求をすることができる。

　これに対し、濫訴防止や提訴目的の株式取得を防止するために、行為時株主の原則を採用し、提訴請求をなしうる株主を、役員の問題の行為がなされた当時の株主に限るべきとの経済界の意見が三井鉱山事件（最判平成5・9・9民集47巻7号4814頁）以来根強くある。

　この点については、提訴目的の株式取得はすべて濫用的であると決めつけることができないことに加え、代表訴訟により請求するのは会社の権利であり、会社に対する給付を求めるものであり、直接的には自己の利益を確保する訴訟ではないから、行為後の株主による提訴を認めない理由はないともみられる。会社法の改正論議においても、原告適格の見直しとして行為時株主の原則の採用が問題にされたが、改正されなかったのはこのような理由によるのであろう。

3　株主代表訴訟の対象となる取締役等の責任等

　アメリカでは、代表訴訟より株主が請求できる対象は極めて広いが、これは、形成過程からみて、法人擬制説の影響と代表訴訟のクラス・アクション性に由来するものであり、しかも、衡平法の制度として発達したということがいえる。

　この訴訟は会社の法人格性を強く認めない法人擬制説の下に、原告は株主の代表であるとするクラス・アクションととらえることから出発している。株主が経営の受任者たる取締役や役員に対して有する権利の範囲は広いから、訴訟により請求する権利（訴訟の対象）も広くなる。加えて、代表訴訟は制定法上の訴訟ではなく、判例法（衡平法）上の制度として発展したことから、訴訟の対象も弾力的に扱われることにより広くなり、損害賠償請求権に限られず、契約上の債務の履行請求、違法行為の差止請求等も訴訟の対象となる。

　もっとも、会社の法人格の独立性を認め、会社の権利は会社が行使すべきであるとの立場によれば、株主が代表訴訟（派生訴訟）により会社の権利を取締役や役員に請求することは例外的な場合になる。そこで、訴訟の対象となる権利は制限されることになり損害賠償請求権が行使できるということになる。

　さらに、注意しなければならないのは、代表訴訟の対象は極めて広いが、株主が代表訴訟を提起することができるのは、会社が提訴請求を不当に拒絶した場合であり、代表訴訟を提起しうる場合は制限的である。

　これに対し、わが国では、会社法人格の独立性が確保され、取締役等と株主との間に法律上の信任関係（信託関係）が存在しないから、アメリカのような考え方はとり得ない。会社の権利は会社が行使すべきであり、代表訴訟は、特に株主が会社の権利を行使することを例外的に認めた制度であるが、提訴懈怠の可能性だけで代表訴訟の対象を決めることはできない。そこで、導入の経緯とあわせて考えれば、代表訴訟の対象となる会社の権利は制限的に解され、取締役等の会社に対する損害賠償責任と義務に限られることになる（第10章Ⅵ参照）。

4　株主代表訴訟と経営判断の原則の適用

(1)　株主代表訴訟と会社意思の尊重

　アメリカでは、経営判断の原則は、取締役の経営判断に裁量権を認め、過失

責任を否定する方向で機能するものであるが、代表訴訟に関しても適用できるものとしてその領域を拡大している。すなわち、提訴請求を受けた段階あるいは訴訟終了のための経営判断の原則の適用である。これに対し、わが国では代表訴訟との関係では会社の意思は尊重されていない。そこで、会社の意思とは無関係に代表訴訟を提起し、訴訟を追行することが可能である。

(2) 取締役会の提訴判断と経営判断の原則

アメリカでは、株主から提訴請求を受けた会社が、取締役会が当該取締役等に対して責任追及訴訟を提起するか否かを判断するに際し、（多くは、訴訟委員会を設けて提訴判断を委ねる）経営判断事項として裁量権を認め、取締役会が経営判断として提訴しないと決めた場合は、取締役会の判断が裁量権を逸脱した場合（提訴請求の不当拒絶）、または取締役等の行為が法令違反であるとの主張を含む場合でなければ、株主は提訴することができない。

もとより、提訴請求を受けた取締役会は、必要な調査と検討を行ったうえで、公正に提訴するか否かを検討しなければならない。そして、取締役会が提訴しないことが会社の利益になると公正に判断した場合は、経営判断の原則が適用され、株主は代表訴訟を提起することができない。たとえ、取締役会の判断が間違っていても、裁判所は会社内部の問題であるとして立ち入らない。そこで、取締役会の判断の公正を確保するため、多くの場合、独立委員会を設けて判断させるという方法がとられている。

これに対し、わが国では、株式会社等（当該株式会社、旧株主による責任追及における株式交換等完全子会社、多重代表訴訟の場合の対象子会社）が、提訴請求を受けた日から60日以内に責任追及訴訟を提起しない場合は、その理由を問わず、株主は代表訴訟を提起することができる訴訟構造であり（会847条3項）、提訴請求の不当拒絶を要件としていない。

このように、会社の提訴判断は尊重されないから、被告取締役等において濫用的提訴であるとして、訴えの却下を求めるしかない。

(3) 訴訟終了判断と経営判断の原則

アメリカでは、多くの会社は、定款で取締役会の機能の一部を独立委員会に委譲することを認めているから、株主が適法に代表訴訟を提起した場合であっても、取締役会は訴訟委員会（Litigation committee）を設け、これに当該訴訟

について調査させ、経営判断として訴訟を終了させるべきか否かを決定させる。そのうえで、調査に基づく判断の結果を取締役会に勧告する。

　訴訟委員会が、当該訴訟の継続は会社の最善の利益に沿わないと考え、終了させるべきであると判断した場合に、被告である取締役等または会社は、裁判所に対しそれに基づき訴訟終了の申立てをする。申立てを受けた裁判所は、経営判断の原則を適用し訴えを却下することにより訴訟を終了させるというルールが存在する。これが、経営判断原則の攻撃的用法（offensive use of the business judgement rule）といわれるものである。

　このルールは、1970年代に不正な海外送金を理由に、取締役の責任を追及する代表訴訟が多発したことから、取締役会が訴訟委員会を設けて、訴訟の継続が会社の最善の利益にならないことを理由に、訴訟を終了すべきであると決定した場合、これに経営判断の原則を適用して訴訟を終わらせるという実務上の工夫として生まれたものであり、ニューヨーク州の経営者側弁護士が考案したものであるとされている。

　取締役会が自ら訴訟終了判断をしたならば、利益相反行為となり経営判断の原則は適用されないことから、独立委員会たる訴訟委員会を設けて訴訟終了のための判断をさせるのである。

　訴訟終了の申立てを受けた裁判所は、独立委員会が利害関係のない委員により構成されているか、独立性が確保されているか、調査が適正かつ十分になされているかについて審査するのであるが、独立委員会の判断内容には立ち入らないとする州と、さらに、裁判所は独立委員会の判断の内容に立ち入り、自らの判断で訴訟を終了させるか否かを決定する（2段階テスト）州とがある。

　もっとも、独立委員会の決定に、経営判断の原則を適用して訴訟を終了させることは、会社の利益にならない訴訟を終了させることを可能にするとして、これを積極的に評価する立場と、代表訴訟を骨抜きにし、この訴訟の存在意義を危うくするとの否定的な立場とがある。

　わが国では、株主が適法に提起した代表訴訟について、株式会社が会社の利益にならない無益な訴訟であると判断した場合でも、会社の意思で訴訟を終了させることはできない。この点について、わが国においても、アメリカのルールを採用すべきであるとの意見がある。

V　代表訴訟等の対象会社と訴訟当事者

1　改正法の下での代表訴訟の3類型

改正法の下では、代表訴訟の関係する株式会社等は、株式会社、株式交換等完全子会社、最終完全親会社である。そして、それに対応して代表訴訟も3類型となり、対象会社、原告と被告（当事者）も複雑になる。

改正法の下では、代表訴訟は、①従来型の代表訴訟（会社847条1項）、②旧株主による責任追及の訴え（同法847条の2第1項）、③最終完全親会社の株主による特定責任追及の訴え（同法847条の3第1項）の3類型である。②は、通常の代表訴訟と位置づけられている。③の類型の代表訴訟は多重代表訴訟である。

代表訴訟の対象となるのは、役員等の任務懈怠の責任であるが（会社423条1項）、発起人・設立時取締役の義務（同法52条1項、53条1項）、違法な利益供与に関与した取締役等の支払義務と利益供与を受けた者の返還義務（同法120条3

〈表2〉　改正法下での代表訴訟の類型

	従来型の代表訴訟	旧株主による責任追及の訴え	多重代表訴訟
原告株主(提訴権者)	当該会社の株主	株式交換等により親会社の株主となった旧株主	最終完全親会社の少数株主
被告となる役員等	当該会社の役員等	株式交換等により完全子会社となった会社の(元)役員等	完全子会社の役員等
訴訟により行使する権利(訴訟物)	当該会社の権利(役員等に対する損害賠償請求権等)	完全子会社となった会社の権利	対象子会社の権利
提訴のための要件	提訴請求時の株主	株式交換等がなされた当時の株主	最終完全親会社の議決権総数の1％以上を有する少数株主

項・4項)、募集株式と差額支払義務（同法213条1項)、違法剰余金の配当に関する支払義務（同法462条1項）も代表訴訟の対象となる。

2　代表訴訟等の被告となる役員等

　代表訴訟等は、対象会社の役員等の会社に対する責任または義務を追及する訴訟であるが、発起人、設立時取締役・監査役、清算人、そして、払込みを仮装した設立時募集株式の引受人というように第三者が対象者となる場合もある。しかし、現実に代表訴訟が提起される多くの場合は役員等、特に取締役の責任追及である。

　旧商法では、代表訴訟とは取締役の責任を追及する訴えであり（旧商267条1項)、それを監査役に準用していたことから（同法280条1項)、代表訴訟の対象となる役員は取締役と監査役であったが、会社法では対象となる役員の範囲は広い。

　役員とは、取締役、会計参与、監査役であるが（会社329条1項)、会社に対し任務懈怠責任を負う役員等は、取締役、会計参与、監査役、執行役、会計監査人であり（会社423条1項)、この役員等が代表訴訟（旧株主による責任追及の訴え、多重代表訴訟を含む）の被告となる。

　執行役は、指名委員会等設置会社の業務の決定と執行を行うことから任務懈怠責任を負っており（会社418条)、会計監査人は、計算書類およびその附属書類を監査し、適正を確保することを任務として責任を負うことになる（同法436条2項1号、439条)。近時、不正な会計処理が行われるのは、会計監査人（公認会計士・監査法人）の監査に問題があるとして、責任追及を求める動きが強まっているが、会計監査人も代表訴訟により責任が追及される。

　もっとも、会社法の下でも、現実に代表訴訟の対象となる役員は、取締役、監査役、執行役である。そして、その多くは取締役特に代表取締役である。代表取締役等の業務執行取締役は、業務執行上の過失について責任を負い、他の取締役（平取締役・社外取締役）は、監視義務違反の責任を負うことになる。

　アメリカにおいても役員は代表訴訟の被告とされる。しかし、役員は業務執行者であり、社長（最高経営責任者)、副社長、秘書役、会計役からなる。社長は最高経営責任者（CEO）ともよばれ、会社の業務執行の責任者であるが、わ

が国の代表取締役と同じではない。わが国において、アメリカの社長（最高経営責任者）に相当するのは、委員会等設置会社の代表執行役である。これに対し、アメリカにおける取締役は監督機関である取締役会の構成員であり業務執行者ではなく、モニタリングに徹しており役員ではない（わが国の取締役は、業務執行者であるとともに監督者であるという二面性を有している）。

VI 旧株主による責任追及訴訟制度の新設

1 株主でなくなった者による代表訴訟等の提起

　改正前の会社法は、代表訴訟の係属中に株式交換等が行われ、当該株式会社の株主でなくなった者が完全親会社等の株主となった場合は、代表訴訟等の追行権を失わないと規定していたが、改正法に承継された（会社851条1項）。

　しかし、代表訴訟の係属中に株式交換等が行われた場合の規定であることから、この規定により代表訴訟の提起前に株式交換等が行われ、完全親会社の株主となった者が、株式交換等より前になされた役員等の行為により会社（完全子会社となった会社）に生じた損害について、代表訴訟を提起して責任を追及することはできない。

　この点に関して、会社法847条に規定する「株式会社」とは、株主が現に保有している株式の会社を指すが、同法851条1項は、代表訴訟の係属中に株式交換等により完全親会社の株主となり、その株式を取得した場合には、例外として原告適格を失わないとしたものである。しかし、株式移転により完全親会社が設立された場合において、すでに完全親会社の株主となった者は、もはや完全子会社の株主ではないことから、完全子会社の取締役等を相手に代表訴訟を提起することはできないとした裁判例がある（東京地判平成19・9・27判時1992号134頁）。

　このように、会社法上、株式交換等により当該株式会社の株主でなくなった者に、代表訴訟の提起権は認められなかった。これに対し、株式交換等と代表訴訟の提起のいずれが先かにより、結論を異にするのは不均衡であり適正ではないとの指摘がなされていた。

　そこで、改正法は、旧株主による責任追及等の訴えの制度を設け、代表訴訟

を提起する前に株式交換等が行われ、当該株式会社の株主ではなくなったが、当該会社の完全親会社の株主となった者に、株式交換等より以前になされた当該株式会社の役員等の任務懈怠行為等について、その役員等の責任等を追及する代表訴訟の提起権を認めることとした（会社847条の２）。

　旧株主による責任追及等の訴えは、株式交換等により完全親会社等の株主になった者に、完全子会社となった会社の役員等に対する代表訴訟の提起権を認めるものであり、訴訟で請求するのは株式交換等完全子会社の権利であるから多重代表訴訟の性質を有する。

　しかし、この訴訟は、株式交換等により完全親会社の株主になった者について提訴権が認められるのであり、しかも、株式交換等がなされる以前に責任原因となる事実が生じた場合に限られる。この訴訟は特定の場合に限り認められるものであることから、改正法は多重代表訴訟ではなく通常の代表訴訟と位置づけた。そのため、提訴のために多重代表訴訟のような厳格な規制を受けない。

2　旧株主による責任追及訴訟の要件

(1)　要　件

　旧株主による責任追及等の訴えの制度の要件について、株式交換等完全子会社の役員等の責任または義務の原因となった事実が株式交換等が効力を生じる以前に発生したこと、株式交換等がなされた当時の当該株式会社の株主（旧株主）であることが要求される。かかる株主は株式交換等がなければ、当該株式会社の役員等に対し代表訴訟を提起することができたからである。

　会社法847条の２における「当該株式会社」とは、株式交換等により完全子会社となった株式会社、合併により消滅した株式会社である。旧株主とは、当該株式会社の株主であった者である。株式交換等とは、株式交換、株式移転、当該株式会社を消滅会社とする合併がなされた場合をいう。また、「株式交換等完全親会社」とは、株式交換または株式移転の場合の完全親会社、合併後存続会社の完全親会社である。したがって、旧株主とは、株式交換または株式移転の場合に完全親会社の株主となった者、合併後存続会社の完全親会社の株主となった者（三角合併の場合）である。「株式交換等完全子会社」とは、株式交換または株式移転により完全子会社となった株式会社、または合併後存続会社

である。
　また、旧株主による責任追及等の訴えの提起については、期間制限がないことから、株式交換等完全子会社の役員等の責任または義務は、それが免除または時効により消滅するまで代表訴訟の対象となる。この点は、通常の代表訴訟と同様であるが、旧株主から株式を譲り受けた者には提訴権がないこと（提訴権者を株式交換等がなされた当時の株主に限定する）が通常の代表訴訟とは異なる。

(2) 旧株主による責任追及訴訟のポイント

ここで、旧株主による責任追及訴訟のポイントをまとめておくこととする。

① 旧株主による責任追及訴訟とは、株式交換等（株式交換・株式移転・当該会社を消滅会社とする合併）により、当該株式会社の株主でなくなったが、株式交換等親会社の株主になった者に提訴権を認める代表訴訟である。この訴えは通常の代表訴訟とされているから、多重代表訴訟のような厳格な要件は要求されない。

② 被告となるのは、株式交換等完全子会社の役員等である。訴訟の対象になるのは、株式交換等の効力が生じる前に原因となる事実が生じた責任または義務である。

③ 原告となるのは、株式交換等により株式交換等完全親会社の株式を取得し、引き続き保有する株主である。加えて、株式交換等の効力が生じた日の6カ月前から、引き続き株式交換等完全子会社の株式を保有していることが要件である。

　それ以外の完全親会社の株主または吸収合併存続会社の完全親会社の株主には、提訴権は認められない。

　株式交換等の効力が生じた後に、株式交換等完全親会社の株式を取得し、6カ月以上が経過しても提訴権はない（通常の代表訴訟については、提訴請求前6カ月が要件である）。この場合は、多重代表訴訟として提起することになる。

④ 原告の適格要件として保有議決権等について制限はない（提訴権は少数株主権ではない）。株主は提訴前に、株式交換等完全子会社（完全子会社または合併後存続会社）に対し、提訴請求をし、60日以内に株式交換等完全子会社が責任追及訴訟を提起しない場合に、旧株主が提訴することができ

る。

3　旧株主による責任追及訴訟の提訴権者等

　旧株主に責任追及訴訟の提起権が認められる適格株主は、①当該株式会社の株式交換または株式移転により、当該株式会社の完全親会社の株式を取得し、引き続き当該株式を有する株主（会社847条の2第1項1号）、②当該吸収合併により、吸収合併後存続する株式会社の完全親会社の株式を取得し、引き続き当該株式を有する株主である（同項2号）。

　①当該株式会社の株主が、株式交換等により当該株式会社の株主ではなくなったが、完全親会社の株式を取得し、引き続き当該株式を有するとき、つまり、株式交換等完全親会社の株主となり、現に株主である場合に提訴権を有する。この要件は、代表訴訟の係属中に株式交換等が行われても、原告適格（訴訟追行権）を失わないとする規定（会社851条1項）と同趣旨であるが、株式交換等が先に行われた場合について規定したものである。

　②当該株式会社を消滅会社とする吸収合併が行われたが、その株主が吸収合併後存続する株式会社の完全親会社の株式を取得し、引き続き当該株式を有するときに提訴権が認められる。吸収合併により当該株式会社は消滅するが、消滅会社の株主が吸収合併後存続する株式会社の株式を取得した場合ではなく、吸収合併後存続する株式会社の完全親会社の株式を取得した場合、つまり、三角合併が行われた場合を対象としており、完全親会社の株式を引き続き有することが必要であるとしている。

　当該株式会社（消滅会社）の株主が、吸収合併後存続する株式会社の株式を取得し、引き続きその株主であるときは、吸収合併は包括承継であるから、消滅会社の株主の地位も、消滅会社の取締役等に対する損害賠償請求権も、吸収合併後存続会社に承継されることになり、特別の規定を待つまでもなく、当該株主に提訴権が認められることになる。

　しかし、消滅会社の株主が、吸収合併後存続会社の株式を取得せず、その完全親会社の株式を取得する場合（三角合併の形態）は、消滅会社の株主の地位も、消滅会社の取締役等に対する損害賠償請求権も、完全親会社に承継されるわけではないから、完全親会社の株主となった者は、消滅会社の取締役等の責任を

追及することはできない。そこで、完全親会社の株主になった者に、消滅会社の取締役等の責任を追及する代表訴訟の提起権を認めるために特別の規定（旧株主による責任追及訴訟）を設けたのである。

旧株主による責任追及訴訟の被告となるのは、株式交換等による場合は、当該株式会社（株式交換等完全子会社）の役員等であり、吸収合併の場合は、当該株式会社は消滅するから、元当該株式会社の役員等であったものである。

4 旧株主による責任追及訴訟の対象となる責任等

旧株主による責任追及訴訟の対象となるのは、当該株式会社の株式交換等または当該株式会社が吸収合併により消滅する会社となる吸収合併の効力が生じた時までに、その原因となった事実が生じた責任または義務に係るものに限られる（会社847条の2第1項）。

株式交換は株式交換契約で定めた日（会社768条1項6号）に、株式移転は新会社の設立登記をした日（同法774条）に効力を生じ、吸収合併は合併契約において定めた日（同法749条1項6号）に効力を生ずる。したがって、会社法847条の2第1項にいう「6カ月前」については、各効力が生じた日を基準にして計算することになる。

旧株主による責任追及訴訟は、すでに当該株式会社の株主でなくなった旧株主に、特別に提訴権を認めるものであるから、株式交換等が行われていなければ、代表訴訟を提起することができる場合に限られている。株式交換等が行われる以前になされた当該株式会社（株式交換等完全子会社になる会社）の取締役の責任または義務が訴訟の対象になるのである。

損害の発生は、株式交換等または吸収合併の効力が生じた後であってもよい。また、継続的な任務懈怠行為については、任務懈怠行為が株式交換等または吸収合併の効力発生時までに始まっていれば、その前後にまたがる場合でもよいと解される。

これに対し、株式交換等または吸収合併の効力発生後に役員等の責任または義務の原因たる事実が生じた場合は、旧株主による責任追及訴訟によることはできない、この場合は、多重代表訴訟によることになる。

5 適格旧株主による提訴請求

(1) 提訴請求をするための要件

　株式交換等または吸収合併の効力発生前に生じた、当該株式会社の役員等の責任または義務は、株式交換等の効力の発生後は株式交換等完全子会社または吸収合併存続会社に対する責任または義務となる。したがって、株式交換等完全子会社または吸収合併存続会社の権利であるから、権利者である各会社が行使することになる。

　株式交換等完全子会社または吸収合併存続会社が責任追及訴訟を提起しない場合に、旧株主が責任追及等の訴え（代表訴訟）を提起することができるが、訴訟により請求するのは上記各会社の権利であるから、提訴に先立ち、各会社に対し提訴請求をしなければならない。ただし、責任追及等の訴えが当該旧株主もしくは第三者の不正な利益を図り、または当該株式交換等完全子会社または吸収合併存続会社、もしくはその完全親会社に損害を加えることを目的とする場合は提訴請求をすることはできない（会社847条の2第1項）。通常の代表訴訟の場合と同趣旨である。

　提訴請求をすることができる適格旧株主は、株式交換等または吸収合併の効力が生じた日の6カ月（これを下回る期間を定款で定めた場合は、その期間）前から、上記効力が生じた日まで引き続き当該株式会社の株主であった者である（会社189条2項。定款の定めにより、その権利を行使することができない単元未満株主であった者を除く）。

　6カ月前からの株主の要件について、通常の代表訴訟の場合は提訴請求前6カ月をいう（会社847条1項）のに対し、株式交換等または吸収合併の効力が生じた日の6カ月前である。通常の代表訴訟の場合は、訴訟で請求する責任または義務の原因となった事実が生じた後（行為後）に株式を取得した者も、6カ月が経過すれば提訴請求が可能であるのに対し、旧株主による責任追及訴訟は、株式交換等または吸収合併の効力が生じた日の6カ月前からの株式の継続的保有が要件である。しかも、訴訟で請求する責任または義務の原因となる事実は、株式交換等または吸収合併の効力が生じた日より以前に発生した場合でなければならない。

もっとも、改正法はこの訴訟を通常の代表訴訟と位置づけており、多重代表訴訟ではないから、株主の提訴権は単独株主権であり保有議決権数等による制限を受けない。

(2) 提訴請求書面等の記載事項

　提訴請求は、訴訟で請求する権利の帰属主体である株式交換等完全子会社または吸収合併存続会社に対してしなければならない。その名宛人は通常の代表訴訟の場合と同様に、監査役設置会社の場合は監査役に対してすることになる。適法な提訴請求がなされていない場合の取扱いも、通常の代表訴訟と同様に考えればよい。

　提訴請求の方法は、①被告となるべき者、②請求の趣旨および請求を特定するのに必要な事実、③株式交換等完全親会社の名称および住所並びに当該株式交換等完全親会社の株主である旨、を記載した書面（提訴請求書面）の提出または当該事項の電磁的方法よる提供により行う（会施規218条の2第1号〜3号）。

(3) 提訴請求前に再度の株式交換等が行われた場合

　完全親会社等の株主となった適格旧株主が提訴請求をする前に、再度の株式交換等または合併がなされ、適格旧株主が新たな株式交換等完全親会社または合併後存続会社の株主となった場合は、役員等の責任または義務となる事実が発生した時に、株式交換等完全親会社または合併後存続会社は存在しないから、新たな株式交換等完全親会社または合併後存続会社の株主となった株主には提訴権が認められなくなる。

　しかし、株式交換等あるいは合併と、旧株主による責任追及訴訟のいずれが先になされたかによって、取扱いを異にすることは適切でない。そこで、たとえば旧適格株主X（元A会社の株主で完全親会社B社の株主となった者）が、提訴請求をする前に、再度の株式交換等または合併が行われ、Xが完全親会社B社の会社法847条の2第1項各号の株主ではなくなった場合であっても、以下の場合には、提訴請求をすることが認められている（会社847条の2第3項）。

　すなわち、①B社の株式交換等によりB社の完全親会社C社の株式を取得し、引き続き当該株式を有するとき（会社847条の2第3項1号）、②B社を消滅会社とする合併により、合併により設立する株式会社または合併後存続する株式会社もしくはその完全親会社D社の株式を取得し、引き続き当該株式を有すると

き（同項2号）に、Xに旧株主による責任追及訴訟の提訴請求権を認めている。そこで、元A会社の株主であったXは、A会社の役員等（合併によりA会社が消滅した場合を含む）の責任追及訴訟を提起しうるのである。

6 適格旧株主等による不提訴理由の通知請求

適格旧株主が提訴請求をした後、株式交換等完全子会社が60日以内に責任追及等の訴えを提起しない場合は、提訴請求をした適格旧株主または当該提訴請求の被告とされた役員等は、株式交換等完全子会社等に対し、責任追及等の訴えを提起しない理由（不提訴理由）の通知を請求することができる。不提訴理由の通知請求を受けた株式交換等完全子会社は、遅滞なく、その理由を書面その他法務省令の定める方法により通知しなければならない（会社847条の2第7項）。

不提訴理由の通知方法は書面の提出または電磁的方法により提供されるが、記載事項は通常の代表訴訟の場合と同様である（会施規218条の4）。

7 適格旧株主等による責任追及訴訟の提起

株式交換等完全子会社または吸収合併後存続会社等が、会社法847条の2第1項または第3項の規定による提訴請求を受けた日から60日以内に責任追及等の訴えを提起しない場合は、提訴請求をした旧株主は、株式交換完全子会社等のために責任追及訴訟（代表訴訟）を提起することができる（同条6項）。この構造は、通常の代表訴訟の場合と同様である。

提訴請求と60日の期間経過を待っていたのでは、株式交換等完全子会社に回復することができない損害が生ずるおそれがある場合は、提訴請求をすることができる適格旧株主は、直ちに、株式交換等完全子会社のために代表訴訟を提起することができる（会社847条の2第8項）。これは、通常の代表訴訟についての緊急提訴（同法847条5項）と同趣旨である。

8 責任追及訴訟の対象となる役員等の責任免除

適格旧株主に株式交換等完全子会社の役員等の責任追及訴訟の提起権が認められても、上記役員等の責任が免除されてしまったのでは、責任追及訴訟は成

り立たない。そこで改正法は、責任追及訴訟を提起することができる適格旧株主が存在する場合は、上記役員等の訴訟の対象となる責任または義務は、株式交換等完全子会社の総株主の同意に加えて、適格旧株主全員の同意がなければ免除することができないとした（会社847条の2第9項）。

役員等の責任または義務の免除（免除し得ない義務を除く）は、総株主の同意により行うことができるが、これを旧株主による責任追及訴訟の場合にあてはめるのは適切ではないからである。訴訟において請求するのは株式交換等完全子会社の権利であるが、その株主は株式交換等完全親会社（1人株主）だけであるから、株式交換等完全親会社の意思により、訴訟の対象となる株式交換等完全子会社の役員等の責任または義務を免除することができる。

しかし、これを自由に認めたのでは、適格旧株主に責任追及訴訟の提起権を認めた意味が失われる。そこで、株式交換等完全親会社に責任追及訴訟を提起しうる適格旧株主が存在する場合は、その代表訴訟提起権を確保するために、株式交換等完全子会社の取締役等の責任を免除するには、1人株主である株式交換等完全親会社の同意に加え、適格旧株主全員の同意が必要であるとしたのである。

Ⅶ 代表訴訟等に共通する規定の整備

改正前会社法では、通常の代表訴訟のみが規定されていたが、改正法では、旧株主による責任追及訴訟、多重代表訴訟（特定責任追及の訴え）が認められたことから、3類型の代表訴訟が存在することになる。

改正要綱は、多重代表訴訟を創設することとし、多重代表訴訟の基本構造、対象会社、原告と被告となる者、提訴請求、訴訟参加、訴訟告知等を項目として内容を具体的に示すとともに、不提訴理由通知、担保提供、和解、費用等の請求、再審の訴え等の訴訟手続等に関係する事項について、所要の整備をするものとするとした。[5]

また、株式交換等完全親会社の株主による責任追及等の訴えを新設すること

---

[5] 「会社法制の見直しに関する要綱」〈http://www.moj.go.jp/content/000102013.pdf〉。第2部第1・1（注）。

とし、訴訟の基本構造、対象会社、原告と被告となる者、提訴請求、訴訟参加等を項目として内容を具体的に示すとともに、不提訴理由通知、担保提供、訴訟告知、和解、費用等の請求、再審の訴え等の訴訟手続等に関係する事項について、所要の整備をするものとするとした。[6]

そして、改正法は、改正要綱に従い、多重代表訴訟の創設と旧株主による責任追及の訴えを新設し（改正法は多重代表訴訟としてではなく、通常の代表訴訟と位置づけている）、それぞれの基本構造、対象会社、原告と被告となる者について規定を設けるとともに、手続の多くについては3類型の代表訴訟に共通する統一的規定を設けた。

①株主が当該会社の役員を追及する代表訴訟（従来型の通常の代表訴訟）を、株主による責任追及等の訴え（会社847条）、②株式交換等完全親会社の株主（子会社となった会社の旧株主）による代表訴訟を、旧株主による責任追及等の訴え（同法847条の2）、③最終完全親会社の株主による多重代表訴訟を、特定責任追及の訴え（同法847条の3）として規定している。

①は株主が当該株式会社の役員等の責任を追及する代表訴訟であり、②は株式交換等完全親会社の株主が、株式交換等完全子会社の役員等の責任を追及する代表訴訟である。そして、③は最終完全親会社の株主による対象子会社の役員等の責任を追及する代表訴訟である。

3類型の代表訴訟の基本的訴訟構造は共通するものであり、また手続規定については一括して規定している（会社847条の4以下）。そのため複雑な規定となっている。用語としても、3類型の代表訴訟を「責任追及等の訴え」、権利の帰属主体である当該株式会社、株式交換等完全親会社、対象子会社を「株式会社等」とし、それぞれの訴えの原告となる株主を「株主等」として統一している。

---

6 前掲資料（注6）第2部第1・2(注)。

第8章 多重代表訴訟制度等の概要と導入論議

I 多重代表訴訟制度の概要

1 多重代表訴訟の意義

　通常の代表訴訟は、単一の会社において株主がその役員等の責任を追及する訴訟である（会社847条1項）。これに対し、多重代表訴訟制度は、親会社の株主が子会社の役員等の責任を追及する形態の代表訴訟である。つまり、親子会社関係が縦列的に形成されている場合に、最上位にある親会社（改正法では最終完全親会社。以下、「最終完全親会社」という）の株主に、子会社の取締役等に対する責任追及訴訟の提訴を認める複数の会社にまたがる代表訴訟の形態である。

　企業活動の多くが親子会社関係により展開されている現在、親会社の株主が子会社の取締役等の責任を追及する代表訴訟に関心が高まり、導入の必要性が唱えられ、平成26年改正において「最終完全親会社等の株主による特定責任追及の訴え」として多重代表訴訟が創設された（会社847条の3）。

　改正法において創設された多重代表訴訟は、親子会社関係が縦列的あるいはピラミッド型に形成されている場合に、その最終完全親会社等の少数株主が、子会社の取締役等の責任を追及する形態の代表訴訟である。多重代表訴訟で請求するのは子会社の権利（子会社の取締役等に対する損害賠償請求権）であり、子会社に対する給付を求めるものである。

　アメリカでは、二重代表訴訟（直接の親子会社関係にある場合）や多重代表訴訟（孫会社以下を対象とする三重代表訴訟等）は、判例法により形成され長い歴史をもつのに対し、わが国の場合は、これまで十分に議論されてこなかった。このような状況の下で、理論的な検討をほとんどすることなく、技術論を中心

に検討し、実際上の必要に基づき改正法により導入されたものである。しかも、二重代表訴訟と、最終完全親会社と対象子会社の間に中間完全子会社（株式会社に限らない）が存在する本来的意味の多重代表訴訟を一括して多重代表訴訟として規定したことからその内容は複雑になっている。

しかも、アメリカの場合は、衡平法上（判例法）の訴訟であるから、その解釈と運用は弾力的に行うことが可能であるが、わが国の場合は会社法に規定され、その要件も厳格に規定されている。今後、解釈と運用をめぐり多くの問題が生ずる可能性がある。

2 アメリカの多重代表訴訟の概要

(1) アメリカにおける多重代表訴訟

改正法は、アメリカの二重代表訴訟と多重代表訴訟をモデルにして、それをアレンジすることで、最終完全親会社の少数株主が提訴する形態の多重代表訴訟を創設した。そこで、アメリカの多重代表訴訟の概要について検討しておく。

アメリカにおける株主代表訴訟は、19世紀の前半に衡平法上（判例法）の訴訟として形成された単一の会社において、株主が取締役や役員の会社に対する責任を追及する訴訟である。株主の救済手段として、株主に提訴権が認められ、取締役の株主に対する信任義務違反を理由としたが、理論的根拠は明白ではなく、実際の必要から生まれたものである。

その後、19世紀の後半になると企業活動の多くが親子会社により展開されるようになり、親会社の株主が子会社の取締役や役員の責任を追及するという、複数の会社にまたがる代表訴訟が必要とされた。そこで、衡平法（判例法）上の訴訟として、会社間に直接の親子関係がある場合に、親会社の株主が子会社の取締役や役員の責任を追及する代表訴訟として二重代表訴訟（double derivative suit）が生まれた。そして、それが三重代表訴訟（triple derivative suit）を含め多重代表訴訟（multiple derivative suit）として発展していったのである。

多重代表訴訟は、二重代表訴訟について発展した判例理論を、親会社と孫会社以下の関係にある場合でも、所有者的利益（proprietary interest）が連続している場合には、三重代表訴訟などにも拡張することが可能であるとし、これ

を認めたものである[1]。

通常の代表訴訟（single derivative suit）の場合は、原告である株主が会社の権利（訴訟原因）に基づいて提起する訴訟であるが、二重代表訴訟や三重代表訴訟の場合は、親会社（parent corporation）や最終親会社の権利に基づくのではなく、子会社（subsidiary corporation）または孫会社の権利に基づく訴訟である。その理論的根拠としては、法人格否認の法理などによる説明がなされているが、必ずしも説得的なものとなっていない。多重代表訴訟を認めないと、子会社の権利が行使されないままに放置されることになるとの実際上の理由から、子会社と親会社の提訴懈怠（提訴請求の不当拒絶）により、親会社株主が提訴権を取得すると解するほかないように思われる。

子会社の権利に基づき親会社株主が提訴する二重代表訴訟だけでなく、株主の所有者的利益（わが国にあてはめれば、株主としての利益特に経済的利益ということになる）が関係する限り、孫会社以下の会社の権利に基づき提訴することを認められるのが多重代表訴訟であるといえる。具体的には、Aが株主であるX会社に、子会社Yがあり、Yに子会社Zがある場合に、最終親会社X社の株主Aが、Z社（孫会社）のためにその役員の責任を追及する代表訴訟が多重代表訴訟である。理論的には四重代表訴訟も可能であるが、現実には、孫会社の取締役や役員の責任を追及する三重代表訴訟までが多重代表訴訟の範囲とされている。

わが国の多重代表訴訟制度も、アメリカの所有者的利益の考え方を取り入れている。子会社の役員等の行為により、子会社に損害が生じただけでは不十分であり、親会社に損害が発生した（つまり、親会社株主に損害が発生した）ことを多重代表訴訟提起の要件としている（会社847条の3第1項2号）。

(2) **多重代表訴訟の根拠**

改正法によりが創設された多重代表訴訟を知るためには、母法であるアメリカの制度（判例法上の制度である）を知ることが必要である。

多重代表訴訟は、アメリカにおいて実際上の必要に基づき生まれたものであ

---

[1] Fletcher, Cyclopedia of Private Corporations Vol.13 § 5977 p.460 (1980 Rev Vol), Henn and Alexander, Law of Corporations and other Business Enterprises (3 th ed. 1983) p.1053.

る。それゆえ、この訴訟を説明する法理論自体が明確でなく、訴訟構造は通常の代表訴訟に適用されルールを積み重ねたものである[2]。それゆえ、二重代表訴訟以上に法律的な根拠は必ずしも明らかでなく、統一的に理解されているものでもない[3]。

単一の会社における代表訴訟（通常の代表訴訟）は、株主の提訴請求にもかかわらず会社が提訴しない場合に、株主が提訴することを認めるものである（ただし、アメリカでは会社が経営判断として提訴しない場合は、株主は提訴することができない）。これに対し、多重代表訴訟（二重代表訴訟を含む）の場合は、訴訟により請求するのは子会社または孫会社の権利であるから、親会社の株主が、子会社および親会社に対する提訴請求と、それに対する不当拒絶により提訴権を取得し、子会社の取締役等の責任を追及する訴訟である。すなわち、通常の代表訴訟の訴訟構造を、多段階に積み上げたものと理解できる。

二重代表訴訟の場合は、子会社と親会社が提訴請求を不当に拒絶したことを根拠とするが、多重代表訴訟の場合は、中間親会社が存在するから、子会社と最終親会社との間に直接の親子関係がない。そこで、提訴請求は最終親会社ではなく、子会社とその親会社（中間親会社）に対して行うことになる（この点、改正法に採用された多重代表訴訟では、子会社に対する提訴請求で足りるとされている）。

多重代表訴訟は、親子会社関係が縦列的に形成されている場合に認められるが、二重代表訴訟の場合に完全親子会社関係が、多重代表訴訟の場合に中間親会社を含めた完全親子会社関係が要求されるかについて、判例法上の制度であることから必ずしも明確ではない。完全親子会社関係にあることが一般的であるが、親会社が子会社を支配しているとか、親会社と子会社が共通の者により支配されている場合は、通常の親子会社関係で足りるとされていることから、必ずしも完全親子会社関係であることを要しない場合が多い[4]（わが国における改正法による多重代表訴訟については、完全親子会社関係が要求される。後記Ⅳ2

---

[2] Henn and Alexander, *ibid*.
[3] 柴田和史「二段階代表訴訟」竹内昭夫先生追悼論文集『商事法の展望』509～513頁、畠田公明「純粋持株会社と株主代表訴訟」ジュリ1140号17頁。
[4] アメリカの多重代表訴訟の概要については、新谷勝『株主代表訴訟改正への課題』261頁以下参照。

(2)参照)。

Ⅱ 多重代表訴訟の訴訟構造

1 多重代表訴訟の類型

　アメリカにおいては、株主代表訴訟は、衡平法上（判例法）の訴訟として発達し、その後、二重代表訴訟、三重代表訴訟等の多重代表訴訟へと発展していった。これに対し、わが国では、昭和25年の改正商法によりアメリカの株主代表訴訟制度を導入し、平成26年の改正会社法において多重代表訴訟を創設したが、いずれも、アメリカの制度を基本とするものである。

　多重代表訴訟は、企業グループが形成されている場合（親子会社関係が形成されている場合）に、最終完全親会社の株主が対象子会社の役員等（多くは、取締役）の責任を追及する代表訴訟である。対象子会社は最下位にある子会社とは限らない。

　最終完全親会社からみて、子会社、孫会社、ひ孫会社が対象子会社になる。もっとも、会社法は孫会社（三重代表訴訟の形態）までを対象子会社として予定しているようである。重要な完全子会社基準からみても、ひ孫会社（四重代表訴訟の形態）が対象子会社になることは現実には考えられない。

　孫会社の役員等の責任を追及する三重代表訴訟の形態の場合は、最終完全親会社の直接の子会社（中間完全子会社）は、多重代表訴訟との関係では親会社とはならない。なお、直接の子会社の役員等の責任を追及する形態の場合は、二重代表訴訟である。

　多重代表訴訟には、①親会社と子会社との間に直接の親子関係にある場合に、親会社の株主が、子会社の取締役等の責任を追及する形態（二重代表訴訟の訴訟形態）と、②最終親会社と子会社の間に中間子会社がある場合に、最終親会社の株主が、子会社（孫会社の関係になる）の取締役等の責任を追及する形態（本来的な多重代表訴訟の訴訟形態）の2つの類型がある。

　②は、複数の会社間に直接の親子関係がなく、中間に親会社（中間子会社）が存在し、親子会社関係が多段階（多重的）を形成している場合に、最終親会社の株主が、孫会社以下の会社の取締役等の責任を追及する三重代表訴訟、四

重代表訴訟とよばれる形態の代表訴訟のことである。

改正法に創設された多重代表訴訟制度は、①、②のいずれの場合も含み、二重代表訴訟の形態と多重代表訴訟の形態を一体化して、多重代表訴訟として最終完全親会社の株主が提訴する訴訟としている。

〔図1〕 **多重代表訴訟の基本構造**

【二重代表訴訟の類型】

　　　　　B社（子会社）　←──　A社（最終完全親会社）

- A社はB社の完全親会社である（会社847条の3第2項1号）。
- A社とB社が直接の親子会社関係にある場合に、A社（最終完全親会社）の株主Xが、B社の役員等の責任を追及する訴訟である。Xが訴訟で請求するのは、B社の権利（損害賠償請求権）である。
- A社はB社の株主であるから、A社は、通常の代表訴訟によりB社の役員等の責任を追及することができる。

【三重代表訴訟の類型】

C社（子会社）　←──　B社（中間完全子会社）　←──　A社（最終完全親会社）

- A社はB社の完全親会社であり、B社はC社の完全親会社である。この場合、多重代表訴訟との関係で、A社はC社（孫会社）の完全親会社（最終完全親会社）と扱われる（会社847条の3第2項2号）。
- A社の株主Xが、C社の役員等の責任を追及する訴訟である。
- Xは、B社の役員等の責任を追及する多重代表訴訟を提起することも可能である。この場合の訴訟形態は二重代表訴訟となる。
- B社は、多重代表訴訟との関係ではC社の親会社にならないが、C社の株主であるから、通常の代表訴訟によりC社の役員等の責任を追及することができる。
- A社はB社の株主である。そこで、A社は、通常の代表訴訟によりB社の役員等の責任を追及することができる。

現実に、多重代表訴訟が提起されるのは、子会社（B社）の直接の親会社（A社）の株主が、B社の取締役等の責任を追及する二重代表訴訟の形態の場合であり、孫会社（C社）、ひ孫会社（D社）の取締役等の責任を追及する本来型の多重代表訴訟形態がとられる場合は多くはないと考えられる。改正法は、

最終完全親会社の株主に提訴権を認める訴訟構造であるが、その中心となるのは二重代表訴訟の形態の場合であるといえよう。

2　多重代表訴訟の基本構造

　多重代表訴訟は、最終完全親会社の株主が、対象子会社（重要な子会社）の取締役等を被告として責任を追及する訴訟である。

　会社が子会社（B社）と親会社（A社）だけの場合は、A社が最終完全親会社である。ひ孫会社（D社）、孫会社（C社）、子会社（B社）、親会社（A社）というように縦列関係を形成している場合は、A社が最終完全親会社である。A社の株主が、D社またはC社の役員等の責任を追及する場合は、本来的な多重代表訴訟であり、B社の役員等の責任を追及する場合は、二重代表訴訟である。

　多重代表訴訟は、最終完全親会社の株主が最終親会社と子会社に代位して子会社の権利を代位行使する訴訟であり、2つ以上の会社にまたがる多段階構造をとった派生訴訟である。

　このように、通常の代表訴訟が2段階に積み上げられたのが二重代表訴訟であり、さらに積み重ねられたのが多重代表訴訟である。それらを総称して多重代表訴訟としている。そして、いずれの場合も、親会社の株主（原告）が、訴訟で請求するのは（訴訟物）、対象子会社の権利であり法定代位訴訟の法形式をとる。最終完全親会社の株主が、子会社の取締役等を被告として提訴する訴訟であり、中間子会社が存在することがあるという多重代表訴訟の特殊性を除けば、通常の代表訴訟に関する法理が通用する。

　多重代表訴訟は複数の会社にまたがる代表訴訟であり、提訴権は最終完全親会社の株主に認められるが、通常の代表訴訟の訴訟構造や訴訟手続は多重代表訴訟においても通用することから、改正法は、多重代表訴訟の訴訟構造を規定したうえで、原告要件を厳格にするなど通常の代表訴訟に関する規定を修正することで必要な措置を講じている。

　請求の趣旨は、「被告は、子会社に対し金〇〇円を支払え」となり、権利の帰属主体である子会社に対する給付を求めることになる。子会社は訴訟当事者とはならないが、判決の効力は子会社に及ぶことになる（民訴115条1項2号）。

3　多重代表訴訟の理論的根拠

　多重代表訴訟の根拠を理論的に説明することは通常の代表訴訟以上に難しい。

　子会社の取締役等の任務懈怠行為により子会社に損害が発生しているのに、子会社が責任追及訴訟の提起を懈怠し、親会社も株主として代表訴訟を提起することを怠った場合に（二重の提訴懈怠）、親会社の株主が、親会社と子会社に代位して子会社が取締役等に対して有する権利（損害賠償請求権）を行使する構造の訴訟である。親子会社間での提訴懈怠の一般的可能性、親会社株主の保護の必要性、親子会社を通じたガバナンスという実際上の必要に基づく訴訟であるといえる。

　アメリカにおいても、親会社株主の二重代表訴訟（多重代表訴訟）提訴権の根拠を理論的に説明することは難しいとされている（第7章参照）。法人格否認の法理によっても説明できる範囲が限られる。一般になされている理論的説明として、所有者的利益（株主としての経済的利益）の継続性があげられている。親会社株主は、子会社に対し継続的に所有者利益を有しているから、子会社取締役等に対し責任追及訴訟を提起できるとするのである。

　継続的所有者利益とは、株主としての利益や投資リスクの連続性を意味し、その継続性を多重代表訴訟の根拠とすることは、法律的な説明とはいえないが、経済的実態に即したものといえよう。これは、わが国の多重代表訴訟についても、親会社株主は子会社の損害を回復することにより、自己の利益を確保することができる訴訟であると説明することで共通する。

　いずれにせよ、多重代表訴訟を理論的に根拠づけることは困難であり、親会社取締役による提訴懈怠の一般的可能性と、この訴訟を認めないことで子会社の損害が回復せず、その結果親会社の損害も回復しないという実際上の必要性を理由とする訴訟であり、多分に法政策的な色彩が強い制度といえよう。

4　解釈論としての多重代表訴訟の模索

　旧商法および会社法の下でも、多重代表訴訟（二重代表訴訟）の必要性は認められていたが、通常の代表訴訟は単一の会社を前提として、株主が当該会社

の取締役等の責任を追及する訴訟であるから、通常の代表訴訟の規定により、親会社株主に直接の法律関係にない子会社の取締役等に対する提訴権を認めることは困難であった。

そこで、親会社と子会社は別法人であるが、経済的一体性ないし実質的同一性を理由に単一の企業体として取り扱い、親会社の株主を子会社の株主として取り扱い、会社法847条1項（旧商267条1項）の会社に子会社を含めることはできないかといった拡張解釈をするなどして、多重代表訴訟を認めるための解釈論的努力がなされていた。

しかし、かかる解釈論は拡張解釈の範囲を超えたものであるから、多重代表訴訟を認めることは難しく、やはり立法論によるべきものとされ、改正法により多重代表訴訟制度が導入されたのである。

Ⅲ 多重代表訴訟を必要とする理由

1 多重代表訴訟の導入に積極的な立場

改正法により創設された多重代表訴訟の構造はかなり厳格（制限的）であり、これにより、上場会社において、親会社株主が多重代表訴訟を提起しうる場合はかなり制限されることになる。これは、積極的な立場と消極的な立場との折衷によることに原因がある。

積極的な立場の骨子は、株式交換等の制度を導入したことにより、完全親子会社関係を利用することが容易になったが、結合企業（親子会社）法制の整備がなされなかったことにより、親会社株主について権利の縮減が生じたことから、親会社株主の利益保護のために、多重代表訴訟の導入が必要であるというものである。

加えて、単一の会社であれば役員は株主から代表訴訟により責任を追及されるのに、企業グループの重要企業でありながら、子会社の役員ということで代表訴訟の対象者とされないというのは不均衡であることも理由とする。

もっとも、積極的な立場も、多重代表訴訟を導入するのは、実際上の必要に基づくものであるとしており、その理論的根拠についてはほとんど示していない。

2 多重代表訴訟の導入に消極的な立場

　親会社の株主は、子会社に対する株主権の適切な行使を通じた子会社管理を怠ったこと、あるいはグループを含めた内部統制システム構築義務違反を理由に、親会社役員の責任を追及することは十分に可能であり、親会社株主の権利保護が図られているから、多重代表訴訟を導入してまで親会社株主を保護する必要性に乏しく、また濫用される懸念があるとして、多重代表訴訟制度は不要であるとする消極的な意見が根強く存在した。

　消極的立場からは、親会社と子会社取締役とは直接の関係にないから、提訴懈怠の一般的可能性があるとはいえず、提訴しない場合でも、子会社に多額の損害が生じた場合には、子会社取締役は、退任や退職慰労金の放棄、報酬カット等によって、経営責任を問われることが一般的であるから、一般的な提訴懈怠可能性をいうべきではないとする[5]。

　これに対しては、親会社取締役が子会社取締役等の責任を追及する場合であっても、子会社の取締役等は親会社から派遣されている場合が多いなどの人的関係から、責任追及懈怠の可能性があり、また子会社取締役の任務懈怠行為に親会社取締役が関係している場合は、親会社取締役が提訴することは考えられない。また、子会社取締役は、退任や退職慰労金の放棄、報酬カット等によって、経営責任を問われることがあるとしても、経営責任が問われることと多重代表訴訟による損害賠償責任の追及とは別の問題である。退職慰労金の放棄等は、公平を期す意味から損害賠償金額の算定において損益相殺等として処理すべきであるとの反論が予想される。

　さらに、消極説は、①親会社取締役の監督義務違反の責任として処理できる、②親会社取締役が、子会社役員に対する代表訴訟を提起しないことは、親会社に対する善管注意義務違反になるから、親会社取締役の責任を追及すればよい、③子会社の役員は、親会社の部長、課長クラスの従業員が転籍ないしは兼務により就任することが多く、その処遇も親会社従業員と同等レベルであることが

---

[5] 消極的意見については、日本経済団体連合会「会社法制の見直しに対する基本的な考え方（2010年7月20日付）」、経営法友会「会社法制見直しに関する意見（平成23年2月18日付）」、北村雅史ほか「〈座談会〉親子会社の運営と会社法（上）」商事1920号14～15頁〔北川浩発言〕参照。

少なくないが、多重代表訴訟制度によれば、子会社役員に対する責任追及を認めれば、実質的には親会社の従業員である者に対する責任の追及を認めることになる、といった理由をあげている。

①に対しては、親会社取締役の監督義務違反の責任として処理可能な場合は限られるばかりか、法律上、監督義務があるのか否か判然としない、②に対しては、親会社取締役が代表訴訟を提起しないことが、常に、善管注意義務違反となるわけではない、③に対しては、親会社の部長、課長クラスの従業員であっても、子会社の役員に就任した以上、子会社に対しその地位と権限に対応する善管注意義務を負うのであるから、それに違反して子会社に損害を与えたのであるならば、損害賠償責任を免れないのは当然であるといえる。

この問題は、どの程度の規模と組織を有する子会社を多重代表訴訟の対象子会社とするかという方向で検討すべき問題であるといえる。

いずれにしても、多重代表訴訟の導入をめぐる意見の対立は容易に決着するものではない。法制審議会会社法制部会における改正論議においても意見の対立があり、その結果、消極説に配慮し、創設された多重代表訴訟制度の内容はかなり制限的なものとなっている。

3　子会社株主による親会社取締役の責任追及

親会社取締役が子会社の利益を害する行為をした場合、子会社は、親会社取締役および親会社に対し損害賠償請求をすることができる（民709条、会社350条）。しかし、子会社による責任追及はほとんど期待できない。そこで、子会社の少数株主が親会社取締役等の責任を追及する代表訴訟（逆方向からの多重代表訴訟）を認める必要があるともいえるが、この点について意識はされているもののあまり議論は進んでいない。

この点、中間試案[6]は、親子会社間の利益相反取引により、子会社が不利益を受けた場合の親会社の責任を規定するとともに、子会社の少数株主の保護の実効性を確保するため、親会社の責任を代表訴訟の対象として、子会社株主が

6　法務省民事局参事官室「会社法制の見直しに関する中間試案（平成23年12月）」〈http://www.moj.go.jp/content/000084699.pdf〉。

親会社の責任を追及することを可能とすることが検討されていたが、これは見送られた。[7]

IV 多重代表訴訟制度と訴訟構造の設計

1 多重代表訴訟と制度設計の対象事項

多重代表訴訟を導入するにあたって、その制度設計をどうするかが重要な検討課題となった。子会社の取締役等と、直接の法律関係にない親会社の株主が提訴するという訴訟構造上、通常の代表訴訟と全く同様に考えることはできない。何らかの制限をすることは必要であるが、あまり制限的な内容にすることは、多重代表訴訟を提起しうる場合が少なくなり、多重代表訴訟を導入した意味が減殺されることになる。

多重代表訴訟の構造を設計するにあたり、①直接の親子会社関係が存在する場合に限られるか、中間子会社が存在することにより、間接的な親子会社関係である場合も含むか、②親子会社として完全親子会社関係が要求されるか、親子会社の基準をどう考えるか、③原告株主について提訴資格を設ける必要があるか、④すべての完全子会社を対象子会社とするか、⑤親会社に損害が発生していることを要件とするか、⑥多重代表訴訟が濫用されることの懸念はないか、など検討課題は多くあった。

2 多重代表訴訟と制度設計の基準

(1) 直接の親子会社関係が存在する場合に限られない

親会社が多層構造により子会社を支配している場合、つまり、子会社C社の直接の親会社＝中間子会社B社の上に、A親会社（最終親会社）が存在する場合、親会社株主による多重代表訴訟を、①直接の親子会社関係がある場合に限定し、B社の株主によるC社の取締役等の責任追及またはA社の株主によるB社の取締役等の責任追及とするか（二重代表訴訟）、②中間子会社が存在することにより間接の親子会社関係である場合（多重代表訴訟）を含め、A社株主が

---

[7] 法務省民事局参事官室・前掲資料（注6）第2部第2・1A案④

C社の取締役等の責任を追及することを認めるかの論議である。

　立法政策の問題であるが、法制審議会（以下、「法制審」という）会社法制部会における審議の結果、②の場合を含めてよいと考えられたことから、改正法により創設されたのは②の類型である。もっとも、現実に提訴される多くの場合は、①の場合であると考えられる。②による場合も、対象子会社は孫会社までに限られ（三重代表訴訟）、ひ孫会社（四重代表訴訟）までは含めるべきではない。

(2) 完全親子会社関係が要求される

　多重代表訴訟の対象子会社を、資本関係を基準として完全親子会社関係にあることを要件とするかの問題であるが、これもまた立法政策により解決が図られるべき問題である。子会社に少数株主が存在する場合は、少数株主による代表訴訟の提起が期待できることから、多重代表訴訟の対象は完全子会社に限るとの考え方が一般的である。子会社に少数株主が存在しても、実際上、少数株主による提訴は期待できないからこれは形式的な基準といえよう。

　ところが、完全子会社に限る必要はないとした場合、対象となる子会社の基準を明確に設定しなければならないが、それは困難であるため、結論としては完全子会社に限るほかない。

　完全子会社であることを要件としない場合、対象子会社の基準（50％〜99％）をどのように設定するかという難しい問題がある。加えて、親子会社基準は議決権数ではなく、実質的支配基準（もとより、議決権数も実質的支配基準の1つである）によることから（会社2条3号・4号、会施規3条1項〜3項）、対象子会社の基準設定は容易ではない。

　完全親子会社関係とすれば、親会社が議決権の100％を有していること（100％の資本関係）が要件であるから明確に基準設定ができる。多重代表訴訟の対象子会社の基準は、明確であることが要求されるから、改正法は完全親子会社関係を要求している。

(3) 原告株主についての提訴資格の制限

　通常の代表訴訟については、提訴株主（原告適格者）について保有議決権（持株数）要件はない。しかし、多重代表訴訟は親会社株主が子会社の取締役の責任を追及する訴訟であり、親会社株主と子会社の間に法律関係はないから、一定の議決権を保有することを要件にするのはやむを得ない。そこで、改正法は

総株主の議決権の1％以上を有することを要件としている（会社847条の3第1項）。この要件を濫用防止のためとみる立場もある。

(4) **対象子会社を重要な完全子会社に制限する**

多重代表訴訟は、親会社株主が子会社取締役の責任を追及する訴訟であり、親会社株主の損害回復を目的とするから、すべての完全子会社を対象会社とするべきではない。企業集団に占める質的、量的割合が小さい子会社についてまで、対象子会社とする必要があるとはいえない。対象子会社を親会社にとってある程度の重要性を有する子会社とし、その取締役等を被告とすべきである。ガバナンスの面からも、すべての完全子会社を対象とする必要はないと考えられることから、対象子会社となる基準設定が必要となる。

対象子会社を絞り込むことにより、実質的には親会社の従業員である者に対する責任追及訴訟を認めることになるとの批判に対応することができる。もともと多重代表訴訟は、親会社の部長や課長が子会社の取締役となった場合を想定するものではないといえよう。

(5) **親会社の損害発生要件**

多重代表訴訟提起の要件として、子会社に損害が生じただけで足りるか、親会社にも損害が生じたことを要するかが問題になる。これは、多重代表訴訟の機能を親会社株主の利益保護とみるか、監督是正権としてのガバナンス面を重視するかに関係する。

ガバナンスに特化することなく、多重代表訴訟は、親会社株主の利益保護（損害回復）を目的とする訴訟であることから、親会社に損害が発生していることを必要とする。この点、子会社に損害が発生すれば、通常、親会社に損害が発生することになるが、子会社に損害が発生したにもかかわらず、親会社に損害が発生しない場合（たとえば、親子会社間の利益相反取引）には、多重代表訴訟を提起することはできない。

(6) **多重代表訴訟の濫用に対する措置**

多重代表訴訟について濫訴の懸念も払拭できないとする立場があるが[8]、通

---

[8] たとえば、日本経済団体連合会「会社法制の見直しに関する中間試案に対する意見（2012年1月24日）」〈https://www.keidanren.or.jp/japanese/policy/2012/007.pdf〉。

常の代表訴訟についても、濫訴と認定された事例は極めて少ない。公表された限り、明らかに提訴権の濫用による不当訴訟と認められたのは長崎銀行事件だけである（長崎地判平成3・2・19判時1393号138頁）[9]。多重代表訴訟についても、濫訴を懸念する必要はないと考えられる。濫用的な多重代表訴訟の提起の防止は、原告要件を厳格にするなどの多重代表訴訟の制度設計により対処している。

以上のように、多重代表訴訟の創設に反対の立場があるが、多重代表訴訟導入の必要性は否定できない。したがって、多重代表訴訟制度の内容について、どのように制度設計するかの論議に移ることになる。

(7) 完全親子会社関係の存続

多重代表訴訟は完全親子会社関係の存続を前提として、最終完全親会社の株主に提訴権を認める訴訟であるから、最終完全親会社と対象子会社間の完全親子会社関係（中間完全子会社関係を含む）が解消すれば、多重代表訴訟は成り立たないことになり、係属中の訴訟は不適法となる。そこで、完全親会社が子会社株式の一部を譲渡すれば、多重代表訴訟は終了する。子会社が、親会社以外の者に対し新株を発行した場合（募集株式の発行）も同様である。

V 多重代表訴訟制度の創設に至る経緯

1 独占禁止法の改正による純粋持株会社の解禁

平成9年の独占禁止法改正により純粋持株会社が解禁されたことを契機に、株主権の縮減とそれに対する親会社株主の利益保護の議論が高まり、多重代表訴訟（二重代表訴訟の意味）の導入が唱えられるようになった。

金融持株会社（ホールディングス。以下、「HD」という）傘下の事業会社である銀行を例にとると、銀行（子会社）の株主は親会社たる持株会社1人であり、多くの株主が存在するのは、親会社たる持株会社（HD）である。この構造の下では、子会社の取締役等の任務懈怠行為により子会社に損害が生じた場合、親会社は株主として代表訴訟を提起できるが、親会社が代表訴訟を提起しない

9　なお、東京地判平成8・6・20判時1578号131頁は、申立手数料の節約を図る目的で、会社が株主を使って代表訴訟として提訴したという特異な例であり、ここにいう提訴権の濫用の場合とは意味が異なる。

場合に、親会社株主は子会社の取締役等の責任を追及することができないという株主権の縮減現象が生じた。

そこで、親会社株主に、直接、子会社取締役等の責任を追及する代表訴訟の提起権を認める必要があるとの論議が生じたのである。

純粋持株会社の解禁に関する平成9年の独占禁止法改正に際し、衆参両院商工委員会において、政府は、本法の施行にあたり、持株会社によるグループ経営における連結ベースのディスクロージャーの充実等情報開示制度の見直しを行うとともに、持株会社株主の子会社事業への関与や子会社関係者の権利保護のあり方等会社法制について検討を行うことを附帯決議している。[10]

2 株式交換と株式移転の制度の新設

平成11年の商法改正により親子会社関係の創設を容易にする株式交換と株式移転の制度が新設されたが、これにより、完全子会社化特に持株会社の設立が容易になった。そのため、株式交換等により持株会社の利用の増加が予想されることから、親会社株主の権利の縮減とそれに伴う保護の必要性が現実化した。そこで、親会社株主の保護の必要性が生じ、改正議論において取り上げられることとなった。

その中で、株式交換等により親会社株主となった株主の保護のために、親会社の株主に、子会社の取締役の責任を追及するための株主代表訴訟を提起する権利を認めることの当否が検討課題として取り上げられた。[11]

また、親会社株主等の保護として、親会社の株主に株主代表訴訟の提起権を認めることの当否のほか、親会社が子会社に対して影響力を行使することにより、子会社に損害が生じた場合に、親会社またはその取締役の子会社に対する損害賠償責任を法定すべきことの当否を問う議論もあり、[12] さらに、それにあわせて、二重代表訴訟制度の創設の必要性も指摘されていた。

しかし、親会社株主の保護について手つかずの状態で、株式交換等の制度が

---

10 平成9年5月14日衆議院商工委員会、同年6月10日参議院商工委員会。
11 法務省民事局参事官室「親子会社法制等に関する問題点（平成10年7月8日）」。
12 原田晃治ほか「親子会社法制等に関する問題点の解説」商事1497号4～5頁、14～15頁。

新設されたことから、純粋持株会社の場合と同様に親会社株主の権利の縮減現象が生じたが、これを親会社取締役の子会社に対する監視義務違反の問題として対応しようとした。この点、株式交換等により株主権の縮減の問題が現実化することから、株式交換等と多重代表訴訟（二重代表訴訟）制度の導入は、同時に導入すべきであったとの指摘がなされている[13]。

3 会社法の制定と多重代表訴訟制度の導入論議

　平成17年の会社法の制定の際にも、親会社株主の保護に関する議論がなされ、多重代表訴訟の導入にも触れられたが、議論は本格化せず親子会社関係に関する規律の見直しは見送られた。それは、親会社株主の保護のために多重代表訴訟を創設することは、多重代表訴訟には、理論的にも技術的にも難しい問題があるばかりか、反対意見が強く存在したという事情があった。

　このような状況の下に、会社法案の審議にあたり衆参両院法務委員会は、「政府は、本法の施行に当たり、企業再編の自由化、規制緩和にともない企業グループや親子会社など企業結合を利用した事業展開が広く利用される中で、それぞれの会社の株主その他の利害関係人の利益が害されることのないよう、情報開示の一層の充実を図るほか、親子会社関係に係る取締役の責任の在り方等、いわゆる企業結合法制についても検討を行うこと」、を附帯決議している[14]。

　会社法は多重代表訴訟制度の導入を見送ったが、親会社株主の利益保護のために、多重代表訴訟制度の創設に代えて、親会社株主に子会社の書類の閲覧を認める等の代替的措置を講じた。すなわち、親会社株主に子会社の業務内容を開示させるための措置として、親会社株主に子会社の計算書類の閲覧請求権（会社442条4項）と会計帳簿の閲覧請求権（同法433条3項）を認め、グループ内部統制システムの構築義務を規定し、親会社株主の保護を図った（同法362条4項6号、旧会社施規100条1項5号）。

　しかしこれらの制度は、親会社株主が、直接子会社に対する監督是正権を行使することを認めるものではなく、また、グループ内部統制システムの構築義

---

[13] 北村ほか・前掲座談会（注5）19頁〔加藤貴仁発言〕。
[14] 平成17年5月17日衆議院法務委員会、同年6月28日参議院法務委員会。

務違反も、親会社取締役の責任原因となっても、親会社株主が子会社取締役の責任追及を可能とするものではない。

このように、会社法の下でも、企業結合法制（親子会社法制）はほとんど手つかずの状態であり、特に、親会社株主と子会社の少数株主の保護、企業結合とガバナンスが、喫緊の検討課題として残されていた。

4　会社法改正と多重代表訴訟制度創設の契機

平成22年2月24日、法務大臣から法制審議会に対し「会社法制の見直し」が諮問された。諮問の趣旨は、会社法制定後の状況と動向を踏まえて、「会社法制について、会社が、社会的、経済的に重要な役割を果たしていることに照らして、会社を取り巻く幅広い利害関係者からの一層の信頼を確保するとの観点から、企業統治の在り方や親子会社に関する規律等を見直す必要があると思われるので、その要綱を示されたい」というものである。

法務大臣の諮問を受け、法制審に会社法制部会が設けられ、会社法制の見直しについて審議が開始された。そして、その中で多重代表訴訟の導入論議が本格的に取り上げられたのである。

親子会社に関する規律等の見直しの趣旨は、会社法立法の際の国会の附帯決議のほか、平成11年商法改正を契機に持株会社等が多く出現したが、持株会社の中には、親会社よりも子会社に経営の中心があって、親会社が子会社をコントロールできていないものがあるのではないか、それでありながら、現在の法制の下では、株主には親会社の役員の責任しか追及できないなど、親子会社のガバナンス体制は十分ではないところがあるとの指摘を受け、かかる認識から多重代表訴訟の導入論議が出てきたものとされている。[15]

5　中間試案と多重代表訴訟制度の取扱い

平成23年12月7日、法制審会社法制部会は「中間試案」を公表した。中間試案は、会社法制部会において、多重代表訴訟制度の創設の当否について意見が分かれたことを踏まえ、親会社株主の保護のあり方として、多重代表訴訟を創

15　法制審会社法制部会第14回会議（平成23年10月26日）議事録11頁〔岩原部会長見解〕。

設するとする「A案」と、多重代表訴訟の制度は創設しないとする「B案」を併記し、「B案」を「A案」の予備的な形で示した[16]。

A案は、多重代表訴訟制度を創設する場合について、提訴権者、訴訟構造など多重代表訴訟制度の骨子をあげている。B案は、多重代表訴訟の制度を創設しないとしても、親会社株主の保護という観点から、取締役会は、その職務として子会社の取締役の職務の執行の監視（中間試案では監督）を行う旨の規定を設けるなど、親子会社に関する規律を見直すとしたものである。

A案とB案は、ともに親会社の株主の保護を目的とするものであるが、A案は親会社の株主に、直接、子会社の取締役等の責任追及訴訟の提起を認めるものである。これに対し、B案はより広い観点からのガバナンス体制を構築するものである。B案は、多重代表訴訟制度が創設されない場合に備えたものであり、親会社の取締役会の子会社取締役の職務執行に対する監視義務の明文化、子会社取締役に対して責任追及の措置をとらなかった親会社取締役の任務懈怠の推定等を内容とするものである。

多重代表訴訟制度の創設にかかわらず、親会社取締役の子会社に対する監視義務を明確にするガバナンス体制の構築は必要である。そうでなければ、親会社取締役の子会社取締役に対する監視義務違反の責任を追及することは困難である。そこで、親会社取締役会の、子会社取締役の職務の執行に対する監視権限と監視義務をグループ内部統制システムとして規定し（会社362条4項6号）、たとえ、多重代表訴訟の制度を導入しないにしても、親会社の取締役に子会社を監視することを義務づけることで、企業グループ全体のガバナンスを図ることとしたのである[17]。

中間試案は、A案とB案を示したが、両案は二律背反的なものではなく、いずれも親子会社関係における重要なガバナンスであるから、一方を選択すれば、他方は必要がないというものではない。しかし、反対論が根強く、現実論として、A案とB案をあわせて採用することは困難であったとされている。

---

16 法務省民事局参事官室・前掲資料（注6）第2部第1・1。
17 岩原紳作＝中西敏和「〈対談〉会社法制の見直しへ向けた課題と展望」商事1956号13頁〔岩原紳作発言〕。

6 改正要綱と多重代表訴訟制度の採用

　改正要綱では、中間試案のＡ案を採用し多重代表訴訟制度を創設することとし、多重代表訴訟の訴訟構造、提訴手続等については中間試案の内容を承継した[18]。一方でＢ案は採用されず、親会社取締役の子会社に対する監視義務の明文化は見送られた。

　Ｂ案による親会社取締役の監視義務の明文化は見送られたが、親会社取締役が、子会社の取締役に対して監視義務を負うことは当然である。監視義務の法的根拠は明らかにされていないが、企業集団（グループ）内部統制システムの構築等義務違反として、親会社株主は、親会社取締役の責任を追及することができることから、多くの場合これを根拠として監視義務違反の責任を追及することができる。

　改正要綱において多重代表訴訟制度が創設されることとなったが、制度導入の審議の中で賛否両意見があったことから、消極意見に配慮して、制限的な制度設計になっている[19]。

　その結果、上場会社においては、多重代表訴訟により、子会社役員の責任を追及できる場合は、現実には極めて限られる。そこで、多くの場合、従来どおり親会社取締役の監視義務違反の責任を追及するという方法によらざるを得ない。いずれにしても、親子会社法制、親会社株主の保護に関しては、改正論議の中で意見の対立があったことから、Ａ案自体も妥協の産物とみることができよう。

　多重代表訴訟制度が極めて厳格なものとなったこともあり、親会社株主の保護として、多重代表訴訟に特化するＡ案よりも、親会社取締役の子会社に対する監視義務を明確にするＢ案のほうが、ガバナンスとしてはすぐれているとの見方もある。

　法制審会社法制部会は、平成24年８月１日、「会社法制の見直しに関する要綱案」を附帯決議とともに取りまとめ、同年９月７日、法制審総会の承認を得

18　法務省民事局参事官室・前掲資料（注６）第２部第１・１参照。
19　岩原紳作「会社法制の見直しに関する要綱案の解説（Ⅲ）」商事1977号６頁。

て、「会社法制の見直しに関する要綱」として法務大臣に答申された。そして、平成26年6月20日改正会社法により、多重代表訴訟制度が創設されたが、改正要綱をそのまま承継し立法化されたものである。

第9章 改正法による多重代表訴訟制度の概要

I 改正法により創設された多重代表訴訟の概要

1 多重代表訴訟の概要

　改正法は、最終完全親会社等の株主による特定責任追及の訴えとして、多重代表訴訟制度を創設した（会社847条の3第1項）。多重代表訴訟とは、最終完全親会社等の少数株主が、子会社の役員の特定責任を追及する訴訟である。通常の代表訴訟を責任追及等の訴えとする（同法847条1項）のに対し、特定責任に係る責任追及等の訴えである。

　最終完全親会社（最上位にある株式会社である完全親会社）の少数株主が対象子会社の役員の特定責任を追及する訴訟であるが、従来考えられていたアメリカ型の多重代表訴訟と異なり、複雑な内容となっている。主な相違点は、わが国の制度は提訴権を少数株主権とし、被告を重要な子会社の役員としていることである（会社847条の3第1項）。

　重要な子会社の役員の、子会社に対する責任を追及する訴訟であることから、特定責任追及の訴え（子会社の役員の責任の原因となった事実が生じた日における、重要な子会社の役員の責任を追及する訴訟）とされるのである。

　多重代表訴訟は、理論的にはひ孫会社以下の会社も対象とすることができるが（四重代表訴訟）、改正法が想定しているのは三重代表訴訟（孫会社を対象とする）までである。[1]実際上、ひ孫会社以下の会社を対象にする必要性は少ないばかりか、ひ孫会社以下が重要な子会社基準を満たすとは考えにくい。そして、現実に多重代表訴訟が考えられる多くの場合は、二重代表訴訟の類型（子会社

1　坂本三郎編著『一問一答・平成26年改正会社法』158頁参照。

の役員の責任を追及する訴訟）である。

(1) 最終完全親会社等

最終完全親会社等とは、当該株式会社（対象子会社）の完全親会社等であって、その完全親会社等がないものをいう（会社847条の3第1項）。

対象子会社は株式会社であることを要し、最終完全親会社等はその完全親会社等であり、対象子会社との間に、完全親子会社関係（100％子会社）がなければならない。親会社には株式会社でない法人が含まれ（会社2条4号）、親会社等には親会社のほかに経営を支配している者（法人でない者）が含まれるが（同条4号の2）、最終完全親会社等は株式会社でなければならない。

完全親会社等がないものとは、株式会社である完全親会社等がない場合、つまり最上位にある株式会社である完全親会社等をいう。

① 完全子会社B ← 最終完全親会社A

　AがBの完全親会社であり、その上に完全親会社がない場合である。Aの株主が原告となり、Bの役員が被告となる二重代表訴訟の訴訟形態をとる。

② 対象完全子会社C ← 中間完全子会社B ← 最終完全親会社A

　Aの株主が原告となりCの役員が被告となる。Bは多重代表訴訟の関係では親会社にならないが、Cの株主として通常の代表訴訟を提起することができる。

③ 完全子会社C ← 最終完全親会社B ← 株式会社ではない完全親会社A

　Bが最終完全親会社となりAは最終完全親会社とならない。この場合、AはBの株主として多重代表訴訟を提起することができる。

(2) 完全親会社等

完全親会社等は、次のいずれかに該当する株式会社である（会社847条の3第2項）。

(ア) 完全親会社（会社847条の3第2項1号）

完全親会社とは、特定の株式会社の発行済株式の全部を有する株式会社、そ

の他これと同等のものとして法務省令で定める株式会社である（会社847条の2第1項）。

法務省令で定める株式会社とは、ある株式会社およびその完全子会社（当該ある株式会社が発行済株式の全部を有する株式会社をいう）または当該ある株式会社の完全子会社が、特定の株式会社（対象子会社）の発行済株式の全部を有する場合における当該ある株式会社である（会施規218条の3第1項）。

会社法施行規則218条の3第1項の適用については、同項のある株式会社およびその完全子会社または当該ある株式会社の完全子会社が他の株式会社の発行済株式の全部を有する場合における当該他の株式会社は、完全子会社とみなされる（同条2項）。

これにより、完全親会社とは、①親会社が直接子会社の発行済株式の全部を有している場合のほか、ある株式会社とその完全子会社が合わせて特定の株式会社（対象子会社）の発行済株式の全部を有する場合と、②ある株式会社の完全子会社が、特定の株式会社（対象子会社）の発行済株式の全部を有する場合、つまり完全子会社を通じて間接的に特定の株式会社（対象子会社）の発行済株式の全部を有する場合とがある。

また、ある株式会社およびその完全子会社または当該ある株式会社の完全子会社が、当該他の株式会社の発行済株式の全部を有している場合、つまり、当該他の株式会社が完全孫会社である場合は完全子会社とみなされる。それにより、多重代表訴訟（三重代表訴訟）が可能になる。

(ｲ) 株式会社の発行済株式の全部を他の株式会社およびその完全子会社等（株式会社がその株式または持分の全部を有する法人をいう）または他の株式会社の完全子会社等が有する場合における当該他の株式会社（完全親会社を除く）（会社847条の3第2項2号）

他の株式会社およびその完全子会社等または他の株式会社の完全子会社等が他の法人の株式または持分の全部を有する場合における当該他の法人は、当該他の株式会社の完全子会社等とみなされるから（会社847条の3第3項）、当該他の株式会社は完全親会社等となる。

これは、(ｱ)と同様に、中間完全子法人の保有分と合わせて発行済株式の全部を有する場合、あるいは中間完全子法人を通じて発行済株式の全部を有す

る場合を最終完全親会社とするのであるが、(ア)との違いは、中間完全子法人が株式会社であることを要するか否かである。(ア)の場合の中間完全子法人は株式会社に限られるが、(イ)の場合では株式会社に限られない。そこで、中間完全子法人が株式会社でない場合は、2号により完全親会社等になる。[2]

なお、会社法847条の3第2項2号が完全親会社を除くとしているのは、完全親会社については、同項1号で規定されているからである。

【完全親会社等の類型】

① B ← A　　　AがBの全株式(全議決権)を直接有する場合
② C ← B + A　AとB(Aの完全子会社)の持株を合わせてCの全株式を有する場合
③ C ← B ← A　AがB(Aの完全子会社)を通じてCの全株式を有する場合

(3) 特定責任

多重代表訴訟は子会社の役員等の特定責任を追及する訴訟である。

特定責任とは、役員等の責任の原因となる事実が生じた日において、最終完全親会社等およびその完全子会社等における株式会社（完全子会社）の株式の帳簿価格が、当該最終完全親会社等の総資産額の5分の1を超える場合における当該株式会社（重要な完全子会社）の役員の責任をいう（会社847条の3第4項）。

多重代表訴訟の対象となるのは、役員等の責任の原因となる事実が生じた日において、重要な完全子会社基準を満たす完全子会社（特定子会社）であり、その役員が多重代表訴訟の被告となる。

(4) 3類型の代表訴訟と共通用語

改正法の下では、代表訴訟として、通常の代表訴訟（会社847条1項）、旧株主による責任追及等の訴え（同法847条の2第1項）、多重代表訴訟（同法847条の3第1項）の3類型があるが、下記のように一括して統一的に規定している場合がある。

① 責任追及等の訴え　　通常の代表訴訟、旧株主による責任追及、多重代表訴訟を合わせたものとして用いられる。

2　坂本・前掲書（注1）163頁。

②　株式会社等　訴訟により請求する権利の帰属主体であるが、当該株式会社、株式交換等子会社、最終完全親会社を含めたものとして用いられる。
③　株主等　株主、適格旧株主、最終完全親会社等の株主をいう（会社847条の4第2項）。

2　親子会社関係の形成と多重代表訴訟

(1)　多重代表訴訟の原告と被告

　改正法は、多重代表訴訟制度を創設したが（会社847条の3）、規定上は、最終完全親会社等の株主による特定責任追及の訴えとしている。特定責任追及の訴えとするのは、最終完全親会社の株主が、特定の子会社（重要な子会社）の役員の責任を追及する代表訴訟であることによる。これは、会社法が通常の代表訴訟を責任追及の訴えとしていることに対応するものである。

　企業集団が縦列的あるいはピラミッド型に形成されている場合、その最上位にある株式会社は最終完全親会社と位置づけられ、その少数株主に提訴権が認められる。中間完全子会社は多重代表訴訟との関係では親会社とはならない。また、最終完全親会社の上に株式会社でない親会社が存在しても、この法人は、最終完全親会社とはならない。この場合、株式会社ではない親会社は、最終完全親会社の株主として、多重代表訴訟を提起する株主となるのである。

　多重代表訴訟における被告は、重要な完全子会社の役員であり、訴訟において請求されるのは対象子会社の権利であるが、訴訟の基本構造は通常の代表訴訟と同様であり、それを多段階に積み上げたものである。

(2)　多重代表訴訟の対象と範囲

　改正法の下では、通常の代表訴訟、旧株主による責任追及訴訟、多重代表訴訟という3類型の代表訴訟が存在するが、これを一括して規定していることから、複雑な規定となっている。

　前述のとおり多重代表訴訟の制度は、企業グループの頂点に位置する株式会社（最終完全親会社等）の株主が、一定の要件を満たすその子会社（孫会社も含む）の取締役等の責任（特定責任）について、責任追及等の訴えを提起することができる制度である。

多重代表訴訟には二重代表訴訟と本来的意味での多重代表訴訟とがあるが、改正法はそれを一括して多重代表訴訟としている（会社847条の3）。二重代表訴訟（子会社の役員の責任を追及する訴え）を基本とするとともに、多重代表訴訟の範囲を三重代表訴訟（孫会社の役員の責任を追及する）までにとどめ、四重代表訴訟（ひ孫会社の役員の責任を追及する）を想定していないといえる。四重代表訴訟を認める必要性がないばかりか、ひ孫会社が重要な子会社となることは現実には考えにくい。

多重代表訴訟の対象子会社に、外国子会社を含めるかという問題がある。この点、最終完全親会社と子会社は、いずれも日本の会社法に基づき設立された株式会社（日本法人）であることを要件とすると説明されており、多重代表訴訟の対象となる子会社は、わが国の会社法に準拠して設立された子会社に限られ、外国の法令に準拠して設立された外国（海外）子会社は含まれない。これにより、国内会社（親会社）の外国人株主が、国内会社の外国子会社の役員に対し、日本の会社法に基づき多重代表訴訟を外国で提起するという懸念は払拭された。

3 改正法により多重代表訴訟制度が創設された理由

多重代表訴訟制度は、完全親会社の株主保護の必要性から創設されたものである。株式交換等により完全親子会社関係が形成される場合が多く、また、純粋持株会社も普及したことで、完全親会社の株主の権利の縮減現象が生じたことが背景にある。

企業グループにおいては、事業活動は完全子会社により行われていることから、その業務と企業価値はその完全親会社の経営と企業価値に大きな影響を与え、親会社株主の利益に関係するが、親会社株主は、子会社の役員に対して直接監督是正権を行使することはできず、親会社の取締役を通じて行うしかない。

しかし、子会社の役員が賠償責任を負っている場合でも、親会社の取締役との人的関係や仲間意識から、親会社が代表訴訟により子会社役員の責任追及を

---

3 坂本三郎ほか「平成26年改正会社法の解説(Ⅴ)」商事2045号28頁。
4 法務省民事局参事官室「会社法制の見直しに関する中間試案の補足説明」商事1952号38頁、坂本ほか・前掲論文（注3）31頁。

懈怠するおそれが構造的に存在する。そのため、子会社の損害が回復しない状態が生じ、その結果、完全親会社ひいてはその株主が不利益を受ける可能性がある。

そこで、改正法により完全親会社の株主の利益保護の観点から、完全親会社の株主が直接子会社の役員の責任を追及する多重代表訴訟制度が創設された。もっとも、多重代表訴訟には理論面と構造上から多くの問題点があることに加え、多重代表訴訟制度の創設には反対意見があったことから、その制度の内容はかなり制限的なものとなっている。

改正法は、多重代表訴訟制度創設の目的を親会社株主の保護と位置づけ、親会社に生じた損害の回復を直接の目的としているが（損害回復機能）、親会社の株主が、直接子会社取締役等の責任を追及することにより、子会社の経営への監督を働かせることができることから、親会社株主による子会社に対する経営監視機能（ガバナンス機能）も有すると解されている[5]。

このように、多重代表訴訟創設の機能と目的は、直接的には親会社株主の利益保護にあるが、親会社株主の子会社の経営に対する監督是正権としてのガバナンス機能を有するともいえる。この２つの機能をあわせもつ点は通常の代表訴訟と同様である。

4　取締役の違法行為と多重差止請求権の検討

代表訴訟は、事後的な損害賠償請求を通じて取締役に対する監督是正権としての機能を発揮する。一方で、株主の差止請求権は、取締役の違法行為を事前に差止め、違法な行為がなされることを防止するという株主の監督是正権である。アメリカの株主代表訴訟（株主訴訟）の対象は広く、取締役の違法行為の差止めも含まれている。

昭和25年改正の商法により、アメリカの株主代表訴訟のうち、株主が取締役の会社に対する損害賠償責任を追及する訴訟として導入されたが（旧商267条以下）、取締役の違法行為の差止めは、別途、違法行為の差止請求権として導入した（同法272条）。現在の会社法はこれを承継している。

---

[5]　富田亜紀「投資家の立場に立った、会社法制の改正」Mizuho Industry Focus138号17頁。

株主は、取締役または執行役の違法行為を差し止めることはできるが（会社360条1項・3項、422条1項）、子会社の取締役または執行役の違法行為を差し止めることはできない。

親会社は、子会社の株主として、子会社の取締役等の違法行為を差し止めることができるが、親会社の取締役が差止請求権を行使することは期待できない。特に、違法行為が親会社の指示ないし意向に従ったものである場合や、親会社の利益を図る行為である場合は、親会社による子会社取締役への違法行為差止請求権の行使は考えられない。子会社に少数株主が存在する場合でも、少数株主による違法行為の差止めは実際上期待できない。

親会社の取締役が差止請求権の行使を怠り、子会社の取締役等の違法行為がなされ、その結果子会社に損害が生じたことで親会社に損害が発生したときは、親会社取締役の善管注意義務違反となる。そこで、親会社株主は代表訴訟により親会社の取締役の責任を追及することが考えられる。

しかし、子会社の取締役等の違法行為を差止め、損害の発生を事前に防止するほうがより効果的である。そこで、子会社の自主性を害しない範囲で、親会社株主が子会社取締役の違法行為を事前に差し止める制度の創設を検討する必要がある。

改正法により、多重代表訴訟は認められたが、多重的な違法行為の差止請求権は認められなかった。この点については、ほとんど議論されていないが、立法論として、今後、多重差止請求権（二重差止請求権）の制度の導入も検討すべきであろう。

II 多重代表訴訟の基本構造

1 改正法により創設された多重代表訴訟の基本構造

多重代表訴訟は、最終完全親会社Cの議決権総数等の1％以上を有する少数株主Xが原告となり、重要な完全子会社Aの役員Yの責任を追及する代表訴訟である。訴訟で請求するのは、Aの権利（損害賠償請求権）であり、Aに対する給付を求める訴訟である。

通常の代表訴訟は単一の会社内の代表訴訟であり、株主（単独株主権）が会

社の権利に基づきその会社の役員の責任を追及する（会社に対する給付）代表訴訟である。これに対し、多重代表訴訟は複数の会社にまたがる代表訴訟であり、親会社の株主が子会社の役員の責任を追及するものであり、訴訟において請求する訴訟物は、子会社の権利である。

改正法により創設された多重代表訴訟は、最終完全親会社の少数株主が原告となり（提訴権は少数株主権）、対象子会社の役員を被告として提訴する訴訟であるが、対象子会社を重要な完全子会社としている。重要な完全子会社の役員の責任を追及する訴訟構造であり（会社847条の3第4項）、最終完全親会社と重要な完全子会社を中心に制度設計がなされている。

また、最終完全親会社と対象子会社との間に、直接の親子会社関係がある場合（二重代表訴訟の構造）だけでなく、中間完全親会社法人（株式会社でないものを含む）が存在する場合を含み（本来的な多重代表訴訟の構造）、後者については、複雑な訴訟構造となっている。

〔図2〕　多重代表訴訟の基本構造

　　　完全子会社A ← 中間完全子会社B ← 最終完全親会社C

・AとCは株式会社であることが必要であるが、B（中間子会社法人）は株式会社であることを必要としない。
・AとCの間に完全親子会社関係が要求される。AとCの間に直接の親子会社関係はないが、Cは完全子会社Bを通じて間接的に完全親会社となり、あるいはBの保有議決権と合わせて完全親会社となる。
・Aは重要性基準を満たした子会社でなければならない。
・Bは、多重代表訴訟の関係では親会社にならない。
・最終完全親会社は最上位にある株式会社Cであるが、対象子会社はAに限らない。B（株式会社に限る）が対象子会社になる場合もある。
・Cの株主による多重代表訴訟の提起とは別に、B（株式会社に限る）は、Aの株主として通常の代表訴訟を提起することができる。この場合、訴訟で請求するのはAの権利であるから、二重提訴（二重起訴）の問題が生ずる。

多重代表訴訟の対象となる子会社Aは株式会社でなければならない。また、最終完全親会社Cも株式会社でなければならないが、B（中間子会社）は株式

会社でなくてもよい。

　CはAの完全親会社でなければならないが、最終完全親会社は、対象子会社の発行済株式の全部を直接保有する会社だけでなく、これを間接的に保有する場合、つまり中間完全親会社が存在する場合も含まれる。そこで、CはAの全議決権（全株式）を直接保有しなくてよい。完全子会社Bを通じて間接的に完全親会社となり、あるいは、Bの保有議決権と合わせて完全親会社となる場合でもよい。そして、中間完全子会社は、多重代表訴訟について親会社と取り扱われない。最終完全親会社の株主だけが多重代表訴訟を提起しうるのである。

2　多重代表訴訟と親子会社関係

　A（子会社）、B（中間完全子会社）、C（最終完全親会社）と多段階を形成している場合、Cからみれば、Bは子会社、Aは孫会社となる。そして、Cの株主が、対象子会社Aの取締役等を被告として提訴する訴訟が多重代表訴訟である。完全親子会社関係が縦列に形成されていればよいのであり、中間完全子会社を通じた関係でもよい。

　Bは、多重代表訴訟の関係では親会社とならないが、株式会社である場合は、直接の親会社として通常の代表訴訟を提起することができる。Cの株主は、Bが株式会社である場合は、Bの役員の責任を追及する多重代表訴訟を提起することができる。この場合は、二重代表訴訟の訴訟構造となる。

　多重代表訴訟には、二重代表訴訟（直接の親子会社関係がある場合に、直接の親会社の株主が子会社の役員の責任を追及する訴訟）と三重代表訴訟（親会社の株主が孫会社の役員の責任を追及する訴訟）があるが、改正法はこれを一本化し多重代表訴訟として最終完全親会社の株主が提起する訴訟と位置づけた。

　多重代表訴訟の場合、最終完全親会社と対象子会社とは別法人であり、原告と対象子会社との間に直接の法律関係はない。なぜ、最終完全親会社の株主が、子会社の役員の責任を追及することができるかについて理論的に説明することは困難であるが、改正法が多重代表訴訟を認めたことからこの問題は立法的に解決された。

　最終完全親会社Cの上に、株式会社でない完全親会社D（親会社は株式会社であることを要しない）が存在する場合であっても、多重代表訴訟の最終完全

親会社となるのは株式会社に限られるから、Dは最終完全親会社とならない。この場合、DはCの株主として多重代表訴訟を提起しうることになる。

　会社関係が多重的に形成されている場合、多重代表訴訟の親会社となるのは最上位にある株式会社（最終完全親会社）Cである。これに対し、対象子会社については、一般にAを想定している。しかし、最下位の完全子会社Aとは限らない。対象子会社がB（中間完全子会社）である場合も考えられる。BはCの完全子会社であるから、Bが重要性基準を満たした株式会社であれば、多重代表訴訟の対象子会社となり、その役員等が多重代表訴訟の被告となる。

〈表3〉　通常の代表訴訟と多重代表訴訟の比較

	通常の代表訴訟	多重代表訴訟
代表訴訟の目的と機能	会社の損害回復による株主の利益保護、株主による監督是正権行使	親会社の損害回復による親会社株主の利益保護、親会社株主による監督是正権行使
原告株主	同一の会社の株主（議決権等を問わない単独株主権）	最終完全親会社の議決権総数等の1％以上を有する株主
対象会社と被告の責任	同一の会社の取締役等通常の任務懈怠による責任	重要な完全子会社の取締役等の特定責任に限られる。
訴訟で請求する権利	取締役等に対する損害賠償請求権、義務の履行請求権。第三者（不公正な払込金額で株式を引き受けた者、株主の権利行使に関して財産上の利益の供与を受けた者）に対する請求権	子会社の役員に対する損害賠償請求権。第三者に対する請求権は対象にならない。
訴訟形式	法定代位訴訟（会社の権利に基づく派生訴訟）	法定代位訴訟（子会社の権利に基づく派生訴訟）
提訴請求の相手方（監査役設置会社の場合）	同一会社の監査役（取締役を被告とする場合）	子会社の監査役（取締役を被告とする場合）

3　通常の代表訴訟と多重代表訴訟

　通常の代表訴訟は、当該株式会社の提訴懈怠によりその株主が代表訴訟を提起しうるのに対し、多重代表訴訟の場合は、子会社とその親会社（最終完全親会社の場合もある）の提訴懈怠により、最終完全親会社の少数株主が子会社の役員の責任を追及する訴訟である。

　しかし、これら訴訟構造の相違点を除けば、代表訴訟としての基本構造は共通している。多重代表訴訟の構造は、通常の代表訴訟を積み重ねたものであり、親会社株主が子会社の権利を行使する派生訴訟であって、法定代位訴訟の訴訟形態をとっている。子会社に対する支払いを請求し（訴訟物）、原告の受けた判決の効力は子会社に及ぶことになる。

　ところが、多重代表訴訟は、最終完全親会社の株主が対象子会社の役員等を被告として提起する代表訴訟であることから、訴訟の対象は特定責任に限られ、提訴権も少数株主権とされているのであり、訴訟構造は通常の代表訴訟に比べて制限的である。

4　多重代表訴訟制度のポイント

　ここで、多重代表訴訟制度のポイントをまとめておく。
① 　多重代表訴訟は、完全親子会社関係が存在する場合に、最終完全親会社（その上に、株式会社である完全親会社が存在しない株式会社である親会社）の株主が、対象子会社の役員等の子会社に対する責任を追及する訴訟である。対象子会社は重要な完全子会社に限られる。
　　完全親子会社関係は、対象子会社の役員の責任原因となる事実の発生時、提訴時（提訴請求時）、訴訟の係属中（口頭弁論の終結まで）のすべてにおいて要求される。
② 　完全親子会社関係は、対象子会社と最終完全親会社が直接の親子会社関係にある場合だけでなく、中間完全子会社（株式会社でなくてもよい）が存在し、間接的な親子会社（孫会社）の関係にある場合も含まれる。
③ 　対象子会社の役員等の特定責任を追及する訴訟である。特定責任とは、対象子会社の役員等の責任の原因となった事実が生じた日において、最終

完全親会社およびその完全子会社等における対象子会社の株式の帳簿価額が、最終完全親会社等の総資産の5分の1を超える場合における対象子会社（重要な子会社）の役員等の責任である。端的にいえば、多重代表訴訟の対象となるのは、重要な子会社の役員等の責任である。

　総資産の5分の1超の基準は、対象子会社の役員の責任原因となる事実の発生時に要求されるものであり、提訴時（提訴請求時）にこの要件を満たすことは要求されない。

④　多重代表訴訟を提起するためには、特定責任の原因となった事実によって、子会社に損害が生じただけでは足らず、最終完全親会社に損害が発生していることを必要とする。改正法は多重代表訴訟を最終完全親会社の株主の保護の制度と位置づけているからである。

⑤　原告（提訴権者）は、6カ月前から引き続き最終完全親会社等の総株主の議決権の100分の1以上を有する株主に限り認められる（ただし、会社法上の公開会社でない場合は、6カ月前からという要件は課せられない）。多重代表訴訟の提訴権は、通常の代表訴訟と異なり少数株主権である。

　100分の1以上という要件は、対象子会社の役員の責任原因となる事実の発生時には要求されないが、提訴時（提訴請求時）および訴訟の係属中（口頭弁論の終結まで）において要求される。

⑥　多重代表訴訟を提起するためには、対象子会社に対し提訴請求をし、対象子会社が60日以内に特定責任追及の訴えを提起しないことが必要である。この提訴前の手続は通常の代表訴訟と同様である。

III　多重代表訴訟と最終完全親会社

1　多重代表訴訟の親会社となる会社

　多重代表訴訟は、最終完全親会社の少数株主に提訴権を認める代表訴訟である。完全親子会社関係が多層的に形成されている場合に、対象子会社と最終完全親会社との間に完全親子会社関係があることが必要であるが、①直接の親子会社関係にある場合だけでなく、②中間完全子会社が存在し、直接の親子会社関係がない場合でもよい。当該他の株式会社およびその完全子会社等または当

該他の株式会社の完全子会社等が、他の法人の株式または持分の全部を有する場合における当該他の法人は、当該他の株式会社の完全子会社等とみなされることから（会社847条の3第3項）、完全親子会社関係が多層的に形成され、完全親会社と完全子会社との間に、中間完全子法人がある場合であっても、当該他の株式会社は完全親会社ということになる。

　改正法は、親会社の要件を最終完全親会社としているが、最上位にある親会社を多重代表訴訟の親会社ということから、「最終」とした。また、理論的には完全親会社であることを要しないにもかかわらず、完全親会社（1人株主が議決権のすべてを有している）とされているのは、子会社に少数株主が存在する場合は、子会社の少数株主による代表訴訟の提起が期待できることから、親会社株主に提訴権を認める必要がなく、また、完全親会社でなくてもよいとすると、提訴要件となる議決権数の基準設定が困難であることによるものとされる。

　多重代表訴訟は、最終完全親会社の株主に提訴権を認めるものであるが、最終完全親会社とは、株式会社である子会社の完全親法人である株式会社であって、その完全親法人（株式会社であるものに限る）がないものである。つまり、最上位にある株式会社である完全親会社である。親会社には社団法人等の株式会社以外の法人も含まれるが、ここでは、株式会社である完全親会社に限られるのである。したがって、最上位にあっても株式会社でない完全親会社は最終完全親会社とはならない。

　親子会社関係が多重的に形成され、中間完全子会社が存在している場合に、中間完全子会社が対象子会社の直接の親会社であっても、多重代表訴訟の関係では親会社とはならない。しかし、中間完全子会社が対象子会社の直接の親会社である場合は、その株主として通常の代表訴訟を提起することができる。

　多重代表訴訟は、最終完全親会社の株主が対象子会社の役員の責任を追及する訴訟であるが、最終完全親会社についても、子会社についても株式会社であることが必要である。代表訴訟は株式会社を前提にする訴訟であり、純粋持株会社をはじめ株式会社である親会社が、株式会社である子会社により事業を展開していること、および最終完全親会社の株主保護を目的とすることによる。中間完全子会社（中間支配会社）については、このような関係が認められないから、株式会社でなくてもよいことになる。

2　最終完全親会社と中間子会社による株式保有形態

　最終完全親会社（Ｂ社）と対象子会社（Ａ社）の間に、中間子会社（Ｃ社）が存在する場合、改正法が認めたＢ社とＡ社間に完全親子関係が認められるのは、①Ｂ社とＣ社が合わせてＡ社の全株式を保有する場合、②Ｃ社（Ｂ社の完全子会社）がＡ社の全株式を保有する場合とがある（会社847の3第2項2号）。

(1)　①の形態の場合

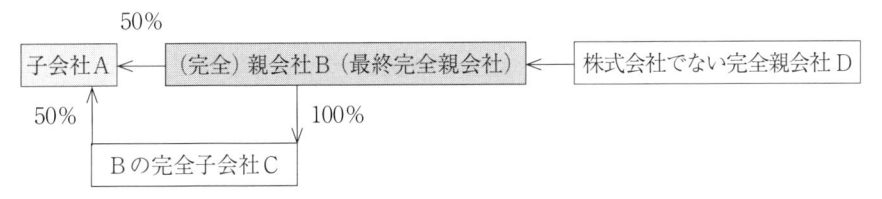

```
                50%
   子会社A ←――― (完全)親会社B（最終完全親会社） ←――― 株式会社でない完全親会社D
     ↑                  │
   50%                100%
     └─── Bの完全子会社C
```

　親会社が自ら対象子会社の発行済株式の全部を保有しなくても、その完全子会社（その株式または持分の全部を保有する法人をいう）が保有する株式と合わせれば、対象子会社の発行済株式の全部を保有することになる場合は、完全親会社となり多重代表訴訟における最終完全親会社となる。

　たとえば、ＢがＡの発行済株式の50％を保有する親会社である場合に、Ｂの完全子会社Ｃが、Ａの発行済株式の50％を保有すれば、ＢとＣの有する株式数を合計すれば、Ａの発行済株式の100％を保有することになる。

　このように、完全子会社の持株数と合わせれば、対象子会社の完全親会社となる場合も、多重代表訴訟の関係では最終完全親会社と取り扱われるのである。

(2)　②の形態の場合

```
   子会社A ←――― 中間完全子会社B ←――― 最終完全親会社C ←――― 株式会社でない完全親会社D
```

　多重代表訴訟の完全親会社は、対象子会社の発行済株式の全部を直接保有する場合だけでなく、完全子会社を通じてこれを間接的に保有する場合も含まれる。中間に完全子会社（中間完全親法人）が存在し、これを通じて株式を間接的に保有している場合も完全親会社となる。

　Ａ社の発行済株式の全部を保有するＢ（株式会社に限らない、一般社団法人など株式会社でないものも含まれる）が、中間完全法人（中間完全子会社）として

存在している場合は、C社はA社の発行済株式を保有していなくても、C社はBの発行済株式の全部または持分の全部を保有しているから、Bの完全親会社となる（BはC社の完全子会社となる）。C社とA社の間に直接の完全親子会社関係がなくても、C社は中間完全法人（中間完全子会社）Bを通じてA社の完全親会社となるのである。これが多重代表訴訟の基本形態である。

C社の上に存在する株式会社でない完全親会社D（一般社団法人等の完全親法人）は、多重代表訴訟の関係では最終完全親会社とならない。

Ⅳ 多重代表訴訟の対象となる子会社

1 完全子会社であることを必要とする理由と問題点

改正法は、多重代表訴訟の親子会社関係について完全親子会社関係を要求している（会社847条の3第1項）。従来から、子会社に少数株主がいる場合は、少数株主による代表訴訟の提起が期待できるから、親会社株主に多重代表訴訟の提起権を認める必要がないばかりか、完全親子会社関係を必要としないとした場合、どのような子会社を対象とするかが不明確になるから、完全子会社に限られると解されていたが[6]、改正法も、同様の理由により完全子会社に限るとの立場をとった。

これに対し、これでは、少数の株主を存在させることにより、簡単に多重代表訴訟を潜脱することになるとの指摘がなされている[7]。

確かに、完全子会社に限ることから、若干の少数株主を存在させることにより、多重代表訴訟の対象子会社となることを回避する制度設計が可能となる。極端にいえば99％の子会社であっても、その会社の役員は多重代表訴訟により責任を追及されることがなくなる。株式交換等の場合は、完全親子会社関係が形成されるが、その後に、親会社が持株の一部を譲渡することにより、完全子会社ではなくなることから、多重代表訴訟の対象会社ではなくなる。また、純

---

[6] 新谷勝『株主代表訴訟改正への課題』参照。
[7] 弥永真生ほか「〈座談会〉会社法制の見直しに関する中間試案をめぐって（下）」商事1955号8頁〔弥永真生発言〕。

粋持株会社についても、完全親会社であることは要件とされない。

したがって、最終完全親会社が対象子会社または中間完全子会社に若干の少数株主を存在させることにより、完全親子会社関係にならないように設計をしておけば、多重代表訴訟の対象子会社となることを回避することが可能となる。多重代表訴訟を回避する目的で、子会社に少数の株主を存在させたとしても、それをもって、濫用的な親子会社関係ということは難しい。

多重代表訴訟の係属中に、親会社が所有する子会社株式の一部を他に譲渡して、完全親子会社関係が解消すれば、多重代表訴訟の要件を欠くことになり、訴えの却下を免れないものになる。そして、これが濫用的に利用される可能性は否定できない。

この点、対象会社側が多重代表訴訟を妨害する目的で、完全親子会社関係を解消したなどの特段の事情がある場合は、被告による原告適格の喪失の主張が、権利濫用・信義則違反により制限される可能性があるとする見解がある[8]。

妥当な見解であるが、対象会社側とは、対象子会社、中間完全子会社、最終完全親会社ということになるが、これらの会社が訴訟妨害の目的で完全親子会社関係を解消したとしても、これらの会社は訴訟当事者ではないから、被告による完全親子会社関係の消滅の主張に対して権利濫用・信義則違反というためには、被告がこれらの会社と一体となって、完全親子会社関係の解消に動いたことなどが必要になるであろう。しかも、原告がこれを立証することは難しい。

2 みなし最終完全子会社

最終完全親会社A社の株主Bが多重代表訴訟を提起した後に、株式交換等によりA社がC社の完全子会社となった場合（A社の上に、さらに、最終完全親会社C社が存在することになる）、A社は多重代表訴訟の関係で最終完全親会社ではなくなるが、A社の株主Bは、A社の株主ではなくなるが（キャッシュ・アウトされず、C社の株主となった場合）C社の株主となるから、Bは多重代表訴訟の原告適格を失わない（会社851条1項）。ところが、Bが多重代表訴訟を提起する前に、株式交換等によりA社がC社の完全子会社となった場合は、C社

---

8 奥山健志＝小林雄介「親会社株主の保護等に関する規律の見直し」商事2059号17頁。

が最終完全親会社となりBはC社の株主となる。そして、A社は最終完全親会社ではなくなり中間完全親会社となる。

　この場合、多重代表訴訟を提起できるのは、最終完全親会社C社の株主Bである。ところが、C社は対象子会社の役員による任務懈怠行為がなされた当時は、最終完全親会社ではないため、子会社の取締役等の任務懈怠行為時において、完全親子会社関係が存在することを必要とされることからすると、C社の株主となったBは多重代表訴訟を提起し得ないことになる。

　この点、改正法は、最終完全親会社C社が、対象子会社役員の責任の原因が生じた日において、最終完全親会社であったA社を完全子会社とした場合は、多重代表訴訟に関する規定（会社847条の3第4項）の適用については、A社を最終完全親会社とみなすとの「みなし最終完全親会社」に関する規定を設けている（同条5項）。

　この規定により、対象子会社役員の責任の原因が生じた日に、A社が最終完全親会社の要件を満たしていれば、A社は多重代表訴訟の最終完全親会社とみなされ、対象子会社役員の責任の原因が生じた日に、A社の株主であったBは、提訴時にはC社の株主となっていても、対象子会社役員の責任を追及する多重代表訴訟を提起することができることになる。

3　重要な子会社を要件とする理由

　特定責任追及の訴えとは、対象子会社の役員の責任の原因となった事実が生じた日において、重要な子会社（その帳簿価額が最終完全親会社等の総資産額の5分の1超）の要件を満たしている子会社の役員の責任を追及するものである（会社847条の3第4項）。

　多重代表訴訟は、この特定責任追及の訴えであり（会社847条の3第1項）、重要な子会社の要件を満たした子会社の役員の責任を追及する訴訟である。通常の代表訴訟の場合は、対象株式会社は限定されないから責任追及の訴えとされ、多重代表訴訟とは訴えの性質が異なる。

　多重代表訴訟は、完全親会社の株主が完全子会社の役員の責任を追及するという複数の会社にまたがる代表訴訟であるから、すべての完全子会社を対象とすることは適正ではなく、その対象を親会社にとってある程度重要な子会社と

し、その取締役等を被告として提訴する訴訟とした。すなわち、大規模な事業会社（事業持株会社）では、多数の子会社を有し企業グループを形成していることから、孫会社まで含めるとグループに属する企業は数百社に達する場合がある。しかし、すべての完全子会社に対して、子会社の規模やグループ内での重要性などを考慮することなく、一律に多重代表訴訟の対象子会社とし、その役員を訴訟の対象者（被告）とすることは、妥当でないばかりか必要性においても問題がある。そこで、対象子会社を企業集団において一定の重要な完全子会社に制限したのである。

また、多重代表訴訟の対象を重要な子会社に制限した実質的理由として、子会社の役員であっても、実質的には親会社の従業員である場合があり、このような場合にまで、親会社株主による責任の追及の対象とすることは適切でないとの指摘を踏まえ、親会社の役員に相当する子会社の役員のみを多重代表訴訟の対象としたものとされている。[9]

確かに実質的には親会社の部長等に相当する者が子会社の取締役であることは多い。しかし、子会社では役員であるものの親会社では従業員であることを理由として、多重代表訴訟の対象とせず、親会社の役員に相当する子会社の役員に限るとするのは、結論としては妥当であるにせよ、疑問が残る。

多重代表訴訟は、もともと、親会社の部長等に相当する者が子会社の役員となった場合を想定したものではなく、純粋持株会社傘下の事業会社の役員を対象にすることを主眼とするものであるが、親会社の部長等に相当する者であっても、子会社の取締役となり子会社の経営を委ねられている以上、子会社に対する任務懈怠責任を負うのは当然である。

しかし、多重代表訴訟は、親会社株主の利益保護と親会社株主による子会社に対する監督是正権の性質を有するものであるが、本来は異なる人格である子会社に対する提訴権を与える訴訟であることを考慮すれば、その権限を行使する対象は、おのずと制限されるべきであり、すべての完全子会社を対象子会社とするのは、現実的でなくかつ必要性に乏しい。

そこで、多重代表訴訟の対象子会社をいかなる基準で定めるのかについて、

---

[9] 法制審会社法制部会第14回会議（平成23年10月26日）議事録1頁〔塚本関係官発言〕。

改正法は重要性基準によることとした。すなわち、親会社にとって重要でない子会社であれば、その事業のあり方が親会社株主に与える影響は重大ではないから、親会社株主に監督是正権として多重代表訴訟の提起権を与える必要はなく、また、その任務懈怠により親会社株主に与える損害も大きくないからである。

4　重要な子会社の認定基準

　多重代表訴訟の対象となる重要な完全子会社に該当するかどうか、重要性基準をどのように設定するべきかが、問題となる。

　重要性基準を低く設定すると、多くの子会社が多重代表訴訟の対象子会社となり、制限する意味が失われる。一方で高く設定すると、対象子会社が制限され多重代表訴訟を導入した意味が失われることになりかねない。

　そこで改正法は、子会社役員の責任の原因となった事実が生じた日において、最終完全親会社等およびその完全子会社等（中間完全親会社）における、当該子会社株式の帳簿価額が、当該最終完全親会社等の総資産として法務省令に定める方法により算定される額の5分の1を超える場合を、重要な子会社の認定基準としている（会社847条の3第4項）。この基準を満たしている場合に、当該子会社が多重代表訴訟の対象子会社（重要な子会社）となり、その役員が、特定責任を負う者として多重代表訴訟の被告となるのである。

　多重代表訴訟における被告適格を意味することから重要性基準は明確でなければならないが、どのように基準を設定するかについては法技術によらざるを得ない。そこで、改正法は、子会社の株式の帳簿価額の総額が、最終完全親会社の総資産額の5分の1超としたが、この基準は、簡易事業譲渡や簡易組織再編の規律（会社467条1項2号カッコ書、796条2項等）を参考にしたものとされている。

　最終完全親会社等の総資産として法務省令で定める算定方法については、改正会社法施行規則に定められている。すなわち、子会社役員の責任の原因となった事実が生じた日（算定基準日）における、最終完全親会社等の資本金の

10　前田雅弘「親会社株主の保護」ジュリ1439号41頁。

額、資本準備金の額、利益準備金の額、会社法446条に規定する剰余金の額、評価・換算差額等に係る額、新株予約権の帳簿価額、負債の部に計上した額、吸収合併等により承継または譲り受けた負債の額の合計額から、自己株式および自己新株予約権の帳簿価額の合計額を減じて得た額をもって、最終完全親会社等の総資産額とする方法によるとしている（会施規218条の6第1項）。

総資産額の5分の1超の計算は、最終完全親会社が直接保有する子会社の株式の帳簿価額だけでなく、中間完全親会社（完全子法人）が保有する子会社の株式の帳簿価額も含まれ、それを合算して帳簿価額を算定し、重要性認定の基準とすることになる。

重要性基準の認定日は、子会社役員の責任の原因となった事実が生じた日を基準とする（会社847条の3第4項）。そこで、この日に重要性基準を満たした子会社が多重代表訴訟の対象子会社となり、その役員が被告とされる。

上記基準日に重要性の要件を満たしていれば、その後に重要性基準を欠くことになっても、多重代表訴訟の対象子会社であることに影響を受けない。反対に、この基準日に重要性の要件を満たしていなければ、後に基準を満たしても多重代表訴訟の対象子会社とはならない。

重要な子会社の認定のために特定の日を基準日とするのは、子会社株式の帳簿価額（評価額）は、子会社の業績により変動することによる。なお、重要性基準の認定日において、総資産額の5分の1超という基準を満たすだけでなく、対象子会社と最終完全親会社の間に完全親子会社関係が必要であると解される。

また、子会社の役員の責任の原因となった事実が生じた日は、損害が生じた日をいうのではなく、任務懈怠行為があった日をいうと解される。多くの場合は一致するが、行為後に損害が発生する場合があるからである。任務懈怠行為が一連の行為として継続的に行われた場合は、最初の行為の日から最後の行為が行われた日まで、重要性基準を満たすことが必要であるとの考え方もできるが、重要性基準を設けた趣旨は、重要な子会社を対象子会社と認定する基準設定であり、責任の原因である事実が生じた日は、連続した日ではなく、特定の日（基準日）との趣旨に解されるから、任務懈怠行為が行われた最初の日または最後の日のいずれかにおいて、重要性基準を満たせばよいとの考え方によるべきであろう。

5　重要な子会社基準による多重代表訴訟の提起

　総資産額の5分の1超という重要性基準は、多重代表訴訟の対象となる子会社の範囲を明確に設定したものといえる。しかし、この基準によれば、多重代表訴訟制度を導入しても、上場会社や大規模会社においては現実に対象となる子会社は多くなく、重要性基準を満たす孫会社となるとさらに限られる。その結果、多重代表訴訟によって子会社の役員が責任を追及される場合は限定的なものになり、対象子会社となる場合の多くは、株式交換等により完全子会社となった事業持株会社の子会社、あるいは、純粋持株会社傘下の子会社であろう。

　一方で、提訴資格を有する最終完全親会社の株主は、総株主の議決権の100分の1以上の議決権を有する少数株主とされており、提訴のハードルは高く設定されている。そのため、上場会社では現実には多重代表訴訟が提起される可能性はかなり低いと考えられ、改正法が多重代表訴訟制度を創設したことの影響はさほど大きくない。

　これに対し、非上場の中堅企業や中小企業においては、この重要性基準を満たす子会社の数がある程度存在している。また、最終完全親会社の総株主の議決権総数等の1％以上を有する株主も多数存在する。したがって、多重代表訴訟の提起が現実に問題となるのは、非上場の中堅企業や中小企業であると考えられる。

　従来、中小企業の支配権争いの手段として用いられてきたのは、株主総会の取締役選任決議の効力を争う訴えであったが、多重代表訴訟制度が創設されたことに伴って、この制度が支配権争いに利用されることが考えられる。中小企業の場合、代表取締役やその親族が子会社の経営者となっている場合が多く、子会社取締役の任務懈怠行為も見受けられる。この場合、親会社株主から多重代表訴訟により責任を追及される場合も想定される。

　それゆえ、多重代表訴訟の対象子会社となる可能性のある子会社においては、多重代表訴訟が提起されることのないように、経営の適正化に努めるとともに、親子会社を通じたガバナンスの構築が必要である。

6　重要な子会社の認定基準と訴訟要件

　多重代表訴訟の訴訟要件である重要な子会社であることについて、責任の原因となった事実が生じた日において重要性基準を満たしているかどうかが争いになる（基準時において重要性基準を満たしていれば、後にそれを欠いても訴訟要件に欠けることにはならない）。

　重要性基準については、基準日において重要な子会社であれば足りるが、完全子会社であるとの要件は訴訟の係属中を通して要求されるから、訴訟の係属中に完全子会社でなくなれば多重代表訴訟は不適法として却下されることになる。

　重要性基準（総資産額の5分の1超）を満たしていることは訴訟要件であるから、基準日において、重要性基準を満たしていることは、原告（最終完全親会社の株主）が立証責任を負うことになる。したがって、被告子会社の取締役等が、重要性基準を満たしていないことを理由として、多重代表訴訟の提訴の不適法を争う場合、重要性基準を満たしていることを原告が立証しなければならない。

　もっとも、子会社が重要性基準を満たしているか否かは、一般の訴訟要件（管轄、当事者能力、代理権など）とは異なり、職権調査事項ではなく当事者の主張・立証事項である。原告が立証責任を負うのが基本であるが、具体的事実（たとえば、金銭を貸した）に関する立証責任と異なり、被告も重要性基準を満たしていないことについて立証する責任を負い、裁判所は原告の立証と被告の立証を総合して、重要性基準を満たしているか否かを判断することになる。

　立証の方法として、会社法上の計算書類、金融商品取引法上の財務書類といった開示書類によることが多いが、最終完全親会社は上場会社でない場合があり、また、これら開示書類に完全中間会社の保有する対象子会社株式の帳簿価額がすべて記載されているとは限らない。会計帳簿閲覧請求権によるにしても（会社433条）、その対象は最終完全親会社とその子会社の会計帳簿に限られ、閲覧請求の資格は、株式を3％以上保有していることであり、多重代表訴訟の提訴資格より厳格である[11]。

11　山本憲光「多重代表訴訟に関する実務上の留意点」商事1980号38頁。

しかし、原告に重要性基準を満たしていることを立証させることは過大の負担を課すことになるばかりか、訴訟の入口段階で遅延が生ずる。そこで、重要性基準を満たしているか否かは、被告は最終完全親会社の協力を得やすいことから、重要性基準を満たしていないことを、提訴の障害要件（防訴抗弁）として扱い、被告取締役等が重要性基準を満たしていないことについての立証責任を負うものと取り扱うのが適正であると考えられる。

　もっとも改正会社法施行規則は、最終完全親会社は事業報告に重要な子会社に関する情報を記載しなければならないとしたことから（会施規118条4号）、それにより、原告は当該子会社が重要な子会社であることを立証することができる。

　なお、事業報告によれば、5分の1超という重要性基準を満たしていない場合でも、原告はそれは適正な評価によらないものであるとして、重要制基準を満たした子会社であることを立証することができる。

7　重要な子会社等に関する情報提供

　最終完全親会社の株主は、多重代表訴訟を提起するに際し、当該子会社が重要な子会社にあたるか否か判断するための情報を得る必要がある。そこで、改正会社法施行規則は、親会社に対し、当該株式会社の完全子会社等（会社法847条の3第3項によるみなし完全子会社を含む）の株式の帳簿価額が、当該事業年度末において、当該株式会社の当該事業年度に係る貸借対照表の資産の部に計上した額の合計額の5分の1（5分の1を下回る割合を定款に定めた場合は、その割合）を超える「特定完全子会社」がある場合には、①当該特定完全子会社の名称および住所、②当該株式会社およびその完全子会社等における当該特定完全子会社の株式の当該事業年度末日における帳簿価額の合計額、③当該株式会社の当該事業年度に係る貸借対照表の資産の部に計上した額の合計額を、事業報告の内容として開示しなければならないとしている（会施規118条4号イ～ハ）。

　事業報告の内容としたのは、多重代表訴訟の対象となる重要な子会社であるか否かを、最終完全親会社の株主が知るための手がかりとするためである。株主に提訴のための便宜を図るとともに、要件を満たさない完全子会社に対する

提訴請求により完全子会社と事業報告作成会社に生ずる事務負担の軽減を図ることを目的とする[12]。

　これにより、最終完全親会社の株主は、当該子会社が事業年度末に重要な子会社に該当する完全子会社（特定完全子会社）であるか否かを知ることができる。

　多重代表訴訟の対象となる特定責任は、子会社役員の責任の原因となる事実が生じた日を基準として決められるから（会社847条の3第4項）、必ずしも当該事業年度末における子会社株式の帳簿価額や貸借対照表の資産の部に計上した額と一致するとは限らないが、多くの場合、大きな差ではないと考えられる。

　つまり、当該事業年度末における子会社株式の帳簿価額の合計額が5分の1超基準を満たしていれば、多くの場合、役員の責任の原因となる事実が生じた日においてもこの基準を満たしているといえる。したがって、事業年度末日における特定完全子会社に関する情報を開示することにより、最終完全親会社の株主は、多重代表訴訟の対象となる重要な子会社であるか否かを判断する資料にすることができる。

　しかし、事業報告により重要な子会社であることを立証できるのは、「親会社が最終完全親会社であり、かつ直接の親会社である場合に限られる」。①当該会社に完全親会社がある場合（当該会社が中間子会社である場合）は、事業報告に完全子会社情報を記載する必要はない（会施規118条4号柱書のカッコ書）。当該会社は多重代表訴訟の親会社とならないからである。②当該会社が完全子会社の直接の親会社でない場合（孫会社の関係）は、当該会社は孫会社に関する情報を事業報告に記載する必要はない。なぜなら当該会社に完全子会社がある場合の規定であり、孫会社がある場合の規定ではないからである。したがって、株主が事業報告により完全子会社情報を得ることができるのは、二重代表訴訟の場合に限られ、三重代表訴訟の場合はこの方法により得ない。

---

[12] 坂本三郎ほか「会社法施行規則等の一部を改正する省令の解説（Ⅱ）」商事2061号21頁。

V 最終完全親会社の損害発生の要件

1 多重代表訴訟の目的との関係

　通常の代表訴訟の目的と機能は、会社の損害回復を通じて株主が自己の利益を確保するものと理解されている。そこで、役員の任務懈怠行為により会社に損害が生じたことが代表訴訟の要件であるが、近年では、その目的に株主による監督是正権の行使の要素が加わり、ガバナンス機能が重視されるようになってきた。もとより、ガバナンスに特化した訴訟ではない。

　多重代表訴訟について、子会社役員の任務懈怠行為により子会社に損害が生じたことを要件とする点は、通常の代表訴訟の場合と同様である。さらに親会社についても損害が発生していることを要件とするかが問題となるが、多重代表訴訟は、親会社株主の子会社取締役等に対する監督是正権としてのガバナンス機能が認められるとしても、親会社株主が親会社の損害を回復することにより、自己の損害を回復する訴訟、つまり親会社株主の利益保護を目的とする訴訟であることから、親会社に損害が発生していることが訴訟提起の要件とされる。

　改正法は、特定責任の原因となった事実によって、最終完全親会社等に損害が生じていない場合には、多重代表訴訟を提起できないとして、最終完全親会社等に損害が生じていることを多重代表訴訟の要件としている（会社847条の3第1項2号）。

　最終完全親会社に損害が生じていることを要件とすることは、多重代表訴訟が最終完全親会社の損害を回復することにより、その株主の利益を保護することを目的とする訴訟であることを明確にしている。それは、最終完全親会社の子会社に対する監督是正権としてのガバナンスに特化するものではなく、子会社の損害を回復することにより、親会社に生じた損害も回復されることを通じて親会社株主の損害の回復を図るとともに、ガバナンス機能も認められるという趣旨である。

　このように、改正法は多重代表訴訟の主たる機能と目的を、最終完全親会社株主の損害回復という経済的利益の保護においている。もっとも、多重代表訴

訟に勝訴することより、最終完全親会社の株主が受ける利益は、通常の代表訴訟の場合以上に間接的なものとなり、その利益自体も抽象的なものになる。したがって、多重代表訴訟には、親子会社間のガバナンスとしての機能が強く認められることになる。

多重代表訴訟の要件として、最終完全親会社に損害が生じていることを要件とすることは上述のとおりであるが、この点、完全親子会社関係にある場合、子会社に損害が発生すれば、通常、最終完全親会社に損害が発生することが認められる。その損害は保有する子会社株式の価値の低下分ということになる（したがって、親会社に生じた損害は、完全子会社の損害と同額であるとの考え方もできる）。

ところが、最終完全親会社と子会社との間に中間完全子会社が存在する場合は、最終完全親会社の損害は、中間完全子会社の持分または株式の価値の低下による損害ということになり、子会社に生じた損害との関係が間接的なものとなり、最終完全親会社の損害は多分に抽象的な損害ということになる。もっとも、会社法が最終完全親会社に損害が発生することを要するとするのは、具体的な損害額であることまでも要求するものではない。

2 最終完全親会社に類型的に損害が発生しない場合

多重代表訴訟を提起するための要件として、最終完全親会社に損害が発生していることが要求されることから、損害が発生していない場合は、提訴の要件を欠き、提訴は不適法となる。最終完全親会社に損害が生じない場合は、最終完全親会社の株主は損害を受けていないことから、子会社の取締役等の責任を追及するための法律上の利益を有さないからである。

しかし、一般に、子会社に損害が発生すれば、最終完全親会社に損害が生ずることになる。そこで、最終完全親会社に損害が発生していない場合とは、子会社の役員（取締役）の行為により類型的（定型的）に損害が発生しない場合を指すことになる。多重代表訴訟の対象とならない類型的に親会社に損害が発生しない行為とは、親子会社間での利益相反取引や、企業グループ内の子会社間取引のように子会社間で利益が移転する場合である。このような場合は、子会社に損害が生じても、親会社に損害が生じていないから多重代表訴訟を提起できない。

親会社に損害が発生しない場合でも、子会社には損害が生じるのであるから、最終完全親会社が保有する子会社株式の価値の低下分の損害は発生するが、これを親会社に生じた損害とはみないのである。

次に、最終完全親会社が直接的または間接的に保有する子会社株式の価値の低下分の損害をもって、最終完全親会社の損害というとした場合に、子会社が債務超過会社であり、もともと子会社株式が無価値の場合は、保有する子会社株式の価値低下分の損害が生じたとはいえないのではないかが問題になる。

理論的には、子会社株式が無価値である場合は、株式価値の低下はあり得ないが、ここでは、具体的に発生した損害をいうのではないから、子会社役員の行為が子会社に損害を発生させるものであれば、具体的に損害が発生したか否かを問わず、子会社に損害が発生し、最終完全親会社に損害が生じたとみるべきであろう。

最終完全親会社に損害が生じない場合とは、子会社が債務超過会社であるから、もともと子会社株式は無価値であり、価値の低下はないというような具体的な場合をいうのではなく、類型的・定型的に損害を与える行為でない場合をいうのである。

3　最終完全親会社に損害が発生していない場合の取扱い

子会社取締役の特定責任の原因となった事実により、最終完全親会社に損害が発生していない場合には、多重代表訴訟は提起できない（会社847条の3第1項2号）。すなわち最終完全親会社に損害が発生していることが多重代表訴訟提訴の要件となる。

この点、改正法は、「ただし、最終完全親会社等に損害が生じていない場合は、この限りでない」と規定している（会社847条の3第1項柱書・2号）ことから、「損害が生じていない場合」について提訴の消極要件（障害事由）とみるべきである。

そうすれば、最終完全親会社等に損害が発生していないことは、被告子会社役員が立証責任を負う抗弁事由となる。しかし、ここでいう「損害が発生していない場合」とは、前述のとおり、親子会社間の利益相反取引のような定型的に最終完全親会社に損害が発生しない場合をいうことから、被告が立証責任を

負う場合は、極めて限定されている。

　最終完全親会社等に損害が発生していないことは、提訴要件の問題であるから、本案の請求において、被告が、子会社に損害が発生せず、あるいは最終完全親会社に損害が生じていないことを主張することが想定される。もっとも、それは、現実には容易ではない。

第10章 代表訴訟等と提起前の手続

I 代表訴訟等の原告と株式会社等との関係

1 原告株主等の地位と訴訟構造

(1) 通常の代表訴訟

　代表訴訟は法定代位訴訟の法形式をとり、原告株主が受けた判決の効力は会社に及び（民訴115条1項2号）、その結果、反射的に他の株主に及ぶことになる。しかし、原告株主がどのような地位において代表訴訟を提起するのか、原告株主と会社との関係、他の株主との関係をどのように解するのかについては、解釈に委ねられている。

　原告株主は、当該代表訴訟の提起と訴訟追行に関し、実質的利益帰属主体である会社の法定代表機関的地位ないし機関的地位の代行であり、その地位において会社のために提訴し訴訟を追行するものと解される。そこで代表訴訟についても、会社を代表して行う訴訟との意味に解すべきである。

　原告株主は自己の利益のために提訴するのではなく、会社ひいては全株主の利益のために、適切に提訴しなければならないことはいうまでもないが、訴訟で請求するのは会社の権利であり、会社を代表し提訴するのであるから、株主を代表するクラス・アクションではない。代表訴訟とは会社を代表する訴訟という意味である。

　もっとも、会社の利益は全株主の利益であるから、全株主の利益を適切に代表しなければならないとの意味も認められる。しかし、原告株主を他の株主の代理人（代表者）と認めることはできないから全株主を代表する訴訟とはいえない。全株主の利益は会社の利益の確保を通じて実現される。代表訴訟は会社に生じた損害を回復することにより、株主の損害も回復されるという訴訟構造

である。

　代表訴訟は法定訴訟信託（法定訴訟担当）であり、原告株主の法律的な地位は法定訴訟担当者であることから、その権限は制約を受ける。原告株主は、会社から特別に授権されなければ、和解など会社の権利を処分する訴訟行為はできない（和解については、会社法は立法的手当てをしている）。

　原告株主の法律的な地位は法定訴訟担当であるが、会社法は、株主が会社のために代表訴訟を提起することができる訴訟と規定し（会社847条3項）、法定代位訴訟の法形式をとっている。これにより、代表訴訟が派生訴訟（会社の権利に基づく訴訟）であるとともに、原告株主の受けた判決の効力が会社に及ぶことが明確にされた。

　また、代表訴訟が法定代位訴訟の法形式をとることにより、株主が会社のために当事者となって提訴した判決の効力を訴訟の当事者でない会社に帰属させることが可能となる（民訴115条1項2号）が、原告株主は、他の代位訴訟の原告のように、訴訟につき自己固有の利害関係を有するものではない点に違いがある[1]。また、一般の法定代位訴訟と異なり、債権者（代表訴訟の場合は会社）の無資力を要件とせず、原告株主が自己に対する給付を求めることはできない。代表訴訟は、会社に対する給付を求める訴訟である。

　原告株主は会社の法定訴訟担当者であるが、当該訴訟との関係で会社に対し受任者に類する関係に立ち、会社の利益を図るために訴訟を追行しなければならない。会社の利益を図る目的に違反すれば任務懈怠の責任が生ずるが、この点について、会社法は特則を設けている（会社852条2項）。

(2)　多重代表訴訟

　多重代表訴訟は、最終完全親会社の株主が対象子会社の役員等の責任（特定責任）を追及する訴訟という複数の会社にまたがる訴訟であり、原告は当該会社の株主ではなく、最終完全親会社の少数株主であるという点で違いはあるが、原告株主の地位と訴訟構造は、通常の代表訴訟に準じて考えればよい。

　最終完全親会社の株主が多重代表訴訟の原告となり、訴訟で請求するのは対

---

[1]　三ヶ月章「わが国の代位訴訟・取立訴訟の特異性とその判決の効力の主観的範囲」兼子一博士還暦記念『裁判法の諸問題（中）』355頁。

象子会社の権利（役員に対する損害賠償請求権）であり、子会社に対する支払いを請求する。最終完全親会社株主は、子会社の法定代表機関として提訴するが、訴訟構造は法定訴訟信託であり、法定代位訴訟の法形式をとる。子会社は訴訟の当事者ではないが、原告が受けた判決の効力は子会社に及ぶことになる。

このように、通常の代表訴訟の場合の当該会社を、対象子会社に置き換えたうえで、原告株主と子会社の訴訟上の地位、訴訟構造、判決の効力、および原告となるのは最終完全親会社の株主名簿上の株主である等は、通常の代表訴訟に準じて考えればよい。

2 代表訴訟等における会社等の地位

(1) 通常の代表訴訟

会社は代表訴訟で請求する権利の帰属主体（実質的権利者）であり、責任追及の訴えの当事者適格を有しているが、代表訴訟における訴訟上の地位は第三者である。つまり、会社は、代表訴訟で請求する権利の帰属主体であり、実質的権利者ではあるが訴訟上の地位は当事者ではない。すなわち代表訴訟に参加するための第三者性を備えている。

代表訴訟は第三者（株主）による訴訟担当（訴訟信託）であり、法定代位訴訟の法形式をとることから、会社が訴訟に参加したか否かを問わず、判決の効力は会社に及ぶ（民訴115条1項2号）。会社法は、「株式会社のために」としてこの関係を明確にしている（会社847条3項、847条の3第7項）。

判決の名宛人は会社であり、判決の効力は会社に及ぶ。勝訴判決の効果は会社に属し、敗訴判決の場合には会社はその権利を失い、または存在しないことに確定する。

アメリカでは会社は必要的当事者（被告）とされているから、会社を共同被告として提訴しなければならない。会社の権利に基づく訴訟でありながら、会社を共同被告とするのは、アメリカでは、法定代位訴訟の構造をとらないことから、判決の効力を会社に及ぼすための法技術として、会社を共同被告とするのである。もっとも、会社は形式的当事者であって、積極的な訴訟行為をすることを予定したものではない。

会社は責任追及の訴えの当事者適格を有するが、会社が責任追及により請求

する権利と、株主が代表訴訟により請求する権利は同一である。そこで、株主が代表訴訟を提起した後に、会社が責任追及訴訟を提起することは同一の訴訟物による請求であるから、二重提訴となり許されず（民訴142条）、会社は原告株主に共同訴訟参加することになる（会社849条1項）。

(2) 多重代表訴訟

多重代表訴訟において請求するのは対象子会社の権利、つまり、最終完全親会社の株主が対象子会社の役員等の責任を追及する訴訟であるという特異性を除けば、原告と子会社との関係、原告の法律上の地位は、通常の代表訴訟と同様に考えればよい。

対象子会社は代表訴訟で請求する権利の帰属主体（実質的権利者）であり、責任追及等の訴えの当事者適格を有しているが、多重代表訴訟における訴訟上の地位は第三者である。

原告（最終完全親会社の株主）が受けた判決の効力が、対象子会社に及ぶなどの関係は、通常の代表訴訟と同様である。

3 提訴権者（原告適格者）の要件

(1) 6カ月前から引き続き株式を有する株主の要件

(ア) 通常の代表訴訟

提訴資格（原告適格）の要件は、当該会社の株式を提訴請求の6カ月前から継続的に有し、提訴請求時においても、提訴時においても6カ月前からの継続的株式保有要件を満たしている必要がある（会社847条1項）。ただし、この6カ月前という期間は、定款により短縮することができる。

提訴請求前6カ月の株式保有が代表訴訟の提訴資格要件であるから、この要件を満たさない株主が提訴請求をし、その後に6カ月の要件を満たすに至っても、適法な提訴請求ではなく、その後60日の経過を待って提訴しても不適法である。

6カ月前という要件は、提訴目的をもって株式を取得し短期間で代表訴訟に及ぶというような濫用的な提訴を防止する趣旨である（提訴目的の株式取得が、すべて濫用的な株式取得というわけではない）。もっとも、株式取得後、6カ月が経過すれば、提訴請求後に代表訴訟を提起しうるから、濫用的提訴を防止する

効果は大きいものではない。[2]

　新株の株主についても6カ月の継続的株式保有の要件に従えば、新株発行後6カ月を経過していない新株の株主は提訴請求できないことになる。しかし、6カ月の継続的株式保有要件が濫訴の防止にあるとすれば、新株の株主については、株主となってから継続して株主であればよいと解すべきであろう。また、会社設立後6カ月を経過していない会社については、設立時から継続して株主であればよいことになる。

　株主の提訴権は議決権の問題ではないから保有株式の種類は問われない。議決権制限株式の株主のような種類株式の株主についても、株主代表訴訟の提起権が認められるのである。

　　(イ)　多重代表訴訟

　多重代表訴訟の場合は、提訴権を有するのは、最終完全親会社の株主であるから、提訴請求の6カ月前から継続的に株式を有するとの要件は、最終完全親会社の株式を有するとの意味である。6カ月前からの継続的株式保有を要件とする趣旨などは、通常の代表訴訟の場合と同様である。

(2)　保有議決権数等の要件

　　(ア)　通常の代表訴訟

　代表訴訟の提起権は、単独株主権（持株数・議決権数を問わない）であるから、1株を有する株主でも提訴することができる（会社847条1項）。

　ただし、定款に定めることにより、単元未満株主については提訴権を認めないとすることはできる（会社189条2項）。もっとも、単元未満株主による代表訴訟の提起は現実には想定できない。

　　(イ)　多重代表訴訟

　多重代表訴訟の場合は、6カ月前から引き続き最終完全親会社等の総株主の議決権または発行済株式総数の100分の1以上の株式を有する株主に、提訴権が認められる（会社847条の3第1項）。多重代表訴訟においては提訴権を少数株主権としている点で通常の代表訴訟と異なる。

2　アメリカでは、代表訴訟の提起自体が制限的であるから、株主について、保有株式数や議決権数、株式の保有期間について制限はない。

多重代表訴訟の提起権者を、上記少数株主権としたのは、提訴権濫用の危険性を防止する趣旨もあるが、提訴権濫用の防止措置はほかにもあることから（会社847条の3第1項1号）、原告株主と子会社との関係が完全親会社を通じた間接的なものであることを理由とする[3]。つまり、多重代表訴訟を提起しうる株主資格を制限するのは、最終完全親会社の株主と子会社の間に直接の法律関係がないことを理由とするものである。

(3) 継続的株式保有の要件

(ア) 通常の代表訴訟

提訴請求時および提訴時に株主であれば足りるというものではなく、株主であることは原告の適格要件であるから、訴訟の係属中を通じて株主であることが要求される。そこで、訴訟の係属中に株主でなくなれば、当事者適格を失ったとして訴えは却下を免れない。

原告の死亡、合併の場合は包括承継であるから、相続人、合併後存続会社が訴訟を承継するが、株式の譲受人は訴訟を承継しない。

また、会社の行為により原告が株主でなくなった場合、たとえば株式交換等により完全親会社の株主となったような場合には、原告適格を失わないとの規定がある（会社851条1項）。

(イ) 多重代表訴訟

多重代表訴訟については、提訴請求時および提訴時に最終完全親会社の株主であることに加え、訴訟の係属中も最終完全親会社の株主であることが要件であるから、多重代表訴訟の係属中に最終完全親会社の株主でなくなれば当事者適格を失うことになる。

また、総株主の100分の1以上の議決権等を有する少数株主権であることから、この要件を欠いた場合も当事者適格を失うことになる。すなわち原告が持株の一部を譲渡した場合や数名の株主が共同原告として提訴要件を満たしていた場合に一部の株主が訴訟から脱退することでこの要件を欠くに至った場合には、当事者適格を失うのである（後記Ⅶ1参照）。

一方で、原告側の事情によらずに継続的議決権等の保有要件を欠くに至った

---

[3] 岩原紳作「『会社法制の見直しに関する要綱案』の解説（Ⅲ）」商事1977号6頁。

場合、たとえば提訴時は要件を満たした適法な提訴であったが、訴訟の係属中に会社が第三者割当ての新株を発行し、あるいは新株予約権が行使されたことにより株式が発行され、発行済株式総数（議決権総数）が増加したために原告の保有議決権等が100分の1未満になる場合についても、原告は当事者適格を失うのであろうか。

　この点、判例は、検査役の選任申請事例において（旧商294条1項、会社358条1項）、株主が検査役の選任申請をした時点では、総株主の議決権の100分の3以上という要件を満たしていたが、その後、会社が新株を発行したことにより、この要件を欠いた場合について、会社が当該株主の申請を妨害する目的で新株を発行したなどの特段の事情がない限り、申請人は適格を欠くことになるから申請は不適法になるとする（最判平成18・9・28民集60巻7号2634頁）。

　この立場では、適法な申請が当該株主の関知しない会社の行為という後発的な事情により不適法になることになる。しかし、原告が有する議決権数に変化はなく、会社の行為により保有議決権の割合が相対的に低下しただけである。そこで、理由のいかんを問わず原告は適格要件を欠いたとして不適法とすることは、形式的に過ぎ適正でないといえよう。

　総株主の議決権の100分の3以上とは、申請人適格の要件であるが、申請人適格を規制するのは、濫用的な申請を防止するという趣旨である。そうすれば、新株の発行により有する議決権の割合が相対的に低下したからといって、濫用的な申請となるわけではないことから、会社の行為により要件を満たさなくなった者に申請人適格を認めても、別段、規制の趣旨に反するものではないばかりか、公正な取扱いといえよう。

　多重代表訴訟の場合についても、原告が有する議決権数または持株数に変化はなく、保有議決権等の割合が相対的に低下しただけであるから、やはり理由のいかんを問わず原告の適格要件が失われたものとするのは形式的過ぎて適正ではない。多重代表訴訟において総株主の議決権等の100分の1以上を有することを原告の適格要件とするのは、最終完全親会社株主と子会社の間に直接の法律関係がないという多重代表訴訟の特殊性と、濫用的提訴の懸念からである。そうすれば、新株の発行（募集株式の発行、新株予約権の行使等）など会社の行為により、原告の有する議決権等の割合が低下したとしても、保有議決権等の

数には変化がなく、少数株主とした趣旨が失われるものではないから、原告適格を失わないものと解すべきである。

原告の関知しない事情により、議決権等の保有割合が低下して要件を満たさなくなった場合も、原告適格が失われるとの形式的解釈によるならば、多重代表訴訟が提起された場合、最終完全親会社において新株予約権を行使させるなどにより新株を発行し、原告の議決権等の保有割合を引き下げ、原告適格を失わせるという方法による多重代表訴訟対策がなされる懸念がある。しかしこの場合、会社に支配権争いがない場合であれば、第三者割当ての新株発行を不公正発行であるとか、新株予約権の行使が不当な目的によるものであるとして、新株発行を無効であるとするのは困難であるから、やはり原告適格を認める方向で考えるべきであろう（後記Ⅶ1参照）。

(4) 株主名簿上の株主であることの要否
㋐ 通常の代表訴訟

代表訴訟を提起しうる株主は、実質上の株主でなければならないが（単に、名目上の株主では不十分である）、これに加え、株主名簿上の株主（名義書換済みの株主）であることを要するかという問題がある。一般に、提訴請求をすることができる株主は、6カ月前からの株主名簿上の株主であると解されている。そうすれば、株主名簿の名義書換えをした後6カ月の期間経過を待たなければ提訴請求ができないことになる。もっとも、株主名簿上の株主であっても、実質的に株主でない者には提訴権は認められない。

アメリカでは、株主名簿上の株主でなくても、実質的に株主であれば提訴権を認めるという取扱いがなされている。それは、株主が権利行使をするために、株主名簿の名義を書き換えなければならないのは、議決権行使や利益配当を受けるなどの場合であり、代表訴訟の提起は実質的株主で足りることを理由とするのである。

わが国においては、株主名簿の名義書換えは会社に対する権利行使の要件であり（対抗要件）、画一的処理の必要性によるものである。そうすれば、代表訴訟の提起は会社に対する権利行使であるとか、対抗要件ではないから、理論的には、その者が実質的に株主であるか否かにより判断し、名義書換未了の株主でも株式取得後6カ月が経過すれば提訴請求をすることができることになる。

もとより、自己が実質的に株主であることは提訴請求者が証明することになる。

しかし、提訴請求を受けた会社は60日以内に提訴判断をしなければならないから、迅速性と画一的処理の要請から、株主名簿上の株主であることを要件とせざるを得ない。株式の取得者は、いつでも名義書換えの請求をすることができるから、株主名簿上の株主であることを要件とすることは不合理とはいえない。そうすれば、実務の取扱いとしては、提訴請求をなしうる株主は、6カ月前から株主名簿上の株主とせざるを得ない。

株主名簿の名義書換えが円滑に行われない場合については、特段の事情として、名義書換未了の株主に提訴資格を認める必要がある。たとえば株券不発行会社の株式の名義書換えは、株主名簿上の株主またはその承継人と共同して行う必要があるが（会社133条1項・2項、会施規22条1項）、名義書換えに際しトラブルが生じ、その手続のために時間を要する場合、あるいは株主の名義書換請求にもかかわらず、会社が名義書換請求を不当に拒絶または遅滞した場合などのような場合には、原告株主の提訴資格を認めないのは妥当でないであろう。

一方で、会社は自己の危険で名義書換未了の株主を株主として取り扱うことが認められていることから（最判昭和30・10・20民集9巻11号1657頁）、会社がその者を提訴請求権を有する者と認め、その者を代表訴訟の提訴権者とすることはできるのであろうか。名義書換えは、会社に対する権利行使の要件（対抗要件）であるから、会社は自己の危険において、名義書換未了の株主を株主として取り扱うことは許されるにしても、提訴資格（原告適格）は、客観的に決められるべきであり、会社がその者を株主として認めたから提訴権が認められるというものではないであろう。

(イ) 多重代表訴訟

多重代表訴訟についても上記(ア)と同様に考えることができるから、理論的には最終完全親会社の株主名簿上の株主であることを要求されないが、実際上の必要から、株主名簿上の株主に限られる。しかも、子会社にとって、提訴請求者が最終完全親会社の株主であるか否かを判断することは困難であるから、最終完全親会社の株主名簿上の株主として、判断資料を検討できるようにする必要がある。

また、株主名簿の名義書換えが円滑に行われない場合については、特段の事

情として、名義書換未了の最終完全親会社株主に代表訴訟の提訴資格を認める必要があることは、通常の代表訴訟の場合と同様である。

4　多重代表訴訟の提起権を少数株主権とした効果

　多重代表訴訟の提起権を有するのは、最終完全親会社の総株主の100分の1以上の議決権を有する株主または発行済株式（自己株式を除く）の100分の1以上の数（100分の1という要件は定款で緩和することができる）の株式を有する株主であり（会社847条の3第1項）、多重代表訴訟の提起権（原告適格者）は少数株主権である。

　議決権等の100分の1以上とする基準は、少数株主権としては最も低いが、上場会社においては株主がこの要件を満たすことは容易でない。通常の代表訴訟を提起する株主の有する議決権数等と対比しても、この要件を満たす株主は極めて少ないから、高いハードルであり、この要件には提訴を抑止する機能が認められる。

　上場会社において総株主の議決権の1％以上の要件を満たすのは、機関投資家、銀行、同業他社、創業者一族、従業員持株会などに限られるが、これらの株主が多重代表訴訟を提起することはまず考えられない。そうすれば、多重代表訴訟の提起が現実に考えられるのは、同族色の強い会社において同族間で争いが生じた場合、経営者と創業者一族との間に対立が生じた場合などにおいて、支配権争いの手段に用いられる場合であろう。

　これに対し、中小企業においては総株主の議決権等の1％以上を有するという要件を満たす株主は多い。そこで、多重代表訴訟の提起が実際に考えられるのは、本来の趣旨とは異なり中小企業の場合であり、しかも、支配権争いがかかわる場合の提訴が考えられる。

　なお、議決権等の100分の1以上を有するとの要件は、株主1人で満たす必要はないから、複数人の株主の議決権等を合わせてこの要件を満たす場合でもよい。この場合は、複数人の株主が共同原告となる。しかし、株主が共同原告になる他の株主を集めることは容易なことではない。

　6カ月前から引き続き最終完全親会社の100分の1以上の議決権等を有しなければならないが、当該株主が株式交換等により最終完全親会社の株主となっ

た場合は、従来の会社の株主であった期間と通算して計算するのが妥当である。そうしなければ、株式交換等により最終完全親会社の株主となった株主の提訴権を制限することになる。このように解しても、提訴権者を6カ月前からの少数株主に限った法の趣旨に反するものではない。

II 代表訴訟等の被告となる者

1 通常の代表訴訟

(1) 代表訴訟の被告についての通則

通常の代表訴訟の被告となるのは、発起人、設立時取締役、設立時監査役、役員等（取締役、会計参与、監査役、執行役、会計監査人）、清算人であるが、多くは、取締役である。加えて、対象者を株主の権利行使に関し利益の供与を受けた者（会社120条3項）、不公正な払込金額で株式を引き受けた者（同法212条1項）、不公正な払込金額で新株予約権を引き受けた者（同法285条1項）も被告となる（同法847条1項）。これらは、第三者に対する代表訴訟の提起であるが、会社がこれらの者に対し請求することはあまり考えられないから（提訴懈怠の一般的可能性）、代表訴訟の対象として株主による義務の履行を請求することを必要とするのである。

代表訴訟の対象となる役員等は、問題の行為（責任の原因たる事実）がなされた当時の役員等であり、しかも、問題の行為（責任の原因たる事実）がその地位と関係することが必要である。したがって、役員等に就任する前の行為により、会社に対して損害賠償責任を負う場合であっても被告とはならないから代表訴訟により追及されない（東京地判平成10・12・7判時1701号161頁）。

反対に、問題の行為（責任の原因たる事実）がなされた当時の役員等であれば、退任後であっても代表訴訟の被告となることから責任を免れない。代表訴訟の被告となる役員等（元役員を含む）が死亡したときは、損害賠償債務は相続されるから、相続人が責任を負うことになり、相続人も代表訴訟の被告となる。相続人には酷ではあるが、損害賠償責任の一般的取扱いであり、会社役員等の責任特有の問題ではない。

代表訴訟の係属中に被告が死亡したときは、訴訟は中断し相続人が訴訟を承

継する（民訴124条1項1号）。原告が死亡した場合も、相続人が訴訟を承継することになる。しかし、株式の譲渡により原告が株主でなくなった場合は、株式譲受人は特定承継人であるから訴訟を承継しないことは前述のとおりである。

(2) 提訴請求と代表訴訟の被告となる役員等

代表訴訟の被告となるのは、提訴請求において対象者とされた者であり、提訴請求の対象者以外を被告とすることは、会社に提訴判断の機会を与えていないことからできないと考えられる。

反対に、提訴請求の対象者とした者全員を被告にしなければならないのではなく、そのうちの特定人を被告として提訴することができる。提訴請求後に対象者とした者のうち、責任のない者が判明した場合など、その者を被告とする必要がないからである。

(3) 役員等の連帯責任との関係

役員等が株式会社または第三者に生じた損害を賠償する責任を負う場合に、他の役員等も当該損害について賠償責任を負うときは、これらの者は連帯して責任を負う（会社430条）。取締役については、任務懈怠行為または違法行為に関与したとして責任を負うべき取締役が複数人いる場合は全員が連帯債務者となる。それ以外の取締役と監査役（社外取締役と社外監査役を含む）の責任は、当該行為に対する監視義務違反の責任を負う。これら全員が連帯責任を負うことから、全員が代表訴訟の被告適格者となる。

しかし、対象者全員を代表訴訟の被告とする必要はないから、資力のある者に限って被告とする場合が考えられる。ただし監視義務違反の責任を負う社外取締役または社外監査役が標的とされることもあり得ることから、問題があるといえよう。

そこで、社外取締役と社外監査役は、会社との間で責任限定契約を締結しておくべきであろう。監視義務違反の責任を問われる非業務執行取締役（平取締役）も、代表取締役等の業務執行取締役と連帯責任を負うことから、過酷な責任を負う可能性がある。そこで、改正法は非業務執行の社内取締役についても責任限定契約を締結できることとした（会社427条1項）。

問題の任務懈怠行為に関与した業務執行取締役が連帯責任を負い、監視義務違反の責任を問われる取締役や監査役も、業務執行取締役とともに連帯責任を

負うことから、全員が共同被告とされる場合があるが、賠償責任額まで同一である必要はない。寄与度または関与の度合いに応じた責任を負うこととするのが公正である。監視義務違反の責任については、違反行為により、会社にどの程度の損害を与えたかという個別認定を行う必要がある。

2 多重代表訴訟

多重代表訴訟の被告となるのは、通常の代表訴訟の場合と同様に、子会社の発起人、設立時取締役、設立時監査役、役員等（取締役、会計参与、監査役、執行役、会計監査人）、清算人である。しかし、通常の代表訴訟の場合は、会社の規模を問わずその役員等が被告となるが、多重代表訴訟の被告となるのは、重要な子会社の役員等に限られる。多重代表訴訟は、特定責任追及等の訴えというように、対象となる子会社は重要性基準を満たした完全子会社であり、特定責任を負う役員が被告となる訴訟構造である。

特定責任とは、重要な子会社と認定された完全子会社の役員等が、多重代表訴訟により追及される責任であるが、多重代表訴訟の対象となる子会社は、役員等の責任の原因となった事実が生じた日（問題の行為がなされた日）を基準日として、完全子会社の株式の帳簿価額が最終完全親会社等の総資産額の5分の1を超える重要な子会社である。

この重要な子会社の役員等が多重代表訴訟の被告となる。逆にいえば、基準日に重要な子会社と認定された役員等の任務懈怠行為や違法行為が、多重代表訴訟の対象となる行為である。

通常の代表訴訟と異なり、多重代表訴訟では、株主の権利行使に関し利益の供与を受けた者（会社120条3項）、不公正な払込金額で株式を引き受けた者（同法212条1項）、不公正な払込金額で新株予約権を引き受けた者（同法285条1項）を被告としていない。

この点、かかる第三者は子会社や親会社と人的つながりがないから、役員間の特殊関係による一般的提訴懈怠の可能性が少ないことを理由とする立場がある。しかし、役員間の特殊関係による一般的提訴懈怠の可能性はないとしても、その義務との関係で会社が提訴する可能性が少ないという一般的提訴懈怠の可能性がある（たとえば、総会屋に利益を供与した子会社が、供与した利益の返還請

求をすることは、刑事事件が絡まなければまず考えられない)。

そこで、多重代表訴訟については、これら第三者を被告としないのは、わが国においては、代表訴訟は会社役員等を対象者(被告)とする訴訟であり、第三者に対する提訴を認めたのは、提訴懈怠の可能性から例外的なものとして認めたものである。しかも、多重代表訴訟は、親会社の株主が子会社役員等の特定責任を追及する訴訟であるから、被告とすべき者を制限して子会社の役員等に限定し、第三者にまで拡張すべきでないことを理由とすると考えられる。

Ⅲ 代表訴訟等と提訴請求の必要性

1 提訴請求の必要性

(1) 通常の代表訴訟

株主は代表訴訟の提訴に先立ち、会社に対して、役員等の責任を追及する訴えを提起するよう請求(提訴請求)することが必要である(会社847条1項)。これは、代表訴訟により原告が行使するのは会社の権利であるから、まず、会社に対して権利を行使するよう促し、会社が提訴請求を受けた日から60日以内に、役員等に対し責任追及訴訟を提起しない場合に、株主が代表訴訟を提起することができる(同条3項)という訴訟構造である。このように、提訴請求は、提訴のための手続要件にとどまらず、株主が原告適格を取得するための重要な要件である。

提訴請求を受けた会社が60日以内に責任追及訴訟を提起した場合は、株主は代表訴訟を提起することができない。この場合、株主は会社(原告)に共同訴訟的補助参加をすることができるが、改正法は共同訴訟参加を認めている(会社849条1項)。

会社が提訴請求を受けた日から、60日以内に提訴しない場合は、不当拒絶であるか否かを問わず、提訴拒絶ないし提訴遅滞として取り扱われ、提訴請求をした株主が代表訴訟を提起することができる(会社847条3項)。この点、アメリカでは、提訴するかどうかは取締役会の経営判断事項であるから、会社が不当に提訴を拒絶した場合または問題の行為が違法であるとする場合を除けば株主は提訴できない。また、60日などの期間制限はなく相当期間内とされている。

株主の提訴請求と会社の提訴拒絶（60日以内の不提訴）により、提訴請求をした株主が提訴権（原告適格）を取得する訴訟構造である。そこで、株主の提訴請求と60日の経過は、代表訴訟を提起するための要件であるからこれに反した提訴は不適法である。

もっとも、同時に代表訴訟を提起した他の原告が、提訴前手続を履践し、会社が提訴の意思がないことを回答しているときは、同手続を履践しなくても、会社の提訴権を害することがないから、株主による代表訴訟の提訴も適法である（大阪地判平成6・3・1判タ893号269頁）。

また、提訴請求と60日の期間経過は、会社に提訴の機会を与え、提訴判断のための考慮期間である。したがって、あらかじめ会社が提訴しないことを明確にしている場合には、提訴請求手続を経ることは無意味であるから、60日の期間経過を待たず代表訴訟を提起することができる。

(2) 多重代表訴訟

多重代表訴訟の場合は、6カ月前からの継続的株式保有の要件を満たす最終完全親会社の少数株主が、子会社に対して提訴請求し（会社847条の3第1項）、提訴請求を受けた子会社が60日以内に提訴しない場合に、提訴請求をした最終完全親会社の株主が、子会社のために多重代表訴訟を提起することができる（同条7項）。

提訴請求を必要とする理由、子会社の提訴懈怠により最終完全親会社の少数株主が提訴権（提訴資格）を取得するなどのしくみは、通常の代表訴訟の場合と同様である。

2　振替株式と提訴請求手続

(1) 振替株式制度の概要

提訴請求を行いうるのは株主名簿上の株主であるが（もとより、実質的にも株主であることが要求される）、振替株式については、提訴請求できる株主は、株主名簿の記載により決まるのではない。上場会社の株式（株券は発行されない）は振替株式であるから、株主名簿の記載により提訴請求を行いうる株主が決まるのではないのである。

振替株式とは振替制度による株式である（新株予約権、社債等も対象となるが、

制度の中心となるのは株式である）。株券の電子化に伴い株式（株券）は振替口座で管理される（振替株式）。振替株式については株式の譲渡（移転）は、株式振替により処理される。上場会社の株式は振替口座により管理され、株式の譲渡は口座振替の方法で行われる。

　振替制度は、社債・株式等の振替に関する法律に規定されている制度であるが、株式振替制度は、振替機関、口座管理機関（証券会社等）、口座管理機関に口座を開設した者（加入者・顧客）の三者からなるが、特に振替機関（現在では、証券保管振替機構）を中心に運営されている。振替機関に口座をもつ口座管理機関（証券会社等の金融商品取引業者）が振替制度に参加する。振替機関の振替口座簿には、株主の有する株式の種類、数等が記載される（社債株式振替129条3項）。口座管理機関は顧客（加入者）の口座を設け、口座には加入者の有する株式の種類、数等が記載される。

　振替の方法であるが、金融商品取引業者を通してなされる株式売買は、売り方の金融商品取引業者から買い方の金融商品取引業者への株式譲渡としてなされるが、それは振替機関の振替口座簿への口座振替の方法によってなされる。そして、金融商品取引業者（口座管理機関）は自己に開設している加入者の口座に当該株式について減少または増加の記載をする（社債株式振替132条）。

　振替株式の譲渡は、振替機関の譲受人の振替口座簿に、株式の銘柄と数量の増加を記載・記録するという方法により譲渡の効力が生じ（社債株式振替140条、141条）。振替機関の口座簿に記載することが発行会社に対する対抗要件となる。

(2)　振替株式と株主権の行使

　(ア)　名義書換えに代わる総株主通知

　振替株式の譲渡は口座振替で行われ、株主の請求により発行会社は名義書換えをしないことから、発行会社にとって、誰が権利を行使する株主であるかわからないため、それを特定する必要がある。そこで、「総株主通知」という制度が設けられている。それは、振替機関は発行会社に対し、一定の時点（基準日）における株主を確定させるために、その時点で振替口座に記載されたすべての株主の氏名、保有株式数等を発行会社に通知しなければならない（基準日における振替口座上の株主の通知）とするものである（社債株式振替151条）。総株主通知を受けた発行会社は、それに従い株主名簿の記載の変更を行うのである

(同法152条)。以後、基準日に株主名簿に記載された株主が株主として取り扱われることになる。

しかし、総株主通知の通知日(基準日)以降に株式の譲渡がなされても、次の基準日までは総株主通知はなされないから、発行会社にとって基準日から次の基準日までの間、株式の譲渡がなされても誰が株主であるかはわからない。

(イ) 少数株主権の行使と個別株主通知

振替機関の口座簿の記載が発行会社に対する対抗要件となるが、口座簿上の株主が株主名簿上の株主と一致するとは限らないから、株主名簿上の株主が権利者とは限らない。そこで、株主が株主提案権や提訴請求などの少数株主権を行使するためには、個別株主通知によらなければならない(社債株式振替154条)。

個別株主通知を必要とする少数株主権とは、会社法124条1項に規定する基準日を設定して行使させる権利(議決権、剰余金の配当請求権)以外の権利であり、会社法上の少数株主権とは意味が異なる。

個別株主通知は、株主名簿に記載のない株主が少数株主権を行使するための要件であるが、総株主通知により株主名簿に記載されている株主についても、現時点における口座簿上の株主とは限らないから個別株主通知が必要となり、これがなされた後でなければ少数株主権を行使することができない。[4]

少数株主権を行使しようとする株主は、発行会社において自己が少数株主権を行使できる株主であることを確認するための措置として個別株主通知をしなければならない。個別株主通知は、当該少数株主権を行使するに際し、自己が株主であることを会社に対抗するための要件であり、この手続を経ることで株主名簿の記載の有無にかかわらず、当該少数株主権を行使することができる。[5]

株主が少数株主権等を行使するためには、個別株主通知を必要とするが、それは、株主が口座管理機関(証券会社等)を経由して、振替機関に対し自己が有する振替株式の種類、数、それが記載された日等の所定事項を発行会社に対して通知するよう請求し(社債株式振替154条3項～5項)、振替機関が発行会社

---

[4] これに対し、振替株式でない株式の株主は、株主名簿の記載に従って権利行使をすることができ、また、必要に応じて会社に対して株主名簿に記載・記録された事項を証明した書面の交付請求をすることができる(会社122条)。

[5] 江頭憲治郎『株式会社法〔第6版〕』199頁。

に対し個別株主通知をするという手続による。これにより、発行会社はその者が株主であることを知ることができるが、通知後においても、株主の変動が予測されることから、少数株主権は通知後4週間以内に行使しなければならない（社債株式振替154条2項、社債株式振替施行令40条）。

(3) 振替株式と提訴請求

(ア) 代表訴訟と個別株主通知

振替株式については、少数株主権の行使は株主名簿ではなく振替口座への記載等により権利行使者が決まるのであるが、そのために個別株主通知の制度によらなければならない。株主の提訴請求権は、会社法124条1項に規定する権利以外の権利であるから、上場会社の場合は（上場会社の株式は振替株式）、株主は提訴請求の前に個別株主通知によることを必要とする。

個別株主通知は株主が権利行使をするための要件であるから、個別株主通知がない場合は、たとえ、株主名簿上の株主であっても、提訴請求前の要件を欠くことになり提訴請求に応じる必要はない。また、個別株主通知がなされた場合であっても、少数株主権の行使は通知後4週間以内にしなければならないから、期間経過後の提訴請求には応じる必要はない。

代表訴訟等の原告株主（提訴請求株主）は、6カ月以上の株式の継続保有を要するが（会社847条1項、847条の2第1項、847条の3第1項）、この場合の期間計算は、個別株主通知により会社に対し通知される「振替口座簿に当該株主の株式数の増加・減少が記載・記録された日」（社債株式振替129条3項6号、132条1項）を基準になされる。[6]

(イ) 多重代表訴訟と個別株主通知

多重代表訴訟の提訴請求は、最終完全親会社の株主が子会社に対して行うが、子会社は発行会社ではないから提訴請求は少数株主権の行使にあたらず、子会社に対し個別株主通知を必要としない。しかし、個別株主通知を必要とするのは、むしろ多重代表訴訟の場合であるのにもかかわらず、個別株主通知を必要としないのは不均衡といえる。

提訴請求を受けた子会社は、提訴請求者が6カ月以上前から引き続き最終完

---

[6] 江頭・前掲書（注5）199～200頁。

全親会社の議決権総数の1％以上を有する株主であることを確認する必要があるが、それは最終完全親会社を通じて行うことになる。この場合、最終完全親会社も当該株主が基準日後の株主である場合は、それが6カ月以上前から最終完全親会社の株主であるのか、どの程度の議決権を有する株主であるかわからない。基準日の株主であっても、株式を一部譲渡している場合が考えられることから保有議決権数はわからない。

この場合の対応措置として、提訴請求者が6カ月以上前から引き続き最終完全親会社の議決権総数の1％以上を有する株主であることの確認は、加入者等による振替口座に記載されている等の事項の証明請求手続（社債株式振替277条）によることになろう。

それによれば、加入者（提訴請求をする親会社株主）は振替機関に対し、振替口座簿の自己の口座に記載されている事項を証明した書面の交付を請求し、書面の交付を受けることにより要件を備えた株主であることを証明することになる。また、最終完全親会社も、利害関係を有するものとして、この手続によることができると解される。

3　提訴請求手続違反の提訴と緊急提訴

(1) 手続違反の提訴請求

提訴請求手続を履践することは、株主が提訴権を取得するための要件であるから、提訴請求をすることなくなされた提訴は不適法であり、提訴後60日が経過したからといって、手続違反の瑕疵が治癒されるものではない。この点、提訴請求をすることなく提訴し、提訴後に提訴請求をした場合は、たとえ、会社がその請求に応じて訴えを提起しても、その訴えは二重提訴にあたるものとして却下されるおそれがあるから、提訴後に提訴請求をし、その後30日が経過しても、適法な訴えになったとは認められないとする裁判例がある（東京地判平成4・2・13判時1427号137頁）。

代表訴訟の提起が不適切であっても、それを却下しなければ二重起訴にあたるから、会社は責任追及訴訟を提起することはできない。そこで、不適法な訴えであっても、却下前に会社が訴訟参加した場合に、提訴請求手続違反の瑕疵は治癒されるかという形で問題にされるが、代表訴訟の提起後の提訴請求で

あっても、提訴請求に応じて会社が共同訴訟参加した場合は、手続違反の瑕疵は治癒され訴えを却下すべきでない。

この点に関し、裁判例は、かなり弾力的な取扱いをしている。すなわち適法な提訴請求をすることなく代表訴訟を提起した場合であっても、訴えが却下される前に、会社が、原告に共同訴訟参加して原告と同旨の請求をした場合（東京地判昭和39・10・12下民集15巻10号2432頁）、または被告に補助参加した場合（大阪地判平成12・6・21判時1742号146頁）は、手続違反の瑕疵が治癒されるとする裁判例がある。

提訴請求の手続違反は、原告適格の要件にも関係するから理論的には疑問があるが、会社が訴訟参加した場合は、権利の帰属主体である会社に対し提訴の機会を与えるという趣旨は没却されるものではないから、提訴請求違反の瑕疵は治癒されるとみるのであろう。訴訟経済の観点からも手続違反を理由に提訴を不適法とすることは妥当でない。

以上は、多重代表訴訟の場合についても同様に考えることができる。もっとも、提訴請求を行いうるのは、最終完全親会社の総株主（議決権を行使できない株主を除く）の議決権等の100分の1以上を有する株主に限られるから、かかる要件を満たさない株主による提訴請求は不適法であり無効である。

(2) **緊急提訴**

代表訴訟または多重代表訴訟を提起するためには、提訴請求と60日の期間経過を必要とするが、これによっていたのでは、会社または子会社に回復することができない損害が発生するおそれのある場合（たとえば、会社等の権利が消滅時効にかかる場合）は、緊急提訴として、例外的に提訴請求と60日の経過を待たず、直ちに、代表訴訟または多重代表訴訟を提起することができる（会社847条5項、847条の3第9項、旧株主による責任追及訴訟については、847条の2第8項）。もとより、緊急提訴は、提訴請求をすることができる株主に限り認められる。

緊急提訴は、提訴請求することなく、あるいは60日の期間経過を待たず、直ちに提訴できるが、緊急提訴後に、会社に回復することができない損害が生ずるおそれがある場合という要件が備わっていないことが判明したときに、提訴を不適法として、あらためて手続を行うというのは合理的でない。そこで、裁

判所が緊急提訴として訴状を受理する段階で、緊急提訴の要件が備わっているか否かを慎重に調査し判断する必要がある。

　この場合、会社に提訴の機会を与えないことになるが、会社は原告に共同訴訟参加をすることができるから、不適法却下の扱いをする必要はないと考えられる。

4　提訴請求の相手方

(1)　通常の代表訴訟

　株主は提訴に先立ち、会社に対し提訴請求をするが、提訴請求は単に会社を名宛人とするだけでは不十分であり、役員等に対し責任追及訴訟を提起する権限を有する者を名宛人としなければならない。会社の誰に宛てて提訴請求するかは、被告とされる者が取締役である場合とそれ以外の場合で異なるだけでなく、会社がどのような組織形態をとっているかにより異なることになり複雑である。

　指名委員会等設置会社（改正法により委員会設置会社を改称）の場合は、監査委員会が選定する監査委員に対し提訴請求し（会社408条1項）、監査等委員会設置会社の場合は、取締役が定める者または監査等委員会が選定する監査等委員に対し提訴請求をすることになる（同法399条の7）。

　監査役設置会社の場合は、被告が取締役のときは、会社と取締役間の訴訟に関しては監査役が会社を代表するから（被告となる取締役が会社を代表するか、他の取締役が会社を代表するかを問わない）、監査役に対し提訴請求をすることになる（会社386条）。この場合、提訴請求は具体的な監査役の氏名を掲げて行う必要はない。監査役が複数存在する場合でも1名に宛てて請求することで問題なく、氏名を記載せず監査役に宛てたものでもよい。監査役会に宛てた請求も監査役に宛てたものとして取扱い、有効とすべきである。

　取締役以外の者を被告とする訴訟は、会社と取締役間の訴訟ではないから、原則に戻り代表取締役に対して提訴請求をすることになる。取締役と監査役等の双方を被告とする提訴請求は、取締役に関しては監査役に、監査役等に関しては取締役（代表取締役）に対し、それぞれ提訴請求をすることになる。

　監査役非設置会社の場合は、被告が取締役のときは、当該訴訟について株主

総会または取締役会が会社を代表する者と定めたものに対し提訴請求し（会社353条、364条）、取締役以外の者（会計参与、監査役、執行役、会計監査人、清算人）を被告とする場合は、会社の代表者が会社を代表して提訴するから、会社の代表者（一般に、代表取締役）を名宛人として提訴請求をすればよい。

(2) 多重代表訴訟

多重代表訴訟の場合も通常の代表訴訟の場合と同様に取り扱われるが、多重代表訴訟は子会社の役員等の責任を追及する訴訟であるから、提訴請求は子会社の監査役等になされるべきである。もし誤って最終完全親会社や中間完全子会社の監査役等に対して提訴請求をした場合は、無効となる。

5　提訴請求の相手方（名宛人）を誤った場合の取扱い

(1) 通常の代表訴訟

提訴請求の相手方（名宛人）を誤った場合、たとえば、監査役に対して提訴請求をすべきであるのに、代表取締役に対し提訴請求をした場合は、適法な提訴請求にはならない（東京地判平成4・2・13判時1427号137頁）。会社に対する提訴請求であり、単に、具体的な名宛人を誤っただけではあるが有効とはならない。

この点、会社内部の問題と取り扱い、名宛人を誤った提訴請求書面でも、監査役等の権限を有する者に回付されることにより有効となるとの見解がある。確かに、提訴請求を受ける権限を有する者に対してなされたことになり、提訴請求をやり直す必要がないことから、有効になるとも考えられる。

しかし、無効の提訴請求が有効な提訴請求に転換されるのは、提訴請求を受ける権限を有する者に回付された場合であるが、提訴請求書が社内で回付されたか否かにより結論を異にすべきではない。代表訴訟が普及している現在では、提訴請求の名宛人を誤ったことは、重大な過失といえることから特に配慮する必要はないと思われる。そこで、名宛人を誤った提訴請求は、その後権限を有する者に回付されても、無効として取り扱わなければならないであろう。

農業協同組合の理事に対する代表訴訟の提起のための提訴請求は、監事に対してしなければならないが、代表理事宛てとする請求書面が農業協同組合に送付された事案がある。判例は、代表理事に宛てた提訴請求であっても、監事に

おいて、請求内容を正式に認識したうえで、理事に対する訴訟を提起すべきか否かを自ら判断する機会があったときは、代表者として監事が記載された適式な提訴請求書が、農業協同組合に送付されていたものと同視することができ、これを不適法として却下することはできないとしている（最判平成21・3・31民集63巻3号472頁）。

　代表理事に宛てた提訴請求であっても、監事に対し提訴請求書が渡され、監事が訴訟を提起すべきか否かを自ら判断する機会があったから、適式な提訴請求がなされていたと同視できるというのは、手続のやり直しという無駄を省くという点では妥当であろう。しかし、提訴請求書が監事に回付されたか否かという請求者の関知しない事情により結論を異にすることには疑問が残る。提訴請求の相手方は法定されているから、これを誤った提訴請求は無効といわざるを得ないであろう。

　農業協同組合の代表訴訟については、提訴請求書の名宛人を誤った場合は、回付により適法な提訴請求と取り扱うことが是認できるとしても、代表訴訟が普及している現在の株式会社においては、提訴請求の相手方を誤った場合については救済する必要はないであろう。

(2)　多重代表訴訟

　最終完全親会社の株主は、多重代表訴訟の提起に先立ち、子会社の監査役等権限のある者に対して提訴請求をしなければならない。これを誤り、最終完全親会社や中間完全子会社の監査役等に対して提訴請求をした場合は無効である。

　多重代表訴訟における提訴請求は、対象子会社だけでなく中間完全子会社（直接の親会社）および最終完全親会社に対しても行う必要があるかという問題がある。多重代表訴訟において請求するのは子会社の権利であるから、子会社に対して提訴請求をしたものの子会社が提訴を懈怠したことが必要となるのは当然である。では、さらに子会社の直接の完全親会社（中間完全子会社であるが、多くの場合は、二重代表訴訟の構造であるから最終完全親会社となる）にも提訴請求をする必要があるかが問題になる。

　子会社が責任追及訴訟を提起せず、その親会社も代表訴訟を提起しないという二重の提訴懈怠により、最終完全親会社の株主が多重代表訴訟の提起権を取得するのであるから、理論的には、子会社とその直接の完全親会社に対して、

提訴請求をしなければならないことになる。ところが、改正法は、多重代表訴訟は子会社の権利を行使する訴訟であるから、端的に、子会社に対し提訴請求をするものとしている。したがって、直接の完全親会社（多くの場合、最終完全親会社）に対し提訴請求をする必要はない。

6 提訴請求書に記載すべき事項

(1) 通常の代表訴訟

(ア) 提訴請求等書面の記載事項

提訴請求は、書面その他法務省令に定める方法によらなければならない（会社847条1項）。法務省令に定める方法は、次に掲げる事項を記載した書面の提出または当該事項の電磁的方法による提供による（会施規217条柱書）。書面等（提訴請求書面等）によることが要求されるのは、請求内容の確実を期すためである。これ以外の方法による提訴請求は認められない。

提訴請求書面等の記載事項は、①被告となるべき会社の役員等（退任者を含む）の氏名、②請求の趣旨および請求を特定するに必要な事実である（会施規217条1号・2号）。もとより、提訴請求者が提訴請求をすることができる要件を備えた株主であることを明らかにする必要がある。

①の被告となるべき者（役員等の氏名）は、会社による責任追及訴訟の被告、ひいては株主代表訴訟の被告となるべき者である。提訴請求の段階で、責任ある役員等を特定することが困難な場合は、ある程度の概括的な記載も許され、提訴段階で特定すればよい。

②の請求の趣旨は、訴訟により請求すべき金額（訴訟物の特定）であるが、具体的な金額を特定する必要がある。しかし、会社に発生した損害額の特定が困難な場合は概括的な金額を記載せざるを得ない。特定債務の履行請求を認める立場では、特定債務の内容（登記申請義務、特定物の引渡義務等）である。

請求を特定するのに必要な事実とは、請求の趣旨を導き出すために必要な事実の記載である（請求原因に相当）。役員等の任務懈怠行為により、請求の趣旨記載の損害が生じたこと、損害賠償の責任原因となる事実として、役員等にどのような任務懈怠行為、法令違反行為があったのか、をできるだけ具体的に記載しなければならない。

しかし、提訴請求の段階で、それを具体的に特定することが困難な場合が少なくない。そこで、一般株主が役員等の違法行為の具体的内容や損害の範囲を正確に知り得ない場合は、請求を特定するのに必要な事実についての記載の程度は、会社において、いかなる事実と事項について提訴請求をしているのかを判断できる程度に特定されていれば足りるといえる（東京地判平成8・6・20判時1572号27頁）。

(イ) 提訴請求書の記載事項の拘束力

株主は、提訴請求書に記載しなかった役員等（会社に対し提訴判断の機会を与えていない者）に対し代表訴訟を提起することはできないが、提訴請求書に記載した者全員を被告とする必要はない。提訴請求の段階で、被告となるべき者を概括的に広く記載した場合は、提訴段階で被告となる役員等を絞り込み、特定する必要があるからである。

提訴請求書に記載したものとは別の理由（別の請求を特定するに必要な事実）により代表訴訟を提起しうるか、理由を追加して提訴できるかという問題については、請求を特定するのに必要な事実の範囲内であれば可能であろう。提訴請求前置主義との関係で、提訴請求の対象とされていない理由または事項について提訴することになるが、提訴請求に記載しなかった理由による提訴は一切認められないとするのは硬直的にすぎるから、提訴請求の段階では知り得なかった事実を追加することは許されるであろう。

会社は株主による提訴請求書記載の請求金額に拘束されないから、その一部の金額について提訴することもある。この場合、提訴請求をした株主は、残部について代表訴訟を提起しうるかという問題がある。一部請求、二重起訴の問題が関係するが、一部請求と認められる場合は、残部について提訴が拒絶されたものとして、代表訴訟の提起を認めるべきであろう（この場合、会社による責任追及訴訟と株主による代表訴訟を併合して審理することになろう）。そのように解しなければ、会社は提訴請求を受けた金額の一部だけを請求する訴訟を提起することにより、株主の代表訴訟の提起を封じることになりかねないからである。

(2) 多重代表訴訟

改正法は、多重代表訴訟について、当該株式会社（対象子会社）に対し、書

面その他法務省令に定める方法により、特定責任追及等の訴えの提起を請求できるとしている（会社847条の3第1項）。法務省令に定める方法とは、次に掲げる事項を記載した書面の提出または当該事項の電磁的方法による提供である（会施規218条の5柱書）。そこで、提訴請求は子会社に対し、書面等（提訴請求書面等）により行わなければならない。

　提訴請求書面等に記載すべき事項は、①被告となるべき者、②請求の趣旨および請求を特定するのに必要な事実、③最終完全親会社等の名称および住所並びに当該最終完全親会社等の株主である旨である（会施規218条の5第1号～3号）。

　①、②は、通常の代表訴訟と同様の趣旨である。①は、特定責任追及訴訟の被告とすべき子会社の役員等の氏名である。被告となるべき者を具体的に特定することが困難な場合は、模索的あるいは概括的に記載せざるを得ない場合もある。②は、被告となるべき役員等が子会社に対して支払うべき損害賠償金額がどのような事実に基づくのかを特定するに必要な事実である。子会社の役員等にどのような任務懈怠行為があり、子会社にいくらの損害を与えたかを特定して記載しなければならないが、最終完全親会社の株主には困難な場合がある。そこで、子会社の役員等が子会社に対し、いかなる事実や事項に基づき責任を負うのか、また賠償金額がいくらかを特定できれば、概括的な記載によることも許される。

　③は多重代表訴訟特有の事項である。当該子会社の最終完全親会社等の名称および住所を記載することにより、多重代表訴訟の対象となる親子会社関係（重要な完全子会社）にあることを明確にするのである。当該最終完全親会社等の株主である旨の記載は、提訴請求者が権利を有する株主であることを示すものである。最終完全親会社等の株主である旨は、6カ月前から引き続き最終完全親会社の総株主の議決権等の1％以上を有する株主である旨を記載することを含む趣旨である。

　なお、旧株主による責任追及訴訟についても、当該株式会社（株式交換等完全子会社）に対し、書面その他法務省令に定める方法により、責任追及等の訴えの提起を請求できるとし、提訴請求の方法を規定している（会社847条の2第1項、会施規218条の2）。提訴請求書面の記載事項中、上記①被告となるべき者、

②請求の趣旨および請求を特定するのに必要な事実（会施規218条の2第1号・2号）は、多重代表訴訟の場合と同様であるが、③については、株式交換等完全親会社の名称および住所並びに当該株式交換等完全親会社の株主である旨を記載しなければならない（同条3号）。

7　取締役を被告とする提訴と会社代表等

　取締役が当事者となる訴訟において、取締役が会社を代表することは利益相反行為となり、当事者以外の取締役が会社を代表する場合であっても、取締役間の人的つながりや同僚意識から適正に訴訟を追行することは期待できない。そこで、監査役設置会社と取締役間の訴訟については、監査役が会社を代表すると定められていた（旧会社386条1項）。また、最終完全親会社または株式交換等完全親会社が、当該子会社または株式交換等完全子会社の直接の親会社である場合には、株主として子会社等代表訴訟を提起することができる（会社847条1項）が、これは、親会社等による子会社等役員等の責任追及訴訟（代表訴訟）であるから、同一会社間における会社と取締役間の訴訟の規定を適用することはできないものの、親子会社間の取締役の人的つながりなどから、やはり適正な訴訟の追行は期待できない。

　そこで、改正法は、①監査役設置会社が取締役に対し、または取締役が監査役設置会社に対して訴えを提起する場合（会社386条1項1号）、②株式交換等完全親会社が、株式交換等完全子会社の取締役等（取締役等であった者を含む）の責任追及訴訟を提起する場合（同2号）、③最終完全親会社がその完全子会社の取締役等（取締役等であった者を含む）の責任追及訴訟を提起する場合（同3号）は、監査役が会社を代表するとした（後記Ⅵ参照）。

　そして、監査等委員会設置会社または指名委員会等設置会社と取締役間の訴訟に関する会社代表者についても同様の規定を設けている（会社399条の7第1項、408条1項）。

　代表訴訟等の提訴請求は、これら対象会社の監査役、監査等委員、監査委員に対して提訴請求をしなければならないのであり、これを誤れば提訴請求は不適法となる。

8 提訴請求を受けた監査役等の提訴判断

(1) 通常の代表訴訟
(ア) 提訴請求に対する形式的審査

　提訴請求を受けた監査役等（監査役、監査委員、監査等委員）は、提訴請求の適法性について、まず形式的審査をしなければならない。提訴請求は、書面の提出または電磁的方法によりなされなければならないから（会施規217条柱書）、これによらない提訴請求は不適法であり、無効であるとして処理すればよい。監査役等に宛てた書面等によることが必要であるが、監査役等の具体的氏名を記載しなくても有効である。

　提訴請求書には、被告となるべき者、請求の趣旨および請求を特定するのに必要な事実を記載しなければならない（会施規217条1号・2号）。これらが記載されていない場合は、提訴請求は不適法であるが、提訴請求の段階でこれらを正確に特定して記載することが困難な場合は概括的な記載が許されるから、会社が提訴請求の内容を理解しうる程度の記載があれば、適法であり無効とすべきでない。

　提訴請求をした者が、6カ月前から継続的に株式を保有する株主であるかという、請求者の適格性を審査することが必要である。形式的審査について特に順序はないが、請求者の適格性の審査から始めることが実際には多いであろう。

　また、提訴請求書に記載された役員等（退任者も含む）が、当該会社に存在することを確認することが必要である。

　提訴請求がこれらの形式的な要件を備えていると認められる場合に、被告とされる役員等に、提訴請求に記載された責任があるのか否かという実質的審査をすることになる。提訴請求の形式的要件を満たしていない場合は、提訴請求は無効であるから、実質的要件についての審査をする必要はない。この場合でも、不提訴理由の通知において、提訴請求が適法でないことを明確にすべきである。

　監査役は、形式的要件あるいは実質的要件のいずれの審査についても、必要に応じ使用人（事務職員）を補助者として使用することができるが、当該使用人は取締役から独立した者でなければならない。これは、内部統制システムと

して構築されていることが必要である（会施規98条4項1号・2号）。

　(イ)　提訴請求に対する実質的審査

　監査役は、提訴請求が形式的要件を備えていると判断した場合は、提訴請求の対象者に賠償責任があるか否かの調査と判断という実質的審査をしなければならない。そして、責任があると認められる場合に、提訴すべきか否かを判断することになる。

　そのためには、当該事実の存否と会社の損害発生の有無についての資料を集めて事実を確認することが必要である。役員等に責任があるかどうかの審査と判断は、資料に基づき客観的に行わなければならない。そのために、被提訴請求役員等その他の関係人から事情を聴取し、関係資料を収集するなど必要な調査を行い、必要に応じ専門家に意見を求めるべきである。また、必要に応じて取締役等に事業の報告を求め、財産状況を調査することができ、子会社に対しても事業の報告を求め、または業務・財産状況を調査する必要がある（会社381条2項・3項）。また、それに適したスタッフが確保されていることが必要である。

　調査内容によっては、社外の者を加えた委員会を設けたうえでの調査を必要とする場合があり、また役員等に責任があるか否かの調査と判断について、専門家の意見を求める必要がある場合があり、そのために必要な費用は会社が支出しなければならない。

　監査役は、調査と検討、調査委員会の調査の結果、専門家の意見等を総合して、役員等に責任があるか否かを判断しなければならない。判断は、各監査役が独立して、客観的かつ公正に行わなければならない。

　監査役会で、役員等の責任の有無、提訴するか否かについて審議し決議した場合であっても、それは反対の監査役を拘束しないから、不提訴とすることに反対の監査役は会社を代表して提訴することができる（監査役は独任制機関）。また、提訴するか否かについての監査役の判断は会社にとって重要な事項であるから、監査役は速やかに取締役会に通知すべきである。

　監査役は、判断の公正を確保するために、調査の経過と判断に至った理由を記録に残し、集めた資料とともに保存することが必要である。また、監査役会において審議し、決定した場合は、その経過を明確にするとともに、監査役会

の審議の状況についてできるだけ詳細に、各監査役の意見については個別的に、記録した文書を作成し、保存しておくべきであろう。これは不提訴理由の通知をするに際し、重要な資料となる。

　監査役が提訴請求で名指しされた役員等に責任がないと判断しても、その判断は提訴請求をした株主を拘束するものではないが、株主が代表訴訟を提起するか否かに際して、判断の資料となる。代表訴訟が提起された後においては、役員等に責任がないことの重要な証拠となる。

　監査役の実質的判断として役員等の責任の有無の判断に加えて、株主が不当な個人的目的で提訴請求をしているのではないかと疑われるときは、請求株主がどのような株主であるのか、提訴の目的ないし動機を調査し、濫用的な提訴請求か否かを判断する必要がある。代表訴訟が、請求株主もしくは第三者の不正な利益を図り、または会社に損害を加えることを目的とする場合は、提訴請求をすることはできないから（会社847条1項ただし書）、監査役は、濫用的な提訴請求であるとの疑いをもった場合は、必要な調査をすることになる。

　資料に基づき、役員等に責任がないと判断されれば、提訴請求に応じて責任追及訴訟を提起することは見送られる。もとより、役員等の責任の有無は、客観的かつ公正に判断しなければならない。恣意的な判断をすることは、監査役の任務懈怠責任の原因となりかねない。

　(ウ)　裁量による不提訴判断の許容

　監査役は、提訴請求の対象とされた役員等の責任が認められた場合に、責任追及訴訟を提起することになる。この場合、監査役は必ず責任追及訴訟を提起しなければならないのではなく（会施規218条3号参照）、会社の利益その他の事情を考慮して提訴するかしないかの裁量権が認められている。

　監査役に提訴についての裁量権を認めず、必ず提訴しなければならないとするのは硬直的にすぎて適正とはいえない。役員等に支払能力がない、賠償責任額が少額すぎて費用や効率性の面で会社の利益にならない、勝訴の利益に比較して会社経営や会社の社会的評価に悪影響を与えるおそれが大きいなどの理由により、会社の利益を考えれば、責任追及訴訟を提起しないという選択が合理的な場合もある。

　もとより、不提訴判断は合理的な理由により公正になされなければならない。

監査役が恣意的な不提訴判断をした場合には、株主から代表訴訟により任務懈怠責任を問われかねない。また、監査役の不提訴判断は、提訴請求をした株主を拘束するものではないから、株主は監査役の不提訴判断にかかわらず、代表訴訟を提起することは妨げられない。

(2) 多重代表訴訟

　子会社監査役に対し、子会社の役員等の責任追及訴訟の提起を請求する方法、提訴請求に対する子会社監査役の形式的および実質的調査と判断、裁量による不提訴判断が認められることは通常の代表訴訟と同様に考えればよい。しかし、形式的審査についても、実質的審査についても、多重代表訴訟特有の複雑な調査と判断を必要とする。

　提訴請求に対する形式的審査については、①提訴請求をしている株主が、要件を備えた最終完全親会社の株主（6カ月以上引き続き最終完全親会社の総株主の議決権等の100分の1以上を有する株主）であること、②対象子会社が最終完全親会社の重要な子会社であること、③子会社の役員等の行為により、最終完全親会社に損害が生じていることが、多重代表訴訟を提起するための要件である。

　そこで、上記①から③について、提訴請求を受けた子会社監査役が調査し判断しなければならない。通常の代表訴訟であれば、提訴請求をした株主は、6カ月以上引き続き株式を保有する株主であるか否かを調査・確認すればよいが、それとは大きく異なる。特に②については、改正会社法施行規則は事業報告による開示事項としているからこれに準拠し、必要があれば最終完全親会社の協力を得て判断することになる。一方で、③については、問題の行為が最終完全親会社に損害が生じない性質の行為（たとえば、親子会社間の利益相反取引）に該当するか否かを調査すればよいから比較的容易である。

　①については、子会社では把握していないから、最終完全親会社の協力を得て調査・確認することになる。この点、最終完全親会社の株主が、提訴請求に際し、株主名簿の写し、株券発行会社でない会社の株主の場合には、会社から自己が株主名簿に記載等されたことに関する書面の交付を受け（会社122条1項・4項）、これらを提訴請求書に添付するという方法をとれば、迅速な処理が可能となる。

Ⅳ 代表訴訟等と不提訴理由の通知

1 不提訴理由の通知の趣旨

(1) 通常の代表訴訟

　旧商法も、株主が代表訴訟を提起するためには会社に対し提訴請求をし、会社が提訴請求を受けた日から60日以内に責任追及の訴えを提起しない場合に、提訴請求した株主が代表訴訟を提起することができるとしていたが、不提訴理由の通知の制度はなかった（旧商267条1項・3項）。

　会社が提訴請求に応じない場合であっても、その理由は通知されないことから、提訴請求をした株主も、被告とすべき者とされた役員等も不提訴の理由を知り得なかった。これに対し、無用の提訴を防止するとともに、恣意的な不提訴がなされないように、不提訴の理由を通知すべきであるとの立法論があった。

　これを受け、会社法は不提訴理由を通知する制度を新設した（会社847条4項）。すなわち訴訟の対象となるのは会社の権利であるから、会社に提訴するか否かを判断させ、提訴しない場合は、提訴請求をした株主の請求によりその理由を通知しなければならないとするのである。

　会社法は、提訴請求を受けた日から60日以内に責任追及等の訴えを提起しない場合に、提訴請求をした株主または被告とすべき者とされた役員等から不提訴理由の通知請求を受けたときは、遅滞なく、会社は提訴しない理由を書面その他法務省令で定める方法（電磁的方法）により通知しなければならないとした（会社847条4項）。会社は不提訴理由の通知請求を受けた場合のみ、不提訴理由を通知すればよいのであるが、請求を受けない場合でも任意に通知することは差し支えない。

　会社が提訴請求を受けた日から60日以内に責任追及等の訴えを提起しないときは、提訴請求をした株主は、その理由を問わず代表訴訟を提起することができるが、提訴判断をするためには会社が提訴しない理由を知る必要がある。

7　平成13年改正前は30日以内とされていたが、この期間では提訴判断をするのに不十分であるとして、60日以内に伸長された。

監査役設置会社では、提訴判断は提訴請求を受けた監査役が行うから、不提訴理由の通知も監査役が行う。不提訴理由の通知により、提訴請求をした株主は会社が提訴しない理由、特に会社が役員等に責任がないと判断する理由を知ることができ、不提訴理由の通知に基づき提訴するかどうかを判断することができるから無用の提訴を防止することにもなる。

また、適法な提訴請求がなされていないことも、提訴しない理由としてあげることができる。要件を備えていない適法な提訴請求でないことを提訴拒絶の理由とするときは、提訴請求にどのような要件が欠けているかを明確にする必要がある。

役員等に責任がないと判断した理由を、事実と資料に基づいて明確にし、役員等に責任が認められるが提訴しない場合には、その理由をできるだけ具体的に示さなければならない。それらは合理的な理由であることが要求されるが、どの程度のものが要求されるかは、具体的な場合に応じて判断すべきである。不提訴理由の通知請求をした者が、不提訴の理由を相当程度に知り得るものであることが要求される。

不提訴理由通知書に、役員等に責任がないと判断する理由と根拠を記載することは、責任追及訴訟の対象者とされた取締役等にとっても、会社が提訴しない理由を知ることができ無用の提訴を防止することにもなる。

(2) **多重代表訴訟**

多重代表訴訟については、対象子会社の不提訴理由の通知を規定している（会社847条の3第8項）。また、旧株主による責任追及訴訟についても、株式交換等完全子会社の不提訴理由の通知を規定している（同法847条の2第7項）。これらの場合の不提訴理由の通知の趣旨は、通常の代表訴訟の場合と同様である。

2 不提訴理由通知書の記載事項

(1) **通常の代表訴訟**

不提訴理由の通知請求を受けた会社は、遅滞なく、提訴しない理由を書面その他法務省令で定める方法により通知しなければならない（会社847条4項）。「遅滞なく」とは、通知請求を受けた会社は速やかに通知しなければならない

という意味であり、提訴請求をした株主が速やかに代表訴訟を提起するか否かの判断ができるようにするために求められている。書面等によるのは正確と確実を期すためである。

　法務省令で定める方法とは、必要事項（会施規218条1号～3号）が記載された不提訴理由通知書の提出または電磁的方法による提供である。

　不提訴理由の通知書等に記載して通知すべき事項は、①会社が行った調査の内容（判断の基礎とした資料を含む）、②株主の会社に対する役員等への提訴請求に係る訴えについての被告となるべき者の責任または義務の有無についての判断およびその理由請求対象者の責任または義務の有無についての判断およびその理由、③②の者に責任または義務があると判断した場合において、責任追及等の訴えを提起しないときは、その理由である。

　不提訴理由の通知制度は、不提訴理由の通知を受けた株主が会社の提訴しない理由を検討し、代表訴訟を提起するか否か、提起する場合はどのような理由によるかを判断するために必要であることと、不提訴理由の公正を確保するためである。そこで、会社がどのような調査を行ったのか、どのような資料に基づいたのか、役員等に責任または義務がないと判断した理由を、資料に基づきできるだけ具体的に通知しなければならない。単に、調査の結果、役員等に責任が認められないとするだけでは不十分である。

　特に取締役の責任に関しては、過失の有無が問題になる場合が多いが、この判断は難しい。そこで、必要に応じて専門家の意見を徴するなどして、できるだけ明確に過失がない理由を示す必要がある。単に、調査の結果、取締役に過失が認められないとするだけでは不十分である。

　監査役が、請求対象者である役員等に責任または義務があると判断した場合でも、必ず責任追及訴訟を提起しなければならないものではなく、責任追及訴訟を提起しないという判断がありうる。監査役の裁量の範囲内での不提訴判断は許されるが、それは合理的な理由によることが要求され、恣意的な判断であってはならない。そこで、責任追及等の訴えを提起しない場合は、提訴しない理由を不提訴理由の内容としなければならない（会施規218条3号）。

　役員等に責任または義務が認められるが提訴しない場合は、不提訴判断の合理性を裏付ける理由であることが必要である。単に、会社の業務に対する功績

に照らし、提訴しないことが相当であるなどでは不十分である。責任または義務は認められるが、提訴しないことを正当とすることができる理由をできるだけ具体的に通知しなければならない。それは、提訴した場合の勝訴の可能性の程度、役員等の支払能力、会社の業務に与える影響等を総合したうえでの合理的な理由でなければならない。

通知された不提訴理由が合理的なものであれば、株主は提訴を差し控えることが期待できるから、無用の提訴を防止することになる。また、場合によっては、濫用的な提訴であると判断されることになる。反対に、不提訴理由が合理的なものでないならば、株主が提訴することの理由になる。このように、不提訴理由の通知には、実際上、重要な意味が認められる。

もっとも、不提訴の理由が合理的であっても、株主の代表訴訟提起権を制限するものではないから、株主は代表訴訟を提起することを妨げられない。しかも、訴訟においては、役員等に責任または義務があるか否かが問題にされるのであり、不提訴理由の合理性は考慮されない。そこで、代表訴訟を和解により終了させたり、判決確定後に責任の一部免除（責任の軽減）によるなどの方法を検討すべきである。

(2) 多重代表訴訟

多重代表訴訟についても、法務省令で定める方法として、必要事項（会施規218条の7第1号～3号）が記載された書面の提出または電磁的方法による提供によるとしている。

不提訴理由の通知書等に記載して通知すべき事項は、①子会社が行った調査の内容（判断の基礎とした資料を含む）、②完全親会社株主による子会社に対する子会社役員等への提訴請求に係る訴えについての、被告となるべき者の責任または義務の有無についての判断およびその理由請求対象者の責任または義務の有無についての判断およびその理由、③②の者に責任または義務があると判断した場合において、特定責任追及等の訴えを提起しないときはその理由である（会施規218条の7第1号～3号）。

大筋は通常の代表訴訟の場合と同様であるが、多重代表訴訟の特性に合わせた規定である。①は、提訴請求を受けたのは子会社であるから、子会社が行った調査の内容となる。②は、特定責任追及訴訟について、被告となるべき者と

された役員等（会社法施行規則218条の5第1号に掲げる者）についての、責任または義務の有無についての判断およびその理由請求対象者の責任または義務の有無についての判断およびその理由である。

　不提訴理由の通知は、通常の代表訴訟の場合と同様に、子会社の役員等に責任または義務が認められない場合の理由が中心となる。それにより、最終完全親会社の株主は、事実関係と子会社の役員等に責任または義務があるのか否かの判断材料が提供されることになるから、多重代表訴訟の提訴判断について重要な意味をもつ。

　③は、特定責任追及訴訟の被告となるべき者とされた子会社の役員等に、責任または義務があると判断した場合において、特定責任追及等の訴えを提起しないときはその理由である。責任または義務があると認められる場合でも、必ず提訴しなければならないものではないが、提訴しないと判断した場合にはその理由を開示しなければならないとするのである。

　旧株主による責任追及訴訟に関して、株式交換等完全子会社による不提訴理由の通知についても、類似の規定が設けられている（会施規218条の4第1号～3号）。

3　不提訴理由の通知と拘束力

(1)　通常の代表訴訟

　会社が行った不提訴理由の通知は、提訴請求株主を拘束するものではないから、提訴請求をした株主は、不提訴理由のいかんを問わず代表訴訟を提起することができる。この点、アメリカでは、取締役会の不提訴の判断を尊重し、これに経営判断の原則を適用し、会社が提訴を不当に拒絶した場合および法令違反の主張を含む場合にのみ、株主が提訴できるという構造をとっており、わが国の場合と大きく異なる。

　不提訴理由の通知が、監査役（取締役以外の者を対象者とする場合は、取締役の判断）により十分な調査がなされたうえで、役員等に責任がないと合理的に判断されたものと認められるにもかかわらず、株主が代表訴訟等を提起した場合は、後に、不提訴理由を記載した書面は重要な証拠となる。特に、十分な調査と公正な判断に基づくものと認められる場合には、証拠価値の高いものと考

えられる。そこで、被告役員等は不提訴理由通知書を自己の責任を否定するための証拠として用いることができることから、不提訴理由の通知は被告となるべき者とされた者にとっても重要な意味をもつ。

(2) 多重代表訴訟

多重代表訴訟の場合は、不提訴理由の通知は対象子会社が行うが、子会社が行った不提訴理由の通知は、提訴請求をした最終完全親会社の株主を拘束するものではないから、最終完全親会社の株主は、多重代表訴訟を提起することができる。

不提訴理由の通知に法的拘束力がないとしても、適正になされた不提訴判断がもつ意味は、通常の代表訴訟の場合と同様に考えることができる。

V 取締役等の責任の免除規制

1 取締役等の責任の免除手続

会社に対して任務懈怠責任を負う役員は、会社と委任関係にある取締役、会計参与、監査役、執行役、会計監査人である（会社423条1項）。そして、任務懈怠責任は総株主の同意がなければ免除することができない（同法424条）。しかし、責任の一部免除は、株主総会の特別決議または定款の定めに基づく取締役会の決議によりなしうる（同法425条1項、426条1項）。

また、株主の権利行使に関し利益を供与した取締役または執行役の責任（会社120条4項）、分配可能額を超えて配当した取締役または執行役の責任（同法462条1項）を免除するためには、総株主の同意を必要とする（同法120条5項、465条2項）。

このように、役員等の責任免除規制は極めて厳格で、株主数の多い会社では責任免除は現実には不可能である。役員等のこれらの責任の消滅時効期間は10年であり（民167条1項、最判平成20・1・28民集62巻1号128頁）、相続の対象となる。

役員等の責任を免除するために、総株主の同意を必要とするのは、株主の代表訴訟提起権の確保のためである。したがって、免除のために総株主の同意を必要とするのは、代表訴訟の対象となる役員等の責任ということになる。

代表訴訟により株主が請求するのは会社の権利であるから、会社が役員等の責任を免除すれば代表訴訟は成り立たないことになる。すなわち取締役会または株主総会の決議により免除を認めたのでは、株主の代表訴訟提起権を単独株主権とした意味が失われる。そこで、株主の権利を確保するために、役員等の責任は、総株主の同意がなければ免除できないとしたのである。代表訴訟の提起を考えている株主が、役員等の責任免除に同意することは考えられないから、責任免除は実際上不可能である。

　判決確定後の免除については、株主の提訴権確保の問題は生じないが、判決で確定した会社の権利を多数決で免除したのでは、代表訴訟を認めた趣旨が没却されることになる。そこで、やはり、役員等の責任免除のためには、総株主の同意を必要とするのである。

　もっとも、責任追及訴訟（株主代表訴訟または会社による責任追及訴訟）の和解においては、厳格な責任免除規制の適用が排除されるから（会社850条4項）、総株主の同意を必要としない。もっとも、裁判上の和解であっても当事者が相互に譲歩することを要するから、実際上、全部免除はなし得ない（全部免除は請求の放棄と同じであるから、代表訴訟の原告がなしうるところではない）ところであり、裁判上の和解による免除は、一部免除ということになる。しかし、裁判上の和解手続による場合は、株主総会の特別決議等の手続を必要としないばかりか、免除額に関する規制も受けない。

2　完全子会社の取締役等の責任免除の規制

　役員等の責任を免除するためには、総株主の同意が必要であるといっても、完全子会社の場合は、1人株主たる親会社の意思により免除することができることになる。多重代表訴訟の対象子会社は完全子会社であるから、子会社の役員等の責任の免除は、その親会社の同意によりなしうる。

　多重代表訴訟の対象になるのは、子会社の権利（役員等に対する損害賠償請求権）であるから、役員等の責任は、総株主の同意により免除できるとするとの規律をそのまま適用し、親会社の意思により免除することを認めたのでは、多重代表訴訟は成り立たないことになる。すなわち、多重代表訴訟制度を創設した意味が失われることから、最終完全親会社の株主の多重代表訴訟提起権を確

保するために、子会社の役員等の責任の免除は、親会社だけで自由になし得ないとする規制を設ける必要がある。

そこで、改正法は、株式会社（対象子会社）に最終完全親会社等がある場合において、特定責任を免除するときにおける発起人等の責任（会社55条）、払込仮装に関与した発起人等の責任（同法103条3項）、株主の権利行使に関する利益供与に関与した取締役の支払義務（同法120条5項）、取締役等の任務懈怠責任（同法424条）、剰余金の違法配当を行った業務執行者の支払義務（同法462条3項ただし書）、分配可能額を超えて株式買取請求権に応じた業務執行者の超過額の支払義務（同法464条2項）、期末に欠損が生じた場合の業務執行者欠損てん補義務（同法465条2項）の規定の適用については、これらの規定中「総株主」とあるのは、「総株主及び株式会社の第847条の3第1項に規定する最終完全親会社株主等の総株主」とするとしている（同法847条の3第10項）。

改正法における株式会社（対象子会社）に最終完全親会社等がある場合とは、多重代表訴訟との関係で最終完全親会社等がある場合、つまり多重代表訴訟を提起しうる親子会社関係がある場合をいう。この場合に、対象子会社の役員等の特定責任を免除するためには、総株主（直接の完全親会社）の同意に加え、会社法847条の3第1項に規定する最終完全親会社等の総株主の同意を必要とすることで（会社847条の3第10項）、最終完全親会社株主の多重代表訴訟提起権を確保したのである。

また、特定責任（責任の原因となった事実が生じた日＝任務懈怠がなされた日における、重要な完全子会社と認められる子会社の役員等の責任）の免除とは、多重代表訴訟の対象となる子会社の役員等の責任を免除することであるが、そのためには、直接の完全親会社（総株主）の同意に加えて、最終完全親会社の総株主の同意が必要であるとした。これは、1人株主たる完全親会社の同意だけでは、子会社役員の責任を免除できないとして、最終完全親会社株主の多重代表訴訟提起権を確保する趣旨である。

同意する完全親会社は、対象子会社の直接の親会社であるが、直接の完全親会社と最終完全親会社については、中間完全子会社が存在する場合は、直接の完全親会社（中間完全子会社）の同意と最終完全親会社の総株主の同意が必要である。

〔図3〕 株式会社（対象子会社）に最終完全親会社等がある場合の重要な完全子会社と認められる子会社の役員等の責任の免除

① A社（対象完全子会社）←B社（直接の完全親会社＝最終完全親会社）

② A社（子会社）←B社（直接の完全親会社・中間完全子会社）←C社（最終完全親会社）

①の場合は、A社の直接の完全親会社B社が最終完全親会社であるから、B社（1人株主）の同意に加え、B社の総株主の同意が必要である。

②の場合は、A社の直接の完全親会社B社の同意に加え、最終完全親会社C社の総株主の同意が必要である。

3 完全子会社の役員等の責任の一部免除

(1) 役員等の責任の一部免除手続

役員等の責任の一部免除については、その要件と免除の限度を定めて、株主総会の特別決議で行うことを認め（会社425条、309条2項8号）、また、監査役設置会社については、定款に定めることにより、免除の限度額の範囲内で、取締役の過半数の同意（取締役会設置会社の場合は、取締役会の決議）で、役員等の責任の一部免除をすることが可能である（同法426条1項）。役員等の責任の一部免除がなされた場合、代表訴訟における請求は、免除後の残額ということになり会社の権利は減少する。

取締役等の責任の一部免除は、株主の権利に大きな影響を与えることから、取締役会の判断だけで行う[8]ことは適切でないから、株主総会の特別決議等の方法により行われるのである。

多重代表訴訟では、最終完全親会社の株主が、多重代表訴訟で請求するのは子会社の権利（役員等に対する損害賠償請求権）であるから、子会社の役員等の責任が一部免除された場合は、最終完全親会社の株主が多重代表訴訟で請求する権利が減縮することになる。

---

8 一部免除の議題と議案の提出は取締役会の判断である。

すなわち、代表訴訟の係属中に、役員等の責任の一部免除がなされた場合、原告株主は請求を減縮することが必要になる。請求を減縮すれば残請求額について全部勝訴することになるが、減縮しなければ一部敗訴となる。

(2) 多重代表訴訟と子会社役員等の責任の一部免除

子会社の役員等の責任の一部免除には、子会社の株主総会の特別決議または取締役会の決議が必要である。しかし、完全親子会社関係にあることから、実際上、直接の完全親会社の取締役の意思により、子会社の役員等の責任の一部免除を行うことが可能である。そうすれば、役員等の責任の一部免除に、株主総会の特別決議等が必要であるとしても、その規制は形骸化してしまう。

そこで、多重代表訴訟との関係で、子会社の役員等の責任の一部免除に関する規律についても所要の規定を整備し、完全親会社の意思で子会社の役員等の責任の一部免除をすることを規制する必要がある。

これを受け、改正法は、子会社の役員等の責任が、多重代表訴訟の対象となる特定責任である場合は、子会社の株主総会の特別決議または定款の規定に基づく取締役会決議に加え、最終完全親会社の株主総会の特別決議を要するとした（会社425条1項、309条2項8号）。

これにより、当該子会社および最終完全親会社の株主総会の特別決議を経なければ、対象子会社の役員等の責任の一部免除をなし得ないことになり、直接の完全親会社の判断だけで、対象子会社の役員等の責任の一部免除をすることができないことになる。なお、子会社の役員等が責任の一部免除を受ける要件（任務懈怠について、悪意かつ重大な過失がないこと）と免除額の限度は、通常の代表訴訟の場合と同様である。

対象子会社の役員等の責任の一部免除について、最終完全親会社の株主総会の特別決議を必要とすることは、最終完全親会社は定時株主総会または臨時株主総会を開催して決議しなければならないことになる。定時株主総会による場合は時期的な制約（年1回）があり、臨時株主総会によるときは、そのための招集手続を必要とする（実際は、他の理由による臨時株主総会において、あわせて決議することになろう）。また、株主総会において、対象子会社の役員等の責任を免除する理由をどのように説明するかの問題もあり、一部免除のための決議を簡単になしうるとは限らない。

VI 代表訴訟等の対象となる役員等の責任

1 代表訴訟等の対象となる役員等

　株主代表訴訟の対象者、つまり被告となり得るものは発起人等である（会社847条1項）。具体的には、発起人、設立時取締役、設立時監査役、会社法423条1項の役員等（取締役、会計参与、監査役、執行役、会計監査人）、清算人である。

　代表訴訟の対象となる役員等の責任は任務懈怠責任（会社423条）であるが（任務懈怠責任だけに限られるかについて争いがある）、それに加え、取締役等（取締役・執行役）が会社に対して負う支払義務が代表訴訟の対象となる。この支払義務には、出資された財産等の価額が不足する場合（同法213条1項、286条1項）、出資の履行を仮装した場合（同法213条の3第1項）、株主の権利行使に関し違法な利益を供与した場合（同法120条4項）、分配可能額を超えて配当等をした場合（同法462条1項）等がある。

　さらに、払込みを仮装した設立時募集株式の引受人の責任（会社102条の2第1項）、不公正な払込金額で株式または新株予約権を引き受けた者等の責任（同法212条1項、285条1項）、違法な利益供与を受けた者の返還義務（同法120条3項）、出資の履行を仮装した募集株式の引受人の責任、新株予約権に係る払込み等を仮装した新株予約権者等の責任（同法213条の2第1項、286条の2第1項）も代表訴訟の対象となる。これらは、役員等ではなく第三者を代表訴訟の対象者とするのであり、一定の義務（支払義務・返還義務）の履行を求める代表訴訟である。

　多重代表訴訟の対象者は重要な子会社の役員等であり、その範囲は通常の代表訴訟と同様であるが、第三者に対する請求については、代表訴訟の対象とはしていない。

2 代表訴訟等の対象となる役員等の責任の範囲

(1) 役員の責任の範囲をめぐる争い

　代表訴訟は、株主による「役員等の責任追及等の訴え」（会社847条1項）と

規定され、多重代表訴訟は、「役員等の特定責任追及等の訴え」(同法847条の3第1項)と規定されている。そこで、代表訴訟等の対象となる「責任」の範囲をどのように解するか、旧商法時代から取締役の責任について問題にされてきた。法令の規定上、代表訴訟の対象となる責任の範囲は明確にされていないことから、取締役が会社に対して負う一定の債務も、代表訴訟の対象に含まれるとの解釈を生むのである。

旧商法は、代表訴訟を取締役の責任を追及する訴えと規定していたが(旧商267条1項)、代表訴訟の対象となる取締役の責任の範囲をめぐり見解が分かれていた。この問題について解決されることなく会社法に引き継がれたのである。すなわち取締役の「責任」と規定しているのみで、任務懈怠責任と規定していないことから、取締役の会社に対する取引上の債務のように、取締役の地位や権限とは関係なく負担した債務の履行責任、不法行為による損害賠償責任等が、代表訴訟の対象となる取締役の責任に含まれるという解釈を生んだのである。

(2) 代表訴訟等の対象に取引上の債務も含まれるとの立場

取引上の債務も代表訴訟の対象となる取締役の責任に含まれるとする立場(非限定説)は、代表訴訟制度を導入した当時から存在する見解であり、会社法の下でも承継され、現在でも多数説であると考えられる。[9]

非限定説の根拠は、役員間の特殊な関係からの提訴懈怠の一般的可能性は、取締役の責任についても、取引上の債務についても同様である。また、取締役は会社との取引によって負担した債務についても、誠実に履行すべき義務を負うから、取締役の地位に基づく責任のほか、取締役の会社に対する取引上の債務も含むべきであるとするのである。

さらに、実質的理由として、取締役が会社を代表して、他の取締役に金銭を貸し付け、それが弁済されないときは、貸し付けた取締役は貸付金の未弁済額の弁済責任を負い、それが代表訴訟の対象となるが、限定説では貸付けを受けた取締役の弁済責任は代表訴訟の対象とならないから不均衡であるというのである。

裁判例は従来から分かれていたが、控訴審において、代表訴訟の対象となる

---

[9] 鈴木竹雄＝石井照久『改正株式会社法解説』179～180頁。

取締役の責任は、取締役がその地位に基づいて負う責任を指すのであり、取締役の地位に基づかないで会社に負っている責任を含まないとして限定説によったが（大阪高判平成19・2・8金判1315号50頁）、最高裁判例では非限定説の立場をとった。

最高裁判所は、取締役が会社に対して責任を負う場合、役員相互間の特殊な関係から、会社による取締役の責任追及が行われないおそれがあるのは、取締役の地位に基づく厳格な責任に限らず、取引債務についての責任も含まれるとしたうえで、取締役は会社との取引によって負担する債務についても忠実に履行すべき義務を負うから、取締役所有名義の借用契約の終了に基づく、会社への真正名義の回復は株主代表訴訟の対象となるとした（最判平成21・3・10民集63巻3号361頁）。

判例と多数学説のとる非限定説の根拠は、役員相互間の特殊な関係からの提訴懈怠の一般的可能性である。そうすれば、代表訴訟の対象には取引上の債務だけでなく、不法行為責任も含まれるとしなければ一貫性に欠けることになる。しかし、提訴懈怠の一般的可能性を理由にするのであれば、会社に対する不法行為に基づく損害賠償債務だけでなく、取締役に就任する前から会社に対して負っている取引上の債務についても、代表訴訟の対象とすることが認められるはずである（大阪地判平成11・9・22判時1719号142頁）が、これは明らかに行き過ぎである。

(3)　**取締役の任務懈怠責任に限られるとの立場**

代表訴訟の対象となるのは、任務懈怠責任（会社423条1項、旧商266条1項5号）と会社法が特に規定した義務であるとする立場（限定説）は、代表訴訟の対象となるか否かは、提訴懈怠の可能性だけでなく債務の発生原因にも関係し、取締役の職務執行の適正を確保するために、取締役の職務執行に関連する行為が訴訟の対象となるとするのである。

したがって、代表訴訟の対象となるのは、発生原因において重要な責任（旧商266条1項）と資本充実責任（同法280条ノ13）であり、取引上の債務を含まないとし、昭和25年改正前の商法267条が、取締役に対する訴え一般を規定していたのに比べ、代表訴訟の認められる範囲は狭い。昭和25年改正法は個々の株主に代表訴訟の提起権を与え、株主の権限を強化しているが、他方、代表訴訟

の対象を責任の追及に限定し、それ以外の場合は、提訴するか否かを会社の決定に委ねるべきであるとしたのである[10]。

　提訴懈怠の可能性を理由に、代表訴訟の対象を広く認めるためには、会社に自ら提訴するかどうかの裁量権を認め、会社が不当に提訴しない場合にのみ、株主に代表訴訟の提起権を認めるという立法的配慮を必要とする。アメリカでは、代表訴訟の対象は会社自体が提訴する場合と同じ範囲で認められるが、会社が不当に提訴しない場合に限って株主による提訴が認められるのである。

　これに対し、わが国の場合は、会社に提訴するかどうかの裁量権が認められていないから、提訴を懈怠する危険性から取引上の債務を訴訟の対象に含めることは、代表訴訟を広く認めることになり会社の経営上の判断を制約しすぎることになる。そこで、限定説は、代表訴訟の対象となるのは、総株主の同意によってのみ免除が可能な取締役の責任に限るべきであるとするのである[11]。

3　代表訴訟等の対象となる取締役の責任の範囲の考え方

(1)　アメリカの代表訴訟との異同

　昭和25年改正商法は、アメリカ法の代表訴訟をアレンジして導入したものであり、アメリカ法における制度と同じではない。アメリカ法では、代表訴訟の対象は極めて広く、株主が提訴できる範囲は、注意義務の違反による損害賠償請求権、忠実義務違反の責任だけでなく、契約上の債務の履行請求、特定債務の履行請求、差止請求なども含まれ、株主が代表訴訟で請求することができるのは、会社自身が提訴する場合と同じ範囲であると考えられる。

　アメリカ法において代表訴訟の対象が広いのは、会社を組合的なものとみて、法人擬制説の影響を受けたことが背景にあると考えられる。元来、アメリカ法では会社法人格の独立性が弱いことに加え、発生史的には株主と取締役間の信任関係に基づき、取締役の責任は株主に対する信任義務違反に基づくものであり、会社の権利は株主の権利であるとの考え方によるものであり、クラス・アクションに由来し、現在でもそれから完全に脱却していない。

10　北沢正啓「株主の代表訴訟と差止権」田中耕太郎編『株式会社法講座第3巻』1145～1148頁。
11　北沢正啓「会社訴訟」石井照久ほか編『経営法学全集(19)経営訴訟』192～193頁、江頭憲治郎『株式会社法〔第6版〕』486頁、新谷勝『株主代表訴訟改正への課題』135頁。

しかし、代表訴訟の対象は広いものの株主が提起しうるのは、会社が提訴請求を不当拒否した場合と、法令違反を理由とするときに限られる。取締役等に対する責任追及訴訟を提起するか否かは、取締役会の経営判断事項としているのである。
　アメリカでは、株主訴訟（代表訴訟）は、取締役の株主に対する信任義務違反を理由に、株主の権利に基づく訴訟であり判例法上の制度として認められた制度である。そして、この訴訟が派生訴訟（会社の権利に基づく訴訟）に転換した後においても、代表訴訟により請求することができる株主の権利を広く解しながらも、株主が提訴するための厳格な要件を課している。わが国の株主代表訴訟は、このようなアメリカの制度を、法人格の独立性を確立したうえで会社の権利は会社が行使する法制であるとしたわが国の制度に接木したものである。
　わが国では会社が提訴を不当に拒絶したことを要件にすることなく、提訴請求後60日が経過すれば株主は提訴することができる。提訴に関する会社の裁量権は認められず、会社の意思も尊重されない。わが国では提訴請求の不当拒否を要件としないことから、代表訴訟の対象について、アメリカの場合と同様であるとは考えられない。
　そうすれば、代表訴訟の対象となる取締役の責任の範囲を、アメリカ法との差異を考慮することなく、役員間の特殊な関係による提訴懈怠の一般的可能性から、契約上の債務の履行請求、特定債務の履行請求を含むとする結論を導き出すのは適正ではなく、さらに検討する必要がある。
　昭和25年改正商法が導入したのは、アメリカ法の代表訴訟のうち取締役の責任（注意義務違反と忠実義務違反の責任）に関する部分であり、契約上の債務の履行請求、特定債務の履行請求は導入していない。差止請求については、別途、取締役の違法行為の差止請求として導入している（旧商272条、会社360条）。そうすれば、導入した部分からみても、代表訴訟の対象となる責任の範囲は、取締役の任務懈怠責任と、商法が特に規定した責任ということになる。

(2)　**わが国における代表訴訟の理解**
　わが国では、法人実在説に立脚し会社法人格の独立性が確立され、会社と株主とは別の人格者であるから、会社の権利は会社が行使すべきであり、株主が行使しうるものではないとされる。ところが、役員間の提訴懈怠の一般的可能

性を実質的理由として、例外的措置として、株主に代表訴訟提起権を認めたのである。そうすれば会社が請求する範囲と、株主が代表訴訟で請求する範囲が一致することにはならない。

　代表訴訟の対象となる取締役の責任の範囲の問題は、提訴懈怠の一般的可能性だけでなく、代表訴訟を認めた趣旨、それが認められる根拠、代表訴訟制度の構造等の関係から検討すべきである。

　株主代表訴訟は、GHQの指導の下に行われた昭和25年の商法改正により、アメリカの制度に倣って導入されたが十分に検討がなされたものとは思えない。昭和25年改正前の商法は、「株主総会において取締役に対する訴えを提起することを決議したときは、会社は決議の日より1か月以内に訴えを提起することを要す」としていたが（昭和25年改正前の商法267条）、これは会社による提訴であるから、訴訟の対象に取引上の債務が含まれていたと解することができる。

　株主総会の決議による取締役に対する訴えの提起という既存の制度を基礎にして、取締役の権限強化に対する、株主の地位の強化として、株主が直接取締役の責任を追及することができる代表訴訟の制度を導入したものとみることができる。

　代表訴訟の制度をほとんど検討したことがないわが国に、代表訴訟を急遽導入したのであるが、その際に代表訴訟の趣旨や根拠について十分に検討したとは考えにくい。代表訴訟導入の目的と趣旨を、提訴懈怠の一般的可能性に求めたのであるが、提訴懈怠の一般的可能性は、取締役の責任についてだけではなく、取引上の債務についてもいえることであるから、代表訴訟の対象となる取締役の責任には取引上の債務を含むとの解釈がなされたのであろうと推測することができる。

　しかし、昭和25年の商法改正前は、会社による訴訟であるから、その対象に取引上の債務が含まれていたが、代表訴訟制度は株主による会社の権利の行使であるから、株主が訴訟により請求する会社の権利は、会社が自ら行使する権利とは同じではないということを看過していたのではなかろうか。そして、今日に至るまで、この解釈が引き継がれている。

(3) **代表訴訟の対象——任務懈怠責任**

　非限定説は、代表訴訟の対象に取引上の債務を含むとする理由を提訴懈怠の

一般的可能性に求めている。しかし、提訴懈怠の一般的可能性は、代表訴訟制度を認める目的と理由であり、代表訴訟の対象となる責任の範囲を決めるものではない。会社の権利は会社が行使すべきであり、株主が代表訴訟において行使する場合は例外であるという代表訴訟制度の趣旨からみて、提訴懈怠の一般的可能性は、責任であっても、取引上の債務であっても同じであるから、取引上の債務も代表訴訟の対象に含まれるとするべきではない。また、取締役は取引上の債務であっても、誠実に履行する義務を負うのは当然のことであるが、それが代表訴訟の対象となるか否かとは別の問題である。

取引上の債務についても提訴懈怠の一般的可能性があり、会社が請求しない場合に、他に有効な方法がないとしても、これを理由に取引上の債務を代表訴訟の対象に含めるべきではないであろう。また、法も代表訴訟を取締役等の責任を追及する訴訟としている。加えて、代表訴訟の対象となる取締役の義務を規定しているから、取引上の債務を代表訴訟の対象に含めることはできない。これを含めることは代表訴訟の対象を拡張しすぎている。

また、代表訴訟の対象に取引上の債務を含めるとの立場があげる実際上の理由として、会社を代表して、他の取締役に金銭を貸し付けた取締役は、それが弁済されないときは無過失の弁済責任を負い代表訴訟の対象となるのに、貸付けを受けた取締役の弁済責任は代表訴訟の対象とならないのは不均衡であるとする。

しかし、金銭を貸し付けた責任は取締役としての責任であるのに対し、貸付けを受けた取締役が負うのは弁済債務の履行責任である。性質が異なるものを並べて、一方だけを代表訴訟の対象とするのは不均衡だから、両方とも代表訴訟の対象とせよということにはならない。弁済責任を果たした取締役は、弁済による代位として会社が有していた権利を行使できるから（民500条）、必ずしも不均衡とはいえないであろう。

金銭を貸し付けた取締役の責任を理由にするのは、金銭を貸し付けた取締役の弁済責任（旧商266条1項3号）が、無過失責任であると解されていたことが影響していた。しかし、会社法ではこの規定は削除されている。その結果、他の取締役に金銭を貸し付けた取締役の責任は任務懈怠責任として処理される。そこで、貸し付けたことに過失がなければ責任を負わない。自らの過失が問題

になるのであるから、もはや、不均衡を理由にする根拠は失われたことになる。

さらに、金銭の貸付けを受けた取締役の弁済債務を、代表訴訟の対象としなければ不均衡というのも、この説明では、それ以外の債務を代表訴訟の対象とすることの理由とはならない。

また、株主の代表訴訟提起権を確保するために、取締役等の責任を免除するためには、総株主の同意を必要としているが、取引上の債務の免除は取締役（会）の判断でなしうる。このことは、取引上の債務は代表訴訟の対象とならないことを意味するといえる。

そうすれば、代表訴訟の対象となる役員の責任は、任務懈怠による損害賠償責任（会社423条）ということになる。任務懈怠責任の範囲は広いことから、かく解しても支障はないのであり、それ以上に対象を拡大することは、わが国が導入した代表訴訟の趣旨を逸脱することになりかねない。

代表訴訟には、経営（会社業務）に対する監視機能という別の機能がある。このガバナンスとしての機能との関係からみても、取締役の職務上の地位や職務には関係なく生じた取引上の債務や特定債務の履行責任等は、代表訴訟の対象に含めるべきではないであろう。もっとも、代表訴訟を導入した当時においては、この機能は重視されていなかったという事情はある。

アメリカの場合と異なり、会社の提訴判断も訴訟終了判断も尊重されず、また、行為時株主の原則が適用されないことから、代表訴訟や多重代表訴訟の対象となる会社の権利を広く解すべきではない。しかし、判例のように代表訴訟の対象となる役員等の責任の範囲を広く解する立場が有力であることから、代表訴訟の対象となる役員等の責任の範囲を明確にするために、立法的措置を講ずる必要があるといえる。

(4) **多重代表訴訟の対象となる役員等の責任**

多重代表訴訟の対象となる取締役等の責任についても、通常の代表訴訟の場合と同様に考えるべきである。また、最終完全親会社株主は、子会社とは直接の関係にないばかりか、多重代表訴訟は最終完全親会社株主の保護を図ることを目的とするから、子会社役員等の子会社に対する取引上の債務、物の引渡し、登記申請義務などを訴訟の目的とすべきでないことはより明白である。

多重代表訴訟は、親会社株主が子会社の役員等の責任を追及する訴訟という

構造上、対象となる責任の範囲を制限的に解するのは当然であると考えられる。多重代表訴訟の対象となる特定責任認定の基準時は、対象子会社の役員等の「責任の原因となった事実が生じた日」としているが（会社847条の3第4項）、責任の原因となった事実とは、役員による任務懈怠行為または会社法所定の責任原因たる事実が行われた日のことであり、取引上の債務、特定物の履行義務、登記申請義務などが生じた日であるとは考えられない。

4 特定債務の履行請求と代表訴訟等

代表訴訟の対象を任務懈怠による損害賠償責任に限らないとする立場には、取締役が会社に対し負っている特定物の引渡義務や登記義務（登記申請義務）などの特定債務の履行義務も代表訴訟の対象となるとする考え方がある。これは代表訴訟の対象に契約上の債務の履行請求を含め、さらに、これを金銭債権以外の債権（請求権）に拡張する考え方である。

しかし、代表訴訟の対象を広く認めるアメリカ的な考え方を、会社法人格の独立性が確立されているわが国において（会社の権利は会社が行使すべきであり、株主が代表訴訟で行使するのは例外的なものであると考える）、提訴懈怠の一般的可能性を理由とできるかという根本的な問題がある。

この点、判例は、役員相互間の特殊な関係から、取締役の地位に基づく厳格な責任に限らず、取引債務における責任についても会社による取締役の責任追及が行われないおそれがあることを理由に、取締役の会社に対する真正名義に回復するための登記申請義務も代表訴訟の対象となるとしている（最判平成21・3・10民集63巻3号361頁）。

わが国において、代表訴訟の対象となるのは金銭債権であると考えるのが一般的であるところ、特定物の引渡義務や登記義務（登記申請義務）などの特定債務の履行請求を、代表訴訟の対象とする理論的根拠は明白でない。おそらく、債権者代位訴訟と同じ発想によるものではないかと考えられる。債権者代位権の対象となるのは金銭債権であるが、現在では、金銭債権以外の債権（たとえば、登記請求権）についても債権者代位権により行使できるという転用理論の考え方が一般化している。この債権者代位権の転用理論を代表訴訟に持ち込み応用したものではないかと考えられる。

古い裁判例には、傍論ではあるが、株主が債権者代位権に基づき、会社の代表取締役に対する登記抹消請求権を会社に代位して行使することは、代表訴訟の認められる範囲を超えるものとして許されないとした判決がある（東京地判昭和31・10・19下民集7巻10号2931頁）。

 株主は代位債権者ではないから債権者代位権を行使することはできない。そこで、これを代表訴訟に持ち込み、債権者代位権の転用理論とあわせ、会社の無資力を要件とすることなく、金銭債権でない特定物の引渡請求権や登記請求権を代表訴訟の対象としたのではないかと推測することができる。

 その実質的理由として、これを認めなければ株主がとりうる方法がほかにないことに配慮したものと考えられる。結論としては妥当であるといえる。しかし、会社の権利は会社が行使すべきであり、株主は代表訴訟により会社の権利のすべてを行使できるものではないという、代表訴訟の趣旨を変えることはできないであろう。

 会社が権利行使しないことにより、会社が権利を失った、あるいは得べかりし利益を得られなかった場合には、株主は代表訴訟により代表取締役の任務懈怠責任を追及するという方法によるしかないであろう。

 代表訴訟の対象に、金銭以外の給付請求権を認めるという広い解釈をとるにしても、登記請求権や一定の作為・不作為を訴訟の対象としうるかという問題がある。登記請求権は登記義務者に登記申請手続をすることを求めるものであるが、その性質は意思表示を求める請求である（したがって、原告＝登記権利者は勝訴判決に基づき、自ら登記手続をなし得ることになる）。

 このような、登記請求権や作為・不作為請求を代表訴訟の対象とすることは、わが国の代表訴訟制度が予定している役員の責任とは大きくかけ離れているといえよう。

 会社法上の責任に限らず、取引上の債務等も含まれるとした場合、取締役だけでなく、監査役等についても同様に取り扱わざるを得ないが、それは代表訴訟の対象として適正とはいえない。代表訴訟は、役員等の責任を追及することにより、会社の損害を回復し、株主の損害を回復することを目的とするが（損害回復機能）、その責任に債務不履行責任や、特定債務の履行責任を含めるとは解されない。これらが、債務不履行により損害賠償責任となった場合も同様

である。

VII 代表訴訟等の係属中に訴訟要件を欠いた場合の取扱い

1 提訴要件である株主等でなくなった場合

　原告は代表訴訟の係属中を通じて株主であることが要求される。そこで、通常の代表訴訟については、訴訟の係属中に株主でなくなれば、株式交換等により完全親会社の株主となった場合を除き（会社851条）、原告適格を失うから訴えは却下されることになる。

　株式を全部譲渡すれば原告適格を失うが、この場合、株式の譲受人は代表訴訟を承継しない（譲受人は原告の地位を承継しない）。一方、原告が死亡すれば相続人が原告の地位を承継する。

　全部取得条項付種類株式等を用いて、原告株主が会社（多重代表訴訟の場合は最終完全親会社）から排除された場合は、原告は当該会社の株主でなくなるから原告適格を失う。しかし、株主の地位を失わせた株主総会の決議が取り消された場合は株主たる地位を失わない。

　ところが、旧会社法は当該決議の取消しにより取締役等となる者に株主総会等の決議の取消しの訴えの提起権を認めていたものの（旧会社831条1項）、株主については規定を設けていなかった。しかし、キャッシュ・アウトされた株主に決議取消しの訴えの提起権を認めれば、決議取消しの訴えに勝訴することにより株主の地位を回復する可能性がある。そこで、もはや株主でないとして決議取消しの訴えの提起権を認めないのは不公正であることから、これを認めた裁判例もある（東京高判平成22・7・7判時2095号128頁）。

　改正法は、株主総会の決議が取り消されることにより、株主の地位を回復する者に決議取消しの訴えの提起権を認めた（会社831条1項）。したがって、株主資格を失った原告が、自己の株主たる地位を失わせた原因である全部取得条項付種類株式に関する株主総会決議等に対し、決議取消しの訴えを提起し、それに勝訴すれば株主たる地位を失わないことになる（株主たる地位を回復する）。

　すなわち、原告株主は代表訴訟が却下される前に、決議取消しの訴えを提起すれば、代表訴訟の却下を免れると考えることができる。この場合、決議取消

しの訴えを本案訴訟として、株主たる地位を保全する仮処分によることも可能である。

多重代表訴訟については、最終完全親会社の議決権総数の1％以上を有する少数株主であることが原告の適格要件であるから、訴訟の係属中に持株の全部または一部を譲渡することにより、この要件を欠くことになれば原告適格を失うことになるのは、通常の代表訴訟の場合と同様である。

数名の株主の議決権を合わせて、議決権総数の1％以上という要件を満たすことから、共同訴訟人として提訴している場合に、その1人以上の株主が株式を譲渡したため、議決権総数の1％以上という要件を欠くに至った場合も原告適格を欠くことになる。

多重代表訴訟の係属中に、第三者割当ての募集株式の発行が行われ、あるいは新株予約権が行使されたことにより新株が発行され、その結果、原告が議決権総数の1％以上を有する株主という要件を欠いた場合については、会社の行為によるものであるばかりか、原告適格者を議決権総数の1％以上を有する株主とした趣旨に反しないから、原告適格を失わないと解される。理由のいかんを問わず、議決権総数の1％以上を有する株主であるとの要件を欠いたのであるから、原告適格を失うとの形式的な解釈によるべきではない（前記Ⅰ3(3)参照）。

代表訴訟の係属中に株式移転が行われ、原告が完全親会社（持株会社）の株主となり、当該会社の株主でなくなった場合について、裁判例は、代表訴訟は株主が当該会社の取締役等の責任を追及する訴訟であるから、いかなる理由にせよ当該会社の株主でなくなれば原告適格を失い、訴えは却下されるとしたものがある（東京地判平成13・3・29判時1748号171頁）。この裁判例は、その後大和銀行株主代表訴訟の和解などに影響を与えた。

この裁判例に対しては、形式的であり不都合であるとの指摘が多い。会社の実態に変更はなく、完全子会社となっただけであり、原告も完全親会社の株主となったが、原告の投資関係にも変化がないなどを理由とする。この点、原告適格の継続を認めるための解釈論的努力がなされていたが、原告が当該会社の株主であることを要件とする代表訴訟において、完全親会社の株主になった原告に訴訟追行権を認めることは、解釈論として容易ではないから、立法的措置

が必要であるとされた。

2　会社法と訴訟追行権の継続規定

　会社法は、このような状況を踏まえて、株式交換等により原告が完全親会社の株主となった場合、または合併後存続会社の完全親会社の株主となった場合（いわゆる三角合併）について、原告適格を失わないとして立法的に解決した。すなわち代表訴訟の係属中に株式交換等が行われ、原告が当該株式会社の株主でなくなった場合でも、完全親会社等の株主となった者は、代表訴訟等の追行権を失わないとする規定を設けたのである（会社851条1項）。

　責任追及等の訴え（代表訴訟）を提起した株主または会社法849条1項の規定により参加人として当該責任追及等の訴えに係る訴訟に参加した株主が、当該訴訟の係属中に株主でなくなった場合であっても、その者が、①当該株式会社の株式交換または株式移転により、当該株式会社の完全親会社の株式を取得したとき、②その者が当該株式会社が合併により消滅する会社となる合併により、合併により設立する株式会社または合併後存続する株式会社の完全親会社の株式を取得したとき（三角合併）[12]には、訴訟を追行できる（会社851条1項）。なお、原告株主が、新設合併または吸収合併存続会社の株主となった場合は、特別の規定を待たず原告適格を失わない。

　このように、会社法は、代表訴訟を提起した株主または訴訟参加規定（会社849条1項）により共同訴訟人として当該代表訴訟に参加した株主[13]は、訴訟の係属中に株式交換等または合併が行われても、完全親会社等の株主となった場合は、原告適格を失わないとしている。しかし、それは、代表訴訟の係属中に株式交換等が行われた場合であるから（同法851条1項）、役員等の責任または義務の原因たる行為（責任または義務の理由となる事実）がなされた後であっても、代表訴訟を提起する前に、株式交換等または合併が行われた場合は、代表訴訟を提起することはできない。

12　三角合併とは、合併後存続会社A社が、消滅会社B社の株主に対し、A社の株式ではなくA社の完全親会社C社の株式を交付するという合併方法である。
13　株主は共同訴訟参加することができないから、ここでいう共同訴訟人は補助参加人ということになろう。

株式交換等または合併がなされたのが、代表訴訟の提起の前か、後かにより取扱いを異にするのは適切ではない。そこで、改正法は旧株主による責任追及等の訴え（会社847条の2第1項）を認め、株式交換等または合併が先行する場合についても、旧株主の提訴権を保障したのである。

3 訴訟の係属中に会社等に生じた事情と訴訟に与える影響

代表訴訟の係属中に、会社または最終完全親会社に生じた事情により、原告が訴訟を継続することができなくなった場合、たとえば会社または最終完全親会社が解散し、清算の結了または破産手続が終了することにより、当該会社が存在しなくなり、原告が株主たる地位を失った場合には、原告適格を失い訴訟は終了する。

また、訴訟の係属中に、訴訟の帰属主体である会社または当該子会社が破産した場合は、訴訟により請求する権利（財産）は破産財団に組み込まれるから、原告は訴訟追行権を失い訴訟手続は中断する（破44条1項）。そして、訴訟において請求している損害賠償請求権は破産財団に属する権利として破産管財人が訴訟を承継することができる。訴訟を承継（受継）するか否かは、管財人の判断に委ねられる（東京地決平成12・1・27金判1120号58頁）。

ところで、訴訟手続が中断するのは、訴訟当事者について破産手続開始決定があった場合である（破44条1項）。しかし、代表訴訟等の会社または当該子会社は訴訟当事者ではないから、これについて破産手続開始決定があった場合は、訴訟手続は中断しないのではないかという問題が生ずる。この点、会社は形式的には代表訴訟の当事者ではないから、訴訟手続は中断しないと考えるべきではない。そこで、債権者代位訴訟（民423条）においては、債務者の破産により中断することから（破45条1項）、これを類推適用し、代表訴訟の場合は、債務者（被告役員等）の破産でなく、債権者（当該会社等）の破産ではあるが、訴訟は中断し破産管財人が訴訟を受継することができると解される（同条2項）。

多重代表訴訟特有の問題として、対象子会社と最終完全親会社との間に完全親子会社関係があること（中間子会社による間接保有を含む）が要求されていることから、訴訟の係属中に、最終完全親会社または中間子会社が子会社株式の全部または一部を譲渡したことにより、完全親子会社関係が解消され、対象子

会社に少数株主が存在するに至り、完全親子会社関係でなくなった場合が考えられる。この場合、多重代表訴訟の要件を欠くことになるから、訴えは不適法となるであろう（第9章Ⅳ1参照）。

次に、最終完全親会社の上に、新たな株式会社である完全親会社が生じ、当該最終完全親会社が最終完全親会社でなくなった場合が問題になる。この場合、株式交換等により原告が新たな最終完全親会社の株主となった場合は、原告適格を失わないと解される（会社851条1項）。しかし、原告がその株主とならなかった場合は原告適格を失うことになる。

4　会社等の権利の処分と代表訴訟等の帰すう

(1)　会社等による権利の譲渡

(ア)　原　則

会社等は役員から損害賠償金の支払いを受け、あるいは代物弁済により損害賠償債権を消滅させるのが本来的な処理であるが、それ以外の方法で損害賠償債権を処理できないというわけではない。

代表訴訟等により株主が訴訟で請求する権利は、会社等の役員に対する損害賠償請求権であるから第三者に譲渡することができる。会社等がその権利を譲渡し、または相殺等に用いた場合は会社等の権利が消滅するから、株主は代表訴訟等を提起することはできない。すなわち訴訟の係属中に会社等がその権利を譲渡した場合は、代表訴訟等による請求は棄却されることになる。一部譲渡の場合は、請求を減額しなければ、一部敗訴となる。

会社等による権利の処分は、役員の責任免除の場合と異なり特別の規制がないから、業務執行者（経営者）がその判断で行うことができる。代表訴訟の提起後であっても、会社はその権利に対する管理処分権を失わないから、譲渡等の処分を禁止することは難しい。代表訴訟の提起後であっても、会社は当該権利に関する管理処分権を失わない以上、取締役の判断で損害賠償請求権を譲渡することができるから譲渡は有効であるといえる。

(イ)　例外——役員等の恣意的判断による場合

しかし、会社の権利の譲渡等の処分を、代表訴訟対策として役員等が恣意的に行えば、代表訴訟制度の存在意義が失われることになる。代表訴訟を回避す

る目的で、会社が損害賠償請求権を第三者に譲渡することは、特段の事情がない限り、法の趣旨を潜脱するものとして無効である。しかし、役員等の代表訴訟回避のため等の恣意的判断によるものでないのであれば、損害賠償請求権の譲渡を禁止することは難しく、それが有効になされたか否かは、譲渡価格が適正で、会社が損害賠償債権を回収できたかどうかを基準にして判断することになろう。

　もっとも、会社の権利譲渡を役員等の恣意的判断の目的によるものとする立証は容易ではない。そこで、代表訴訟が提起され、または提起が予定されている場合に、会社が損害賠償請求権を譲渡した場合は、特段の事情がない限り、取締役に対する代表訴訟による責任追及を回避する目的でされたものと推認するとすることができるとする裁判例がある（東京地判平成17・5・12金法1757号46頁）。推認であるから、責任追及を回避する目的を推認される事情が認められることが必要である。この場合、対価の相当性が重要な要素となる。

　役員等が恣意的に譲渡するのではなく、清算の必要など正当な目的による場合は、譲渡を無効とする必要はない。損害賠償請求権の譲渡が、代表訴訟を回避する目的でされたものと推認され無効とされるのは、正当な理由なしに譲渡された場合である。しかし、代表訴訟の回避目的の譲渡と推認される場合であっても、譲渡が取締役と利害関係のない清算人により、特別清算の早期終結を目的としてなされ、譲渡先および譲渡価格も適正であり、監査委員の同意を得るなどの適正手続が履践されており、譲受人も損害賠償請求の履行を求めていることなどを総合すれば、前記推認を覆す特段の事情が認められるとの裁判例がある（前掲東京地判平成17・5・12）。妥当な判決であるが、このような場合は、そもそも代表訴訟の回避目的の譲渡と推認されないであろう。

　株主が代表訴訟を提起した後に、会社がその権利（損害賠償請求権）を預金保険機構に譲渡した事案において、代表訴訟の提起後であっても会社は当該権利に関する管理処分権を失わないから、預金保険機構は権利を譲り受けることができるとしたうえで、預金保険機構が、譲受債権に基づき損害賠償請求を提起した場合は、代表訴訟は棄却されることになるとする裁判例がある（和歌山地判平成12・2・15判時1736号128頁）。

　代表訴訟の係属中に、会社が訴訟の対象となる権利を譲渡することは好まし

くないかもしれないが、適正になされるのであれば禁止する理由もない。そして、適正であるか否かは、譲渡の対価が公正であるか否かにかかる。公正な対価は債権額でなくても適正な価格であればよい。公正な対価であれば、会社の損害は回復されたことになるから（完全な損害回復でない場合もある）、代表訴訟で原告が勝訴したのと同じ結果となり株主の利益に反しないことになる。

(ｳ) 会社等の権利の処分が不当な場合の対応

権利の処分価格が公正でない場合など代表訴訟の回避など不当な目的が認められる場合は、権利濫用法理や脱法行為として無効とすることが考えられるが、株主が詐害行為取消権（民424条）を用いることは難しい。また、不当目的があるか否かを別にして、公正な対価によらない処分は、取締役の任務懈怠にあたるとして、損害賠償責任が生ずる（会社423条）からあらためて訴訟提起することもできる。あるいは違法行為の差止請求（同法360条1項）という方法も考えられなくはない。

(エ) 多重代表訴訟の場合

多重代表訴訟の提起後であっても、子会社はその権利に対する管理処分権を失わないから、子会社の権利の処分は子会社の業務執行者（経営者）の判断で行うことができる。そこで、多重代表訴訟の提起後に、子会社がその権利を譲渡した場合も同様に考えることができる。

(2) 会社等による権利の譲渡以外の処分

会社等が譲渡以外の方法で権利を処分した場合でも、会社等が弁済を受けた場合と同様に訴訟の対象である会社等の権利がなくなるから、株主は代表訴訟等を提起することはできない。代表訴訟の係属後であれば請求棄却となる。会社等が譲渡以外の方法で権利を処分することが許されるのは、責任の免除規制の脱法行為でないことはもとより、現実に会社が弁済を受けたのと同様の満足を得た場合に限られるはずである。

会社等による譲渡以外の方法での権利の処分の代表的な場合は、相殺であるが、会社が役員に対し債務を負担している場合に、役員に対する損害賠償請求権（債務不履行に基づく損害賠償請求権）をもって相殺することを制限する必要はない。

問題になるのは、会社等が役員に対して有する損害賠償請求権をもって、役

員等の報酬または支払われるべき退職慰労金と相殺する場合である。会社等が、規定に基づき報酬や退職慰労金を支払わなければならない場合は、損害賠償請求権と相殺することは許される。会社等は損害賠償請求権を行使しないが、役員も退職慰労金等の支払いがされないという趣旨のものであるから、損害賠償請求権の金額と退職慰労金等の金額の均衡が保たれている場合は、有効な相殺であるということができる。

　これとは異なり、役員が会社等に対し損害賠償責任を負った後に、役員報酬を引き上げたり、退職慰労金を支払うこととして、損害賠償請求権と相殺することは、適正な反対債権によるものではないから許されない。

　違法な退職慰労金を支払ったとして、取締役の責任を追及する代表訴訟が提起された後に、会社が被告取締役等に違法に支払った退職慰労金と同額の貸付けを行い、被告取締役等が借入金により損害賠償債務を弁済したという事例がある。

　判決は、形式的にみれば、本件返済処理により損害賠償債務は完済されたことになるが、被告らには退職慰労金を返済し会社の資産を速やかに回復させる義務があるのに、これでは損害賠償債権が貸付金債権に変わっただけであり、会社の資産には実質的に何ら影響を与えるものではないことから、このような処理は容易に行えるが、これにより株主は取締役の違法行為による責任を追及できず、代表訴訟が機能しなくなるという不都合が生ずるとして、本件処理によっても、被告らの損害賠償責任は消滅しないとした（名古屋高判平成10・9・29判時1678号150頁）。

　確かに、この方法では、損害賠償債権が貸付金債権に変わっただけであり、会社の資産は実質的に増加しないから、有効な弁済といえるのかという疑問が生ずる。この処理方法が、架空の貸付けによる弁済としてなされた場合は、弁済は無効であって損害賠償責任は消滅しないから、係属中の代表訴訟に影響を与えることはない。

　これに対し、単に、帳簿上の操作だけではなく、会社が適法な手続により被告らに金銭を貸付け、被告らが真実弁済義務を負う場合は、それにより損害賠償金を支払った場合は、実質的には損害賠償請求権が貸付金債権に変わっただけであるとしても、相殺とは異なり損害賠償義務を果たしたといえるから、有

効な債務の履行として損害賠償債務は消滅したといわざるを得なくなる。これは、旧債務（会社の損害賠償請求権）を消滅させるが、新債務（借受金債務）を発生させるという、更改（民513条1項）に類する契約と考えることができる。被告取締役等の支払能力や早期処理からみて、この解決方法が適切であると考えられる場合がある。

かかる取扱いを有効とすれば、貸付金債権が代表訴訟の対象となるかという問題になるが、これを積極的に解する立場によれば、訴えの変更の可否の問題になる。これは、多重代表訴訟についても同様に考えることができる。

もとより、会社が取締役に貸し付けた金銭が弁済されない場合は、貸し付けた取締役の善管注意義務違反（任務懈怠）の責任が生ずることもありうる。そして、この任務懈怠の責任については、代表訴訟等により責任を追及することは可能である。

Ⅷ 代表訴訟等と監査役等の訴訟権限

株式会社と取締役間（取締役であった者を含む）の訴訟については、原則として、株主総会で会社を代表する者を定めることができるが（会社353条）、特に定めない場合には、代表取締役が会社を代表する。

しかし、会社が取締役に対し責任追及訴訟を提起し（株主から提訴請求を受ける場合も同じ）、または取締役が会社に対して訴えを提起する場合は、公正を期すために、代表取締役等本来の会社代表者は、会社を代表して提訴し得ないことになっている。

この場合、監査役設置会社については、監査役が会社を代表することになる（会社386条1項）。監査等委員会設置会社の場合は、監査等委員会が選定する監査等委員であり（同法399条の7第1項2号）、指名委員会等設置会社の場合は、監査委員会が選定する監査委員が会社を代表する（同法408条1項2号）。

多くの会社は監査役設置会社であるから、一般に、会社と取締役間の訴訟については、監査役が会社を代表することになる（なお、会社と取締役以外の者との間の訴訟については、原則に戻り代表取締役が会社を代表する）。このように、監査役には、特別の訴訟権限が認められている。

代表訴訟等の場合でも、監査役は、株主から提訴請求を受け（会社386条2項

1号)、株主から代表訴訟を提起した旨の訴訟告知、和解内容の通知および催告を受ける権限を有する（同項2号)。また、会社が被告取締役等に補助参加する際の同意権も監査役が有する（同法849条3項1号)。このように、監査役は代表訴訟においても、重要な権限が与えられているが、その権限を独立かつ公正に行使しなければならない。

　監査役が複数存在する場合は、監査役各自が会社を代表することになる。しかし、各監査役が別々に会社を代表して訴訟を行うことは認められないから、共同して会社を代表するか、監査役間の協議または監査役会の決議により、会社を代表する監査役を決めることが必要であろう。

　これらの監査役の権限は、通常の代表訴訟における当該株式会社の取締役、多重代表訴訟における対象子会社の取締役、旧株主による責任追及訴訟の場合の株式交換等完全子会社の取締役に共通するものであるから、同様に考えればよい。

第11章 代表訴訟等の提起とその手続

I 代表訴訟等の提起のための手続

1 代表訴訟等の提起と要件

　代表訴訟等を提起するためには、株主等は権利の帰属主体たる株式会社等（株式会社、対象完全子会社、株式交換等完全子会社）に対し提訴請求をすることが必要である。そして、提訴請求を受けた会社が、60日以内に責任追及等の訴えを提起しないときは（提訴しない理由を問わない）、提訴請求をした株主等が提訴資格を取得し、当該会社のために代表訴訟等を提起することができる。

　株主等が提訴請求をするためには、6カ月以上の継続的株式保有を必要とする。その起算点は、通常の代表訴訟と多重代表訴訟については提訴請求前6カ月であるが（会社847条1項、847条の3第1項）、旧株主による責任追及訴訟の場合は、株式交換等または吸収合併前6カ月である（同法847条の2第1項）。

　通常の代表訴訟と旧株主による責任追及訴訟については、保有議決権数等による制限はないが、多重代表訴訟については、最終完全親会社の総株主の議決権等の100分の1以上を有することが必要である（会社847条の3第1項）。

　訴訟で請求するのは、株式会社等の権利（訴訟物）である。そして、「当該株式会社等のために」提訴するとして、法定代位訴訟の法形式をとることから、原告株主等が受けた判決の効力は株式会社等に及ぶ。訴訟で請求するのは、任務懈怠による損害賠償責任（判例と多数学説は、責任の範囲を広く解し、任務懈怠責任に限らないとしている）と法定の義務の履行請求権であるから、給付請求訴訟である。株式会社等に対する給付（支払い）を求めるのであり、原告株主等に対し給付を求めるのではない。訴訟当事者でない株式会社等に対する給付を求めるのが代表訴訟等の特徴である。

2　代表訴訟等と訴状の記載事項

　代表訴訟等の提起も、民事訴訟の一般原則に従い、訴状を管轄裁判所に提出する方法で行う（民訴133条1項）。訴状の記載事項は、当事者と請求の趣旨および原因である（同条2項）。

(1)　当事者

　原告は株式会社等に対し提訴請求をした株主等である。被告となる者は株式会社等の役員等として法定されているが、この中から、株式会社等に対し責任を負うとされる役員等（退任者を含む）が被告となるのである。被告とされる役員等は、提訴請求により被告とすべきとした者に限られる。そうでなければ、株式会社等が提訴判断をしていない者に対する提訴を認めることになる。反対に、提訴請求により被告とすべきとした者全員を、被告としなければならないわけではない。提訴段階で責任があると認められる役員等に絞るべきである。

(2)　請求の趣旨

　被告役員等に対し請求する賠償額である。「被告役員等は、株式会社等に対し、金×××万円を支払え」となる。特定債務の履行請求や登記請求を代表訴訟の対象とする立場では、どのような債務の履行を求めるのか、どのような登記手続を求めるのかを記載することになる。

　提訴請求書に記載した金額（請求の趣旨）に拘束されることはないから、訴状に請求の趣旨として記載する金額は、提訴請求書に記載した金額を減額することが可能なことはもとより、損害賠償額を提訴請求の段階で特定することは困難なことから、提訴時に計算し直して増額することも許される。

(3)　請求の原因

　請求の原因は、原告株主等の請求を特定の権利主張として構成するために必要な事実（訴訟物＝請求を特定するための事実）である。つまり、被告らが、どのような事実に基づき会社に対し、損害賠償責任または義務の履行をしなければならないかを特定し、原告株主等の請求の理由づけとするに足る事実である。

　提訴請求書に記載した請求を特定するに足る事実と、訴状に記載する請求原因事実が同一であることが要求されるかという問題がある。同一性が要求されないとすれば、提訴請求前置主義との関係で、提訴請求の対象とされていない

事実については、会社の提訴判断を経ることなく提訴することになり、提訴請求を要する趣旨に反することになる。

しかし、提訴請求の段階では、株主等が役員等の責任原因となる事実を正確に把握することは困難であるから、提訴請求書の記載はある程度概括的なものになることはやむを得ない。提訴請求書に記載した事実とは別の事実で、代表訴訟等を提起することができないとするのは硬直的にすぎるだろう。その後に判明した事実により請求原因を構成すべきである。

そこで、全く異なる事実を請求原因とすることはできないが、提訴請求書に記載した事実と基本的に同一の事実と認められる範囲内では、提訴請求書に記載しなかった事実についても、代表訴訟等の請求原因とすることができるといえよう。

3　代表訴訟等の提起

(1)　管轄裁判所

責任追及等の訴えは、株式会社または株式交換等完全子会社の本店の所在地を管轄する地方裁判所の専属管轄に属する（会社848条）。改正前は通常の代表訴訟しか認められていなかったことから、会社の本店の所在地を管轄する地方裁判所の専属管轄に属するとしていたが、改正法の下では、通常の代表訴訟、旧株主による責任追及訴訟、多重代表訴訟が存在することになったので、管轄裁判所を一括して規定したのである。

通常の代表訴訟の場合は当該株式会社の本店所在地を、多重代表訴訟の場合は対象子会社の本店所在地を、旧株主による責任追及訴訟の場合は、完全子会社となった会社（株式交換等完全子会社）または合併後存続会社の本店所在地（登記記録の記載による）を、管轄する地方裁判所が管轄裁判所となる。

専属管轄であるから、これに違反した場合は管轄違いとなり、受訴裁判所は申立てまたは職権により管轄裁判所に移送することになる（民訴16条1項）。

同一の会社の権利（請求権＝訴訟物）に基づき、複数の株主が共同原告として提訴した場合は1つの請求である。複数の株主がそれぞれ個別の提訴請求を経て、同一の請求（訴訟物）について別個に代表訴訟を提起した場合は併合して審理することになる。

(2) 訴額の算定

　訴額は、原告が勝訴判決により得る利益に基づき算定されるが、金銭請求の場合は請求金額が訴額となる。ところが、代表訴訟等の場合は、勝訴の利益は株式会社等に帰属することから、原告が勝訴判決により得る利益は、株式会社等の得る利益と同一ではないから算定は不可能である。過去には、代表訴訟の訴額をいくらとみるかについて実務の取扱いは統一されておらず、算定不能とする立場と、代表訴訟により請求する金額によるとする立場（東京地方裁判所など）があった。後者による場合は、貼用印紙額との関係で、一部請求をするという方法が検討されていた。

　平成5年の商法改正により、請求金額のいかんを問わず、非財産上の請求とみなし訴額の一律定額化が図られ（旧商267条5項）、バブルの崩壊という当時の社会・経済的事情と相まって、代表訴訟の提訴件数が増大したと指摘されている。

　代表訴訟により勝訴した原告株主の受ける利益は、直接の利益ではなく、また会社の受ける利益と同一ではないから、算定は不可能である。そこで、財産上の請求ではあるが、非財産上の請求とみなすのは当然の措置といえよう。

　会社法もこれを承継し、訴額の算定について財産権上の請求でない請求に係る訴えとみなすとした（旧会社847条6項）。そして、改正法はこれを承継したうえで、代表訴訟等の訴訟費用について統一的に規定した（会社847条の4第1項）。

　そこで、原告の請求金額にかかわらず、訴額は一律に160万円となり、貼用印紙額は1万3000円となる（民訴費4条2項・別表第1）。その結果、いかに巨額の請求であっても、非財産上の請求とみなされることから、貼用印紙額は1万3000円である。すなわち、原告や被告の人数や訴訟物の個数にかかわらず、1つの請求として提訴する限り、訴額は一律に160万円とする趣旨である[1]。このように、当事者の頭数を問わないから、原告や被告が多数の場合、また訴訟による請求（訴訟物）が複数であっても、訴額は一律に160万円となる。

　改正法の下では、通常の代表訴訟、多重代表訴訟、旧株主による責任追及訴

---

[1] 江頭憲治郎＝門口正人編集代表『会社法大系(4)組織再編・会社訴訟・会社非訟・解散・清算』442頁〔松山昇平＝門口正人〕。

訟が存在するが、訴額の算定についてこれを一括して財産権上の請求でない請求に係る訴えとみなすとされた（会社847条の4第1項）。そこで、いずれの類型の代表訴訟であっても、訴額は一律に160万円となる。原告が複数の場合であると、被告が複数であるとを問わず、また、訴訟による請求（訴訟物）が複数の場合（客観的併合）も変わらない。

【書式】 多重代表訴訟の訴状の記載例（子会社取締役の法令違反行為と監視義務違反等の責任追及の場合）

訴　　　状

平成○年○月○日

○○地方裁判所　御中

東京都○○区・・・・・
　　　原　　告　　　A
東京都○○区・・・・・
　　　原告訴訟代理人弁護士　X
東京都○○区・・・・・
　　　被　　告　　　B
東京都○○区・・・・・
　　　被　　告　　　C

多重代表訴訟による損害賠償請求事件
　訴訟物の価額　　160万円
　ちょう用印紙額　1万3000円

第1　原告の適格要件等
　1　株式会社甲（以下、甲社）は、株式会社乙（以下、乙社）の完全子会社であるが、乙社は甲社の最終完全親会社である。被告B・Cは甲社の取締役である。
　2　被告B・Cの、後記請求原因に記載した責任の原因となった事実が生じた日において、甲社は、特定責任追及の訴えの要件（会社法847条の3第4項、同法施行規則218条の6）を満たす乙社の重要な完全子会社であった。
　3　原告Aは、提訴請求の6か月前から、乙社（最終完全親会社）の総株主の議決権の100分の1以上の議決権を有する株主である。

4　Aは、平成〇〇年〇月〇日、甲社（監査役設置会社）の監査役に対し、書面によりB・Cに対し、特定責任追及の訴えを提起するよう請求した。
　　しかし、甲社は請求の日から60日が経過するも、B・Cに対し特定責任追及の訴えを提起しなかった。
第2　請求の趣旨
　　被告らは、甲社に対し、連帯して金×××万円およびこれに対する本訴状送達の日の翌日から、支払済みまで年5分の割合の金員を支払え
　　訴訟費用は被告らの負担とするとの判決ならびに仮執行宣言を求める。
第3　請求の原因
　1　原告Aは、第1に記載したように、重要な完全子会社甲社の取締役B・Cに対する特定責任追及の訴えを提起することができる最終完全親会社乙社の株主である。
　2　被告Bは甲社の代表取締役、被告Cは同社の業務執行取締役であるが、平成××年×月×日、Cが、Yが発注した工事の受注に際し、不当な取引制限規制に違反する独占禁止法違反の行為（談合）をしたとして、甲社は公正取引委員会から金×××万円の課徴金納付命令を受け、平成××年×月×日、右課徴金の全額を国庫に納付した。
　　それにより、甲社に課徴金相当額の損害が生じたが、それは取締役Cの任務懈怠行為（法令違反行為）によるものである。
　3　被告Bは、①甲社の代表取締役として、Cが独占禁止法に違反する行為をしないよう監視すべき義務があるのに、それを怠ったという監視義務違反の責任がある。
　　②独占禁止法に違反する行為などが行われないように、内部統制システムを構築すべき義務があるのに、構築義務に違反しまたは構築したシステムに不備があったことから、Cの独占禁止法違反行為が行われた。そこで、内部統制システムの構築義務違反の任務懈怠の責任がある（筆者注：できるだけ具体的に、監視義務違反、内部統制システムの構築義務違反の事実を記載する）。

Ⅱ 代表訴訟等の提起が認められない場合

1 不当目的訴訟の禁止

(1) 通常の代表訴訟
(ア) 不当目的訴訟の要件と禁止の趣旨
(A) 禁止の趣旨

6カ月前から引き続き株式を保有する株主は、当該株式会社に対して提訴請求をすることができる。「ただし、代表訴訟が当該株主もしくは第三者の不正な利益を図り、または会社に損害を加えることを目的とする場合は、この限りではない」として、不当目的訴訟を禁じている（会社847条1項ただし書）。これは改正前法と同様の規定であるが、株主の代表訴訟提起権は、会社と株主全体の利益のために認められるのであるから（正当目的）、不当な個人的利益を図る目的で代表訴訟を提起することは許されない。

不当目的訴訟は、提訴権の濫用として一般法理により処理することができるが、根拠規定がないことから、実際にこれを理由に訴えを却下することは難しい。そこで、代表訴訟は、株主が会社の権利を行使する訴訟であり、勝訴の利益は会社に属し、原告株主は勝訴により直接利益を得ることができない訴訟であることから、不当目的で提訴されることが懸念されるとして、不当目的訴訟を禁止する明文の規定を設け、裁判所が不当目的訴訟を却下できることを明確にしたのである。

(B) 不当目的訴訟の要件

不当目的訴訟の要件は、当該株主もしくは第三者の不正な利益を図り、または会社に損害を加えることを目的とする場合である。要件を明確にしたのは、株主の提訴権が不当に制限されることがないようにするためである。かかる不当目的訴訟が禁止されるのは、株主が訴訟で請求する役員等の責任または義務の存在が認められる場合（不当訴訟でない場合）であっても同様である（ただし、不当目的と会社に生じた損害の回復を図るという正当目的が併存する場合は、後記(C)参照）。

もとより、不当目的訴訟というためには、それが故意によることが必要であ

る。この要件に該当するか否かは個別具体的な事案に即して判断されることになる。単に、報復目的であるとか、会社の支配権争いの道具として用いるというだけでは、不当目的訴訟とはいえない。

不正な利益を図る目的の場合とは、金銭目的の提訴、自己と取引することまたは有利な条件で取引することを目的とする場合などが考えられる。端的にいえば、公序良俗に反するような目的の場合である。

会社に損害を加えることを目的とする場合とは、嫌がらせ訴訟、会社の社会的評価や信用を低下させる目的、会社業務を阻害する目的などが考えられるが、訴訟を利用して会社の経営情報や営業秘密の取得を目的とする場合などもこれに含まれる。

会社が不当目的訴訟であることを理由として、提訴請求に応じなかった場合でも、株主は代表訴訟を提起することは妨げられない。訴訟において不当目的訴訟であるか否かが争われることになる。

(C) 不当な目的の範囲

判例は、売名目的というだけの理由で、代表訴訟の提起が権利の濫用とはいえないとしている（最判平成5・9・9金判931号3頁、原審：東京高判平成元・7・3金判826号3頁）。また、株式の第三者割当増資に関する会社との交渉を有利に導く目的を有していたとしても、株主の主張する損害は決して根拠のないものではなく、また軽微ともいえない、損害額の大きさやその経過などに照らすと、本件代表訴訟の提起が株主権の濫用にあたるものとはいえないとしたものがある（最判平成12・9・28金判1105号16頁、原審：東京高判平成8・12・11金判1105号23頁）。これらの事案はいずれも会社法の下でも不当目的訴訟とは認められないであろう。

株主権の濫用となる不当目的訴訟とは、もっぱらまたは主として、会社ないし役員等を強迫し、または困惑させて金銭などの不当な個人的利益を得ることを意図するか、あるいは訴訟で追及しようとする役員等の違法行為が軽微で損害額も極めて少額であり、責任追及の合理性、必要性に乏しいにもかかわらず、会社ないし役員等に対する不当な嫌がらせを主眼としたなど特段の事情の認められる場合に限られる。

また、不当目的が動機にとどまる場合や、正当目的と不当目的とが併存する

場合については、不当訴訟（役員等に責任がないことを知ったうえでの提訴）とは異なり、役員等に責任があると認められる場合であるから（もっとも、不当訴訟と不当目的は併存することが多い）、不当目的の存在が認められる場合でも、勝訴の利益が会社に帰属する訴訟の構造上、一律に不当目的訴訟というわけにはいかない。

　復讐目的の提訴、被告役員等が支払不可能な過剰な賠償金額の請求、売名目的による提訴は、不適正な提訴ではあるが、それだけでは不当目的訴訟であるとはいえない（東京高判平成元・7・3金判826号3頁参照）。不当目的と会社に生じた損害の回復を図るという正当目的が併存する場合は、いずれが主要目的であるかにより判断すべきであり、不当目的があるからといって、一律に訴えを却下すべきではない。

　主要目的が、公序良俗に反するような不当目的訴訟ではないが、原子力発電所の建設反対などの社会運動の一環として提訴された場合と不当目的訴訟との関係について、社会的に非難される性質のものではないが、株主の代表訴訟提起権は株主としての資格において有する権利であることから、株主としての資格と関係のない目的のために行使することは、それが社会公共の立場からみて是認できるものとしても、株主の代表訴訟提起権本来の目的を逸脱したものであるから提訴権の濫用となり、不当目的訴訟に含まれると解される。[2]

　もっとも、主として、社会運動の一環として行うときに不当目的訴訟と認定されるが、株主が正当な権利行使としての提訴（正当目的の提訴）に付随するものであるときは、不当目的訴訟とする必要はないであろう。

　そして、株主等の代表訴訟等の提起が、不当目的訴訟と認定された場合には、提訴した代表訴訟等は却下されることになる。

　(イ)　**不当目的訴訟と認定された事例**

　会社法は不当目的訴訟の禁止規定を設けたが、不当目的訴訟と認定された事案は、公表されたものの中にはみあたらない。不当目的訴訟の禁止規定はなかった旧商法当時に2件ある。

　まず、代表訴訟の提起が会社を困惑させ、株主資格とは無関係な個人的利益

---

[2]　大隅健一郎「会社訴権とその濫用」末川博先生古稀記念論文集『権利の濫用（中）』168頁。

を追求する手段としてなされたものとして、提訴権の濫用とされ訴えが却下されている（長崎地判平成3・2・19判時1393号138頁〔長崎銀行事件〕）。提訴権を濫用した不当目的訴訟の典型的な事例であり、提訴権の濫用法理により訴えを却下したものであるが、その妥当性は是認されている。

次に、会社が訴訟の申立手数料（貼用印紙代）の節約を図ることを目的として、株主と通じ代表訴訟による方法を選択したのは、代表訴訟制度の濫用であるとした判決である（東京地判平成8・6・20判時1578号131頁）。これは、ここで問題にする濫用的な代表訴訟とはかなり意味が異なる。

(2) 多重代表訴訟

多重代表訴訟についても、「ただし、多重代表訴訟が当該株主もしくは第三者の不正な利益を図り、または当該会社もしくはその最終完全親会社に損害を加えることを目的とする場合は、この限りではない」として、不当目的訴訟を禁じている（会社847条の3第1項1号）。

多重代表訴訟であることから、最終完全親会社に損害を加えることを目的とする場合を追加しているが、不当目的訴訟を禁止する趣旨とその取扱いは、通常の代表訴訟の場合と同様に考えればよい。

子会社もしくは最終完全親会社に損害を加えることを目的とする場合とは、通常の代表訴訟と同様に考えられるが、加えて、最終完全親会社およびそれを中心とする企業グループの業務に悪影響を与え、評価や信用を低下させることを目的とする場合、訴訟を利用してグループの経営情報や営業秘密の取得を目的とする場合などが考えられる。

もっとも、多重代表訴訟の要件は厳格であるから、嫌がらせ目的であるとか金銭目的の訴訟という濫用的な提訴は、現実的にはあまり考えられない。

旧株主による責任追及訴訟についても、不当目的訴訟を禁止する規定が設けられているが（会社847条の2第1項ただし書）、通常の代表訴訟の場合と同様の趣旨である。

2 代表訴訟等と不当目的の立証

不当目的の認定基準は、3類型の代表訴訟に共通するが、不当目的訴訟であることは、訴訟の障害事由であるから、本案前の抗弁（防訴抗弁）となり、不

当目的が認定された場合は、代表訴訟等の提起は不適法となる。しかし、会社法は、明確に不当目的による代表訴訟を排除していることから、一般の訴訟要件とは異なり弁論主義の対象となり、被告役員等において不当目的訴訟であることを主張し、立証しなければならない。[3]

　提訴権の濫用は、提訴に正当理由がない（権利保護の利益がない）として訴訟要件を欠くことになり、訴えは却下されることになる。しかし、提訴権の濫用は、一般の訴訟要件と異なり職権調査事項ではなく、当事者（被告）において、提訴権の濫用について主張・立証しなければならないから、被告役員等において原告の不当目的を立証することが必要である。

　しかし、原告（提訴請求株主）は、金銭目的や個人的な利益の達成などの不当目的を明らかにしない場合が多いことから、不当目的の存在は容易に立証できない。そこで、原告の属性、提訴の動機など間接事実により不当目的を推認し、総合して認定せざるを得ない。

3　多重代表訴訟と最終完全親会社の損害発生要件

　多重代表訴訟を提訴できない場合として、不当目的訴訟（濫用的提訴）に加えて、当該特定責任の原因となった事実によって、最終完全親会社等に損害が生じていない場合は、提訴請求をすることができず、多重代表訴訟を提起できないという制限がある（会社847条の3第1項2号）。

　これは、不当目的訴訟の禁止とは趣旨が異なり、最終完全親会社等に損害が生じていることを多重代表訴訟の要件とすることによる。多重代表訴訟は、親会社株主による子会社に対するガバナンスに特化するのではなく、子会社の損害回復により親会社の損害が回復され、その結果、親会社株主の損害も回復されるという最終完全親会社の株主の利益保護を主眼とする訴訟と位置づけられているからである。

　もっとも、子会社に損害が生ずれば、最終完全親会社に間接的に損害が生ずる（保有完全子会社株式または中間完全子会社の価値の低下）のが一般的である。つまり、子会社に損害が生じても、最終完全親会社に損害が生じない場合は多

3　笠井正俊「会社法の制定と民事手続上の問題点」民事訴訟法雑誌55号144頁参照。

重代表訴訟を提起できないが、それは、親子会社間の利益相反取引であるとか、グループ会社間の取引のように最終完全親会社に損害が生じない場合に限られる。

したがって、これら定型的に最終完全親会社に損害が生じない場合を除けば、最終完全親会社に損害が生じたものとして、多重代表訴訟を提起することができる。

Ⅲ 代表訴訟等の提起と訴訟告知

1 代表訴訟等の提起と訴訟告知の規定

訴訟告知は、株式会社等または株主等に訴訟参加の機会を与えるための制度である。改正前法においては、役員等の責任を追及する訴訟は、株主代表訴訟と会社による責任追及訴訟であったから、訴訟告知に関する規定も簡明であり、株主は代表訴訟を提起したときは、遅滞なく、株式会社に対し訴訟告知をしなければならない（旧会社849条3項）、株式会社は責任追及等の訴えを提起したとき、または前項の訴訟告知を受けたときは、遅滞なく、その旨を公告し、または株主に通知しなければならない（同条4項）としていた。

改正法では、代表訴訟の形態が、通常の代表訴訟、多重代表訴訟、旧株主による責任追及訴訟となり、会社による責任追及訴訟の形態も、当該株式会社による責任追及訴訟、子会社による責任追及訴訟、株式交換等子会社による責任追及訴訟となった。すなわち、最終完全親会社、株式交換等親会社、吸収合併存続会社に訴訟参加を認めることから、訴訟告知、公告または通知を必要とする場合が増えるとともに手続も複雑化することになる。そこで、改正法は一括して訴訟告知の手続として規定し、訴訟告知または通知を受けた株式会社等が、その親会社に通知するという手続になっている（会社849条4項〜11項）。

2 民事訴訟における訴訟告知と代表訴訟等における訴訟告知

訴訟告知とは、訴訟の係属中、当事者からその訴訟に参加することができる第三者（被告知者）に対し、訴訟が係属していることを民事訴訟法に定める方式により通知し、被告知者に訴訟参加の機会を与える訴訟上の手続である（民

訴53条)。

　当事者は、訴訟に参加することができる第三者に対し訴訟告知をすることができるとされ、訴訟告知を義務づけられるものではない（訴訟告知の実際上の目的は、参加の機会を与えることにより、当事者が敗訴した場合に被告知者にも納得の機会を与えることにある）。民事訴訟法の手続に従って裁判所を通じてなされるが、告知の理由および訴訟の程度を記載した書面を、受訴裁判所に提出して行う（民訴53条3項）。

　改正法は、株主等（株主、最終完全親会社の株主、株式交換等完全親会社の株主）が責任追及等の訴え等（代表訴訟、多重代表訴訟、旧株主による責任追及等の訴え）を提起したときは、遅滞なく、株式会社等（株式会社、多重代表訴訟の対象子会社、株式交換等完全子会社）に対し訴訟告知をしなければならないとして、訴訟告知を義務づけている（会社849条4項）。そして、訴訟告知は、民事訴訟法上の訴訟告知とは異なり、訴訟手続としてなされるものではなく、直接、株式会社等に対してなされるものである。

　代表訴訟における訴訟告知は、訴訟の当事者ではないが、訴訟の結果に法律上の利害関係を有する株式会社等に対し、代表訴訟等を提起したことを知らせ、当該訴訟に参加する機会を与えるためのものである。もとより、訴訟告知は株式会社等に対し参加すべき義務を負わせるものでもない。

　また、代表訴訟における訴訟告知は、訴訟参加の機会を確保することに加え、代表訴訟等の提起後に株式会社等が責任追及訴訟を提起すれば、二重提訴となるからこれを回避するという意味がある。

3　株式会社等による公告または通知

　公告は、当事者が、訴訟が提起され係属中であることを第三者に知らせ、訴訟に参加する機会を与えることであるが、官報、時事に関する事項を記載した日刊紙に掲載するという方法によりなされる（会社939条1項）。

　公開会社でない株式会社等（非公開会社）の場合は、株主に通知しなければならないとされているのは（会社849条11号）、株主数も少なく、株主名を会社が把握していることから、公告によらず個別通知によることにしたのである。

　これら、株式会社等による公告または通知は、会社法に基づく公告または通

知であり、これを怠った取締役（代表取締役）等に対し、過料の制裁が課せられる（会社976条2号）。

4 責任追及等の訴えの提起と訴訟告知

(1) 代表訴訟等を提起した株主等の訴訟告知義務

　株主等は代表訴訟（責任追及等の訴え）等を提起したときは、遅滞なく、当該株式会社等に対し訴訟告知をしなければならない（会社849条4項）。これは、株主による通常の代表訴訟の提起、旧株主による責任追及訴訟の提起、最終完全親会社の株主による多重代表訴訟の提起の場合を一括して規定したものである。

　被告知者（訴訟告知の相手方）となる株式会社等は、権利の帰属主体である会社である。通常の代表訴訟の場合は株式会社、旧株主による責任追及訴訟の場合は株式交換等完全子会社または吸収合併後存続会社、多重代表訴訟の場合は対象子会社である。

　当該被告知者（被告知会社）に告知するのは、被告知者が、それぞれの代表訴訟に参加するための機会を確保するためである。

(2) 責任追及訴訟の提起等をした株式会社等の公告義務

　株式会社等は、責任追及等の訴えを提起したとき、または株主等により責任追及等の訴えを提起した旨の訴訟告知を受けたときは、遅滞なく、その旨を公告し、または株主に通知しなければならない（会社849条5項）。公開会社でない株式会社等については、株主に通知しなければならない（同条9項）。

　責任追及等の訴えを提起した株式会社等とは、株式会社、株式交換等完全子会社または吸収合併後存続会社、対象子会社である。いずれも権利の帰属主体である株式会社である。

　公告し、または株主に通知しなければならないのは、それぞれの株式会社の株主の訴訟参加の機会を確保するためである。

5 責任追及等の訴えを提起した株式会社等の通知義務

(1) 株式交換等完全親会社に対する通知義務

　株式会社等（株式交換等完全子会社）に、株式交換等完全親会社がある場合は、

株式会社等が、その役員等に対し責任追及等の訴えを提起し、または適格旧株主から旧株主による責任追及等の訴えを提起した旨の訴訟告知を受けた場合は、その旨を公告または株主へ通知するほか、株式交換等完全親会社に対し、責任追及等の訴えを提起し、または訴訟告知を受けた旨を通知しなければならない（会社849条6項）。

　これは、株式交換等完全親会社が訴訟に参加する機会を確保するためである。株式交換等完全子会社とは、株式交換または株式移転により完全子会社となった株式会社と吸収合併後存続会社を指すから、株式交換等完全親会社とは、株式交換等完全子会社と吸収合併後存続会社の完全親会社（三角合併が行われた場合）をいう。

(2)　**最終完全親会社等に対する通知義務**

　株式会社等（多重代表訴訟の対象となる完全子会社）に、最終完全親会社等がある場合は、完全子会社がその役員等に対し、特定責任に係る責任追及等の訴えを提起し、または最終完全親会社等株主から特定責任追及等の訴え（多重代表訴訟）を提起した旨の訴訟告知を受けた場合は、その旨を公告または株主へ通知するほか、最終完全親会社等に対し、遅滞なく、責任追及等の訴えを提起し、または前記訴訟告知を受けた旨を通知しなければならない（会社849条7項）。

　これは、最終完全親会社等が、完全子会社が提起した特定責任追及等の訴え、または最終完全親会社等の株主が提起した多重代表訴訟に訴訟参加するための機会を確保するための手続保障である。

(3)　**株式交換等完全親会社等の公告等義務**

　①株式交換等完全親会社が、上記(1)の通知（会社849条6項）を受けた場合は、適格旧株主に対し、②最終完全親会社等が、上記(2)の通知（同条7項）を受けた場合は、最終完全親会社等の株主に対し、それぞれ、遅滞なく、その旨を公告し、または通知しなければならない（同条10項1号・2号）。この場合、公開会社でない場合は、公告によらず通知の方法により行う（同条11項）。

　これは、適格旧株主が旧株主の提起した責任追及訴訟に、あるいは最終完全親会社等の株主が多重代表訴訟に、それぞれ訴訟参加するための機会を確保するための措置である。

Ⅳ 代表訴訟等と経過措置

　改正法により代表訴訟等の制度は大きく変更されたが、改正法の施行日前に、責任追及の訴えが提起されている場合、株式交換等が効力を生じている場合、特定責任の原因となる事実が生じている場合がある。このような場合に改正法を適用すれば混乱が生ずることになるから、責任追及等の訴えに関する経過措置が設けられている。

　そこで、施行日前に代表訴訟（会社847条１項）が提起されている場合は、従前の例によるとして（改正法附則21条１項）、改正前の会社法が適用されることになる。

　施行日前に株式交換等が効力を生じている場合は、旧株主による責任追及訴訟の提起を認めないこととし、旧株主による責任追及訴訟の規定（会社847条の２第１項）を適用しないことにしている（改正法附則21条２項）。

　そして、特定責任追及等の訴え（多重代表訴訟。会社847条の３第１項）については、施行日前にその原因たる事実が生じた特定責任については、同条の規定を適用しないとして、多重代表訴訟の提起を認めないこととしている（改正法附則21条３項）。

第12章 代表訴訟等の提起に伴う付随手続

I 代表訴訟等と担保提供の申立て

1 改正法と担保提供規定

　改正前法は、株主が代表訴訟を提起した場合において、裁判所は被告の申立てにより、原告株主に対し、相当の担保を立てるべきことを命じることができるものとしたうえで、被告が担保提供の申立てをするためには、代表訴訟の提起が悪意によるものであることを疎明しなければならないとしていた（旧会社847条7項・8項）。

　改正法においては、多重代表訴訟と旧株主による責任追及訴訟を認めたことから、これを削除して統一的な規定を設けたが、担保提供の趣旨と要件は改正前と同様であり、解釈上の変更もない（会社847条の4第2項・3項）。

　担保提供の申立ての相手方は株主代表訴訟等の原告である。株主が代表訴訟等を提起した場合は当該株主、旧株主による責任追及訴訟の場合は当該適格旧株主、多重代表訴訟の場合は当該最終完全親会社等の株主である。

　担保提供の申立てをすることができるのは、代表訴訟等の被告である役員等であるから、当該株式会社の役員等、株式交換等完全子会社の役員等、対象完全子会社の役員等である。担保は被告に生じる損害の担保であるから、株式会社等は、代表訴訟等により株式会社等に損害が生ずる場合でも、被告ではないから担保提供の申立てはなし得ない。

2 担保提供制度の趣旨と機能

　被告役員等が代表訴訟等に勝訴した場合に、代表訴訟等の提起が被告役員等に対する不法行為を構成するときは、被告は提訴の不法行為を理由に、原告株

主等に対して損害賠償を請求することができる。この場合、代表訴訟等とは別に、損害賠償請求訴訟によることになる。もっとも、反訴（民訴146条1項）による方法も考えられる。

　提訴が不法行為となる要件は、主張した権利または法律関係が事実的・法律的根拠を欠き、提訴者がそのことを知りながら、または通常人であれば容易にそのことを知り得たのにもかかわらずあえて提訴したなど、訴えの提起が裁判制度の趣旨目的に照らして、著しく相当性を欠く場合である（最判昭和63・1・26民集42巻1号1頁）。そうすると、担保の提供が認められるのは、不法行為が成立する蓋然性が高い場合であることが必要である。

　代表訴訟等の提起が不法行為を構成し、被告役員等が原告株主等に対し損害賠償請求権を有する場合であっても、原告株主等に支払能力がないなどの場合は、損害賠償請求権の実現を図ることが困難である。そこで、代表訴訟等が提起された場合に、被告に損害賠償請求を担保するための担保提供請求権を認めたのである（会社847条の4第2項）。

　このように、代表訴訟等における担保は、提訴が不法行為を構成する場合に、損害賠償請求権を担保するものであり、担保提供制度は代表訴訟等の付随的裁判手続である。これは株主総会の決議取消しの訴えなど、会社の組織に関する訴えの場合に認められる担保提供（会社836条）と同趣旨である。

　担保提供申立手続の当事者は、代表訴訟等の形態により異なるが、悪意の疎明等の手続、担保不提供の効果等は、通常の代表訴訟、旧株主による責任追及訴訟、多重代表訴訟を通じて同様である。

　民事訴訟法上の訴訟費用の担保規定（民訴75条以下）は、原告が日本国内に住所等を有しない場合について、訴訟費用の担保の提供を命ずるものであり、原告の提訴の意図や目的を問わない。一方、代表訴訟等の場合の担保提供制度は、民事訴訟法上の訴訟費用の担保規定と趣旨を異にし、悪意の疎明を必要とする。

　代表訴訟等における担保提供制度は、提訴が不法行為となる場合の損害賠償金の支払債務の担保であり、代表訴訟等の被告等は、原告等が提供した担保（供託した金銭または有価証券）について、他の債権者に優先して弁済を受ける権利を有する（民訴77条）。それは、被告等は供託された金銭または有価証券

の上に、不法行為による損害賠償請求権を被担保債権とする質権をもつという意味である。

また、代表訴訟等における担保提供は、濫訴の防止機能を有するとされている。代表訴訟等の原告等が、期間内に命じられた担保を提供しないことにより、訴えが却下されることになるが（民訴78条）、担保の額は、一般に高額であることから、勝訴の利益が自己に帰属しない代表訴訟において、原告が担保を立てることはあまり考えられず、代表訴訟は却下されることが多い。これは、担保提供制度の副次的機能である。

3　担保提供請求と悪意の疎明

代表訴訟等の被告役員等が、担保提供の申立てをする場合、代表訴訟等の提起が悪意によること（提訴の悪意）を疎明しなければならない（会社847条の4第3項）。

ここでいう悪意の意味について、①役員等に責任がないことを過失により知らなかった場合を含むとの説、②役員等に責任がないことを知りながら故意に提訴したことをいうとする説に大別することができる。

①は、請求原因の重要な部分が主張自体失当であり、主張を大幅に補充ないし変更しない限り請求が認容される可能性がない場合、被告の抗弁が成立し請求が棄却される蓋然性が高い場合等の事情を認識し、あるいは、主張が十分に事実的、法律的根拠を有しないため役員等の責任が認められる可能性が低く、かつ、株主がそのことを知りながら、または通常人であれば容易にそのことを知り得たのに、あえて代表訴訟を提起したものと認められる場合が悪意であるとする立場である（東京地決平成6・7・22判時1504号121頁、名古屋高決平成7・3・8判時1531号134頁）。

②は、請求に事実的、法律的根拠がないことを知りながら、または代表訴訟等の制度の趣旨を逸脱し、不当な目的をもって被告を害することを知りながら、訴えを提起した場合をいうとして、過失は悪意に含まれないとするものである（大阪高決平成9・11・18判時1628号133頁）。

代表訴訟等の提訴の悪意とは、原告等が、被告役員等に責任がないことを知りながら、あえて提訴した場合（故意）を指すのであり、故意に不当な代表訴

訟等を提起した場合をいう。役員等に責任がないことを過失により知らなかった場合は含まれない（悪意に過失は含まれない）と解すべきであり、提訴が不法行為となる要件とは同一ではない。そこで、現在では、②の立場が定着している。

　代表訴訟等の提訴の悪意に過失による場合を含めるとする立場は、悪意の疎明が困難であることを理由とするのであろうが、やはり過失を悪意に含めるべきではない。たとえば、原告株主等にとって、提訴段階で情報や証拠収集が困難であることから、それに基づく代表訴訟等の提起の根拠が事実的・法律的根拠を欠くことがあるが、それをもって過失による悪意というべきではない。文言上からも、悪意とは故意を指すのであり、過失を含めることは適切ではない。

　その他、役員等を害する意図（害意）を必要とするとの説があるが、役員を害する意図（害意）までは要件とされない。

　アメリカでは、会社荒らし訴訟などの濫用的な提訴を防止するための措置として、株主が代表訴訟等を提起した場合に、担保提供を命ずることを認める州会社法がある。ⓐ原告株主が社外株式（会社が保有する自己株式以外の株式）の5％以上を保有していない場合は、会社は、会社およびその他の被告が、弁護士費用を含む訴訟に関して負担することになる費用を担保するために担保提供を求めることができるとして、客観的要件により担保提供を認める会社法（ニューヨーク事業会社法）と、ⓑ代表訴訟等の提起が会社または株主の利益となる蓋然性が認められない場合に、担保提供を認める会社法（カリフォルニア会社法）などがあり、わが国の会社法は、原告の悪意を疎明して担保の提供を求めるものであるから、ⓐに近いものといえる。

4　担保提供請求と手続

　代表訴訟等の担保提供の申立手続について、民事訴訟法の担保規定が準用される（民訴81条）。もっとも、民事訴訟法上の担保提供の申立ては、被告が担保を立てるべき事由があることを知った後、本案について弁論し、または準備手続で申述したときは、担保提供の申立てをすることができないとされている（民訴75条3項）。

　しかし、民事訴訟法75条3項は代表訴訟等における担保提供の申立てには準

用されない（民訴81条）。すなわち、代表訴訟等の担保提供の申立ての時期については制限を受けない。この点、会社法は、「株主等が責任追及等の訴えを提起したときは」としていることから（会社847条の4第2項）、原告等の提訴に悪意があると気づいた後、速やかに担保提供の申立てをするとの趣旨に解される。

　被告役員等が、提訴の悪意を疎明した場合に、裁判所は担保提供を命じるが、担保の額は、訴訟による請求金額を基準として算定されるのではない。提訴が不法行為を構成するか、どの程度の損害が発生するかを基準として、疎明された悪意の程度と内容、提訴の動機等を総合して、裁判所が裁量により被告役員等に生ずると予測される損害額を算定して、それを基準にして担保額を決定することになる。

　担保の趣旨は、代表訴訟等の被告が原告に対して有することが予測される不法行為による損害賠償請求権の履行を確保するためであるから、その額は損害賠償請求訴訟において認容される可能性がある損害額を基準とすることになる（名古屋高決平成7・3・8判時1531号134頁）。

　そうすると、提訴が不法行為を構成するとして、被告が被ると通常考えられる損害は、裁判に要するであろう費用と社会的経済的信用の低下等による慰謝料が中心になり、被告役員等1人あたり300万円から500万円程度の金額である例が多いとされている[1]。

5　担保提供命令の効果

　担保提供命令は決定の形式でなされるが（民訴75条1項）、代表訴訟等の担保についても民事訴訟の担保規定が準用されることから（同法81条）、担保提供命令が発令された場合であっても、被告役員等は原告株主等が担保を立てるまでは応訴を拒むことができ（同法75条4項）、期日に出頭せず、答弁書を提出しなくても、擬制自白（同法159条1項）にならない。

　担保提供を命じられた原告株主等が、担保提供期間内に担保を立てない場合は、裁判所は、口頭弁論を経ないで、判決により訴えを却下することができる

---

[1] 東京地方裁判所商事研究会編『類型別会社訴訟〔第3版〕』302頁〔小濱浩庸〕。

（民訴78条）。

担保を提供した原告株主等は、担保の事由が消滅したことを証明することで、取消しの決定を得てこれを取り戻すことができる（民訴79条1項）。担保の事由が消滅したとは、担保を立てる事由がなくなったことを意味し、原告等の勝訴判決の確定、代表訴訟等の被告等が提起した損害賠償請求訴訟の棄却判決の確定（提訴が不法行為にならないことが確定）した場合、担保権利者（代表訴訟等の被告等）の同意を得たことを証明することにより、担保取消しの決定を得ることができる（同条1項・2項）。

なお、代表訴訟の完結後、原告株主等の申立てにより、裁判所が被告役員等に対し、一定の期間内に損害賠償請求訴訟を提起するように催告したが、被告が提訴しなかった場合は、担保の取消しについて、被告の同意があったものとみなされる（民訴79条3項）。

Ⅱ 代表訴訟等と訴訟参加規定

1 訴訟参加に関する規定の概要

旧商法は、株主または会社は代表訴訟に参加することができる、会社は取締役に補助参加するためには、監査役の同意を要すると規定していた（旧商268条2項・8項）。原告株主に、会社が参加するのは共同訴訟参加、他の株主が参加するのは補助参加であると解されていた。それに加えて、平成13年の改正商法は、会社は監査役の同意を得て被告取締役に補助参加することができるとしたのである。

また、改正前の会社法においては、株主または株式会社は、共同訴訟人として、または当事者の一方を補助するために、責任追及等の訴えに参加することができるとしたうえで、株式会社が被告役員等を補助するために訴訟に参加するには監査役全員または各監査委員の同意を必要とするとした（旧会社849条1項・2項）。

そこで、規定上、株主が提起した代表訴訟に、会社も他の株主も、共同訴訟参加または補助参加することができることになり、また会社が提起した責任追及訴訟に、株主が共同訴訟参加または補助参加することができることになった。

改正前の会社法では、訴訟参加は単一の会社における役員等の責任追及訴訟を対象にするものであったから、会社の提起した責任追及訴訟に株主が参加するか、株主が提起した代表訴訟に会社または他の株主が参加するしかなく、参加に関する規定は比較的簡明なものであった。一方、改正法では代表訴訟の形態として、通常の代表訴訟に加え、旧株主による責任追及訴訟、多重代表訴訟が認められたが、訴訟参加については一括して規定され、複雑なものとなっている。

　すなわち改正法における訴訟参加に関する規定は、株主等または株式会社等は、共同訴訟人として、または当事者の一方を補助するために、責任追及訴訟等に係る訴訟参加することができるとした。ただし、不当に訴訟手続を遅延させることになるとき、または裁判所に対し、過大な事務負担を及ぼすことになるときは、この限りでないとする（会社849条1項）。

　これは、旧株主による責任追及訴訟、多重代表訴訟との関係で参加できる者が増えているが、参加が認められる者、参加形態は改正前と同様である。

2　株主等の訴訟参加

　訴訟参加できる株主等は、通常の代表訴訟については当該株式会社の株主である。旧株主による責任追及訴訟の場合は適格旧株主（株式交換等により完全親会社の株主となったが、完全子会社の役員等の責任を追及することができる株主である）であるが、会社法847条の2第1項各号に掲げる行為（株式交換等、三角合併形式の吸収合併）の効力が生じた時までに、その原因となった事実が生じた責任または義務に関する訴訟に限られる。多重代表訴訟の場合は、対象完全子会社の株主（直接の完全親会社）ということになる。

　最終完全親会社が直接の完全親会社である場合は、最終完全親会社は株主として参加することができる。

　株主等（当該株式会社の株主、適格旧株主、対象完全子会社の株主）について、原告株主等に共同訴訟参加または補助参加することを認めている（会社849条1

2　適格旧株主にあっては、会社法847条の2第1項各号に掲げる行為の効力が生じた時までに、その原因となった事実が生じた責任または義務に限り、最終完全親会社等の株主にあっては、特定責任等追及の訴えに限る。

項)。補助参加の性質は、その地位と権限の強化のための共同訴訟的補助参加である[3]。

　他の株主等は、原告株主等を勝訴させることにより、自らの利益を確保することを目的とすることから補助参加の利益が認められるが、そのほかに実質的理由として、馴合訴訟の防止や原告株主等による不適切あるいは不十分な訴訟追行の是正もあげられる（最判平成14・1・22判時1777号151頁）。

　他の株主等が、被告役員等に補助参加することも考えられなくはないが、この場合は補助参加の利益が問題になる。

　次に、会社法は、他の株主等が、原告株主等の共同訴訟人として訴訟参加することを認めている（会社849条1項）。しかし、共同訴訟参加（民訴52条1項）の要件として、訴訟の目的について合一的確定を要するほかに、当該訴訟について当事者適格を有することが必要である（最判昭和36・11・24民集15巻10号2583頁）。共同訴訟参加することにより類似必要的共同の関係となる。

　しかし、原告株主等と他の株主等の間で、訴訟の目的について合一的確定が要求されるわけではなく、また他の株主等は代表訴訟等の当事者適格を有しているわけでもない（他の株主等が当事者適格を有すると考えられるのは、提訴手続を経て代表訴訟等を提起しうる場合に限られる）。そうすれば、他の株主等が共同訴訟人となる共同訴訟参加が可能であるのかという疑問が残る。

　他の株主が原告株主等に補助参加する場合のその性質は、共同訴訟的補助参加であることから、共同訴訟参加を認める必要性は少ない。これに対し、共同訴訟的補助参加は、あくまで補助参加であり、独立性と従属性の原則により、参加人の訴訟追行機能が十分でないとの反論も予想されるが、だからといって、共同訴訟参加が認められる理由にはならない。

3　株式会社等の訴訟参加

　株式会社等（株式会社、交換等完全子会社、対象完全子会社）は、訴訟により請求する権利の帰属主体であり、当事者適格を有するから責任追及等訴訟を提起することができる。

3　現行民事訴訟法には、共同訴訟的補助参加に関する規定はないが解釈上認められている。

しかし、株主等が代表訴訟等を提起した後に、株式会社等が責任追及訴訟を提起することは、同一訴訟物による請求であるから二重提訴になり許されない（民訴142条）。そこで、株式会社等の提訴を認めない代わりに、原告株主等に共同訴訟参加することを認め、その参加形態は共同訴訟参加となり（民訴52条1項）、株式会社等と原告株主等は共同訴訟人となる。

　株式会社等が原告株主等に訴訟参加する場合は、株式会社等と役員等との間の訴訟となるから、監査役等が株式会社等を代表して訴訟参加の申立てをする。

　株式会社等の訴訟参加は、原告株主等に共同訴訟参加することを予定したものであるが、会社法は株式会社等が被告役員等に補助参加することも認めている（会社849条1項）。

Ⅲ　代表訴訟等と株式会社等の補助参加

1　株式会社等の被告役員等への補助参加と問題点

　代表訴訟等は、株主等が会社の権利を会社のために行使する訴訟であるから、会社が被告役員等に補助参加することは想定されていなかった。ところが、平成5年頃から代表訴訟の提起数が飛躍的に増加したことから、経営者側を中心として、会社が被告役員等に補助参加することを認めるべきであるとの見解が現れた。

　会社の補助参加を認める理由として、これにより、役員等は安心して業務に専念できる、会社から資料が提出され充実した審理が期待できる、といったことなどがいわれていた。しかし、会社が被告役員等に補助参加するためには、①株主等が会社の権利を行使するという訴訟構造（法定訴訟信託）において、会社が被告役員等に補助参加することは、訴訟の相手方に補助参加することになるという訴訟構造上の問題、②補助参加は被参加人を勝訴させることにより自己の利益を確保する趣旨であるのに、会社が被告役員等に補助参加することは、自己の権利を失わせるために補助参加することになり、補助参加の利益が認められないのではないかという問題が存在する。

　このような理論的な問題が存在するが、会社の補助参加を認める裁判例が存在した。このような状況の下で、平成13年の改正商法は、監査役の同意を得て

会社が被告取締役に補助参加することを認めた（旧商268条8項）。これにより、訴訟構造上の問題は解決されたが、民事訴訟法上の補助参加の利益との関係は未解決のままに残された。

2 代表訴訟等と補助参加の利益の考え方

(1) 代表訴訟等と補助参加の利益

　代表訴訟等における会社の補助参加も、民事訴訟法上の補助参加であるから、会社はその要件と手続に従って補助参加しなければならない。訴訟の結果について利害関係を有する第三者であることが必要であり（民訴42条）、補助参加に対し、当事者の一方（代表訴訟の場合は、一般に原告株主）が異議を述べた場合は、参加人は補助参加の利益（理由）を疎明しなければならないことになる（同法44条1項）。会社は訴訟上の当事者ではないから、補助参加のための第三者という要件は満たしている。しかし、異議が出た場合は補助参加の利益を疎明しなければならない。訴訟の結果についての利害関係、補助参加の利益は補助参加のための必須要件である。これは法律上のものでなければならないが、どのように説明するかは難しい問題である[4]。

　補助参加の利益を、請求の趣旨（判決主文）で判断される訴訟物との関係で問題とする立場（訴訟物限定説[5]）では、請求の趣旨は、会社に対する給付を求めるものであるから、会社が被告に補助参加することは、自己の権利を否定するための補助参加となり、とうてい補助参加の利益を認めることはできないとする。

　これに対し、参加人の法的地位を判断するうえで、本訴訟の主要な争点についての判断が理論的な前提となる場合は、判決理由中の判断との関係で補助参加の利益を認める立場（判決理由中の判断包含説[6]）がある。会社の補助参加はこの立場でなければ説明がつかない。

---

[4] 岩原紳作「株主代表訴訟の構造と会社の被告側への補助参加」竹内昭夫編著『特別講義商法Ⅰ』225頁、新谷勝『株主代表訴訟と取締役の責任』277頁。

[5] 兼子一『新修民事訴訟法体系〔増訂版〕』399頁。

[6] 新堂幸司『新民事訴訟法』692頁。

(2) 判決理由中の判断と補助参加の利益

　判決理由中の判断との関係で補助参加の利益を認める立場は、会社の意思決定の適法性との関係で補助参加の利益を認めるのである。意思決定の適法性が争われ、それが判決の理由中で判断されることから、会社に意思決定の適法性を主張する機会を与えないのは不公正である。意思決定の適法性の判断に関しては、会社と被告役員等は共通の利益をもつから、判決主文との関係では利益相反の関係にある場合でも、重要な争点である会社の意思決定の適法性が問題になり、それが会社の法的地位にとって重要である限り、会社の補助参加の利益は認められるとするのである[7]。会社の意思決定の適法性が争われている場合に、会社の補助参加を認めた裁判例がある（東京高決平成9・9・2判時1633号140頁）。

　しかし、会社の意思決定といっても、被告役員等による意思決定であるから、被告役員等が意思決定の適法性をいえばよい。判決主文との関係では利益相反にあっても、理由中の判断では共通の利益を有するとの点は、判決主文は理由中の判断により導き出されるのであるから、両者を切り離して補助参加の利益を考えることができるかという疑問がある。また、会社の意思決定の適法性を理由とする場合、代表取締役の専断的行為、監査役の責任については、意思決定に関係しないから補助参加の利益は認められないことになる。さらに、監視義務違反の責任について補助参加の利益を認めることは難しく、会社の補助参加の利益を否定した裁判例もある（名古屋高決平成12・4・4金判1100号34頁）。

(3) 補助参加の利益に関する判例の立場

　判例は、取締役の権限逸脱行為ではなく、「取締役会の意思決定の違法を原因とする争い」において、取締役に対する損害賠償請求権が認められれば、取締役会の意思決定を前提として形成された会社の私法上または公法上の地位または法的利益に影響を及ぼすおそれがあるから、会社は取締役の敗訴を防ぐことに法律上の利益を有するとした（最判平成13・1・30民集55巻1号30頁、原審：前掲名古屋高決平成12・4・4）。

---

[7]　伊藤眞「補助参加の利益再考」民事訴訟法雑誌41号22〜23頁、同「コーポレート・ガバナンスと民事訴訟法」商事1364号20〜21頁、新堂幸司「株主代表訴訟の被告役員への会社の補助参加」自由と正義47巻12号118〜119頁。

会社の私法上または公法上の地位または法的利益に影響を及ぼすおそれがあることが、補助参加のための法律上の利益といえるのかという疑問が残るが（この問題は、会社の補助参加の利益の問題ではなく、取締役会の意思決定に経営判断の原則を適用して、取締役の責任を否定する方向で解決すべきであろう。また、会社が補助参加することにより結論が変わるのかという疑問がある）、いずれにせよ、会社が被告役員等に補助参加するためには、補助参加の利益を必要とし、補助参加の利益とは会社（取締役会）の意思決定の適法性が否定されないことであることが、判例理論として確立された。

(4) 内部統制システムの構築義務違反と補助参加の利益

会社がどのような法令遵守体制をとっていたかは、組織としての意思決定の性質を有するから、法令遵守体制に問題があることを理由に、被告取締役らの損害賠償責任が認められれば、会社の信用が棄損され、対外的取引関係を前提に形成される会社の法的地位または法的利益に影響を及ぼすおそれがあるとして、会社の補助参加を認めた裁判例がある（東京地決平成14・6・21判時1790号156頁）。

法令遵守（コンプライアンス）体制は、内部統制システムの一環として整備されるが、それは取締役会の決定に基づき、代表取締役が整備・構築するのであるから、法令遵守体制を問題にすることは、会社の意思決定の適法性が争われることになる。そこで、代表取締役の法令遵守体制の構築義務違反の責任が追及された訴訟において、会社は被告に補助参加することができる。内部統制システムの構築等に対する監視義務違反の責任が追及される場合も同様である。

3　会社の補助参加と民事訴訟法との関係

(1) 会社法と補助参加の利益の理解

平成13年の商法改正により、会社が被告取締役に補助参加することが認められたが（旧商268条8項）、補助参加の利益を必要とし、補助参加の利益とは会社の意思決定の適法性が否定されないことであるとの判例理論によることになる。そうすれば、会社の意思決定の適法性が問題とならない場合は、会社は補助参加することができないことになる。

改正前の会社法は、会社の被告役員側への補助参加を認め、被告役員等へ補

助参加する場合は、監査役等の同意を得なければならないとした（旧会社849条1項・2項）。しかし、補助参加の利益に関しては、別段規定していない。この点、改正前の会社法は、補助参加の利益の有無を問わず、会社の補助参加を認めたものであるとする学説があるが理由を示していない[8]。

立案担当者は、改正前会社法849条1項本文は、株主や会社が民事訴訟法44条の「利害関係」を有するか否かにかかわらず、補助参加をすることができるとしたものであり、補助参加の利益を必要としない。それを必要とすれば、補助参加の利益をめぐり争いが生じ、訴訟遅延の原因になり、裁判の迅速性や訴訟経済の観点から望ましくないから、利害関係を有するか否かにかかわらず、補助参加できる旨を規定し、補助参加の利益をめぐり争いが生じないようにしたものであり、民事訴訟法上の補助参加の特例であるとしている[9]。

しかし、改正前会社法849条1項の規定上、補助参加の利益は不要であるとは読み取れない。利害関係（補助参加の利益）を有するから、補助参加が認められるのであり、それを不要とするわけにはいかない。会社法の制定（商法の改正）のための審議においても、補助参加は検討課題とされていなかったように[10]、この点について深く論議されたとは思えない。

また、補助参加の利益をめぐる争いが、訴訟遅延の原因になるというのは、会社の補助参加だけの問題ではない。補助参加の申出は理由を明らかにしてしなければならない、当事者が異議を述べた場合は、参加の理由を疎明しなければならないとしていることから（民訴43条1項前段、44条1項後段）、補助参加の利益を不要とする解釈はとり得ない。立法論としても、補助参加の利益は補助参加の必須要件であるから、特例としてもこれを不要とするわけにはいかない。

代表訴訟等と会社が被告に補助参加することは、本来、相容れないものである。代表訴訟等における補助参加も、民事訴訟法上の補助参加であることから、当事者が異議を述べた場合、会社はその理由として補助参加の利益を疎明しな

8　たとえば、江頭憲治郎『株式会社法〔第6版〕』493頁、神田秀樹『会社法〔第14版〕』247頁、大隅健一郎＝今井宏＝小林量『新会社法概説〔第2版〕』247頁。
9　相澤哲編著『立案担当者による新・会社法の解説（別冊商事法務295号）』219頁。
10　法制審議会会社法部会「会社法制の現代化に関する要綱試案（平成15年10月22日）」。

ければならない。そこで、会社法の下でも、補助参加の利益を必要とするのであるが、補助参加の利益が認められるのは、判例が示した会社の意思決定の適法性が争われている場合に限られる。[11]

(2) 改正法と補助参加の利益

改正法は、①株式交換等完全親会社、②最終完全親会社は、当該株式会社の株主でない場合についても補助参加することができるとしている（会社849条2項1号・2号）。①は、適格旧株主が提起した株式交換等完全子会社の役員等に対する責任追及訴訟（同法847条の2第1項）につき、株式交換等完全親会社が被告子会社の役員等に補助参加する場合であり、②は、最終完全親会社の株主が提起した多重代表訴訟（同法847条の3第1項）につき、最終完全親会社が被告子会社の役員等に補助参加する場合である。

当該株式会社（子会社）の株主でない場合とは、株主であれば株主として被告に補助参加することができ特別の規定を要しないことから、株主でない場合の補助参加を定めたものである。①の場合は、株式交換等完全親会社は当該株式会社の親会社であるから、吸収合併後存続会社の親会社である場合（三角合併）に関するものである。②の場合は、対象子会社と最終完全親会社とが直接の親子会社関係にない場合（三重代表訴訟の形態）の補助参加に関するものである。

株式交換等完全親会社や最終完全親会社に補助参加を認めるのは、株主でなくても、旧株主による責任追及訴訟、多重代表訴訟について利害関係を有しているのみならず、企業グループの最上位に位置する会社として、グループ経営の一環という観点から、当該株式会社の役員等の責任の有無、責任追及のあり方にかかわるという点で、利害関係を有するからであると説明されている。[12] しかし、補助参加の法律上の利益をどのように説明するかは問題である。

11　笠井正俊「会社法の制定と民事手続法上の問題点」民事訴訟雑誌55号147～148頁、同「会社の被告取締役側への補助参加」浜田道代＝岩原紳作編『会社法の争点』163頁、中島弘雅「会社訴訟の争点」伊藤眞＝山本和彦編『民事訴訟法の争点』30頁、吉本健一『レクチャー会社法』251頁。伊藤眞「株主代表訴訟における訴訟上の諸問題」東京大学法科大学院ローレビュー2号137頁も同様の趣旨に解される。

12　坂本三郎ほか「平成26年改正会社法の解説（Ⅵ）」商事2046号5頁。

補助参加の利益は、会社の意思決定の適法性が争われている場合に認められるとしても、それは当該会社の意思決定に関するものである。株式交換等完全親会社や最終完全親会社の意思決定が争われているのではないから、株式交換等完全親会社や最終完全親会社の補助参加の利益を説明することはできない。そこで、意思決定をした当該会社（子会社）に補助参加を認めれば足り、その親会社が被告に補助参加することまでも認める必要があるのかという疑問がある。

4 補助参加の利益に対する実務的対応と問題点

(1) 民事訴訟法の補助参加規定による処理

民事訴訟法上の補助参加であることから、当事者が異議を述べた場合、会社（株式交換等完全親会社・最終完全親会社を含む）は補助参加の利益を疎明しなければならない（民訴43条2項、44条1項）。しかし、補助参加の利益の疎明が容易でない場合があるから、実務上、どのように対応すべきか。民事訴訟法の補助参加の規定はかなり弾力的であるから、柔軟に処理することは可能である。

会社の補助参加に対し、当事者（原告）が異議を述べた場合であっても、本訴訟は停止されないから、補助参加の利益をめぐる争いが訴訟遅延の原因になるとはいえない。会社は補助参加の申出とともに、訴訟行為をすることができるだけでなく（民訴43条2項）、補助参加を許さないとの裁判確定まで訴訟行為をすることができる（同法45条3項）。しかも、補助参加不許の裁判が確定した場合でも、当事者（被告役員等）が援用すれば、その効力が認められる（同条4項）。そうすれば、補助参加の利益が問題になる多くの場合は、異議により、直ちに補助参加の許否について裁判がされた場合である。

補助参加に対し異議が述べられた場合でも、直ちに許否の裁判をしないことが許され、また、ある程度、本訴訟の審理を進めなければ、補助参加の利益の有無が明らかにならない場合も考えられる。そこで、裁判所は、補助参加の許否を留保したまま本訴訟の手続を進め、ある程度審理がなされた段階または最終段階で、許否について裁判するという弾力的な運用をすれば（もとより、それは適正になされるべきであり、裁判所の恣意的な取扱いを可能とするものではない）、補助参加の利益が認められないとして、補助参加が認められない場合であっても、被告役員等は会社のした訴訟行為を援用すればよいから、補助参

加の利益の有無は、実際上、それほど問題にならないことになる。

(2) **補助参加の必要性とデメリット**

会社の補助参加により、実際上、訴訟の結果が異なる場合が多いとは考えにくい。それにもかかわらず多額の費用を使って会社が補助参加するのは、会社の信用低下、業務上支障が生ずることの防止、会社のための行為であるのに責任を追及されるのは気の毒との思いによるが、弁護士費用等の訴訟に要する費用を会社が負担するという実際上の理由が大きいと考えられる。

しかし、会社の補助参加は、被告役員等のためではなく、会社の利益により判断しなければならない。訴訟に要する費用については、被告役員等が勝訴した場合に費用を会社が負担する（費用償還請求）、あるいは役員賠償責任保険（D&O保険）の代表訴訟特約条項によって処理すべきであろう。

会社は補助参加することにより、訴訟当事者（準当事者）と取り扱われ、文書提出命令に従わない場合は、相手方（原告株主）の主張が真実とされ（民訴224条）、会計帳簿の提出義務を負う（会社434条）というデメリット（リスク）を負う。そうすれば、会社は補助参加しないほうが得策であるということができる。[13]

(3) **独立当事者参加によることの検討**

会社が被告役員等に補助参加することは中立性に疑問があるから、独立当事者参加（民訴47条1項）とするのが合理的であるとの見解がある。[14] しかし、中立的な訴訟参加を考えることは困難であり、中立性の要請をいうならば、会社の補助参加を認めなければよいことである。また、独立当事者参加は、会社が原告株主と被告役員等双方を相手に訴えを提起することであるが、それが代表訴訟の構造と相容れるかという問題がある（一方だけを相手にする片面的独立当事者参加についても同様である）。

代表訴訟等は、株主が会社のために会社の権利を行使する訴訟であるが、会社に独立当事者参加を認める場合、申立（請求）の趣旨は、①原告の請求を棄却する、②被告は会社に対して金〇〇円を支払えということになろう。①は、

---

13 河本一郎「株主代表訴訟の現状と諸問題」金法1471号25頁。
14 奥島孝康ほか編『新基本法コンメンタール会社法3』408頁〔山田泰弘〕。

会社が自らの権利を否定することになり、自らの権利を否定するような独立当事者参加は認められないはずである（最判昭和45・1・22民集24巻1号1頁）。②は、代表訴訟等において株主が請求しているのは会社の権利であり、会社に対する給付を求めているから、会社が自己に対し給付を求めることは二重提訴との関係が生ずる。

　この点、会社法が、会社は共同訴訟参加と補助参加をなしうることを規定していることは（会社849条1項）、独立当事者参加を否定するものではない、たとえば、ⓐ会社が株主の原告適格を争って、直接会社への損害賠償請求を認めるためには権利主張参加（民訴47条1項後段）を認めるべきであり、また、ⓑ詐害再審規定（会社853条1項）との整合性からいっても、権利侵害防止参加（民訴47条1項前段）を排除すべきではないとの考え方がある[15]。

　しかし、ⓐについては、会社が株主の原告適格を争わなくても被告が争えばよいことである。代表訴訟は直接会社に対する給付を求めるものであるから、独立当事者参加を認める必要はない。ⓑについては、会社は原告に共同訴訟参加するか、補助参加することにより解決できることから、そのために、独立当事者参加を認める必要はない。

　形式的にも、会社法に特別の規定がある場合は、民事訴訟法の規定は適用除外となるから（民訴1条）、会社法が共同訴訟参加と補助参加を規定していることから、独立当事者参加を認めない趣旨であると解される。

5　株式会社等の補助参加と監査役等の同意

　会社が代表訴訟等の被告（取締役・執行役・清算人）に補助参加するためには、監査役等（監査役・監査等委員・監査委員）全員の同意を要する（会社849条3項）。同意のない補助参加は無効であるが、同意を得れば、会社法上の要件はすべてクリアされるというものではなく、同意判断は適正になされることが必要である（もっとも、同意判断が不適正であるとして争うことは難しい）。

　取締役の任務懈怠行為により、企業不祥事が発生するのは、監査役等が監視義務を尽くさなかったという面があり、また代表訴訟等が提起されるのは監査

15　中島・前掲論文（注11）30頁。

役等が提訴しなかったことによる。そうすれば、監査役等が会社の補助参加に同意するというしくみが、公正であるかどうかという問題がある。

　監査役等の同意が公正な判断であるというためには、監査役等の経営陣からの実質的独立性が確保されていることが必要であるとともに、適正に判断しうる監査役等であることが要求されるが、この意味からも、社外監査役に適任者をあてることが重要である。

IV　代表訴訟等と資料収集方法

1　代表訴訟等訴訟資料の収集

(1)　訴訟資料と証拠が偏在する訴訟

　代表訴訟等は、株式会社等が役員等の責任を追及する訴訟ではなく、その株主が役員等の会社に対する責任を追及する訴訟であるが、原告株主において責任の原因となる事実、損害発生との因果関係、損害額について主張・立証しなければならない。しかし、訴訟に用いる資料と証拠の多くは会社等に存在し、被告役員等が会社を支配していることが多い実情から、被告は事実と証拠に接する機会が多く、また、会社から資料の提供を受け自己に有利な証拠を収集することができる。

　これに対し、原告株主が訴訟に必要な資料（書類）や証拠に接する機会は少なく、またそれらを入手することは困難であり、訴訟資料や証拠の収集に関して極めて不利な状況におかれる。このように、代表訴訟等は構造的に訴訟資料と証拠が偏在する訴訟である。それは、完全親会社の株主が子会社の役員等の責任等を追及する訴訟（多重代表訴訟、旧株主による責任追及訴訟）の場合はさらに顕著となる。

　そこで、原告株主が訴訟に用いるための資料や証拠をどのように確保するかが重要な課題となるが、会社法や民事訴訟法には、原告株主が訴訟資料を入手するために用いることができる方法が整備されている。これらの株主が利用可能な資料収集の方法によれば、原告の主張と立証の困難はかなりの程度解消されることになる。

(2) 株主が訴訟資料を入手するための方法

株主が訴訟資料を入手するために用いることができる方法として、公開された計算書類と事業報告（会社437条）、監査報告または監査役会監査報告（会計規122条以下）、有価証券報告書（金商24条）などの公開資料等を用いることができる。

民事訴訟法は多くの資料収集手続を規定している（下記4）。また、マスコミ情報、民事・刑事事件記録、証券取引等監視委員会の金融商品取引法違反事件記録、公正取引委員会の独占禁止法違反事件記録等の事件記録なども証拠に用いることができる場合がある。

原告株主は、主として、会社法や金融商品取引法等の会社関係法令が定める手続と民事訴訟法の規定により訴訟に用いる資料と証拠を収集していくことになる。しかし、会社法や関係規則、金融商品取引法等が定める手続は、当該会社の株主を対象にするものであり、通常の代表訴訟の場合には用いることができるが、親会社の株主が子会社の役員等の責任等を追及する訴訟（旧株主による責任追及訴訟、多重代表訴訟）の場合は、親会社株主が子会社の有する会社書類を閲覧することは制限されている（下記5参照）。

さらに、株主が代表訴訟や多重代表訴訟を提起するための、会社情報特に子会社情報に接する機会は十分に確保されておらず、その端緒は多くの場合、マスコミ情報に頼らなくてはならないのが実情である。そこで、会社に問題が生じた場合、適正に会社情報を確保するための措置を講ずることが必要となる。これは、代表訴訟等との関係だけでなく、会社に生ずる損害を最小限に抑える必要性とガバナンスの観点からも重要である。

2 多重代表訴訟と子会社情報の収集

会社情報特に子会社情報の確保については、多重代表訴訟制度との関係に限らず、親会社株主の情報収集のあり方として問題になる。会社法の改正論議においても、親会社株主が企業集団の実態を踏まえた権利の行使をするためには、企業集団に関する情報を適切に収集する必要があるから、親会社株主の情報収集に関する規律について、見直しの検討の必要性が問題にされた。

すなわち会社法は、親会社社員がその権利を行使するために必要があるとき

に、裁判所の許可を得ること等の要件の下、子会社に関する各種書面等の閲覧等を請求することができ（会社31条3項等）、また、大会社および委員会設置会社の内部統制システムの内容として、企業集団における業務の適正を確保するための体制の整備が掲げられていることから（会施規98条1項5号等）、内部統制システムの整備についての決定または決議の内容の概要は、事業報告の内容とされている（同規則118条2号）。

このように、親会社株主が企業集団に関する情報を収集するための手段が設けられているが、これに加え、親会社株主の情報収集に関する規律についてさらに見直しをする必要があるか、検討を要するものとされている[16]。

多重代表訴訟に関しては、その実効性を確保するために、どのように訴訟に用いる資料と証拠の収集を図るかが重要であるが、それだけではなく、親会社株主に子会社情報の収集を認める手続の充実を図る必要がある。

3 会社法上の訴訟資料の収集方法

代表訴訟等において用いることができる資料収集方法として、株主総会議事録等（会社318条4項）、取締役会の議事録（同法371条2項）、監査役会の議事録（同法394条2項）、会計帳簿と計算書類という会社書類についての閲覧謄写請求（同法433条1項、442条3項）があるが、ほかに会計帳簿の提出命令（同法434条）、業務検査役の選任申請（同法358条1項）という方法も考えられる。

取締役会議事録の閲覧は、問題の行為が取締役会の決議によってなされているときは、取締役会の決議の適法性と妥当性を知り、また決議に賛成したことにより責任がある取締役を特定するためにも重要な意味をもつ。

また、会計帳簿等の閲覧謄写により、取締役に経理面からの違法行為がないか確認することができる。ただし、会計帳簿等の閲覧謄写請求が認められるのは、総株主の議決権等の100分の3以上を有する少数株主に限られる（会社433条1項）が、保有議決権の要件を満たさない株主であっても、民事訴訟法の文書提出命令の申立て（民訴221条）により証拠提出を促すことができる場合もあ

---

16 法制審会社法制部会資料4「親子会社に関する規律に関する検討事項(1)――親会社株主の保護に関する規律――」〈http://www.moj.go.jp/content/000056041.pdf〉第1・2（補足説明）3〜4頁。

る。

　裁判所は、申立てまたは職権により、訴訟の当事者に対し、会計帳簿の全部または一部の提出を命ずることができるが（会社434条）、会社は、訴訟参加した場合を除き、訴訟の当事者ではないからこの規定によることはできない。

4　民事訴訟法による訴訟資料の収集方法

　民事訴訟法上の訴訟資料の収集方法は、多岐にわたるが、通常の代表訴訟、旧株主による責任追及訴訟、多重代表訴訟について同一手続によることになる。

(1)　文書提出命令の申立て

㈎　文書提出命令の概要

　代表訴訟等の場合、証拠書類など訴訟資料の多くは会社（旧株主による責任追及訴訟、多重代表訴訟の場合は子会社）に存在することから、これらの会社に対し文書の提出を求める必要性が高い。会社等が任意に提出に応じない場合は、原告株主等は会社等を相手として文書提出命令の申立てにより、訴訟に必要な書類の提出を受けるという方法によることができる（民訴221条）。

　しかし、会社等は、訴訟参加をしている場合を除き、訴訟当事者ではないから、第三者に対する文書提出命令の申立てとなる。そこで、裁判所は、会社等に対し文書提出命令を発令するためには、会社等を審尋しなければならない（民訴223条2項）。必要文書を被告役員等が所持している場合は、被告役員等を相手として文書提出命令を申し立てることになるが、被告役員等が所持している場合は、実際には多くない。

　刑事事件記録が重要な証拠資料となることが少なくないが、刑事事件に係る訴訟書類または押収されている文書は、文書提出命令の対象にならないので（民訴220条4号ホ）、これを入手するためには文書送付嘱託という方法によらざるを得ない。

㈑　文書所持者の一般的文書提出義務

　民事訴訟法は、文書の所持者に対し、一般的文書提出義務を課したうえで、所定の場合に提出を拒むことができるとしている（民訴220条4号イ～ホ）。代表訴訟等との関係で文書の提出義務が争われることが多いのは、「専ら文書の所持者の利用に供するための文書」（同ニ）、つまり自己利用文書にあたるか否

かに関する点である。取締役の責任を追及するために、責任原因となる決済文書や稟議書の提出を求めることが多いが、それが自己利用文書に該当するとして会社が提出を拒むことができるかが争われた事例は多い。

判例は、自己利用文書を、①もっぱら内部の利用に供する目的で作成され、外部に開示することが予定されていない文書であって、②開示によってプライバシー侵害や自由な意思形成の阻害など、所持人にとって看過しがたい不利益が生ずるおそれがあること、③自己利用文書に該当することを否定すべき特段の事情がないことを要件とし、銀行の貸手責任を問題とする顧客からの損害賠償請求事件において、貸出稟議書を自己利用文書にあたるとしている（最決平成11・11・12民集53巻8号1787頁）。

(ウ) 貸出稟議書と文書利用文書

判例は、金融機関の貸出稟議書は自己利用文書にあたるとしている（前掲最決平成11・11・12）。信用金庫の会員が提起した代表訴訟についても、「専ら文書の所持者の利用に供するための文書」にあたり、会員は信用金庫が所持する文書の利用関係において信用金庫と同一視できず、特段の事由がない限り、文書提出命令は認められないとしている（最決平成12・12・14民集54巻9号2709頁）。

貸出稟議書が自己利用文書にあたるとしても、一律に文書提出命令の対象とならないとするのは適切ではない。貸出が善管注意義務違反にあたるか否かの判断に際し、貸出稟議書は重要な書類であるから特段の事情があるといえよう。それを提出することにより所持人に重大な不利益が生ずるおそれがある場合は、提出義務の存否の審理をインカメラ審理手続（裁判官室での非公開審理）により行い（民訴223条6項）、文書の一部提出という方法によることもできる。

金融機関の貸出稟議書は、外部に公表することが予定されていない文書であるから、自己利用文書にあたるといえよう。しかし、代表訴訟等において取締役の貸付け判断の誤りが争われている場合は、その判断の基準となる重要な文書である。そこで、特段の事情がある場合として提出義務を認めるのが妥当であろう。また、当該代表訴訟等との関係では、自己利用文書にあたらないとの解釈もありうる。少なくとも、他の方法により、役員等の責任を認めることができない場合は、提出義務を認めるのが公正であろう。

信用金庫の会員は、信用金庫が所持する文書の利用関係において、信用金庫

と同一視できないというのは一般論としてはそのとおりである。しかし、会員が信用金庫に代わって、信用金庫の権利を行使するという代表訴訟等の性質からみて、この一般論によることが妥当であるかは疑問である。

　経営破綻した信用組合の貸付先（被告）に対し、整理回収機構（原告）が提起した貸金返還訴訟において、被告が原告の所持する信用組合の貸出稟議書の提出を求めたのに対し、貸出稟議書の提出を命じられることにより、原告において自由な意見の表明に支障を来し、その自由な意思形成が阻害されるおそれがあるとは考えられないとして、自己使用文書にあたるとはいえない特段の事情があるとしたものがある（最決平成13・12・7民集55巻7号1411頁）。

　判例も、一般的な業務遂行上の指針等が記載された銀行の社内通達文書は自己利用文書にあたらないとしている（最決平成18・2・17民集60巻2号496頁）。貸出稟議書と異なり、企業秘密に関係しないことによるのであろう。しかし、これは、外部に公表されることを予定されていないというだけで、自己利用文書性が否定されないことを意味する。そこで、今後、内部統制の過程で作成された文書について、文書提出命令が申し立てられることが予想されるとされている。[17]　いずれにしても、自己利用文書にあたるか否かは、抽象的に判断するのではなく、提出を求める理由との関係で具体的に判断することが必要になる。

　(エ)　文書提出命令に従わない場合

　文書提出命令に代表訴訟等の被告役員等が従わないとき（文書を提出しない）は、裁判所は、文書の記載に関する原告株主の主張を真実と認めることができるが（民訴224条1項）、必要とされる文書の多くは会社が所持しているから、文書提出命令は会社に対して発せられることになる。

　会社等は、上記のように代表訴訟等の当事者ではなく訴訟上の地位は第三者であるから、文書提出命令に従わない場合でも、文書の記載に関する原告株主の主張は真実と認められることはなく、会社に対して20万円以下の過料が科されるにとどまる（民訴225条1項）。

　もっとも、会社等が代表訴訟等の原告または被告に共同訴訟参加した場合は、

17　江頭憲治郎＝門口正人編集代表『会社法大系(4)組織再編・会社訴訟・会社非訟・解散・清算』445～446頁〔松山昇平＝門口正人〕。

原告株主等と共同訴訟人となるから、訴訟当事者として文書の記載に関する原告株主の主張を真実と認めることができる。

これに対し、株式会社等が代表訴訟等の被告役員等に補助参加した場合はどのように考えるべきか。一般論として、補助参加人は、民事訴訟法224条1項の当事者ではなく第三者であるから、真実擬制が働かず同法225条1項によることになる。他方、必要的共同訴訟の場合は、1人の共同訴訟人が文書提出命令に従わない場合は、真実擬制の効果はすべての共同訴訟人との関係で生ずることになる。[18]

株式会社等が代表訴訟等の被告役員等に補助参加することは、改正法が明文をもって認めている（会社849条1項）。しかし、株式会社等は権利の実質的帰属者（実質的当事者）であり、補助参加の利益が問題になるのにもかかわらず、被告役員等に補助参加しその費用でもって訴訟行為をしており、また、被参加人（被告役員等）の勝訴により、株式会社等の権利が存在しないことになることから、一般の補助参加人と同様に取り扱うべきではないといえよう。この場合の補助参加の性質は、共同訴訟的補助参加といえるから、補助参加により類似必要的共同訴訟の関係が生ずる。

そうすれば、株式会社等は被告役員等の共同訴訟人として訴訟の当事者となるといえよう。したがって、文書提出命令は、株式会社等の当事者として扱われる者に対し発令されることになり、それに従わないときは、裁判所は、文書の記載に関する原告株主の主張を真実と認めることができることになる（民訴224条1項）。株式会社等が、あえて被告役員等に補助参加したのであるから、この程度の不利益は甘受すべきであろう。

また、当事者が相手方の使用を妨げる目的で、提出の義務がある文書を滅失させ、その他これを使用することができないようにしたときも、裁判所は、文書の記載に関する原告株主の主張を真実と認めることができる（民訴224条2項）。しかし、この規定は、訴訟当事者である被告が滅失させたなどの場合に適用されるものであり、会社が滅失させたなどの場合は含まれないから、会社が訴訟参加している場合を除けば適用されない。

18　秋山幹夫ほか『コンメンタール民事訴訟法Ⅳ』479頁。

(オ)　文書提出命令と会社法における閲覧等請求との関係

　文書提出義務の原因が証明すべき事実であるときは、文書提出命令の申立てによりすることが必要である場合に限られる（民訴221条2項・1項4号）。そこで、会社法により認められている手段によって行いうる場合にはそれによるべきであり、それでは目的を達し得ない場合に、文書提出命令の方法を用いることになる。しかし、親会社株主等が子会社の役員等の責任を追及する多重代表訴訟等の場合は、特に会社法が認めている場合を除き、文書提出命令の申立てによることになる。

(2)　文書の送付嘱託の申立て

　文書提出命令の申立てのほか、文書の所持者にその文書の送付を嘱託することを申し立てる（送付嘱託の申立て）ことができる（民訴226条）。これを受けて裁判所が文書の送付を嘱託するのであるが、訴えの提起前にもすることができる（同法132条の4第1項）。

　文書送付嘱託がなされるのは、文書提出命令によらなくても、文書の所持者が任意に提出に協力すると見込まれる文書についてである。そして、代表訴訟等の当事者は、送付嘱託により送付を受けた文書を代表訴訟等の訴訟資料に用いることができる。

　役員等の責任を追及する代表訴訟等においては、検察庁、公正取引委員会、証券取引等監視委員会等に対し、文書の送付嘱託をすることが考えられるが、どこまでこれらの機関が嘱託に応じるかという問題がある。

(3)　調査嘱託の申立て

　調査嘱託の申立てを受けた裁判所は、必要な調査を官公庁、商工会議所その他の団体に嘱託することができる（民訴186条）。嘱託によって得られた回答書等を証拠とするのである。調査嘱託を受けた者は、嘱託に対する応諾義務はないが、官公庁をはじめ多くの団体が嘱託に応ずることが期待できる。

(4)　当事者照会の制度

　当事者は、訴訟の係属中、相手方に対し、主張または立証を準備するため必要な事項について、相当の期間を定めて、文書で回答するよう、書面で照会することができる（民訴163条）。そこで、代表訴訟等の原告は、主張を整理し立証活動を準備するため必要な事項につき、被告役員等に対し当事者照会をする

ことができる。照会には相手方当事者に対する強制力はないが、適法な照会に対し相手方は回答義務を負う。

また、訴えを提起しようとする者は、被告となるべき者に対して、訴えの提起を予告する通知を書面で行うことにより、予告通知を受けた者に対し、4カ月以内に限り、訴えの提起前に、訴えを提起した場合の主張または立証を準備するために必要な事項について、相当の期間を定めて書面で回答するよう、書面で照会することができる（提訴前の当事者照会の制度。民訴132条の2第1項）。訴訟が複雑になると予想される場合、提訴を予告するとともに、提訴前に、訴えを提起した場合の主張または立証を準備するために必要な事項について照会し、これに対する回答を基に、原告は主張と立証を組み立て、提訴後の迅速な手続の進行を期待するのである。

代表訴訟等の場合、株主が事実関係を正確に把握できない場合が少なくない。そこで、訴え提起の予告通知をするとともに、被告となるべきものに照会し、その回答を基に主張を組み立てていくことも必要である。これは、事実関係の把握が困難な代表訴訟等では重要な制度である。

(5) 提訴前の証拠収集と証拠保全

裁判所は、予告通知者または所定の返答をした被予告通知者の申立てにより、予告通知に係る訴えが提起された場合の立証に必要であることが明らかな証拠となるべきものについて、申立人が自ら収集することが困難であると認められるときは、相手方の意見を聴いて、訴えの提起前に、文書の送付嘱託、調査嘱託等の処分をすることができる（民訴132条の4第1項）。この制度は、代表訴訟等にとって重要な証拠収集の機能を有する。

これに対し、証拠保全とは、裁判所があらかじめ証拠調べをしておかなければ、その証拠を使用することが困難となる事情がある場合に、申立てにより証拠調べをする手続である（民訴234条）。証拠調べは、証拠調期日に行うが、あらかじめ証拠調べをしておかなければ、不能となりまたは困難となる事情がある場合に、事前に（期日外）に証拠調べをする必要があることから証拠保全手続が設けられている。証拠保全の申立ては、訴えの提起前にもすることができる。

証拠保全は、書証については、隠匿、破棄、改ざんがなされることを防止す

るために行い、人証については、死期が迫っているとか、長期海外滞在等、急ぎ証人調べを行う必要がある場合に行われる。

5　多重代表訴訟等と会社法上の訴訟資料収集

　適格旧株主による責任追及訴訟と多重代表訴訟は、完全親会社の株主が子会社の役員の責任を追及する訴訟であることから、通常の代表訴訟以上に原告が会社情報と証拠を入手することが困難な場合が多いと考えられる。

　原告株主等は、通常の代表訴訟の場合と同様に、会社法や民事訴訟法に定められた手続により訴訟資料や証拠を入手することになる。民事訴訟法に定められた手続によることは、多重代表訴訟等についても通常の代表訴訟の場合と同様に考えることができる。

　これに対し、会社法上の資料収集方法として、単一の会社の役員等の責任を追及する通常の代表訴訟については、株主総会議事録等（会社318条4項）、取締役会の議事録（同法371条2項）、監査役会の議事録（同法394条2項）、会計帳簿と計算書類の閲覧謄写請求（同法433条1項、442条3項）、業務検査役の選任申請（同法358条1項）、会計帳簿の提出命令（同法434条）等が用意されている（前記3参照）。

　しかし、これらは、その会社の株主に対し認められたものであり親会社の株主に認められたものではない。そこで、多重代表訴訟等の原告は、子会社の株主ではなく完全親会社の株主であることから、この方法によることは困難である。

　親会社の株主は、その権利を行使するために必要なときは、裁判所の許可を得て、子会社の株主総会議事録（会社318条5項）、取締役会の議事録（同法371条5項）、監査役会の議事録（同法394条3項）、会計帳簿（同法433条3項）を閲覧謄写請求することができる。多重代表訴訟等のための資料および証拠として用いることは、その権利を行使するために必要であるときという要件を満たしているということができる。

　ここにいう親会社株主とは直接の親会社を意味するから、多重代表訴訟についていえば、親会社株主に子会社書類の閲覧等が認められるのは、直接の親子会社関係がある二重代表訴訟の類型の場合に限られることになる。中間完全子

会社が存在する子会社と最終完全親会社が直接の関係にない本来的な多重代表訴訟の場合は、子会社書類の閲覧等はできないことになる。

　そうすれば、本来的な多重代表訴訟の場合に、最終完全親会社の株主が訴訟に用いることができる子会社の書類は、公開された計算書類と事業報告（会社437条）、監査報告または監査役会監査報告（会計規122条以下）などの公開文書に限られることになる。

第13章 代表訴訟等の終了とその後の処理

I 判決確定による訴訟の終了

　代表訴訟等は、株主等が原告となり、株式会社等のために会社の権利に基づき、役員等の責任を追及し、会社等に対する給付を求める訴訟である。原告が勝訴すれば、会社等はそれに基づき権利を実現すること（強制執行）ができる。反対に、原告が敗訴すれば会社等の権利が失われることになる。

　旧株主による責任追及訴訟と多重代表訴訟は、完全親会社等の株主が原告になり、対象子会社等のために子会社の権利に基づき、子会社等の役員等の責任を追及し、子会社等に対する給付を請求する訴訟であるが、原告が勝訴または敗訴した場合については、通常の代表訴訟の場合と同様に考えることができる。

　訴訟法的にみれば、代表訴訟等は、株主または完全親会社の株主等による法定訴訟担当であり、株主等が会社等のために原告となって行う訴訟である。法形式も法定代位訴訟であることから、株式会社等は訴訟の当事者ではないが、判決の効力（既判力）は原告の勝訴または敗訴にかかわらず会社等に及ぶことになる（民訴115条1項2号）。

　原告以外の他の株主も判決の効力に拘束されることになる。特に敗訴判決の場合には、会社の権利が失われ、他の株主の権利も失われることになるが、訴訟法的には、会社と株主の関係から反射的に判決の効力が他の株主に及ぶことになるもの（反射的効）といえよう。

Ⅱ 和解による訴訟の終了

1 代表訴訟等と和解による訴訟終了

(1) 代表訴訟等と和解による解決

　代表訴訟等を和解（裁判上の和解）により終了させることは、紛争の早期解決になるばかりか、被告役員等の支払能力等を考慮すれば、和解内容の合理性が確保されるならば、得策でありかつ妥当な解決方法ということができる。

　代表訴訟等を和解により終了させた代表的な事例として大和銀行事件がある。第1審判決は、被告取締役らに対し、総額約829億円の賠償金の支払いを命じたが（大阪地判平成12・9・20判時1721号3頁）、控訴審において、被告全員（49人）が合わせて2億5000万円を支払うことで和解し訴訟が終了した。[1]

　大和銀行が株式移転により持株会社の完全子会社になる直前になされた和解という事情（株式移転により、原告が大和銀行の株主でなくなるから訴えが却下される）や、和解金額の多寡が適正であるかについて問題が残るが、とうてい支払いが不可能な金額を減額したという意味で和解による訴訟終了は評価することができる。

　大和銀行事件の第1審判決は、内部統制システムの法定化、責任追及訴訟における和解の明文化、賠償責任額の軽減化、代表訴訟等の係属中の株式交換等と原告適格の継続という、会社法の極めて重要な事項について改正の契機となり、立法に大きな影響を与えた。

(2) 代表訴訟等における和解の問題点

　裁判上の和解は、原告と被告が裁判上、たがいに譲り合って争いを解決することであり、和解内容が調書に記載された場合は確定判決と同様の効力をもつ（民訴267条）。代表訴訟等における和解では、訴訟の対象である会社の権利について、一部放棄（免除）等の処分が伴うが、法定訴訟担当者である原告株主に、会社の権利の処分をする権限があるのか、また、役員等の責任や義務の厳格な免除規制との整合性をどう確保するかという問題がある。

1　第1審で敗訴した被告11名の手取報酬1年分の総額であるといわれている。

裁判実務は、代表訴訟等の和解について理論的には問題点が存在するが、これを認めていた。そして、平成13年の改正商法は、和解を認めていた裁判実務を追認する形で、明文をもって和解による訴訟終了を認めた（旧商268条5項～7項）。そこで、代表訴訟において和解をなしうるかという理論的な問題は立法的に解決されたが、和解内容の公正をどう確保するかが重要な課題となる。

2 会社法と代表訴訟等の和解規定

代表訴訟等について和解を認める規定を新設した平成13年の改正商法は、和解について、取締役の責任免除のためには総株主の同意を必要とするとの規制の適用を排除したうえで、会社が和解の当事者でない場合に、和解の効力を会社に及ぼすための手続を規定し、会社の利益の確保を図った（旧商268条5項～7項）。

平成17年に制定された会社法は、それを承継し、代表訴訟等における和解において、民事訴訟法267条は、株式会社が和解の当事者でない場合は、当該訴訟における訴訟の目的については、会社の承認がある場合でなければ適用しないとした（旧会社850条1項）。そのうえで、和解の効力を会社に及ぼすための手続を定めている（同条2項・3項）。当該訴訟における訴訟の目的とは、訴訟で請求している会社の権利という意味である。

改正法はこれを承継したが、新たに旧株主による責任追及訴訟と多重代表訴訟を新設したことから、株式会社等として対象子会社を含めて一括して規定した。

民事訴訟法267条は、成立した和解について和解調書に記載したときは、確定判決と同一の効力が生ずるとする規定である。この和解調書の効力について、会社の承認がなければ会社に効力が及ばないとするのは、代表訴訟等は会社の権利に基づく訴訟であることから、会社の意思を無視して和解をすべきではないという会社の意思を尊重することにある。会社に効力が及ばない和解をしても意味がないから、実際上、会社の意思を無視するような和解はできない。

一方で、会社が和解の当事者である場合は、和解に反対する機会があるから、和解の効力は会社に及ぶ。

会社が和解の当事者であるとは、会社が共同訴訟参加または補助参加（多く

の場合、被告役員等に補助参加する）した場合であるが、利害関係人として和解手続に参加した場合も含む。利害関係人としての手続参加であっても、権利の帰属主体である会社が反対すれば和解をすることはできない。

3 責任等免除規定の適用排除

　会社法は、取締役等の責任または義務の免除には総株主の同意を要するとの規定、および免除し得ない責任または義務に関する規定について、責任追及訴訟（代表訴訟等と会社による責任追及訴訟）における和解については適用されないから（会社850条4項）、責任免除の規制を受けず和解をすることができる。

　改正法は、責任または義務を負い、その免除のためには総株主の同意を必要とする場合について、新たな規定を設けたが（会社102条の2第2項、103条3項、213条の2第2項、286条の22等）、これらについても、和解においては、規制の適用を排除している（同法850条4項）。

　また、役員等の責任の一部免除と和解は別の制度であるから、一部免除を受けた後の賠償金額について、和解によりさらに減額することは、妥当性の問題があるものの可能であると考えられる。もっとも、和解は一部免除にとどまり、全額を免除することはできないが、免除額の制限はなく役員等の任務懈怠責任の一部免除の場合における免除額の制限（会社425条1項）を受けない。このように、和解によれば免除規制も免除額の制限も受けないから、役員等の責任の大部分を免除することが可能となるが、これは問題がないとはいえない。免除額は具体的な事情に応じた適正な限度とすべきであろう。

　和解が、厳格な役員等の責任の免除規制の脱法行為として用いられる可能性を排除できない。株主または会社が和解制度を悪用して、代表訴訟等の回避目的で、責任追及訴訟等を提起し役員等の責任を大幅に免除するということも考えられなくはない。この場合、会社または株主が訴訟に参加している場合には、共同訴訟参加または共同訴訟的補助参加であり、原告はその意思に反して和解できないから、かかる不公正な和解の成立を阻止することができる。しかし、常に、参加が期待できるわけではないから、成立した和解に対し、詐害再審の規定（会社853条1項）を類推適用すべきである。

　和解手続には裁判所が関与するとしても、裁判所は当事者の意思を無視する

ことができないから、会社の利益に反する不公正な和解がなされる可能性を否定できない。役員等の責任の免除規制の脱法的な提訴でなくても、会社の権利を害する目的でなされた馴合的な和解については、再審の訴えの規定を類推すべきである（会社853条1項）。この場合、和解案を承認した監査役または監査委員について任務懈怠責任が生ずる場合が考えられ、また、原告株主についても、悪意の敗訴の場合の損害賠償責任規定（同法852条2項）の類推適用も考えられる。

4 会社に和解の効力を及ぼすための手続

　会社法は、代表訴訟等を和解により終了させることを認めたうえで、株式会社等が和解の当事者でない場合は、会社の承認がなければ、会社に効力を及ぼす和解をすることができないとしたうえで、会社に効力を及ぼす和解を成立させるための手続を定めている（会社850条）。

　和解の手続は、裁判所（書記官）が権利の帰属主体である会社に対し、和解の内容（和解案）を通知し、かつ、和解に異議があるときは、2週間以内に異議を申し述べることができる旨を催告し、会社が異議を述べた場合は、通知した内容の和解をなし得ない。会社と取締役間の訴訟である場合の和解の通知は、監査役設置会社については監査役に対してすべきことになる。

　会社が異議を述べなかった場合は、通知した内容で和解をすることを承諾したものとみなされ、和解について特に授権されなくても、通知した内容の和解をすることが可能となる。会社が異議を述べなかった和解は会社に対して効力を及ぼすことになる（会社850条2項・3項）。会社に対して和解の効力を及ぼすためには、会社に対する和解内容の通知と、会社が異議を述べないことを要件にしている。

　これに対し、会社が異議を述べた場合は（理由を述べることは要求されない）、当該通知内容で和解をなし得ないから、和解手続を打ち切るか、または和解内容を再検討して再度通知することになる。

Ⅲ 代表訴訟等の取下げ自由と問題点

1 代表訴訟等と訴えの取下げ

　株主等が代表訴訟等を提起した後でも、事実や証拠関係などからみて勝訴の見込みが少ないと判断した場合、あるいは被告役員等の支払能力からみて勝訴しても現実に損害が回復される可能性が低く、また和解による解決も望み得ないような場合は、原告株主等は時間と費用を使って訴訟を継続することに熱意を欠くことになる。このような場合に、訴訟を継続することは無意味である。また、代表訴訟等の係属中に役員等が死亡し、相続人に訴訟を承継させることが適切とはいえない場合もある。そこで、このような場合は、代表訴訟等を取り下げて訴訟を早期に終了させることが望ましい場合があることは否定できない。

　代表訴訟等の取下げも、民事訴訟法の手続（民訴261条以下）に従って行う。原告は、判決が確定するまでは訴えの取下げをすることができる（同法261条1項）。しかし、被告が本案について準備書面を提出し、弁論準備手続において申述し、または口頭弁論をした後は、被告の同意を得なければ取下げの効力が生じない（同条2項本文）。それは、すでに行われた被告の訴訟行為を無駄にすべきでないばかりか、本案判決により決着をつけることを望むという被告の意思を無視できないからである。

　しかし、代表訴訟等については、被告役員等にとって、会社等や他の株主による再訴もあまり考えられないから、勝訴判決の既判力により決着をつける必要まではなく、早期に訴訟を終わらせようと考える場合が多いと考えられ、ほとんどの場合、訴えの取下げについて被告役員等の同意を得ることができるであろう。

　代表訴訟等の取下げについて会社法は規定していないが、訴えの取下げは株式会社等の権利の処分ではないからこれを制限することは難しい。これは、通常の代表訴訟、旧株主による責任追及訴訟、多重代表訴訟について共通している。

　代表訴訟等を取り下げても、訴訟係属をさかのぼって消滅させ、初めから代

表訴訟が提起されなかった状態に戻すだけであるから、会社や他の株主の権利を害することにはならない。

反面、訴えの取下げに制限がないとしても、取下げを無制限に認め、勝訴の可能性があるのにもかかわらず、理由なく訴えを取り下げることは不適切である。取下げは会社に何らの利益をもたらさないばかりか、原告株主等による訴訟追行を期待していた会社等や他の株主の利益に反することになる。そこで、取下げは全く自由であるとの一般論によることが適正であるとはいえない場合がある。しかし、一般的に、取下げを規制することは難しい。

2　代表訴訟等と訴えの取下げ規制の必要性

(1)　消滅時効の完成後の取下げ

訴えの取下げがなされると、取下げの遡及効により訴えの提起が初めからなかったことになる（民訴262条1項）。そこで、訴えの提起による実体法上の効果として、時効中断の効力が生ずるが（民147条1号、民訴147条）、訴えの取下げにより時効中断の効力は遡及的に失われることになる（民149条、民訴262条1項）。

代表訴訟等についても、訴えの取下げにより時効中断の効力は生じないから、訴訟の係属中に時効期間が経過している場合がある。そこで、時効期間の経過後に訴えの取下げをすることにより、訴訟の係属中生じていた時効中断の効力がさかのぼって消滅することから、会社の権利は失われることになる。それにより、原告株主の訴訟追行に期待していた株式会社等およびその株主の権利が失われることになる。それを、代表訴訟等に参加する機会があるのにもかかわらず、訴訟参加しなかったことによる不利益として甘受すべきであるというわけにはいかない。

(2)　終局判決後の取下げ

本案について終局判決があった後に訴えを取り下げた者は、同一の訴えを提起することができないとして再訴が禁止されている（民訴262条2項）。そこで、第1審の終局判決後に、代表訴訟等を取り下げた場合は（控訴期間中の取下げ、控訴審係属後における取下げであるが、上告審期間中または上告審における取下げもありうる）再訴が禁止される。代表訴訟等は会社等の権利に基づき、株主等が

会社等の機関的な地位に立ち、会社等の権利を行使する訴訟であることから、会社等および他の株主による代表訴訟等の提起（再訴）も封じられることになる。

そこで、本案について終局判決があった後の訴えの取下げを、全く自由になしうるものとすることは適切でない。取下げには相当な理由を必要とするとともに、株式会社等（権利の帰属主体である会社）の意思を尊重すべきであろう。

(3) 取下げ自由とそれに対する制限

株式会社等の権利に基づく代表訴訟等において、上記のとおり訴えの取下げにより株式会社等の権利を失わせたり、再訴を不可能としたりするような場合には、原告株主等が自由に訴えを取り下げることを認めるのは適切でない。訴えの取下げが、実質上、株式会社等の権利の処分（会社の権利を消滅させる）と同一の効果を生じることから、取下げを自由に認めるべきではないであろう。

しかし、代表訴訟等であっても、現行法上、訴えの取下げそのものを制限することは難しい（アメリカでは、代表訴訟の取下げには裁判所の承認を要するとして、取下げを規制している）。この点、原告株主等は、株式会社等の臨時法定機関として代表訴訟等を提起するのであるから、株式会社等に対し適正に訴訟を遂行するという義務を負っているといえる。そこで、代表訴訟等の取下げにより株式会社等の権利を失わせる場合に、合理的な理由なく取り下げた場合は、株式会社等に対し損害賠償責任を負うとして、取下げを規制することが必要となる。

IV 代表訴訟等のために支出した費用等の請求

1 原告株主等に対する費用補償の規定

責任追及等（代表訴訟）の訴えを提起した株主が勝訴（一部勝訴を含む）した場合において、当該責任追及等の訴えに係る訴訟に関し、必要な費用（訴訟費用を除く）を支出したとき、または弁護士等に報酬を支払うべきときは、当該株式会社に対し、その費用の額の範囲内またはその報酬の額の範囲内で相当と認められる額の支払いを請求できる（会社852条1項）。

訴えを提起した株主（原告）には、通常の代表訴訟を提起した株主、旧株主による責任追及訴訟を提起した旧株主、多重代表訴訟を提起した最終完全親会

社の株主が含まれる（訴訟参加した株主等についても費用等請求は認められる（会社852条3項））。したがって、費用補償を請求する相手方会社（株式会社等）は、それぞれ当該株式会社、株式交換等完全子会社等、対象完全子会社となる。

代表訴訟等に勝訴した株主等に費用等請求を認めるのは、これにより株式会社等に生じていた損害が回復されることになり、代表訴訟等は株式会社等に利益をもたらすから、費用等請求は株式会社等に対する事務管理に基づく有益費の償還請求（民702条1項）の性質を有するものとして、これにより代表訴訟等の提起を容易ならしめ、その実効性を確保するためである（東京高判平成12・4・27金判1095号21頁参照）。

2 株式会社等に対する費用の支払請求とその額

(1) 株式会社等に対し支払請求を認める趣旨

原告株主等は、株式会社等のために提訴し訴訟を遂行することから、勝訴の利益は株式会社等に帰属し原告株主等には直接帰属しない。そこで、原告株主等が訴訟のために支出した費用のうち、相当額を株式会社等が負担するのが公平であることから、事務管理の費用償還請求権（民702条1項）と同趣旨として、株式会社等の費用負担としたのである。

株式会社等に請求できるのは、原告株主等が勝訴した場合（一部勝訴、和解を含む）に限られる。原告株主等が勝訴した場合とは、原告勝訴の判決が確定したことをいう。判決が確定した後、総額として支払請求ができるものであり、上訴があった場合などに審級ごとに訴訟に要した費用や弁護士費用の支払いを請求しうるものではない。最終的に勝訴判決が確定した場合に、一括して支払請求をすることができる。

支払請求は、勝訴判決により利益を得る株式会社等に対してすべきである。そこで、通常の代表訴訟の場合は当該株式会社、旧株主による責任追及訴訟の場合は株式交換等完全子会社等、多重代表訴訟の場合は対象子会社に対してすることになる。

(2) 支払請求が認められる額

株式会社等に支払いを請求できるのは、原告株主が勝訴した場合であり、敗訴した場合は全額自己負担となる。支払請求できる訴訟に関し支出した必要な

費用とは、当該訴訟を追行するについて一般に必要とされる費用である。たとえば、裁判所に予納した郵券、旅費・交通費、通信料、文書作成費用などである。公認会計士等に支払った鑑定料や報酬も必要な費用に含まれる。

支払いを請求できる範囲について、会社に過大な負担を課すのは適正でないから、訴訟に関して支出した費用の額の範囲内の相当な額に限ることとし、訴訟のために必要な費用として支出した額に限られる。必要な費用であるか否かが会社に対する支払請求ができる基準となるが、必ずしも個別費用の金額の多寡による必要はない。

必要な費用であっても、貼用印紙等の訴訟費用は株式会社等に請求することはできない。訴訟費用は、敗訴した被告役員等の負担となる（民訴61条）。

(3) **必要な費用の支払請求が認められる勝訴の意味**

原告株主が勝訴した場合には、全部勝訴判決（請求金額全額の支払いが認められた場合）だけでなく、一部勝訴、和解により被告役員等が損害賠償金を支払う旨を約束した場合も含まれる（東京高判平成12・4・27金法1596号77頁）。成立した和解を調書に記載すれば、確定判決と同一の効力を生ずることから（民訴267条）、一部勝訴判決の場合と同様に取り扱われる。もっとも、一部勝訴判決により株式会社等が得る金額に比べ不相当な費用の支払請求は認めるべきではない。

請求の認諾も調書に記載すれば、確定判決と同一の効力を生ずるから（民訴267条）、勝訴判決に含めてよいであろう。この場合、被告役員等が請求を認諾した理由と時期を考慮して、訴訟に関し支出した必要な費用の額を決定することになる。

原告株主等が訴えの取下げをした場合は、一般的には、原告株主等は株式会社等に対し費用の支払請求をすることができない。株式会社等に対し何らの利益も与えていないからである。しかし、被告役員等が、代表訴訟等の提起を受け、または原告等勝訴の第1審判決後に、控訴審の係属中に、株式会社等に対し弁済した場合は、株式会社等は勝訴判決によるのと同様の満足を得ている。この場合、会社の権利は消滅しているから、請求内容を実現したうえでの取下げであり、実質的には勝訴判決を得たのと同様である。

つまり原告株主等は、訴訟を継続しても請求棄却の判決となるからやむを得

ず取り下げたのであり、訴えの取下げは当然の措置であり、任意に取り下げた場合と同様に考えることはできない。

そこで、勝訴の場合に準じて、会社に対して支出した必要な費用と弁護士報酬の相当額の支払いを請求することを認めるべきである。

この点、住民訴訟に関して、原告が訴えを取り下げた場合は、訴訟は初めから係属しなかったことになるから、たとえ請求内容を実現したうえでの取下げであり、実質的には勝訴判決を得たのと同様の経済的利益をもたらしている場合でも、費用を請求することはできないとした判例がある（最判平成17・4・26判時1896号84頁）。

しかし、この判例は、形式的にすぎるといえよう。訴えを取り下げれば訴訟は初めから係属しなかったことになるのと、請求内容を実現したこととは別の問題である。そこで、訴えを取り下げても、請求内容を実現していれば、勝訴判決により満足を得たのと同様に考えられるから、費用請求を認めるのが公正である。

また、勝訴または和解等をした原告株主等が、会社に対し支払請求できる金額は、支出した費用の全額ではなく、相当と認められる額であるから、和解、請求の認容、訴えの取下げにより株式会社に利益を与えた場合は、相当と認められる額は厳格に算定されることが多いであろう。

勝訴判決の場合と異なり、和解、請求の認諾、取下げによる場合は、訴訟に関し支出した必要な費用の額はより厳格に計算すべきであるが、貼用印紙などの訴訟費用については、敗訴者負担によることができないから、株式会社等に対して支払請求を認めざるを得ない。

3　株式会社等に支払請求できる弁護士報酬

原告株主等の勝訴判決が確定した場合、株式会社等に支払請求することができる弁護士報酬は、原告株主等が支払約束をした弁護士報酬額ではなく、支払約束をした報酬額の範囲内で相当と認められる額に限られる（会社852条1項）。それは、最初に支払われる着手金も含めて計算されることになる。

原告株主等が、高額の弁護士報酬の支払いを約束した場合でも、株式会社等はその額に拘束されるものではない。株式会社等の負担となるのは支払約

束をした金額の範囲内の相当な金額ということになる。会社が現実に得る利益と比較して、高額の弁護士報酬を会社に負担させるべきではないからである。弁護士報酬額について支払約束をしていない場合は、相当な金額ということになる。

　株式会社等の負担すべき弁護士の報酬額は、認容された金額に限らず、事件の難易度、審理に要した期間、訴訟が和解等により終了したか、株式会社等が現実に得ることができる利益などを総合して決定されることになる。特に、株式会社等が現実に得ることができた額が重要な基準となる。認容された金額が高額であっても、現実に株式会社等が回収可能な金額が少額の場合は、弁護士の報酬額は少なくなるのはやむを得ない。

　弁護士報酬の支払時期であるが、訴訟終了後速やかに請求に応じて支払うべきであるが、回収可能な金額の確定が困難な場合は、支払弁護士報酬額を決定せずに、一部金として支払うなどの工夫も許されよう。

4　被告役員等に対する会社の費用補償

(1)　会社による費用補償に関する考え方

　代表訴訟等に勝訴した原告株主等は、株式会社等に対して訴訟に要した費用と弁護士報酬の相当額の支払いを請求できるが（会社852条1項）、被告役員等が勝訴した場合の支払請求に関する規定（費用補償規定）はない。

　被告役員等は、代表訴訟等に勝訴した場合でも、弁護士費用その他の争訟費用（応訴費用）の支払いを免れない。そこで、被告役員等は訴訟に要した費用のうち弁護士報酬を含め、訴訟費用以外の費用を株式会社等に請求できるか、つまり、支出した費用の相当額を株式会社等に補償することを求めることができるかという費用補償の問題が生ずる。

　アメリカでは、不当な訴訟に応訴するために支出した費用については、職務に関連して支出した費用であるとして、会社に対し費用補償を請求しうると考えられており、定款により補償規定を設けている場合も少なくない。

　わが国においても、費用補償については代表訴訟制度が導入された頃から意識されていた。取締役が職務との関連で、いわれなき代表訴訟を提起されるおそれがあるとの立場を考慮して、会社の費用補償を認めるべきとの見解があっ

た。嫌がらせ訴訟の可能性から、これを認めるのが妥当なようであるが、疑惑を招いたことに役員等の責任がある場合もないではないばかりか、会社の相手方当事者である役員等のかかる請求を認める根拠もない。そこで、これを認める特別の規定がない以上、会社等に対する費用補償を認めることはできないとして、訴訟に要した費用の回収の方法は、原告株主に対する不法行為責任の追及しかないとするのが通説的見解であった[3]。しかし、不当訴訟による損害賠償責任として問題にする場合、それが認められる場合は限定的である。

(2) **会社による費用補償を認める立場**

近時、代表訴訟等に勝訴した被告取締役等への費用の補償規定はないが、受任者の費用請求に関する民法650条3項の趣旨を推及して、防御に要した費用の相当額を会社に請求することを認めることができるとの見解が現れている。それは、会社と取締役の関係は委任契約であるから、被告取締役等が勝訴した場合、弁護士報酬を含め訴訟に要した費用は、受任者が委任事務を処理するために自己に過失なく受けた損害であるから、委任者である株式会社等に対して賠償を請求できるとするのである[4]。もとより、この見解によっても被告役員等が勝訴した場合の補償請求であるから、費用の前払いを請求することはできない。

特別の規定がない以上、会社による費用補償は難しいとされていたが、民法650条3項を根拠として、代表訴訟等を提起された役員等が応訴するために支出した費用を、委任事務を処理するための損害と解して、委任者である株式会社等に対しての賠償という形で費用請求を求めるしか方法はないといえよう。

しかし、受任者としての義務に違反し、株式会社等に損害を与えたとして代表訴訟等で責任を追及されている役員等が、それに応訴することが委任事務の処理にあたるか、そのために支出した争訟費用が、委任事務を処理するために

---

2 伊沢孝平『注解新会社法』458頁。
3 鈴木竹雄＝石井照久『改正株式会社法解説』182頁、松田二郎＝鈴木忠一『條解株式会社法（上）』319頁、北沢正啓「株主の代表訴訟と差止権」田中耕太郎編『株式会社法講座3巻』1163頁、谷川久ほか「株主の代表訴訟」リチャード・W. ジェニングス＝北沢正啓編『アメリカと日本の会社法』167頁。
4 大隅健一郎＝今井宏＝小林量『新会社法概説〔第2版〕』248頁、江頭憲治郎『株式会社法〔第6版〕』494頁。

過失なく受けた損害として、会社等に請求できる費用なのかという疑問がある。

被告役員等が代表訴訟等に勝訴したとしても、株式会社等は何も得るものはない。それにもかかわらず、訴訟上、相手方ともいえる被告役員等が支出した費用を会社が補償することが許されるのかという問題もある。

しかし、役員特に取締役が代表訴訟に応訴することは、委任事務の処理との関係で生じた損害賠償請求という面が認められなくもない。そこで、取締役の職務との関連性がないとはいえないから、公平の観点から、委任事務の処理に関連して損害を被ったものとして、民法650条3項を類推適用し会社に対する費用補償を認めるべきであろう。会社による費用補償が可能であれば、多重代表訴訟等に勝訴した完全子会社の取締役等は、子会社等に対して訴訟に要した費用の相当額の支払いを請求することができる。

そこで、株式会社等の費用補償を認めることとして、その要件と金額の算定等は、会社法に明確に規定するという立法的措置を講ずるべきであろう。

株式会社等が被告役員等に補助参加する必要性が唱えられる実質的理由として、訴訟費用が関係していることは否定できないであろう。株式会社等は補助参加することにより、その費用を用いて被告役員側で訴訟活動をなしうるから、被告役員の応訴に用いる費用は少なくて済むことになる。

V 役員賠償責任保険（D&O 保険）による損害てん補

1 社外取締役等の監視義務の強化への対応

代表取締役等の職務執行に対する社外取締役や監査役の監視義務違反の責任、内部統制システムの構築と運用に対する監視義務違反の責任を追及する社外取締役や監査役を被告に含めた代表訴訟等の提起が増えているが、改正法が内部統制システムの構築を強化したことからさらにその可能性が高まったといえる。

改正法は、経営監視機能を高めるために社外取締役の設置を事実上義務づけるとともに（会社327条の2、会施規124条2項）、内部統制システムを通じての取締役（会）の業務執行者または子会社の業務執行者に対する監視義務の強化に伴って、社外取締役や監査役の監視義務を強化したということができる。

しかし、内部統制システムの構築と運用を強化することは、内部統制システ

ムの構築と運用に対する監視義務違反の責任が追及されるという訴訟リスクを伴う。しかも、内部統制システムに関する責任は、会社に対する任務懈怠責任（会社423条1項）だけでなく、第三者に対する責任追及訴訟（同法429条1項）も増大することが予想される。

　それに対処するために、社外取締役や監査役はより積極的に内部統制システムの構築と運用に対する監視義務を負うことが必要である。もとより、過度の監視義務を課すことがないように配慮も必要である。

　改正法の新たな規定は、正面から内部統制システムによる社外取締役や監査役の業務執行者に対する監視義務を強化したものではないとしても、社外取締役や監査役の心理として監視義務の強化と賠償責任を負う可能性の増大として作用することは否定できない。

　そこで、社外取締役や非業務執行取締役あるいは監査役は、会社と責任限定契約を締結し、あらかじめ会社が定款で定めた額と最低責任限度額のいずれか高い額を限度として損害賠償責任を負うという方法をとることで（会社427条1項）、リスクの低減化を図ることができる。多くの場合、責任限度額の上限は報酬の2年分と定められるであろう（同法425条1項1号ハ参照）。

　責任限定契約を締結するにしても、代表訴訟等で責任を追及される可能性があり、また、責任限定契約の適用が除外される場合もある。そこで、社外取締役の設置が進み、監視義務違反の責任追及の増大が予測されることから、社外取締役の設置を進めるための環境整備として、役員賠償責任保険の必要性が再認識されている。

2　役員賠償責任保険による補てんの措置

(1)　普通保険約款（基本契約保険）による保険の構造

　役員賠償責任保険（D&O保険）とは、会社の役員（被保険者）が、職務の執行に関し損害賠償請求を受け、損害賠償責任を負うことにより被る損害に対し、それをてん補するために保険金が支払われる保険である。保険契約者を当該会社（上場会社に限らない）、被保険者を役員とする保険契約である。保険の対象となる行為には不作為を含むから、役員の監視義務違反による損害も保険の対象となる。

保険の対象となる役員は、取締役、監査役、執行役であるが、新設された監査等委員会設置会社の監査等委員を対象者とすることも検討すべきである。保険契約で役員を特定することなく対象全役員が被保険者となる。保険限度額も役員全体との関係で設定され、各人が限度額を有するものではない。

　被保険者に子会社の役員も含むことができるが、子会社は完全子会社に限らず、また、直接または他の子会社（中間子会社）を通じて間接的に記名法人（親会社）が議決権総数の50％を超える株式等を有する法人であればよい。

　改正法が多重代表訴訟を創設したことから、子会社役員等に対する責任追及が現実化した。そこで、子会社の役員等についても役員賠償責任保険が必要となった。多重代表訴訟の対象となる重要な子会社は、おおむね、規模が大きな会社であるから、子会社が独自で役員賠償責任保険に加入することが可能である。親会社が契約した役員賠償責任保険の被保険者に、子会社の役員を加えることも可能であるが、この場合は、保険料は当該子会社の負担とすべきであろう。

　保険の基本形態は、第三者による責任追及訴訟を対象とするものである。役員が第三者から責任を追及されたとき（会社429条1項、民709条）に、役員勝訴の場合は争訟費用、敗訴の場合は、損害賠償金と争訟費用が普通保険約款（基本契約保険）に従い支払われるのである。

　普通保険約款により保険金が支払われない場合（免責事由）として、被保険者の犯罪行為に起因する損害賠償責任、法令に違反することを認識しながら行った行為に起因する損害賠償責任などがある。法令違反行為には、具体的な法令違反だけでなく、善管注意義務違反を含むから、故意になされた任務懈怠行為について保険金は支払われない。

　故意になされた任務懈怠行為による役員の損害賠償責任は、保険の補償の対象にならないが、それに対する監視義務違反の責任、内部統制システムの構築義務違反の責任を負う他の役員の責任は保険の補償の対象になる。役員の連帯責任規定（会社430条）とは関係なく、免責事由の有無は被保険者ごとに個別に判断されるからである。

　株主代表訴訟については、役員勝訴の場合は争訟費用が支払われるが、敗訴の場合の損害賠償金と争訟費用は支払われない。

(2) 株主代表訴訟補償特約

そこで、役員が株主代表訴訟により生じた損害の補てんを受けるためには、普通保険約款（基本契約保険）に、株主代表訴訟補償特約を付する必要がある。この特約を付すことによって、役員が敗訴した場合は、損害賠償金と争訟費用が、約定支払限度額（保険証券記載支払限度額）の範囲内で支払われることになる。

役員が故意に任務懈怠をしたときは、保険金は支払われないが、それに対し、監視義務違反または内部統制システムの違反の責任を追及された役員に対しては保険金が支払われる。

責任限定契約を締結している場合であっても、支払賠償責任額について保険によるてん補を必要とするばかりか、責任限定契約が適用されるのは、善意かつ重大な過失がなかった場合である（会社427条1項）。つまり重大な過失があるときは、責任限定契約により処理することができない。この点、特約を付すことにより普通保険約款による場合は、重大な過失があるときでも免責事由とならないから、保険金の支払いを受けることができる。

しかし、代表訴訟等は株式会社等の権利に基づく訴訟であり、役員敗訴は会社の権利が認められたことになる。この場合の保険料を会社が負担することは、会社法上許されるかという問題がある。

役員が、任務を懈怠して会社に損害を与えたとして、責任追及された訴訟において、会社が保険料を負担することは利益相反性が問題になる。そこで、特約部分については役員の個人負担にする取扱いがなされている。

しかし、あくまでも保険料であるから会社による費用負担は許されないと解するのも適切でない。役員が勝訴した場合に会社が争訟費用を補償するための保険料の支払いをすることが許されるのであれば、敗訴の場合の保険金によるてん補のための保険料を会社が負担することも許されないわけではないと考えられる。役員に対し代表訴訟が現実に提起されるか否か、役員が勝訴するか、敗訴するかは、保険契約時において予測することは不可能である。

株主代表訴訟補償特約部分の保険料について会社負担とする場合、保険料は役員報酬の一種と考えられるから、保険料に相当する額を役員の報酬に上乗せするなどの措置によることになる。そこで、報酬規制つまり定款に定めるか、

株主決議という手続を経ることが必要となる。なお、保険料の支払いを会社負担とした場合は、経済的利益の供与があったものとして、役員に対し給与課税がなされることになる。

経済産業省の平成27年7月24日付け会社法の「解釈指針」は、会社補償（役員が損害賠償責任を追及された場合に、会社が当該損害賠償責任額や争訟費用を補償する）を整備するとともに、株主代表訴訟担保特約部分の保険料についても、会社が負担するために必要な措置を講ずる必要があるとしている。

VI 悪意の敗訴株主等の責任

1 敗訴株主等が責任を負う場合

会社法は、責任追及等の訴え（代表訴訟）を提起した株主が敗訴した場合であっても、悪意があった場合を除き、当該株主は、当該株式会社に対し、これによって生じた損害を賠償する義務を負わないとしていた（旧会社852条2項）。それは、提訴株主（原告）が敗訴したことにより、会社に損害を与えることになっても、悪意がなければ会社に対しこれによって生じた損害を賠償する義務を負わないとするものである。したがって、訴訟追行が拙劣であったことにより敗訴した場合は、一般的には責任を負わないことになる。

改正法はこれを承継したが、通常の代表訴訟、旧株主による責任追及訴訟、多重代表訴訟を一括して規定した（会社852条2項）。そこで、代表訴訟等を提起した株主等（原告）が敗訴した場合でも、悪意があった場合を除き、当該株式会社、株式交換等完全子会社等、対象完全子会社に対し損害賠償責任を負わないことになる。代表訴訟等に訴訟参加した株主等についても同様である（同条3項）。

悪意の敗訴により会社に損害を与えた場合とは、原告株主等の敗訴判決が確定した場合である。それ以前の段階では、株式会社等や他の株主は上訴により是正を求めることができるから（訴訟参加して、上訴の申立てをすることは可能である）、直ちに、悪意の敗訴者の責任追及ということにはならない。もっとも、参加の時点でもはやどうすることもできない状態にあった場合は、原告を悪意の敗訴者として取り扱うことになろう。

2 責任を負わなければならない悪意の意味

(1) 悪意の敗訴株主の責任制限の趣旨

代表訴訟等を提起した株主等が敗訴した場合でも、悪意があったときを除き、これによって株式会社等に対し、これにより生じた損害を賠償する義務を負わない（会社852条2項）。

これは、原告株主等または参加人株主が、代表訴訟等に敗訴した場合は株式会社等の権利を失わせることになるが、代表訴訟等に敗訴した株主等が、常に、株式会社等から責任を追及されるのでは、株主等は安んじて代表訴訟等を提起することができない。しかし、悪意で敗訴した場合にまで責任を負わないとするのは適正でないことから、会社法は敗訴者に悪意がある場合は損害賠償責任を免れないとするのである。

代表訴訟等の原告株主は、代表訴訟等に勝訴しても直接の利益を得るわけではなく、敗訴すれば訴訟に要した費用はすべて自己負担となる。にもかかわらず、さらに敗訴したことにより会社の権利を失わせ、会社に損害を与えたとして、敗訴原告に損害賠償責任を課すことは不公正である。また、代表訴訟等における原告の勝訴率が低いことから、株主等が代表訴訟等を提起することを躊躇し、進んで代表訴訟等を提起する原告が少なくなっては代表訴訟等の活性化を妨げることになる。そこで、悪意により敗訴して株式会社等に損害を与えた場合に限って損害賠償責任を負うこととしたのである。

(2) 損害賠償責任の原因となる悪意の意味

損害賠償責任の原因となる悪意とは、故意に会社を害する訴訟追行をしたことを意味する。ここでいう悪意（会社852条2項）とは、原告株主等が、会社を害すること（会社の権利を失わせる）を知ったうえで、不適切な訴訟を追行して敗訴し、その結果、株式会社等の役員等に対する損害賠償請求権を失わせ、会社に損害を与えた場合を指す。そこで、過失による不適当な訴訟追行については、会社に対して損害賠償責任を負わない。

故意に不適切な訴訟追行による敗訴により、株式会社等の権利を失わせた場合に損害賠償責任が問題になるのであるから、もともと役員等の責任が認められないような訴訟については、会社の権利を失わせることにはならず、悪意の

敗訴による責任は生じないといえよう。しかし、役員等に責任が認められない場合に、代表訴訟等を提起することは不当訴訟であり、被告役員等と株式会社等に対する不法行為による損害賠償責任として問題にすべきである。

悪意とは、手抜き訴訟による場合に代表される、株式会社等を害することを知りながら、故意に不適切な訴訟追行をした場合である。株式会社等を害することを意図することまでは必要とされない。再審の訴えのように、被告との共謀を必要としないから、原告株主等が単独でなすことができる。これに加えて、株主が会社荒らしの目的でいわれのない訴訟を提起し、会社の信用を害し、会社の資金調達や事業に支障を来し、会社に損害を与えた場合を含むとの見解がある。[5]

このような場合は、原告株主等は株式会社等に対して責任を負わなければならないが、それは悪意の敗訴による責任（悪意で敗訴して会社の権利を失わせた責任）ではなく、故意の不当提訴による損害賠償責任である。それゆえ、故意の提訴だけでなく、過失による提訴も含むことになる。

しかし、ここでいう悪意には、不当訴訟を含まず、故意に不適当な訴訟の追行をしたことにより敗訴して、株式会社等の権利を失わせた場合をいうと解される。会社荒らし目的のいわれのない提訴は、悪意（故意）による不当訴訟であるから、特に規定を設けなくても責任を負うのは明らかである。

責任追及訴訟等が当該株主もしくは第三者の不正な利益を図り、または当該株式会社に損害を加えることはできないとしていることから（会社847条1項ただし書）、会社荒らし目的の訴訟は不適法であり（不当提訴による損害賠償責任の問題は生ずる）、悪意による株主等の敗訴以前の問題である。悪意の敗訴による責任は、故意に本案について敗訴した場合であり、提訴が不当訴訟または不当目的訴訟であるとして却下された場合を含まないと解される。

また、悪意の敗訴株主の責任は、株式会社等の役員等に対する損害賠償請求権を失わせるものであるから、旧株主による責任追及訴訟については株式交換等完全子会社に、多重代表訴訟については対象子会社に、損害を与えた場合に

---

5 松田＝鈴木・前掲書（注3）320頁、江頭・前掲書（注4）、東京地方裁判所商事研究会編著『商事関係訴訟』238頁〔湯川克彦〕。

問題になる。

　株式会社等が敗訴した原告等の責任を追及する場合、敗訴した原告株主等において悪意のないことを立証するのではなく、損害賠償を請求する株式会社等が敗訴した原告株主等の悪意を立証しなければならない。

(3) 悪意の敗訴者の損害賠償額の認定

　悪意の敗訴者の損害賠償額をどのように認定するかという問題がある。法令違反行為として賄賂を贈った場合であるとか、会社が課徴金を支払ったような場合は、役員等の責任が認められる可能性が高く、損害賠償請求金額を特定しうるから、悪意の敗訴により会社が被った損害も認定しやすい。

　これに対し、役員等の善管注意義務違反の責任を追及する場合は、役員等の責任が認められる可能性が高くないばかりか、役員等の責任が認められる場合であっても、損害額の認定についての予測が困難である。したがって、悪意の敗訴者の損害賠償責任額を認定することは難しい。原告株主等による請求金額を基準とすることはできないから、原告株主等が適正に訴訟を追行していれば勝訴することが見込まれ、どの程度の損害額が認定され得たかなどを総合して判断せざるを得ないことになる。

Ⅶ　代表訴訟等と再審の訴え

1　代表訴訟等と詐害再審規定

　代表訴訟等における詐害再審は、原告と被告が共謀して会社の権利を害する目的でなされた馴合いなどによる不当訴訟の確定判決に対する事後的な是正措置である。馴合訴訟の防止と不当に奪われた株式会社等の権利の回復を目的とする制度である。

　会社法は、責任追及等の訴えが提起された場合において、原告と被告が共謀して、責任追及等の訴えに係る訴訟の目的である株式会社の権利を害する目的をもって判決をさせたときは、株式会社または株主は、確定した終局判決に対し、再審の訴えをもって不服を申し立てることができるとした（旧会社853条1項）。

　そして、詐害再審の訴えを提起した株主が勝訴したときは、訴訟に関して支

出した費用または弁護士に支払うべき報酬について、費用の額の範囲内または報酬額の範囲内で相当額を株式会社に対し、支払請求をすることができた（旧会社853条2項）。

改正法は詐害再審に関する規定を承継したが、改正法の下では、通常の代表訴訟、旧株主による責任追及訴訟、多重代表訴訟という3類型の代表訴訟が存在することから、株式会社の権利を害する目的を、「株式会社等」の権利を害する目的とし、株式会社または株主を、「次の各号に掲げる者」としたうえで、終局判決に対し、類型ごとに再審の訴えを提起しうる者を定めている（会社853条1項）。

改正前会社法と同様に、勝訴株主の費用等の請求、悪意の敗訴株主の損害賠償責任、訴訟参加者についての規定は、再審の訴えについても準用される（会社853条2項、852条）。費用等の請求は株式会社等（株式会社、株式交換等完全子会社、対象完全子会社）に対してであり、悪意の敗訴株主が損害賠償責任を負うのも株式会社等に対してである。

2　詐害再審規定を設けた趣旨

再審は確定した終局判決に対する不服の申立てである。民事訴訟法上の再審は、一定の再審事由がある場合に再審の訴えにより不服を申立て、確定した判決の取消しを求める制度であり、再審事由は法定されている（民訴338条1項）。会社法は、民事訴訟法上の再審事由とは別に詐害再審の規定を設けたが、その手続については、民事訴訟法上の再審に関する手続規定（民訴340条以下）によることになる。

民事訴訟法の再審事由は、主として、手続違反の場合であり、当事者の共謀等の主観的要件を必要としていない（民訴338条1項1号〜10号）。これに対し、会社法の代表訴訟等に関する詐害再審の規定は、原告および被告が共謀して、訴訟の目的である株式会社等の権利を害する目的をもって、判決をさせたときを要件としている。もとより、再審の訴えであるから、代表訴訟等の終局判決が確定していることを要する。判決の確定以前であれば、訴訟参加により是正を図ることになり再審によることは認められない。

詐害再審は、馴合訴訟により株式会社等の利益が不当に失われることを防止

することを目的とする。馴合訴訟は、訴訟参加により防止することが可能であるが、株式会社等または他の株主等が、原告株主等に参加することが常に期待できるものではない。そこで訴訟参加とは別に詐害再審の規定を設けたのである。

原告と被告が共謀して、訴訟の目的である株式会社等の権利を害する目的をもって判決をさせたときを要件とする。原告と被告が共謀したことが必要であるから、原告株主等が一方的に手抜きして敗訴した場合は含まれない。共謀は明示的になされた場合だけでなく、黙示的なものでもよい。

訴訟の目的である株式会社等の権利とは、代表訴訟等により請求している株式会社等の権利である。害する目的とは、原告株主等の敗訴（一部敗訴を含む）により株式会社等の権利を失わせることを目的とする場合である。

原告と被告が共謀して、馴合訴訟をし、手抜きをするなどの方法により、意図的に原告敗訴の判決（一部敗訴を含む）をさせた場合とは、原告株主等が故意に立証を怠り敗訴する場合などが多いが、これに限らず、一部請求であることを明確にすることなく、会社の賠償請求権の一部のみを請求し、その結果、残余の額について既判力との関係で請求を不可能にして、その責任を免れさせるような場合も含まれる[6]。

現実に、株式会社等の権利を害したことを要件とするから、当事者にこのような意図があっても、裁判所が自由心証主義（民訴247条）により、当事者の意図とは関係なく判決をすることもありうる。この場合は、株式会社等を害する目的で判決をさせたという要件を欠くことから再審事由にならない。

株式会社等の権利を害する共謀と、会社の権利が害された（原告の敗訴）との因果関係を必要とする。つまり、共謀を原因として原告株主が敗訴したことが必要である。かかる共謀をしたが、原告株主等が勝訴した場合は詐害再審の要件を満たさない。また、共謀とは関係のない事由により原告株主等が敗訴した場合も含まれない。

再審の訴えの規定（会社853条1項）と、悪意の敗訴株主等の損害賠償責任規定（同法852条2項）との関係について、原告株主等の敗訴の原因が被告役員等との共謀による場合は、再審事由であるとともに、悪意の敗訴による責任が認

---

[6] 松田二郎『会社法概論』146頁、松田＝鈴木・前掲書（注3）321頁。

められる。そこで、両規定は併存的に適用されることになるから、株式会社等は、再審の訴えによることも、悪意の敗訴として原告に対して損害賠償請求をすることも可能である。

3 再審の訴えを提起できる者

改正法は、代表訴訟の3類型に応じて、再審の訴えを提起しうる者（原告適格者）を次のように規定している。

(1) 責任追及等の訴え

責任追及等の訴えについては、株主または株式会社等である（会社853条1項1号）。

代表訴訟等について、再審の訴えを提起しうる者を、当該株式会社またはその株主（他の株主）としたのであるが、株式会社等は、株式会社、株式交換等完全子会社、対象完全子会社であり、株主は、株式会社、株式交換等完全子会社、対象完全子会社の株主である。

なお、株式会社等が提起した責任追及等の訴えについては、当該株式会社等の株主が再審の訴えを提起することができる。

(2) 旧株主による責任追及訴訟

旧株主による責任追及訴訟については、適格旧株主である（会社853条1項2号）。

旧株主による責任追及訴訟に対し、再審の訴えを提起しうる者は、株式交換等完全子会社とその株主（株式交換等完全親会社）であるが、株式交換等により完全親会社の株主となった者（旧株主）も、詐害再審の訴えを提起することができる。

適格旧株主とは、自らは責任追及訴訟を提起しなかったが、旧株主による責任追及訴訟を提起することができる他の株主（適格旧株主）である。

(3) 特定責任追及の訴え

特定責任追及の訴えについては、最終完全親会社等の株主である（会社853条1項3号）。

多重代表訴訟（特定責任追及の訴え）については、詐害再審の訴えを提起できるのは、対象完全子会社とその株主（その完全親会社）であるが、最終完全

親会社の他の株主にも提訴権が認められている。それは、多重代表訴訟は最終完全親会社の株主の利益保護を目的とするからである。

最終完全親会社の他の株主が再審の訴えを提起するのは、確定判決の是正を求めるものであり、多重代表訴訟を提起するものではないから、6カ月前から最終完全親会社の総株主の議決権等の100分の1以上を有する株主という制限は課せられない。

4　詐害再審の当事者

詐害再審の訴えを提起し得るのは（原告適格者）、代表訴訟等の3類型に応じて前記3(1)〜(3)のとおりである（会社853条1項1号〜3号）。責任追及訴訟等の原告株主と被告役員等は、再審の訴えの被告となるのであり原告とはなり得ない。これらの者が共謀して原告等を敗訴させ、株式会社等の権利を害したことを理由に、再審の訴えにより確定判決の取消しを求めるのである。株主等についていえば、代表訴訟等の原告以外の株主が再審の訴えの原告適格者となるのである。

再審の訴えの原告となる株主等については、責任追及等の訴え（代表訴訟等）の場合とは異なり、6カ月前から引き続き、株式会社等の株主である者という要件はない。詐害再審の訴えは、責任追及等の訴えの確定判決に対し、共謀を理由に不服を申し立て、その取消しを求める訴訟であるからである。

詐害再審の訴えの被告となるのは責任追及訴訟等の原告と被告である。代表訴訟等の場合は、原告株主等と被告役員等が再審の訴えの共同被告となる必要的共同訴訟である（民訴40条1項）。

株式会社等（株式会社、株式交換等完全子会社、対象完全子会社）がその役員等の責任を追及する責任追及訴訟については、共謀は株式会社等と役員等の間でなされたのであるから、当該株式会社等は詐害再審の訴えの原告とはならない（原告適格者ではない）。当該株式会社と被告役員等は、再審の訴えの被告（必要的共同被告）となる。

5　詐害再審と訴訟手続

詐害再審の手続も、通常の再審手続によるから、再審の訴えの訴状を提出す

ることにより行う。訴状には不服の理由を記載しなければならず（民訴343条3号）、原告は、会社法853条1項の定める要件に該当する事実を記載することが必要である。

再審の訴えが提起された場合、裁判所は、再審開始決定手続において、再審の形式的適法要件を満たしているか、再審事由（会社853条1項の要件）があるかについて審理し、それが認められた場合に再審開始決定がなされる（民訴346条）。

即時抗告期間である1週間が経過して再審開始決定が確定した後に（民訴347条、332条）、本案の審理手続に入り（同法348条1項）、確定した原判決の内容を再審理し、その結果、原判決の内容を変更する場合には、原判決を取り消して新内容の判決をすることになる（同条3項）。原判決の内容が正当であり、変更すべき理由がないときは、再審棄却の判決をすることになる（同条2項）。

管轄裁判所は、確定した原判決をした裁判所の専属管轄であり（民訴340条1項）、第1審裁判所とは限らない。

詐害再審については、原告となる者が、判決の確定後、再審の事由を知った日から30日以内、または判決が確定した日から5年以内に提訴しなければならない（民訴342条1項・2項）。提訴の迅速を図ることにより法律関係の早期安定を確保するためである。

6 代表訴訟等の和解と再審の訴え

会社法所定の再審の訴えは、代表訴訟等の原告等敗訴の確定判決に対する再審の申立てであるから（会社853条1項の要件）、代表訴訟等が和解により終了する場合は、規定上、再審の訴えを提起することができない。しかし、原告株主等と被告役員等が共謀して、株式会社等の利益を害する不当な内容の和解がなされる可能性は否定できない。

和解には裁判所が関与するが、原告と被告が合意し、株式会社等が承認した内容の和解を成立させることを、裁判所が拒否することはできないであろう。すなわち、株式会社等の権利を害する不当な和解がなされる可能性がある。

成立した和解は、調書に記載された場合は確定判決と同様の効力が生ずるか

ら（民訴267条）、このような和解は、原告と被告が共謀して株式会社等の権利を害する目的で判決させた場合と同様に、確定判決に関する会社法853条1項を類推適用して、詐害再審を認めるべきである。

もっとも、和解における株式会社等の権利を害する目的は、単に、和解金額だけでなく、被告役員等の支払能力、和解により早期解決する必要性等を総合して判断しなければならない。

代表訴訟等における和解は、株式会社等が和解の当事者でない場合は、株式会社等の承認またはみなし承認がなければすることができない。株式会社等はこのような形で和解手続に関与するが、株式会社等（会社を代表して和解手続に関与または和解案に承認することができる者）が、積極的に株式会社等の権利を害する目的で関与している場合も否定できない。

このような場合は、株式会社等は代表訴訟等の被告（和解の当事者）と同様に、不当な内容の和解の成立に関与した者として、成立した和解に対する再審の訴えを提起することができないと解される。

VIII 代表訴訟等の原告勝訴判決と執行手続

1 株式会社等による強制執行の申立て

代表訴訟等は株式会社等の権利に基づく訴訟であるが、株式会社等は訴訟の当事者ではない。しかし、株主等が株式会社等のためにその権利を行使し、株式会社等に対する給付を求める訴訟である。原告株主等が勝訴した場合の利益は、株式会社等に属し、原告株主等に帰属しない訴訟構造である。

訴訟形式も法定代位訴訟であることから、判決の効力は会社に及び（民訴115条1項2号）、原告勝訴の判決主文も株式会社等に対する給付を命じるものとなる。

勝訴判決に基づき強制執行の申立てをすることができる者として、債務名義に表示された当事者が他人のために当事者となった場合のその他人がある（民執23条1項2号）。代表訴訟等の判決についていえば、債務名義に表示された当事者とは原告株主等であり、他人とは株式会社等であるから、株式会社等は執行債権者適格を有する。そこで、株式会社等は代表訴訟等の勝訴判決に基づき、

被告役員等に対し強制執行をすることができる。

この場合、代表訴訟等の勝訴判決は株式会社等に対する給付を命ずるものであるが、株式会社等は判決主文の当事者（債務名義に表示された当事者）ではないから、原告株主等の勝訴判決に基づき直ちに強制執行をすることができない。強制執行をするためには、交替執行文の付与を受けて（民執27条2項）、申立てをすることになる。

2　原告株主等による強制執行の申立て

代表訴訟等の原告株主等は、債務名義に表示された当事者（民執23条1項1号）として、執行債権者適格を有するのであろうか、つまり原告株主は強制執行の申立てをすることができるのかという問題については、通常の代表訴訟に関して、かなり以前から議論がなされていた。この議論は、改正法が導入した旧株主による責任追及訴訟や多重代表訴訟の、原告勝訴判決に基づく原告等による強制執行の申立てに関しても同様にあてはまる。

代表訴訟等の原告勝訴判決の主文は、「原告に対して支払え」ではなく、「会社に対し支払え」となっている。そこで、権利の帰属主体ではなく、判決の給付の対象者となっていない原告株主等に、執行債権者適格を認めることができるかという形で問題にされる。

代表訴訟等は株主等が会社のために提訴する訴訟であるから（法定訴訟担当）、判決の効力（既判力）は原告株主等と株式会社等に及ぶことは認められるが（民訴115条1項1号・2号）、権利の帰属主体ではなく、給付の対象者ともなっていない原告株主等に、勝訴判決の執行力が及ぶのか、つまり、執行債権者適格を認めることができるのか、認めるとした場合どのような執行方法によるのかという点は必ずしも明白ではないから、解釈上、対立を生むのである。

消極説は、判決は、「原告株主に対して支払え」というものではなく、株式会社に対する給付を命じるのであるから、原告株主を債務名義に表示された当事者として執行当事者適格を認めることは、法定訴訟担当としての原告株主の

7　交替執行文とは、債務名義に表示された当事者が、他人のために当事者となった場合に、他人を執行債権者または執行債務者とする執行文をいう。代表訴訟等についていえば、当事者とは原告株主等であり、他人とは株式会社等である。

地位からみても、執行手続における会社の地位からみても難しいとするのである[8]。

これに対し、積極説は、原告株主に執行債権者適格を認め、執行方法は、債権者が第三者に対し金銭の支払いを命ずる判決に基づき強制執行する場合は、債権者への給付を求める債権の強制執行の規定を適用したうえで、取り立てた金銭を債務名義に指定された第三者に交付するという方法によるから、代表訴訟等の原告株主による執行もこの方法により、取り立てた金銭を債務名義に指定された会社に交付するという方法によるとするのである（金銭執行準用説）。これが通説であるといえる[9]。

そこで、原告株主は、債務名義に表示された当事者として、会社と並び執行債権者適格が認められるといえる。

どのような方法で執行するのかについては、債務名義は会社に対して給付させるという内容であるから、取り立てた金銭を原告株主に交付するのではなく、会社に交付することになる。会社は交付を受けることを拒否すべきではないが、拒否した場合は執行裁判所が交付金を供託するという方法によることになる。

勝訴原告からの執行申立てが認められた事例があり、また取締役の不動産に対し仮差押えをした原告株主による、強制執行の申立てが認められた事例もある[10]。

執行債権者適格の問題は、会社が提起した責任追及訴訟に株主が当事者参加した場合に、当該株主（共同原告）に強制執行の申立権を認めるかについても生じるが、代表訴訟の原告の場合と同様に考え、強制執行の申立権を認めるべきである。

3　代表訴訟等と保全処分

代表訴訟等または株式会社等による責任追及訴訟の勝訴判決に基づく強制執行を保全するために、被告役員等の財産に対し保全処分（仮差押え）を申請す

8　伊藤眞「株主代表訴訟と執行債権者適格（上）（下）」金法1414号6頁、1415号15〜17頁。
9　中野貞一郎「株主代表訴訟の判決の強制執行」ジュリ1064号68〜70頁、徳田和幸「株主代表訴訟における会社の地位」民商法雑誌115巻4＝5号103頁、中島弘雅「株主代表訴訟」ジュリ1050号160頁、新谷勝「株主代表訴訟の原告勝訴判決と強制執行」民商法雑誌113巻3号381〜382頁。
10　髙木新二郎「民事執行に関する最近の諸問題」NBL538号20頁、遠藤直哉＝牧野茂＝村田英幸「日本サンライズ株主代表訴訟事件の一審判決と和解」商事1363号51頁以下。

る必要がある場合がある。そこで、代表訴訟等の原告株主等は、本案である代表訴訟等で請求する株式会社等の権利（損害賠償請求権）を保全するために、仮差押債権者となって役員等の財産について仮差押申請をすることができる。

　代表訴訟等の原告株主等に、執行債権者適格が認められることからしても（民執23条1項1号）、本案の原告である株主等に仮差押えの申立権を認めるべきである。仮差押えをしておかなければ、原告株主等が代表訴訟等に勝訴しても、株式会社等の損害を回復することが困難となる場合がある。

　原告株主に仮差押えの申立権を認めることに消極的な立場もあるが、代表訴訟の原告株主は、本案である会社の損害賠償請求権を保全するために、仮差押債権者となって、役員等の財産に対し仮差押申請をすることを認めるのが一般的立場である。そして、代表訴訟を本案とする仮差押申請が認められた例がある（東京地判平成2・5・25判時1383号139頁）。このことは、改正法の下での代表訴訟等の原告株主等についても同様に考えられる。[11]

　代表訴訟等の原告株主等は、仮差押債権者適格を認められるから、自ら仮差押えを申請することができるが、申請の趣旨は株式会社等の権利を保全するためとなる。仮差押えのための担保（保証金）は、原告株主等が負担することになる。原告株主等が仮差押申請に要した費用と弁護士報酬は、相当の範囲内で株式会社等に請求することができると解される（会852条1項の類推適用）。

　仮差押えがなされたが、本案訴訟（代表訴訟等）が提起されなかった場合は、本案訴訟の不提起により仮差押命令は取り消される（民保37条3項）。しかし、仮差押命令が発せられた後、株式会社等が責任追及訴訟を提起した場合は、株主はもはや代表訴訟を提起し得ないが、仮差押えは会社の権利を保全するためになされたのであるから、仮差押命令は会社に承継され、会社との関係で効力を維持すると解される。

　この場合、仮差押命令の執行前であれば、株式会社等は仮差押債権者の地位を承継したことから、株主の得た仮差押命令に承継執行文の付与を受けて、保全手続の承継執行（民保43条1項ただし書）をすることになる。[12]

---

[11] 福井厚史ほか「民事保全をめぐる実務上の諸問題と対応策」金法1409号124～126頁。
[12] 中野貞一郎「代表訴訟勝訴株主の地位」判タ944号47頁。

仮差押えは強制執行を保全するものであるから、代表訴訟等の勝訴判決に基づき会社または原告株主が強制執行の申立てをし、本執行が開始された場合は当然に移行することになる。

4　多重代表訴訟と保全処分

多重代表訴訟は、最終完全親会社の株主が原告となり、対象子会社の役員等を被告として、子会社の権利に基づき提訴する訴訟であるが、通常の代表訴訟と同様の訴訟構造である。そこで、確定判決の効力は、勝訴判決または敗訴判決にかかわらず、原告（最終完全親会社株主）と被告（子会社の役員等）に及ぶことはもとより（民訴115条1項1号）、法定代位訴訟の他人として、当該子会社に対しても及ぶことになる（同項2号）。

原告（最終完全親会社株主）は、子会社と並び強制執行債権者適格を有し、勝訴判決に基づき強制執行の申立てをすることができるが、執行方法は、債権者が第三者に対し金銭の支払いを命ずる判決に基づき強制執行する場合は、債権者への給付を求める債権とする強制執行の規定を適用し、取り立てた金銭について自ら交付を受けることはできず、債務名義に指定された第三者（子会社）に交付するという方法によるのは、通常の代表訴訟の場合と同様である。

多重代表訴訟の原告たる最終完全親会社株主は、多重代表訴訟の勝訴判決に基づく強制執行を保全するために、被告子会社の役員等の財産に対し保全処分（仮差押え）を申請することができることも、通常の代表訴訟の場合と同様である。そして、このことは、旧株主による責任追及訴訟の場合についてもあてはまることになる。

●事項索引●

【英数字】

3類型の代表訴訟　265
D&O保険　74,435

【あ行】

悪意の疎明　395
悪意の敗訴　425,438
悪意の敗訴者の損害賠償額　441
違法な剰余金の分配　25
違法な利益の供与　25
違法配当　25
訴えの取下げ　426
親会社株主の権利の縮減　233
親会社株主の保護　234
親会社株主の利益保護　138
親会社取締役の子会社に対する監視
　権　130
親会社取締役の指示　150
親会社取締役の責任　129
親会社の監査役　142
親会社の損害発生要件　279
親子会社　110
親子会社間の利益相反取引　226

【か行】

会計監査人　255
　──の責任　1,32

会計参与の責任　32
会計帳簿等の閲覧謄写　412
開示検査　175
会社等による権利の譲渡　371
会社等による権利の処分　371
会社の意思決定の適法性　403
会社の補助参加　401,408
会社法の内部統制システム　54
会社補償　438
外部統制システム　46
確定した判決の取消し　442
貸出稟議書　414
過失相殺　40
課徴金　154
　──の減算制度　175
　──の対象となる行為　154
　──を加算する制度　175
課徴金額の算定率　155
課徴金減免制度　153,155,162,164
課徴金納付命令　174
株式移転　281
株式会社等の訴訟参加　400
株式交換　281
株式交換等完全親会社　257
株式交換等完全子会社　257,391
株式の同時所有の原則　249
株式振替制度　331
株式振替の方法　331

株主権の縮減現象　224,281,292
株主権の濫用　384
株主訴訟　239
株主代表訴訟　239,240
　　――の対象者　357
株主代表訴訟補償特約　437
株主の差止請求権　293
株主の所有者的利益　268
株主の提訴請求　212
株主の提訴請求権　333
株主名簿上の株主　323
仮差押えの申立権　450
仮差押債権者適格　450
カルテル　152
管轄裁判所　379
監査委員　100
　　――の情報収集権限　100
　　――の責任　100
監査報告の記載　77
監査法人に対する課徴金　220
監査役　99,142,375
　　――の監視義務　28,86
　　――の情報収集権限　99
　　――の情報収集のための体制　81
　　――の責任　100
　　――の不提訴判断　346
　　――への報告　82
監査役監査基準　77
監視義務　28
　　――の範囲　28

監視義務違反　26
　　――に伴う賠償責任額　32
　　――の責任　328
完全親会社　288
完全親会社等　288
監督義務　28
企業グループ内部通報制度　83
企業コンプライアンス　66
企業集団内部統制システム　63
企業統治　46
企業内容の開示義務違反　165
企業不祥事　66
企業リスク管理体制　64
逆方向からの多重代表訴訟　276
旧株主による責任追及訴訟の対象となる責任　260
旧株主による責任追及訴訟の提訴権者等　259
旧株主による責任追及訴訟の被告　260
旧株主による責任追及訴訟の要件　257
旧株主による責任追及等の訴え　256
競業取引　23
強制執行債権者適格　451
強制執行の申立て　447,451
共同訴訟参加　398
　　――の要件　400
共同訴訟的補助参加　400

虚偽の記載による課徴金の算定　174
寄与度に応じた損害額の認定理論　35
緊急提訴　263,335
金商法上の内部統制システム　55
金融商品取引法コンプライアンス　166
金融商品取引法上の課徴金　173
金融持株会社　280
グループ・コンプライアンス体制　105
グループ内部統制システム　63,102,136
　──による監視義務　108,119
　──の構築義務違反　118
　──の対象子会社　110
　──の内容　113
経営の効率性　65
経営判断原則の攻撃的用法　253
経営判断の原則　6,8,70,251
　──の適用要件　11
経過措置　392
刑事事件記録　413
継続的株式保有要件　319,321
継続的所有者利益　273
権利主張参加　409
権利侵害防止参加　409
行為時株主の原則　249
公告　389

交替執行文　448
公認会計士に対する課徴金　220
コーポレート・ガバナンス　46
子会社管理規程　137
子会社情報の収集　411
子会社調査権　142
子会社取締役の責任　148
子会社の構築する内部統制システム　117
子会社の重要性基準の認定日　307
子会社の少数株主の保護　228
子会社の役員等の責任の一部免除　356
子会社の役員等の責任の免除　43
個別株主通知　332
個別監視義務　62
コンプライアンス体制　52,66,151

【さ行】

債権者代位権の転用理論　365
債権者代位訴訟　365
最終完全親会社　300
　──に損害が生じない場合　314
最終完全親会社等　288
再審事由　442
再審の訴え　442
　──の被告　445
　──を提起しうる者　444
最低責任限度額　42,44
裁判上の和解　422

――による免除　353
債務名義に表示された当事者　447
詐害再審規定　424,441
詐害再審の訴えの被告　445
詐害再審の手続　445
詐害再審の当事者　445
三角合併　259,369
三重代表訴訟　267,287,296
事業報告　76
事業持株会社　225
時効中断の効力　427
自己利用文書　413
事実上の取締役理論　133
執行債権者適格　447
執行役　255
支配型私的独占規制の違反行為　154
事務管理の費用償還請求権　429
社外取締役　73
　　――の責任　73
社内カンパニー　113
終局判決後の訴えの取下げ　427
重要な子会社の認定基準　306
遵守すべき法令　66
純粋持株会社　225,280
証券訴訟　172,173,178
証拠調べ　418
証拠保全　418
上場廃止　177
使用人の法令遵守体制　65,68

消滅時効の完成後の訴えの取下げ　427
所有者的利益の継続性　273
請求の原因（訴状）　378
請求の趣旨（訴状）　378
請求の趣旨（提訴請求書）　339
請求の認諾　430
請求を特定するのに必要な事実（提訴請求書）　339
成立した和解に対する再審の訴え　447
責任限定契約　38,43,74,327,435,437
責任追及訴訟の訴訟物　214
責任等免除規定の適用排除　424
責任の原因となった事実　365
セグメント情報　114
善管注意義務　2,3
総株主通知　331
訴額の算定　380
訴訟委員会　194,252
訴訟告知　388
訴訟参加　398
　　――できる株主等　399
訴状の記載事項　378
訴訟物の特定（提訴請求書）　339
損益相殺　39
損害額の推定規定　170
損害賠償責任の原因となる悪意　439

【た行】

第三者に生じた損害　75
代表訴訟　173,178
　　――の回避目的　372
　　――の対象　254
　　――の対象となる責任の範囲　358
　　――の対象となる取締役の責任　358
　　――の対象となる役員　255,326
　　――の被告　255
代表訴訟等訴訟資料の収集　410
代表訴訟等における担保　394
代表訴訟等における和解　422,447
代表訴訟等の訴えの取下げ　426
代表訴訟等の原告　316
代表訴訟等の原告適格者の要件　319
代表訴訟等の提訴権者の要件　319
代表訴訟等の提訴の悪意　395
代表訴訟等の被告　326
多重差止請求権　294
多重代表訴訟　272,287
　　――の完全親会社　301
　　――の原告　291
　　――の訴訟構造　272
　　――の対象　290,291,295
　　――の対象子会社　276,306,307
　　――の対象となる取締役等の責任　364
　　――の提訴請求　333
　　――の範囲　268,292
　　――の被告　291,306,328
多重代表訴訟制度　236,266
多重代表訴訟提起の要件　268,279
担保提供の申立て　393
　　――の相手方　393
担保取消しの決定　398
担保の事由の消滅　398
忠実義務　3
調査開始後の課徴金減免制度　161
調査開始前の課徴金減免制度　160
調査嘱託の申立て　417
通常の代表訴訟の被告　326
提訴権の濫用　280,387
提訴請求　261,329
　　――に対する形式的審査　343,346
　　――に対する実質的審査　344
　　――の相手方　336
　　――の一部拒絶　212
　　――の手続違反　335
　　――の方法　262
提訴請求書　339
提訴請求書面　262
提訴請求書面等の記載事項　339,341
提訴の悪意　395
提訴前の証拠収集　418
提訴前の当事者照会　418
手続違反の提訴請求　334
当事者（訴状）　378

事項索引　457

当事者照会　417
特設注意市場銘柄　177,188
独占禁止法コンプライアンス
　157,158,159
特段の事情　203
特定完全子会社　310
特定責任　290,328
特定責任追及の訴え　304
独立当事者間取引基準　227,229
独立当事者参加　408
取締役会議事録の閲覧　412
取締役の違法行為の差止請求権
　125
取締役の監視義務　26,27,61,129
　　――の範囲　29
取締役の監視義務違反　26
取締役の個別監視義務　119
取締役の情報収集権限　98
取締役の法令等遵守体制　67

【な行】

内部監査　159
内部告発　84
内部通報　84
内部通報システム　83
内部通報制度　159
内部統制システム　46,53
　　――に関する監査役の監査　76
　　――に対する監視義務　31
　　――の運用状況の概要　72

　　――の構築内容　70
内部統制報告書　54,167
馴合訴訟　442
二重差止請求権　294
二重代表訴訟　267,270,287,296
二重提訴　214,319,334
二重の提訴懈怠　273
入札談合　152
任務懈怠責任　4
　　――の軽減　41
　　――の免除　41
　　――を負う役員等　255
　　――を負う要件　2
任務懈怠による損害賠償責任　2

【は行】

判決理由中の判断　403
被告となるべき者（提訴請求書）
　339
必要的当事者　249
不正な会計処理　168
　　――の手法　169
不提訴判断に関する裁量権　142
不提訴理由通知書　349
　　――の記載事項　348
不提訴理由の通知　343,347
不提訴理由の通知請求　263
不適切な会計処理　168
不当訴訟　440
不当な取引制限規制違反行為　154

不当な取引制限禁止規定違反　152
不当な目的の範囲　384
不当目的訴訟　383
　　――の禁止　383
　　――の要件　383
不当目的の認定基準　386
不当目的の立証　386
振替株式　330
　　――の譲渡　331
粉飾　165
文書送付嘱託　413,417
文書提出命令の申立て　412,413
文書利用文書　414
弁護士報酬　431
法人格否認の法理　132
法人擬制説　241
法定代位訴訟　249
法定代表機関的地位　245
法務省令で定める株式会社　289
法令遵守体制　151
補助参加　398
　　――の利益　400,402
保全手続の承継執行　450
保有議決権数等の要件　320

【ま行】

みなし最終完全親会社　304
民事訴訟の認定損害額　8
民事訴訟法の再審事由　442
名義書換未了の株主　324

持株会社　225

【や行】

役員　255
　　――に対する責任追及訴訟　8
　　――の区分に応じた数　42
　　――の責任の一部免除　38
　　――の任務懈怠責任　2
　　――の賠償責任　34
　　――の連帯責任　33
　　――の連帯責任規定　34
役員等の責任の一部免除手続　355
役員等の責任免除規制　352
役員賠償責任保険　74,435
　　――の対象となる役員　436
有価証券届出書等の虚偽記載　165,176
有価証券報告書　166
　　――の虚偽記載等　153
有価証券報告書等の虚偽記載　165
有価証券報告書等の虚偽記載等の事実の公表　171
四重代表訴訟　268,287

【ら行】

濫用的な多重代表訴訟　280
利益相反取引　23,232
利益の供与　25
リニエンシー　153,155,162,164,175
流通市場における株式取得者　169

【わ行】

和解　*422,446*
　　──の手続　*425*
和解調書の効力　*423*

〔著者略歴〕

新谷　勝（しんたに　まさる）

〔略　　歴〕大阪市立大学大学院法学研究科修士課程修了、法学博士
司法研修所修了後、裁判官、弁護士、帝京大学教授、東京高等検察庁検事、日本大学法科大学院教授を歴任

〔主要著書〕『従業員持株制度』、『会社仮処分』、『株主代表訴訟と取締役の責任』、『株主代表訴訟──改正への課題──』、『敵対的買収防衛策と訴訟リスク』（以上、中央経済社）、『敵対的企業買収』、『新しい従業員持株制度』、『新しい事業承継と企業再生の法務』（以上、税務経理協会）、『会社訴訟・仮処分の理論と実務』、『会社・役員の民事・刑事責任とコンプライアンス法務』（以上、民事法研究会）

〔連　絡　先〕m-shintani@vesta.ocn.ne.jp

内部統制システムと株主代表訴訟
──役員責任の所在と判断

平成28年3月7日　第1刷発行

定価　本体5,200円＋税

著　者　新谷　勝
発　行　株式会社　民事法研究会
印　刷　藤原印刷株式会社

発行所　株式会社　民事法研究会
〒150-0013　東京都渋谷区恵比寿3-7-16
〔営業〕TEL 03(5798)7257　FAX 03(5798)7258
〔編集〕TEL 03(5798)7277　FAX 03(5798)7278
http://www.minjiho.com/　info@minjiho.com

落丁・乱丁はおとりかえします。　ISBN978-4-86556-073-2　C3032　¥5200E
カバーデザイン：袴田峯男